寒川セツルメント史

千葉における戦後学生セツルメント運動

寒川セツルメント史出版プロジェクト

本の泉社

はじめに
寒川セツルと暮らした学生たち

子安　潤（中部大学）

読者は、学生時代をどう通過しただろうか。どんな色彩の時間であっただろうか。それはどんな意味を今の暮らし方に与えているだろうか。

本書は、寒川セツルメントという大学のサークル史である。そこに集まった者たちは、想い出や哀惜の対象として読んでよい。しかし、異なる時と場所を生きた人には、セツラーの気分とものの見方を同時代を捉え直し再配置するように読むことをすすめたい。

学生たちは、医療や養育の手が差しのべられていない人々の元へそれぞれの時期になぜ出向いたのか。寒川セツル発足当初の大学生たちは、大学と地域の現実の落差に正義感と社会的平等への熱情、それから慈善的まなざしをいくらか持って出向いた。地域に出向くが、人々と出会うことがなかなかできない。悩みながら通い続ける中で、地域の社会的変革とともに医学や教育を共々に捉え返そうとする地点に立とうと前のめりになる。いくらか前のめりだったり時に後ろ向きだから、セツラーは社会と学問を自分につないで捉えて活動することに絶えず悩む。その度に、セツラー同士で議論を重ね、地域の人々の声を聴く。地域に向かい学問を捉え直し、自分たちの生き方を捉え直そうとする思いの一つひとつにその時代の社会論、人間論、文化論が見える。活動は大学生らしい未熟さを抱え、失敗を重ねつつ、地域の人々の困難と笑顔、セツラー同士の学びと交流がその後の人生の糧となったとある。ここにまとめられた文書データは、考察を要する問題を多く提供している。

例えばそれぞれの時期に大学生はどんな社会論を持って地域に向かったのか。著名人の思想形成の研究はあるが、大学サークルの経時的研究は多くはない。本書は、当事者のゆらぎが当時と今を往還する形で編集されている。語りのいくつかは他者を単純化させると傷つき、他者の事情を発見すると自己をも捉え直していくようだが、その仕掛けを食い破る読みが生まれることを期待したい。

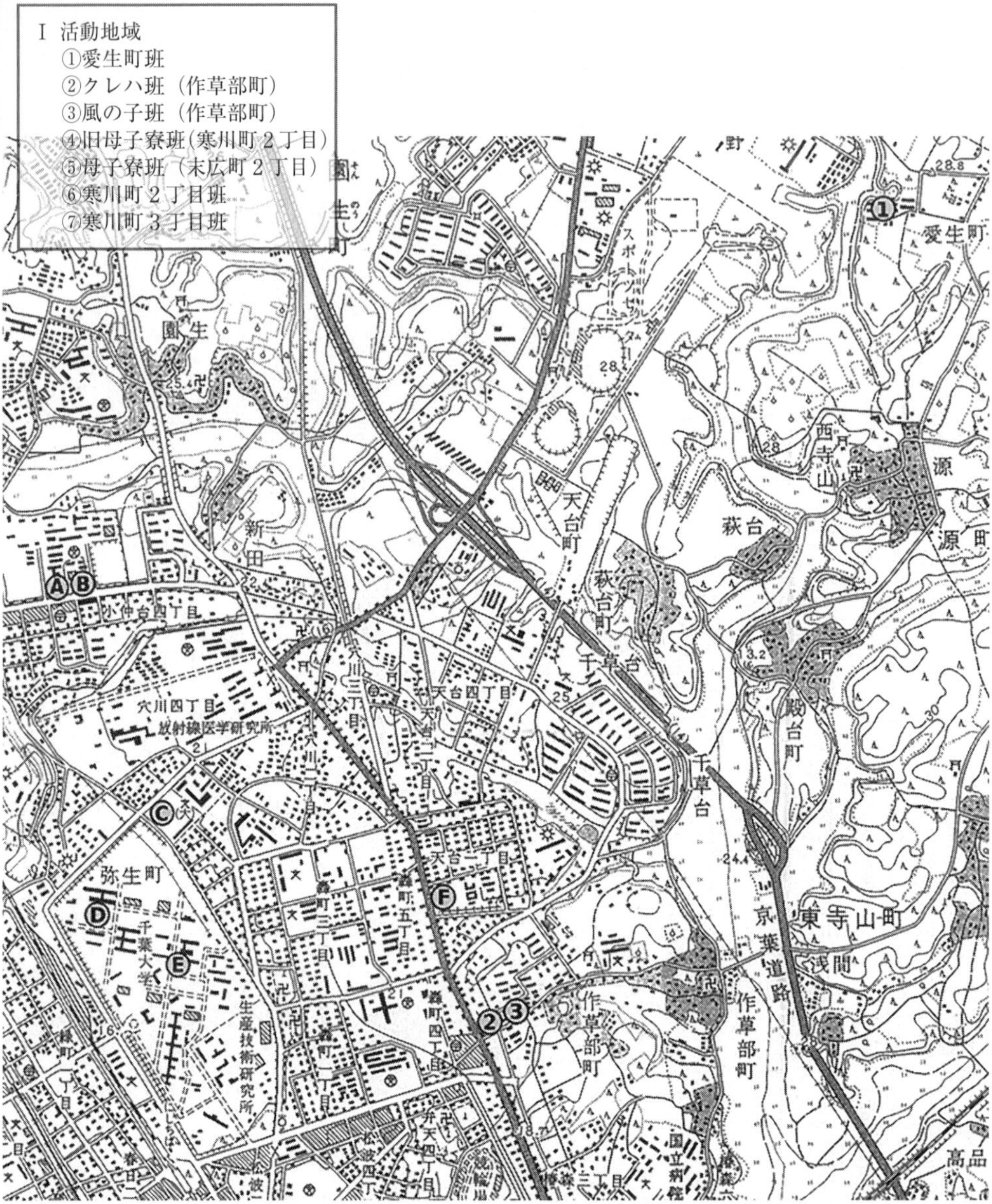

寒川セツルメント活動地域（1/2）
—1970 年前後の児童部と保健部

この地図は、国土地理院発行２万５千分の１地形図「千葉東部」「千葉西部」（昭和 45 年発行）を使用しました。また，寒川セツルメント研究会「寒川セツルメント創立 61 周年記念祝賀会」（2015 年 11 月）を資料とし、山嵜早苗氏、山田あつ子氏両氏の調査で補正しました。　　　　　　　　作成者　相澤善雄

Ⅱ 部員の出身母体
Ⓐ千葉県栄養専門学院（小仲台）
Ⓑ千葉県養護専門学院（小仲台）
Ⓒ千葉敬愛短期大学（穴川町１丁目）
Ⓓ千葉大学教育学部（弥生）
Ⓔ千葉大学文理学部
（弥生，1968 年から人文学部・理学部）
Ⓔ千葉大学工学部，薬学部（弥生）
Ⓕ千葉県保育専門学校（天台）
Ⓖ千葉女子専門学園（道場北）
Ⓗ千葉県衛生専門学院（市場町）
Ⓘ千葉大学医学部（猪鼻）
Ⓙ千葉大学医学部附属看護学校（猪鼻）
Ⓚ千葉大学医学部附属診療放射線技師学校（猪鼻）
・その他
芝浦工業大学（港区），実践女子大学（渋谷区），千葉大学園芸学部（松戸市），和洋女子大学・和洋女子短期大学（市川市）

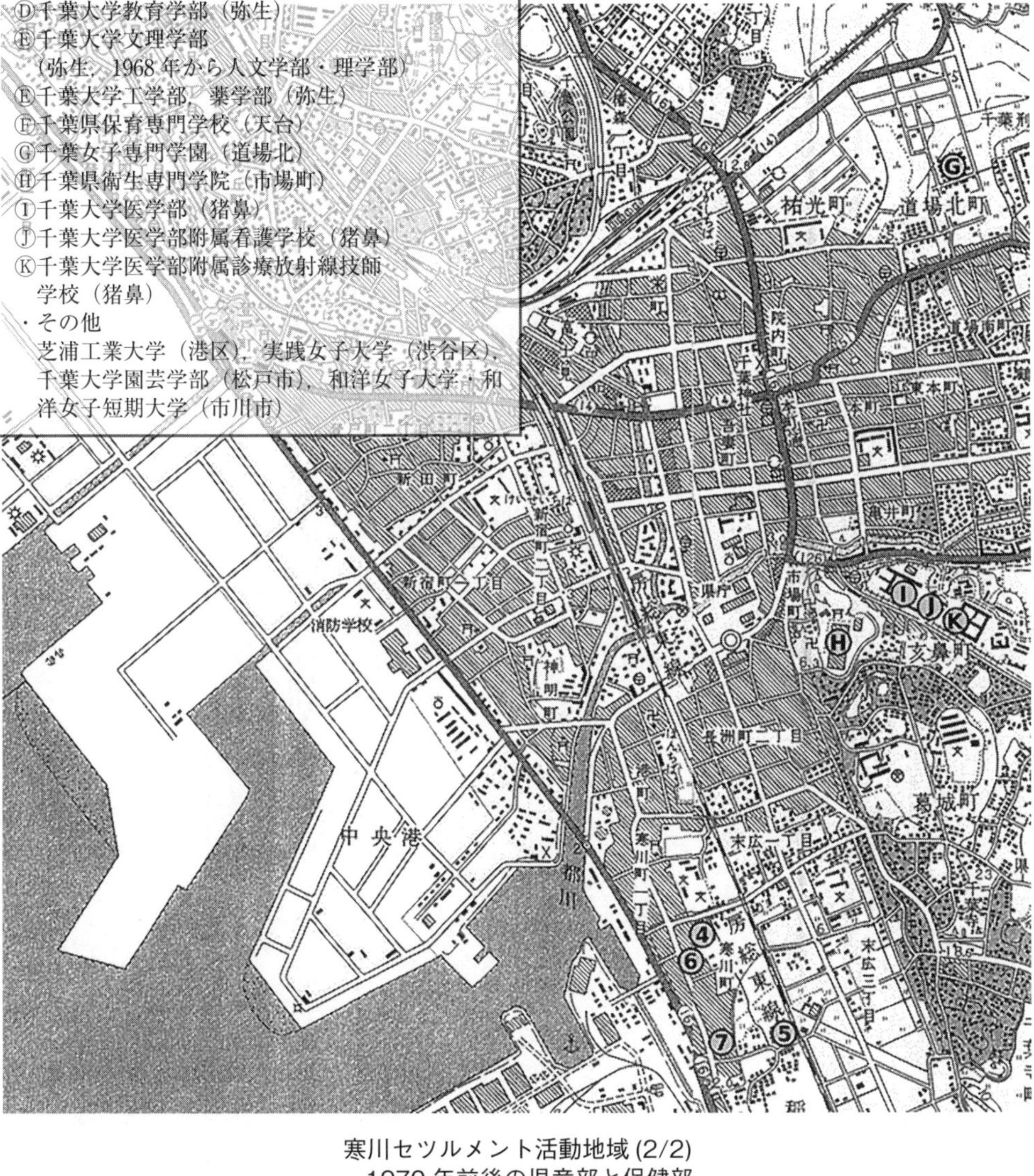

寒川セツルメント活動地域 (2/2)
―1970 年前後の児童部と保健部

【目次】

第二章　活発化した保健部の活動と教育学部を中心とした児童部活動の広がり（主に六〇年代）

序章

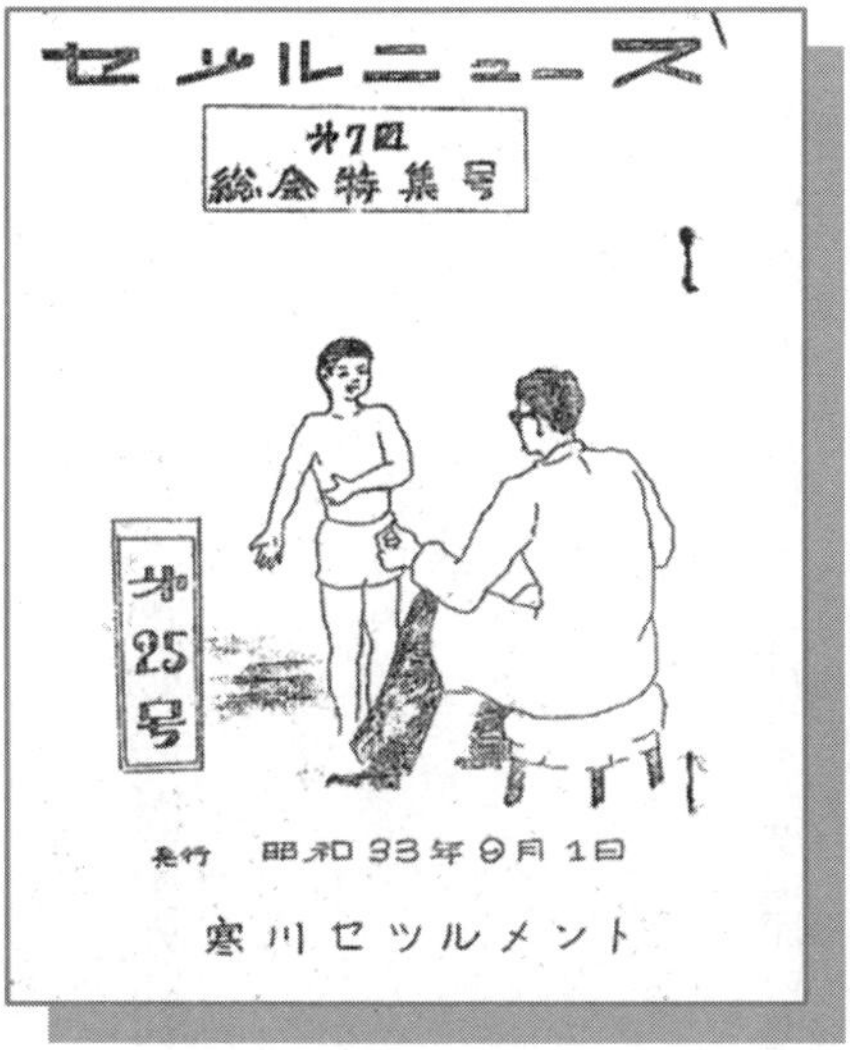
セツルニュース
第7回
総会特集号
第25号
発行 昭和33年9月1日
寒川セツルメント

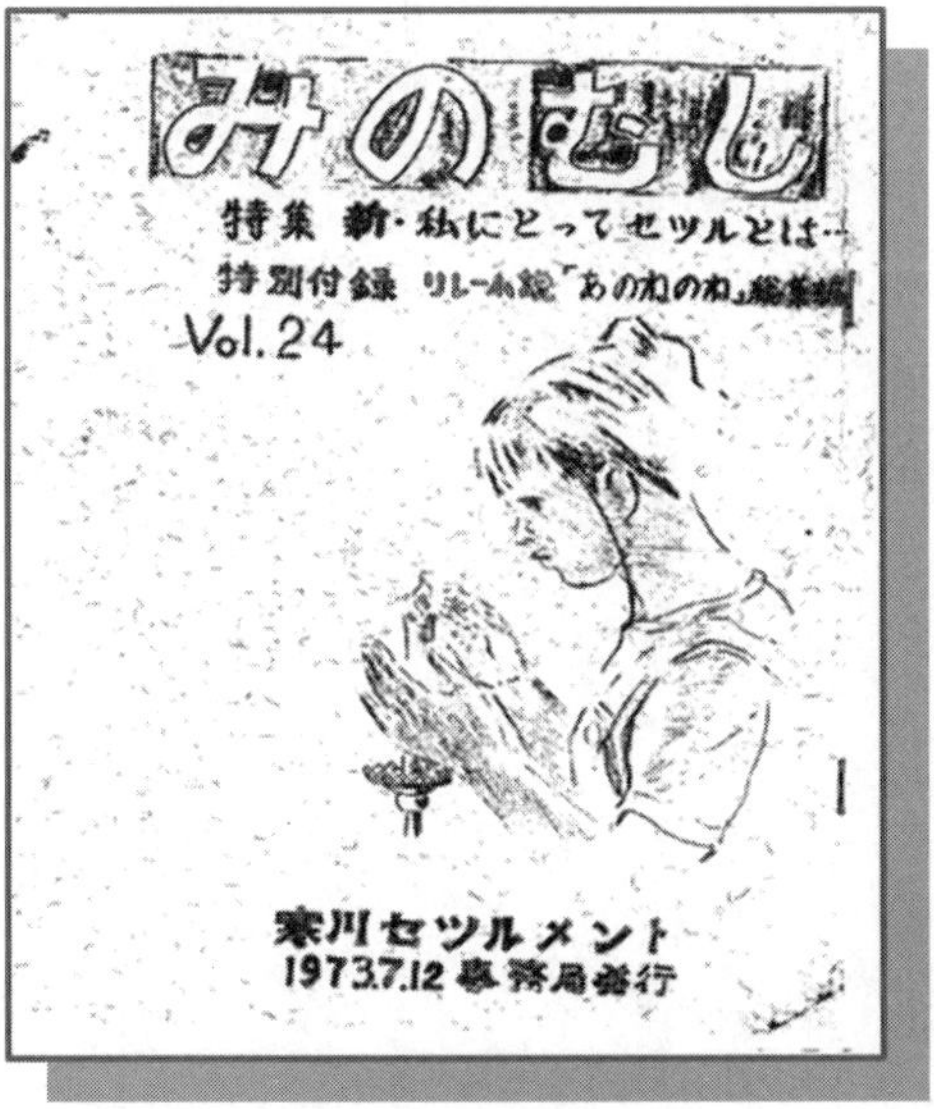
みのむし
特集 新・私にとってセツルとは…
特別付録 リレー小説「あのねのね」
Vol.24
寒川セツルメント
1973.7.12 事務局発行

序章　学生セツルメント運動の歴史を紐とく

（執筆　山嵜早苗）

一、セツルメントヒストリー

（一）セツルメントとは

ある時代までの大学人たちにとっては、一度は聞いたことのある言葉、でも、いつの間にか忘れ去られ、今や死語となってしまいそうな言葉―「セツルメント」とは一体何か。

大学セツルメントに入ると新入生は毎年「セツル（略称）とは何か」を学習していた。その学習資料の一つである「寒川セツルメントの歴史と現状」（一九七二年版）から引用してみる。

「イギリスにおけるセツルメントの発生

セツルメントが運動として本格的に始まったのは、ケンブリッジ大学教授のジェームス・スチュアートの提唱した大学拡張運動（settlement house movement）であるといえる。一九世紀産業革命によって労働者階級の貧困と窮乏はますます厳しくなり、低賃金・失業の問題は、大きな社会問題となってきた。当時のイギリスにおいて上流階級と下流階級の差は拡大されるばかりであり、そうした中で知的独占者である大学の教授が労働者の住む町へ出かけ、労働者や婦人に教育を与えていく活動を展開していったのが大学拡張運動である。セツルメント運動の父と言われるトインビーは、労働者街で経済学の講義をするなど労働者の教育に情熱を注ぎ、彼の死後、その意志を継いで各大学の学生が中心となってトインビーホール（セツルメント会館）を建築していった。

そして、この運動は単に慈善事業とは異なり、貧民及び労働者の友として彼らと共に住み苦しむ中で、インテリゲンチャーはある特定の人生観を強制するのではなく、貧民並びに労働者階級がそれによって自己の実生活にピッタリと一致する、彼らが自身のイデオロギーを自ら創造する機会を彼らに与えることを真髄としていった。」

つまり「セツルメント」とは、英国で知識階級の人々が貧民街へ定住（settle）し、労働者階級とともに生活改善を行った運動である。施しではなく、自活する術を身に付けられるように労働者教育を行ったのだ。その思想的背景には、産業革命期の労働者が置かれた悲惨な状態に対する人道主義、宗教、空想的社会主義などから様々な活動があった。英国のセツルメント運動は、やがて欧米各国に広まったが、特に移民の多い米国では、多数のセツルメントハウスが作られ、医療から教育、芸術まで多様な活動が行われてきた。

（二）日本におけるセツルメント活動

我が国においては、欧州を視察した国際的な労働運動、社会運動家であった片山潜によって一八九七年に神田三崎町にキングスレー館が設立されたのがセツルメント活動の始まりと言われているが、その他、各地に宗教者などによる各種隣保事業館が作られていた。更に寒川セツルメントの歴史学習資料から引用を続けよう。

「ロンドンの東地区に作られたトインビー・ホールに学んだ日本の学生セツルメントは、一九二三年九月の関東大震災後、帝大救護団を母体に東京帝国大学の教官と学生の手で準備され、翌一九二四年に本所柳島に開設された。『我々の活動は手と足の活動であり、学生は象牙の塔から出て実社会の中で学問して行かねばならない。』

ということが強調され、セツルメント活動は、医療活動、託児所活動から労働者の教育や消費組合運動へと発展していく。しかし大恐慌とファッショの嵐の中で消費組合運動は運動困難となり、更に東大隣保館として再出発したにも関わらず、一九三八年官憲の弾圧によって解散を命ぜられ輝かしい伝統は幕を閉じることになった。他大学にも広がったが治安維持法による検挙などの弾圧を受け、一九三八年閉鎖解散に至った。」

戦後の学生セツルメント運動の胎動期

第二次世界大戦後、民主化の声は大きく日本を揺り動かし、労働運動も学生運動も活発になり一九四八年に全学連が結成される中で学生セツルメントが復活した。直接の契機は、一九四九年に関東一円をおそったキティ台風に対し、東大の医学部学生を中心に救援活動が行われたことである。この救援活動に参加した学生の中から恒常的に民衆の組織活動をしようとする声があがり、一九五〇年に東京大学セツルメントが再建され、全国の大学に波及して広がり、あまたの学生が学問と社会との関わりを地域から学ぼうとした。一九五四年には、関東セツルメント連合（関セツ連）が、翌五五年には、全国セツルメント連合（全セツ連）が結成された。「北は札幌、南は福岡までの全国の実践交流の場ができた。そして、平和と民主主義を守ることを真髄に、真の学問研究の確立と地域住民に自分たちの力で民主的な自主的な組織をつくる運動に大きく貢献していくのである。」（注1）

（三）学生セツルメント運動の変遷

学生セツルメント運動は、絶えず社会的な変革運動から影響を受けてきた。一九五〇年代は、政治的な学生運動の影響を強く受け、地域に入り労働者階級に働きかける「生産点論」をはじめとする様々な運動方針が全セツ連から出され、混乱していた。六〇年代に入り、安保闘争後の全セツ連大会で、その過ちが総括され、学生セツ

ルメント運動は、「平和・民主主義・生活擁護のための国民的統一の一環である」と位置付けられた。（全セツ連六〇年テーゼ）

その後、「学生セツルメント活動の二つの側面」として、「学生の地域活動における役割」と「学生が学び自らを成長させる場」という基本理念が確立された。更に、「セツル活動の主体が学生であり、セツラーの多様な要求に基づくサークル運動」の側面が強調されるようになってきた。

（四）学生セツルメント活動の基本的性格

学生の普遍的な要求に基づく三つの基本的な性格として「第一に、真の友情を得たい・子供と遊びたい・働く人々と話して何かを得たい・専門の勉強と結びついた活動がしたい・社会活動をやってみたいなどの要求を具体的な出発点とし、第二に、これらの要求を仲間と共に実際に地域に働きかける中で実現する活動であり、第三に、そのことを通して社会の現実にふれ、働く人々の生き方から学び、私たちの生き方を追求する学生サークル活動である。」とした。（全セツ連六六年テーゼ）（注2）

（五）学生セツルメント運動の社会的性格

「現在の学生セツルメント運動を成立させている社会的な基盤は戦前の社会と異なり、現在の日本に於いては、本質的には全地域と全国民に共通する課題を持っているということが、現在の学生セツルメント運動を特徴づける上での最も重要なポイントと言えよう。地域の問題と要求は、学生のもつ問題と要求と共通の根源をもつものであるという六六年テーゼの指摘は、地域の問題を解決することなしには、私たち学生の問題も根本的には解決できないということ、即ち地域の問題は決してそこに限られた特殊な問題ではなく、私たち学生の問題そのものであるということを意味している。

社会的基盤についての理解に基づいて現在の学生セツルメント運動の社会的性格を簡単に言い表すと、全ての国民が生活する〝地域〟という場に典型的に表れる日本の社会的諸矛盾と、その諸矛盾の一部に他ならない学生の諸矛盾の両方の矛盾の統一的な克服を目指して行われる学生のサークル活動であるといえる。」（注３）

二、寒川セツルメントの活動と学びの歴史

（一）寒川セツルメントとは

「寒川セツルメント」とは、一九五四年、千葉大学医学部の社会医学研究会（社医研）から誕生した学生サークルの名称である。周辺の専門学校などの学生も加わり、千葉大学の中では、大規模なサークルであった。地域実践を継続しながら地域の現実から学び、政治革新の運動や学生運動とも連帯しながら六〇年代、七〇年代には、部員数が一〇〇名を超える大サークルだった。結成当初から参加してきた全セツ連に毎年書記局員を送り出し、先進的な存在であった。また千葉県下の県セツ連運動を主体的に担ってきた。

しかし、八〇年代以降、民主的な運動の退潮と時を同じくして、多くのセツルメントが後退し、一九八〇年代末には全セツ連も消滅したようであるが、寒川セツルも一九八七年に全セツ連を脱退し、二年後に千葉大学教育学部の子ども会サークルに名前を変更して現在も地域実践を継続している。（注４）

（二）本書の目的

本書は、一九五四年に千葉大学医学部の社医研から誕生し、一九八九年まで継続した寒川セツルメント三五年間の活動と学びの実態を明らかにすることをねらいとしている。大学での自主的な学びがその後の人生にどう影響したのかを当事者の言葉で表現することは、学生運動の解明にも意義のあることだと考える。

方法として、二〇一四年に筆者たち寒川セツルで活動したセツラー（注5）で設立した「寒川セツルメント研究会」（注6）がメンバーの消息を探し、当時の資料から活動内容を明らかにしたり、セツラー自身の成長や悩みなどを分析したりして「寒川セツルメント史」にまとめたものである。

設立からの様子を年代ごとの章にして、その時代的な特徴をまとめて述べている。

第一章は、設立当時の一九五〇年代の様子である。戦後復興の槌音が聞こえてくるような時代であった。千葉大学医学部の社医研（社会医学研究会）から、セツルメントが誕生した当時のドキュメントを社医研の調査報告集『社会医学』などから見つけ編纂した『僕達の歩いて来た道—草創期寒川セツルメントの歩み—』（注7）を参考にしている。いのはな山の上にある医学部の地から眼下に見下ろす東京湾岸の漁村だった戦後の寒川町には、貧しいけれど一生懸命生きている地域住民やたくさんの瞳を輝かす子どもたち、そして戦争で傷ついた寡婦たちが暮らしている母子寮があった。寒川セツルの創始者たちは、大学で学べるという当時としては裕福だった学生生活に甘んじないで、何か役立ちたいと寒川町に入っていった。そんな学生たちの真剣な様子を克明に伝えようとしている。

医学部の医療活動から始めたセツル活動は、母親たちのための料理講習会を開いた栄養部や、子どもたちによい文化を届けたいと人形劇の上演や子どもと一緒に人形作りを始めた人形部の創造的な活動に広がっていくなど、寒川セツル独自の活動が展開されていった。しかし、活動は、いろいろなつまずきを見せる。悩み、セツルとは何かを問い返しながら活動を高めようと努力していた。

第二章では、高揚期を迎える一九六〇年代の寒川セツルメントの活動の様子を述べる。活動を始めて七年も経つとマンネリ化や見通しを持てない事態も生じてくる。高度経済成長期の日本、寒川町の地域も川鉄公害の被害が深刻になる。住民の健康面に寄り添った活動を展開した保健部の調査活動は、やがて「あおぞら裁判」にも反映されていく。

一時はセツラー数が激減して存続の危機に陥った児童部は、合宿を行い、徹底的な学習と討論を繰り返した。その中で、セツル活動の意義や仲間づくりの意味を問い返し、見通しをもつことができたのだった。どんな合宿だったのか、ある年の勝山寮での児童部合宿の様子を克明に伝える。

その後、起死回生し爆発的に増えたセツラー数に対応して、活動地域を寒川町から他の地域にまで広げていく。六〇年代後半は、地域拡大と実践の高揚期である。

どんな地域に入ったらよいかの試行錯誤や、新たな地域でどのような活動を展開したのかを当時のセツラーが書いたセツル卒業論文『愛生町班の歴史』から見ていく。活動が班ごとに分かれると互いの活動を理解し合うためにみんなが報告を読む機関誌の重要性が増してきた。また合宿や全セツ連大会への参加でセツルの意義を理解し、活動に自信を付けていった様子がうかがえる。学んだことを機関誌に文章で残していることが貴重な資料となっている。

今回の調査で判明した寒川セツルにおける人形部の存在や、幻となった寒川のセツルハウス建設への取組についての文が読者の興味を引くであろう。

第三章では、寒川セツルの全盛期とも言える一九七〇年代前半の活動を全セツ連大会の討論資料（基調報告）

や報告書とともに紹介する。六〇年代末の学生運動の高まりを自らの肌で感じてきたセツラーたちは、大管法（大学の運営に関する臨時措置法：注8）による大学自治への介入に怒り、革新勢力との沖縄返還やベトナム反戦の闘いにも参加していった。またセツルの活動を通して、地域に見られる公害被害や物価上昇などの問題と学費値上げなどの学生の問題との共通点を理解し、政治課題に目覚めていった。

毎年行われた全セツ連大会などに参加し、全国の学生セツルメントの仲間たちと実践交流する中で、セツルメント活動の意義を理解し、元気をもらって帰ってきた。

やがて、七〇年代後半には、全国のセツルメント全体を暗雲が覆うことになる。地域の貧困や矛盾が見えにくくなっていく大学生たちには、地域へ出かけていく意味がわからないという声が出てくる。

第四章では、転換点を迎えた一九八〇年代の様子を伝える。今まで全セツ連に結集してきたが、地域の変貌や新たな教育観、労働の変化、塾や稽古事に熱中する子どもたち、現代社会の構造的な変化とそれに伴う生活の変化、セツルはもういらないのではないかとの疑念も湧いてきた。

部員数の漸減傾向は続き、セツラーたち自身、常に何のための活動なのかと迷い悩み語り合っていた。一九八六年度に全セツ連書記局員を寒川が送り出した。七〇年代以来のことであった。だが実際は、寒川のセツラー全体で書記局員を支える態勢はとてもとれておらず、当然全セツ連も弱体化していくのである。地域実践を継続しつつも、やがてサークル名を「KIDS CLUB」と改めた学生たちの苦悩がうかがえよう。

第五章では、今回寄せられた、セツラーの卒業後の歩みを特集している。『みのむし』から見つけた当時の文章は、できる限り各自に清書してもらったが、当時の自分に出会ってどんな感想をもったのだろうか。セツル活動は、その後の人生にどのような影響を与えたのだろうか。興味深い章である。

（三）先行研究との関連

本書は、『氷川下セツルメント史』（注9）を出版した編纂委員会から提供された資料を参考にすることで全国的な学生セツルメント運動との関連を考察することができた。一九六〇年代のセツラーが中心になって編纂した『氷川下セツルメント史』は、七〇年代以降のセツルメント史の解明が課題であった。本書では、寒川セツルの歴史を通して、七〇年代以降のセツルメント運動の一端を解明することができたのではないだろうか。

二〇一二年に歴史教育者協議会（歴教協）全国大会が千葉大学で開催された時、榎並智が『寒川セツルの誕生・活動・変質』という寒川セツル史を発表した。これは、『僕達の歩いて来た道―草創期寒川セツルメントの歩み―』以来の寒川セツルについての初めての研究発表であった。その後、「寒川セツルメント研究会」での調査研究を経て、二〇一七年の日本教育方法学会が同じく千葉大学で開催された際に、『寒川セツルの活動と学び』（山嵜早苗）を発表している。また二〇一八年八月の歴教協全国大会（京都同志社中高校）でも『千葉大学寒川セツルメントの活動と学び―大学生の地域実践史と自己変革の活動から―』（山嵜早苗）を発表している。

セツルメント思想を学びながら活動した学生たちの姿から、サークル活動での学びが人格形成上や職業選択などに少なからず影響を与え、その後の生き方を決定づける動機にもなっていることは、現代の若者や大学生の目にどのように映るのであろうか。

（注1）一九五四年一一月関東セツルメント連合大会　於：東京教育大　参加者一五〇名
一九五五年一一月全国セツルメント連合結成大会　於：東京教育大　参加二六団体　参加者一五〇名
（注2）「セツルメント活動の基本的性格」一九六六年　全セツ連第一四回大会討論資料より

（注3）「セツルメント運動の社会的性格」一九七二年　全セツ連第二四回会大会討論資料より
（注4）一九八九年、「KIDS CLUB」に改称し、地域と密着して子どもと楽しく遊ぶサークルとして存続中。
（注5）セツルでは、セツル活動をする人を「セツラー」と呼び、新入生をNS（エヌエス）、二年生以上をKS（ケイエス）、卒業生をOS（オーエス）、または二年生以上をOSと言った。
セツルでは、お互いにセツラーネームで呼び合う習慣が六七年頃から定着して現在もそれが続いている。
（注6）二〇一四年に設立し、学生時代同様、やってみたい要求を出し合い、創立六一周年記念祝賀会などを開いた。その準備過程で保健部の草創期セツラーと出会うことができた。
（注7）『僕達の歩いて来た道―草創期寒川セツルメントの歩み―』一九八八年千葉大学社会教育研究室（長澤成次教授）編纂。榎並智は、その編集の役割を担った。
（注8）「大学の管理運営に関する臨時措置法」　大学立法、大学への管理を強めるものととらえ大管法とも呼んだ。
（注9）『氷川下セツルメント史』氷川下セツルメント史編纂委員会　エイデル研究所　二〇一四年
（注）本章以降、筆者や登場する人物名、セツラー名のあとに（〇〇年教育　◇◇◇）という表記でその人物について紹介するが、〇〇は入学した年を西暦の下二桁で表し、その下は大学・学園名を表す。「教育」「医学」「工学」「理学」「人文」「法経」等は千葉大学の学部、「看学」は千葉大学附属看護学校、「栄専」は千葉県栄養専門学院、「保専」は千葉県保育専門学院、「女専」は千葉女子専門学園のち千葉女子専門学校、「衛専」は千葉県衛生専門学院、「敬愛短大」は千葉敬愛短期大学をそれぞれ表す。
（注）「セツルメント活動」・「セツルメント運動」　個々の取組や実践は「活動」とし、そうした「活動」が多面的に及び、年月の経過により積み重なっていくことを「運動」ととらえている。
（注）「セツルニュース」・「みのむし」等から掲載した文章の表記については、なるべく手を加えず、当時の表記のまま掲載している。

第一章

1956 年　子ども会クリスマス（寒川小にて）

1956 年　第 1 回卒業生送別会

第一章　社医研から誕生した寒川セツル
―地域への恒常的な関わりを求めて（五四年〜）

（分析者：ダッコ　七一年教育　山嵜早苗）

一、五〇年代の寒川セツルメントは、生活の中から真摯に学ぼうとする青年たちの活動だった

（一）特徴　千葉大学医学部社医研の活動から誕生したセツル
―夏休み調査活動だけでなくもっと地域に出かけて役に立ちたいという熱い思いから

一九五〇年の東大セツルメントの発足を皮切りに全国の大学でセツルメント運動が復活してきたが、千葉大学では、一九五四年に医学部の社会医学研究会（社医研）の活動の中からセツルメント運動が誕生した。社医研は、『社会医学』（宮本忍著）や農村医学関係の学習会を続けながら調査活動や実際的な活動にも取り組んでいった。小岩駅前での街頭検診から日本毛織中山工場の健康管理を行ったり、夏季休業中には、五井町（市原市）の集団検診や調査活動を行ったりしてきたが、果たしてそれが住民のためになるのかという疑問が生じてきた。

新たに千葉市今井町の今井荘で週一回の健康相談所を開設し、座談会、家庭訪問、生活調査を行う中で、セツルメント的視点が生まれてきた。それは、社医研会員によるセツルメント活動として出発し、しかもその理念は

医療活動に限らぬ地域の人々の生活向上を主眼とした幅広い視点であった。

この幅広い活動は、寒川町母子寮を活動拠点にしていくことによって実現されていった。学内の教授陣や、地域の協力を得て、医学部だけでなく周りの学校にも参加を呼び掛け、地域の中に拠点を見つけ、大人から子どもまでの地域住民を対象にした活動であった。しかも全国の学生セツルメントとも経験交流をしながら活動を進めていった。

（二）組織　中央委員会の下に―広報部・診療部（後に保健部）・栄養部・人形部・児童部

千葉大学医学部だけでなく教育学部、県立栄養専門学院、千葉大学医学部附属看護学校、千葉県保育門学院など周りの学校の学生たちも一緒に活動していた。組織が拡大するにつれ、社医研はセツルの診療部（後に保健部）を担うだけになり、やがてセツルは社医研から別の道を歩き出していった。

（三）学生の意識　地域実践と学習会と仲間づくりに燃える―難しい理論と楽しい実践の両面があった

「セツルメントとは何か」―深い学習をしていた。学習会は、社医研の得意分野。しかしセツラーの中には、ちょっと難しくて話し合いになると下を向いてしまう人もいた。しかし、実践になると俄然張り切った。母子寮から始めた実践が地域の協力を得て寒川町内に広がり、やりがいを感じていた。特に人形部の活動は、劇団プークに学び、子どもたちによい文化をと地方巡業公演をするほどに活発化し、東北公演も行うほどだった。五〇年代のセツラーたちは、生活の中から真摯に学ぼうとする地に足がついた学生たちであった。皆、学生の本分を社会との関わりで考えていた。そして、セツル活動を通して生涯を共にする間柄に発展した人たちも数多くいた。

二、社医研からセツルを創設したのは、どんな人たちだったのか

（一）千葉大学医学部社医研の活動とセツル活動は、どう違うのか

「ひとことで言うと社医研は〝まじめ〟、セツルは〝人間的〟だった」と。これは、田口氏（五一年入学）と西原氏（五三年入学）に尋ねたとき、二人が同時に言った言葉だった。〝まじめ〟とは、学究肌で優秀。〝人間的〟とは、失敗や反省もあったのではないかと編集委員会では想像した。社医研の中でも、社医研活動だけを続けた人、セツルと両方やった人（西原氏）、セツルに集中した人（金子氏）がいた。千葉大学社医研ＯＢ会名簿によると、一五五名の社医研会員の内、三一名がセツル活動に参加していた。もちろん、医学部には、田口氏のように社医研以外のセツラーもいた。

千葉大学社会医学研究会（社医研）とは

二〇一二年、千葉大における歴教協の全国大会で発表した榎並智『寒川セツルメントの誕生・活動・変質』より引用すると「太平洋戦争敗戦の混乱の中、人々は衣食住にも事欠き衛生状態も劣悪な中で、自分たちにできることは何かないのか、人々が健康で幸せな生活を送るために自分たちは役立てないのかと、心ある千葉大学の医学生たちは模索していました。そして人々の健康を守るための基礎調査として『市内における住宅事情の調査』に取り組み、現状を分析し具体的な問題を把握し、その解決策について討論を重ねていく過程で、従来の医学・医療、さらに医師のあり方といったものに様々な疑問を持つにいたります。自分たちは如何に生くべきか、何を

目指し如何に活動すべきかを追求すべく宮本忍『社会医学』（三一書房）を囲んだのが『千葉大学社会医学研究会』のスタートでした。敗戦の翌一九四六年三月の頃だったそうです。

社会医学という手法は昭和の初期から行われており、それは主に、集団検診等の調査活動の結果をもとに統計を駆使し、社会的諸要因、社会経済因子と健康との関係を分析・考察して、疾病の社会的成因論を導き出すというものでした。

千葉大学社医研は、理論学習とともに各地での集団検診活動も活発に繰り広げました。特に当時全国で問題となっていた結核患者の健康管理に意識が向けられ、やがて生活にじかに触れた永続的な活動が必要との認識から五井町、さらに千葉市今井町に活動対象が求められていきます。一九五二年に始まった今井町今井荘での活動では、週一回の健康相談所の開設の他、座談会、家庭訪問、生活調査をするなど、対象住民との日常的な交流が行われました。その過程で、深刻な貧困に苦しむ人々の姿を目の当たりにし、もはや病気を治すという対処療法的な手段では対応しきれない様々な問題があること、人々の健康を守るためには医学的なアプローチに留まらない幅広い視点からの取組が必要なことなど社医研活動の方向性が議論されました。すなわち、以下のようにセツルメントを指向する理論が構築されていくのです。

『社医研は何が私たちの生活と健康を破壊しているかを自然科学的、

1956年　秋田県本荘市松ヶ崎高血圧検診

社会科学的に深く現状分析し、どうしたらそれをなくしていけるのかを考え、それを実践していくべきである。しかし、それは私達だけが先頭に立ってガムシャラに仕事を進めたり、お役人に頭を下げて任せてしまったりすることによっては決して解決できない。国民大衆の力を信頼し、その積極的な手助け役となるのが私たちの社医研活動であり、セツルメント活動である。したがって地域の人々の要求に応じた活動がなされるべきで、現社会の中で同じように苦しむ一人一人として地域の人々と結びつき、その中から問題を見出し、一緒に解決していくことが必要である。』」

寒川セツルで診療部を担った社医研は、その後、それぞれ独立した方針と組織ないし機構と発表方法をもってセツルとは別々の道を歩くようになっていくが、セツル創設期の大事なメンバーたちが今なお健在で当時の様子や思い、そして歩みを語り資料を提供してくれた。

(二) セツルメントの出発—創設期のメンバー

①北川定謙　セツル創設への熱い思い

社医研の中でセツル立ち上げに中心的な役割を果たした北川定謙氏(五〇年医学)は、「唯調査のための調査ではなくて、その中でなんとかして問題解決をしていきたい。多くの人が苦しんでいる中に入って一緒になって考える中で自分たちも成長したい。こんな考え方が培われたのも調査という仕事をする過程で、いろいろな矛盾にぶつかり病気というものが思わぬ処に野放しにされているのを見てきたからだ」という。「結核のような慢性的な病気の侵襲を受けて不幸のどん底に苦しんでいる人達を見るにつけても我々の学問はもっと積極的なものでなければならない。自分達の社会の不幸を最小限に留めて明るい力を伸ばしていくためには、色々な分野の人達が、それぞれの特色を発揮して協力することが必要なんだと考えることができるようになった。そのようにすることが一番自分を良くしていく道であり、それぞれの専門家として成長する前に高められること、時代が我々に要求しているものが何であるか考えるところにセツルメントの道があると思う」と書いていた。そして、卒業後は、公衆衛生の道を歩み、厚生省で中心的な仕事を行ってきた。

「セツルメント寸考」

北川定謙（五〇年医学「社会医学第六号」より抜粋）

（一）千葉におけるセツルメントの出発

「やるのなら徹底的にやらなくては」と元気の良いことを言いながら、具体的には余り動こうとしない一部の人達をよそに、我々のセツルメントも現在着々とその仕事を進め、勉強会の集まりも既に二か月余を過ごしてきました。セツルメントとはこうあるべきものだと考えて、その様な形で出来なければ手を出そうとしないという議論は、どう考えてもおかしなことです。我々の考えてきたグランドが何であるか、セツルメントを作ろうとする力がどんな問題から発展してきたものであるかをよく考えてみれば、現在の条件の中では先ず何ができるか、どうすることがより発展させることになるのかというところから出発しなくてはならないと思います。（略）

（二）社医研の調査活動から見えてきたもの

社医研の中では、五井町に於ける何回かの調査活動を経験してきた現在、我々が本当に調査の対象になる人達のことを考えて居たかどうかが問題にされてきました。自分たちが学生だからという甘い意識の下に、随分無神経な調査をやってきたのではないだろうか。調査される人々の利益を考えて、その人達と同じ立場に立ってこそ初めて本当の姿が判るのではないかと云うようなことです。

今迄のやり方が案外に表面的なものでしかあり得なかったという反省から、セツルメントへの力が生まれてきたわけです。我々のぶつかる地域の人達に対して、

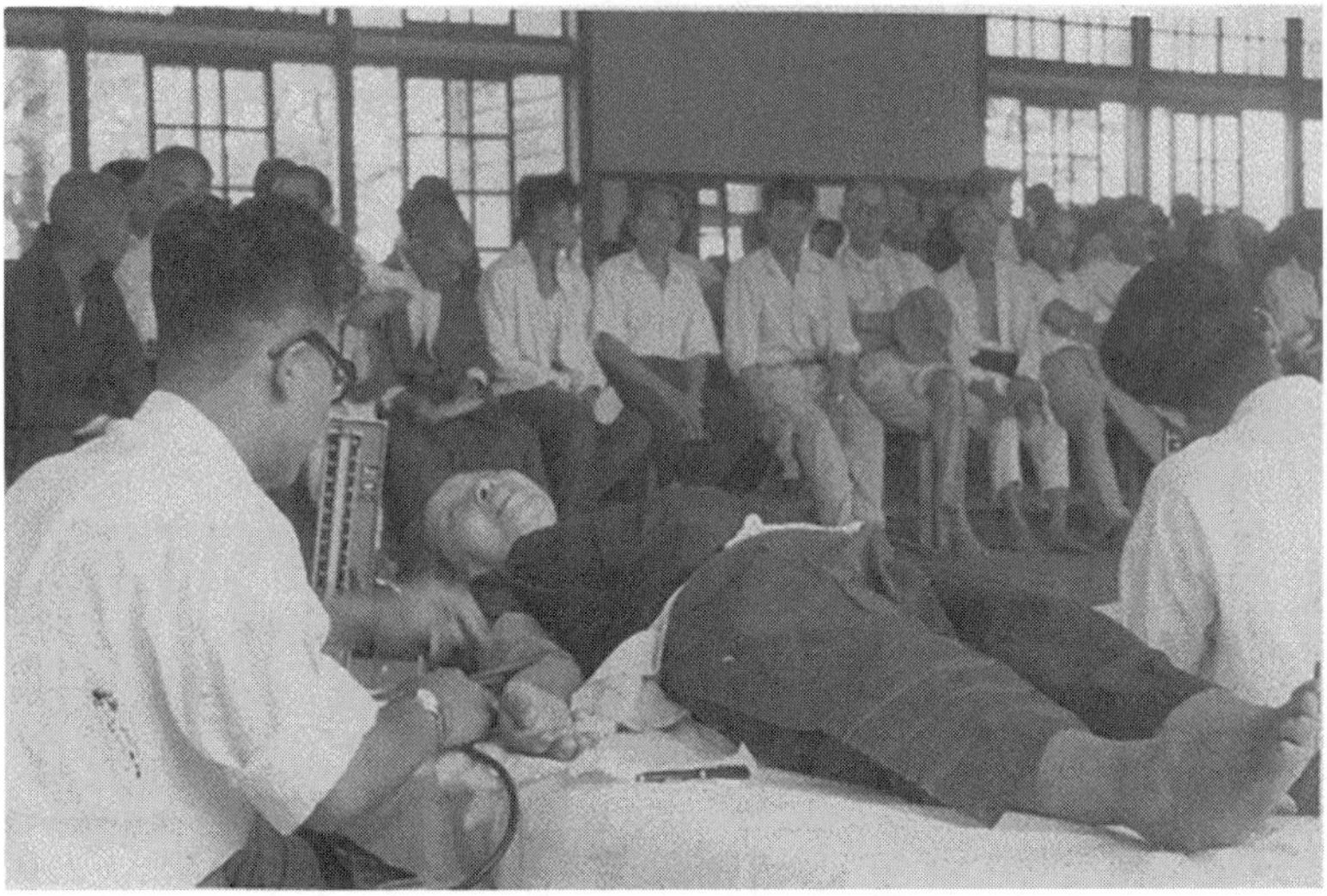

1956年　多古町常磐村高血圧検診

一個の人間としての尊敬、親愛というものを自分のものにするということが、どんなに難しいものであるかということを、はっきりと感じとり、しかもやはり、どうしてもそれをすることなしに正しい認識は得られないというところから出発するわけです。（略）

実際、この地域の人達の中では、よほど悪くならなければ、医療を受けようとはしないのです。医療券をもらうために、仕事を休まなくてはならないということ、子供の病気に親がついて行って居ると、その日の収入が無くなって生活に支障を来たす、今迄我々は、こんな事を自分の事として考えた事があったでしょうか。

脊椎カリエスで寝ている子を発見して治療を受けさせる様努力したセツラーが、医療機関が即時入院の必要を認めてから一か月もしなければ入院できないという医療扶助の事務の難しさを初めて知ったと言います。

又流行性肝炎で寝ている子供を一人置いて母親が仕事に出かけなければ治療費をまかなうことができない状態で、十分な手当と看護ができないために簡単に治るべき病気も長くなってしまうというような悪循環。

こんなのが大学の外来に来ると、どうしてこんなに悪くなるまで放っておくのかと、母親の不注意を責めるだけに終わってしまいそうです。

(三) セツル活動と我々の学問を結び付けて

　しかし、そのどうにもならないような厳しい現実の生活を見てセツラーは、自分たちの勉強や物の見方について、ごつんとぶつかるものを感ずるに違いありません。そのセツラーは唯自分だけでそれを考えるのではなく、広く同僚の中に持ち出して行って、話し合ってほしいと思います。少しでも大勢の人が事実を体験することによって正しい解決と発展が得られるからと信ずるからです。医学部のセツラーが何時も不安に感じていることは、自分の勉強とこの種の活動が両立するかどうかということです。今の私には、それが両立するとも何とも言えません。唯、少なくともこれらのいくつかの問題にぶつかってみたとき、これからの医師が、もし真にヒューマニティを標榜するなら、これらの問題について積極的でなければならないと思います。そのための勉強の場としてセツルメントが考えられるべきではないでしょうか。(中略)

　子供会に集まって来るくりくりとした無数の瞳に接する時、われわれ自身が浄化されるような素晴らしい感動を覚えます。この子供達も既に冷たい生活の風を受けて、必ずしも健康な者ばかりではありません。何とかして我々の力で守って健康に成長してもらいたいものだと勉強会のチューターの方々と頭を悩ませています。うるさい位にまとわり付いて来て離れない子供達との結びつきを見て、これこそセツルメントだなと感じた次第です。

(一九五五年)

②金子　勇　伊那谷の無医村にセツルして

　農村医学の道に進んだ金子勇氏は、千葉大の農村医学研究の拠点だった長野県伊那谷の阿南病院から、更に僻地の無医村である和合地区に診療所を作る時に所長として赴任した。過疎の全村民の健康を守る仕事を続け、その後、老健施設の医師を経て、二〇一七年三月に引退をした。社医研の『社会医学』誌には、金子氏の和合地区の調査結果が度々掲載され、毎年の社医研部員の調査にも協力し、まとめ役としてのリーダーシップを発揮した。栄養部出身のセツラーで町議（五期二〇年）として地域の活動を支えた聡子夫人と子どもたちと過疎地にセツル（定住）し、住民の健康を守る姿は、信越放送のTV番組「老いの村」にも取り上げられた。

金子勇氏は、大変な健筆家で、沢山の資料を提供してもらった。中でも「山村に住み続ける」（一九九七年南信州地域問題研究所『所報』より）は、金子氏の歩みがよくわかる文章なのでここに掲載した。医師を目指す学生には、ぜひ読んでいただきたい。

山村に住み続ける―保健医療活動を省みて

金子　勇（五二年医学）

一　はじめに

群馬の農村に育った私は、千葉大学医学生時代に参加したサークル「社会医学研究会」の農漁村活動などを通して、農村への関心を深めていった。

卒業後、公衆衛生の道を選び、すすめられて受験した大学院の面接で「興味を持っていることは」と教授に問われ、とっさに「農村問題」と答えていた。

当時、学生運動は、六〇年安保闘争に向けて過激化しつつあり、特に東京を中心としたセツルメント活動では、「労学提携」「労働者の中へ」といったスローガンが叫ばれていた。そうした動きに対して、私の中には、農村を忘れていないかとの思いがあったこともある。

一方全国的には、日本農村医学会が結成され、農村医学的研究の高まりもあり、千葉大学でも公衆衛生学教室を中心に、戦前専門部が疎開していたことを契機に生まれた長野県立阿南病院を拠点として、農村医学研究所の官制化を目指す運動が展開されていた。

そこで「丁度良い、君は長野県で活動しないか」と教授に誘われ、助手の席が用意され、一年間国立公衆衛生院で学んだ後、阿南町に来ることが決まった。

そのころ、国民皆保険を前に「保険あって医療なし」ということが社会問題となり、国の第一次無医村地区対策が進められつつあった。その施策を利用し、第二種無医村地区であった長野県下伊那郡阿南町和合地区に僻地診療所開設の動きが起き、公衆衛生院での研修も終わりに近づいた一九六〇年二月、私に係わっていくことが求められた。

こうして、安保闘争の高揚する中、六〇年五月、和合僻地診療所に就任し、七八年九月からは、大学を退き、町職となって富草僻地診療所も兼務し、今日に至っている。和合地区は、南と中央アルプスの間、伊那谷を流れる天竜川の西岸に位置し、県の南端に接する阿南町の西部にある。四か村が合併した阿南町は、今年で四〇周年を迎えるが、旧和合村は町の総面積の約半分、六〇平方キロメートルを占めながら、人口は総人口に対して、六〇年一二・三％、九七年現在六・三％と少なく、林野率は八六％と、もっとも山村的であり、標高五〇〇～一〇〇〇メートルにわたり、谷沿いまたは尾根に、大小一三の集落に分かれて暮らしている。一九六〇年当時、農家は六一％、一戸当たり耕地五・六反、山林一六・三町歩で、概して均等に所有され、隣の浪合村で育った七六歳のおばあさんが、「和合に行けば米が食べられる」と言われて嫁に来たというように、農林業の複合経営で、それなりの生活を維持してきた。

しかし、いわゆる高度経済成長期に入り、急激な過疎化が襲い、音を立てて崩れると言っても過言でない程の変貌に見まわれた。

一〇数年前、地元民放テレビ局が和合のお年寄りの暮らしぶりを取材し、「老いの村」のタイトルで放送した。内容はまずまずだったが、「老い」の村とは何事ぞと抵抗感を抱かされたが、まさに地域ぐるみ老け込み、そう言われても仕方ない実情となっている。

そうした和合地区と係わって丁度三七年になる。その間様々な事を学ばされ、考えさせられてきた。省みて、それらの一端を以下記すこととする。

二　崩れ行く山村・和合

一九六〇年六月、和合地区こぞって歓迎会を開いてくれた。その場でも、全国の燃え上がりの中で、安保闘争の話題で湧いていた。

当時、和合は合併まもなく旧村としてのまとまりもあり、青年会・婦人会も元気に活動し、地域課題に取り組む自治会も機能して活気に満ちていた。

私も診療所を足場に、公衆衛生と医療の統一的実践を目指し、呼びかけて結成された住民組織「保健部」とともに寄生虫予防対策、高血圧対策、母子保健活動などに、仲間の保健婦と取り組み始めた。健康なくらしづくりへの期待にふくらむ出発であった。

しかし、間もなく高度経済成長政策、農業基本法などが打ち出され、山村僻地の揺らぎが加速、和合も例外ではなく、いわゆる過疎の嵐が吹きすさび始めた。

六〇年代前半で薪炭生産や山林労働に従事していた山村労働者層の挙家離村（注1）が相次ぎ、世帯数は三分の二に激減した。そして農協合併が論議も不十分なまま進められ、支所となり、技術員や共済職員は本所または役場に転属となり、職員も削減して機能縮小、一精米所・三集落の売店も閉鎖された。さらに、六〇年代後半になると農協合併を見送って不便が募った経験から、統合中学問題が起こるや、一定の反対運動が取り組まれたものの、強行されるなど、施設の統廃合が続き、従来からの社会集団としての機能の後退を余儀なくされた。

その間、若者の流出も激しく、留村するのは学校を終えて一人いるかいないかといった状況が続いている。若者層の流出は、出生数の減少につながり、人口の社会減のみならず、自然減を来す結果をもたらした。

こうして、六〇年と九七年を比べると世帯数は二九一から一六五戸、人口は一、二七三人から四一二人へ、小学生は一五〇人から五人となり、六五歳以上の人口は九・九％から四六・一％と急増している。年少人口指数の若干の上昇は、学校の努力もあって、子持ち教師二世帯の加入が影響している。

そして、人口ピラミッドは、ひょうたん型からきのこ型へ、さらにきのこの足がますます細くなって、糸を引きずる風船のごとくなり、やがて萎んでいくかのごとくである。

六〇年代の農業生産は、林業とともに稲作・こんにゃく・養蚕などを組み合わせ、活発に繰り広げられていた。しかし、エネルギー革命と言われた中で、日本有数の木炭生産や薪作りは、六〇年代で一時壊滅した。外材輸入により木材生産も停滞、収入源として期待できなくなった。戦後、青壮年が熱心に定着させたこんにゃく生産も輸入に押され価格が低下、後退の一途をたどり、養蚕も同様で最後の一軒が止め、今年で消滅した。さらに減反の追い打ちと労働力の高齢化で、米作りも後退の道をたどっている。

このように、農業生産が衰退し、自給部分が減少する一方、消費市場化が急速に進んだ。薪からプロパンガスへ、様々な電化製品の導入、老人世帯を除き、オートバイの時代を経て、一軒数台の自動車購入、生産手段の機械化等々、消費は拡大の一途をたどっている。

その結果、生計を営むには、離村か土地を手放し、賃労働者になるか、選択を迫られるのである。

農外収入を求めても土木労働、弱電工場、自動車部品下請工場、縫製工場等、いずれも低賃金のところしかなく、課税所得をみても、給与はもちろん、どの分野においても低い阿南町の平均を、さらに和合地区は下回っており、生活の厳しさを示している。

若年人口減少、高齢化は、地域の活力を低下させ、青年会は消滅、婦人会も一集落に細々と残るのみ。いろいろな組織も弱体化し、住民意識の低下は、はがゆい限りである。特に、後継者の流出した世帯は増え続け、次世代にみずからの歩みを受け渡す展望がなく、その場しのぎの意識になり易く、家や地域の歴史が断絶する危惧を覚えさせられる。

このように弱体化した地域に付け込み利用する動きが、いろいろな形で押し寄せた。次世代が受け継ぐ期待が失われた時、農民の血を通わせた土地への執着が薄れ、土地を手放して今の生活費に変えようと考え出した点が付け込まれる一因となっている。

原生林の残る和合の中心山頂に、行動右翼の修練場を作る働きかけ、和合の中を東流する二つの河川の合流点にあるダムをかさ上げして巨大ダムを建設する動き（立ち消えしたが再び浮上）、飲料水源の上流に皮革工場廃棄物埋め立て場づくり、町の活性化と称して隣接上流にゴルフ場誘致（土地売却は終わったがバブル崩壊で造成中断）などの、言うならば、過疎に付け込み過疎を利用する様々な動きが繰り返されている。

以上の如き和合の変わり行く有様は、まさに過疎の典型とも言えよう。

（注1）挙家離村：農村または人口の少ない場所にダムなどを建設する際、一家総出で立ち退きをすること。結果それが廃村や限界集落化を引き起こす。

三　暮らしに根差す健康

地域の変貌は、健康面にもさまざまな影響を与えている。

一般に健康問題を考えるに当たって、性別・年齢別・地域（集落）別・社会階層（所得階層）別・年次別等の検討が行われている。そうした中に、当初私は、社会階級別に、いろいろな分野の問題を検討することを加えてみた。

すなわち、和合地区においては、富農（年間延べ五〇人以上雇用農家）、中農（ほぼ自家労働力で経営）、貧農（農業のみで生計が営めず賃労働に依存する）、労働者（主に賃労収入で生計を営む、常勤と日雇いに区分）、その他勤労者（自営業）に区分しての検討である。一九六三年の土着二二〇世帯の構成は、四・一、二四・一、三七・七、二九・一、五・〇％であった。この階級区分で注目された事は、本来なら貧農と区分されるべきなのに、後継者が流出し、残された老人が自力で細々と生活し、中農に含まれてしまった点である。

とにかくこの検討によって様々な事が解明されたが、特に印象深いことは山村日雇労働者層に問題が集中していた事であった。生活環境も概して悪く、災害被災率も高く、重度の傾向を認め、有病率は必ずしも低くないのに、受診率は顕著に低い等々である。最初から取り組んだ寄生虫対策においても虫卵保有率が高また農村では、かねてより衛生状態の劣悪・感染症の多発、過酷な労働や無理な作業姿勢による腰痛など運動器疾患、さらに低栄養も加えての早老化、経済事情や医療体制の不備、意識や人間関係も絡んでの潜在疾病や手遅れの問題等々、くらしや労働に起因する健康問題が指摘されてきた。

これら古くからの健康障害に、六〇年代からの急激なくらしぶりの変化によって、新たな健康問題が加重されている。すなわち新旧二重の健康障害にむしばまれていると言える。

以上のとおり、健康に関わる問題は、いずれもくらしと切っても切れない関係にある。健康は暮らしに根差しており、その原因の究明も対策も「くらし」の中にあると言えよう。（後略）　　　　（一九九七・五）

く、対策が進んでも最後まで撲滅できなかったのは、日雇労働者世帯であった。山村なるが故に、傾斜地で、家の周辺の小さな畑に繰り返し、し尿を濃厚散布せざるを得ないので、再感染機会が多くなるためと考えられた。

このような階級（階層）による健康指標の格差の存在は、健康の階級制について考えさせられ、健康がくらしと結びついていることを教えてくれた。

寄生虫に関しては、虫卵保有率が、回虫五〇％余り、鈎虫三〇％余りもあったのに、数年の対策で撲滅段階に到達したことは、集団検便・駆虫対策の効果とも言えるが、水道の普及、化学肥料の導入、し尿処理の変化等、生産分野や生活の変化による影響も見逃すわけにはいかない。

③田口　保　セツルとうたごえ運動との出会い

セツルと「うたごえ」は、切っても切れない仲である。その原点とも言うべき、セツルの「うたごえ」をリードしたセツラーを紹介する。

社医研の活動を〝医者の真似事〟と批判した田口保氏は、社医研活動をしていないセツラーである。学生として山岳部や合唱部のメンバーとともに「うたごえ」活動を行い、ともすれば難解な理論の前に沈黙しがちなセツラーたちに明るい連帯の活動を体験させた。卒業後は、民主的な医療機関で全職員をまとめるユニークな医療の実践をしてきた。「医師と患者は対等である」が持論。現在も現役で働きながら大震災後の東北を巡ったり、沖縄の辺野古で座り込みをしたり、夫人と車で各地へ出かけるなど精力的な活動をしている。

うたごえの思い出

坂下診療所　田口　保（五一年医学）

一九五九年初頭、世界平和協議会からストックホルムアピールが出されました。曰く「平和は話し合いで」丁度その頃、内灘、砂川基地反対闘争が広がり、「うたごえは平和の力」をスローガンにうたごえ運動が始まりました。砂川闘争のデモ隊の中から誰ともなく「赤とんぼ」が歌われ出し、大合唱になったことは今も語り草になっています。この二つのスローガンが私を惹きつけて止みませんでした。

一九五三年、第一回日本うたごえ祭典が開かれました。一九五四年、私はセツルメントと山岳部に入りました。学部二年の頃ですが、これら三つの繋がりが、私にとっては学業よりもしっかりと結びついたものとなりました。

同じ級に西村弥彦君が居りました。音楽部の中堅でした。彼と相談して「うたう会」を始めようということにしました。具体的には、週いっぺん病院と教室を結ぶ連絡道路の脇の芝生で歌いました。ガリを切るのは私。わら半紙半分に音符と詩を載せるのですが、おたまじゃくしをガリで切るのが大変で、白丸が黒丸になったりしました。指揮は西村君、ガリ配布は私。雨の日は、音楽室を借りました。初めは集まってくれるのか心配でしたが、山岳部、音楽部の方々、セツラー、看護師、ある時は、公衆衛生学の柳沢教授も参加して下さいました。

1956 年　三つ峠ハイキングでの歌声

山岳部の二級上に芝沼さんという方がいらっしゃいました。音楽部のキャプテンで「うたう会」に大変好意を持っていて下さいました。彼が教えてくれた中世の宗教曲「Dona nobis pacem」（三部輪唱）「われらに平和を」がありました。山へ登るたびにみんなが頂上で歌っていると、まわりのハイカーたちが集まって来て聴き入って下さいました。

もう一つロシア民謡で「十二人の盗賊」が人気でした。下山して三々五々、お互いに別れていくとき、みんなで歌うのです。歌の内容は、一人の仲間が足を洗って故郷へ帰るのを仲間が名残惜しく送る歌です。

これを駅のフォームなどでよく歌いました。その頃、リクエストなんていう言葉はなく、適当に選んだ曲を歌っていました。

ある時、K君が古ぼけた世界文学全集を持ってきました。見るとM・ゴーリキイの「どん底」でした。劇中歌われる歌が楽譜と一緒に載っていました。

また音楽室で歌っていると、知り合いの看護師Yさんが内田巌画伯の手術でB型の血液が足りないと訴えました。私は、B型なので早速応じました。後になって、〝凪〟という娘さんの絵が、内田さんの娘さんの絵だということを初めて知りました。他に、中央合唱団の方々が東大生産技術研究所（元西千葉、現千葉大学）の方にも見えて新しい歌を指導して下さいました。

大きな出来事と言えば「千葉大学のうたごえ」です。どのように立ち上げられたのか記憶にないのですが、医学部は、他のセツラーの方も含めて、ショスターコヴィッチのオラトリオ「森の歌」の最終章「スターリングラード市民は前進する」を歌うことにしました。（中略）指揮は、生化学教室の加藤徳太郎さんが引き受けて下さいました。場所は、千葉市教育会館。私たちは、四〇人以上参加し、大成功でした。

開演の始めに私が挨拶をしたのですが、何を話したのかチンプンカンプンでした。後ろに居たM君に足がふるえていたと冷やかされました。（中略）

卒業して仙台の国立病院にインターンとして赴任しました。セツラーの皆さんが私のために保育専門学院の講堂で送別会を開いて下さいました。仙台なんか行

1956年　三つ峠ハイキングでの歌声

くんじゃなかったと正直思いました。それ程、皆さんのお見送りは、別れがたいものでした。

インターンが終了して、大学の第一内科に入りました。専ら研究と称する時間潰しに千葉民医連の今井町診療所で働きました。その頃は、いわゆる民主診療所でバイトすることは、医局で認められていませんでした。そこを何とか乗り切って、西原浤先生と二人、千葉市に民診の病院を作ろうと努力しました。でも、その結果は空しく東京へ二人で移ってしまったのです。


そこが今の診療所で、早四〇数年が経ちました。

先日、私共の「大泉九条の会」の集まりでギターを弾いてくださった方が「うたごえ新聞」を持って来て下さいました。いまだに続いているうたごえ運動に感動して早速新聞を取ることにいたしました。

昨年は、うたごえ喫茶〝ともしび〟が毎年主催する〝三陸鉄道うたごえの旅〟に参加しました。これからもいろいろな機会にみんなと歌を歌っていくつもりです。

三、『僕達の歩いて来た道』にみる詳しい経過報告

寒川セツル一年目の活動は、社医研の報告集である『社会医学』第七号に「僕達の歩いて来た道—寒川セツルメント」として、日付順に詳しく掲載されている。紙面の都合で資料編に掲載した。

四、学習会で何を学んでいたのか

当時の学習会は、大変高度なものであった。(『セツルニュース』二四号・一九五八年から)まず、「特集:寒川は貧困をこう考える」の中の一文に登場するアメリカのセツルメント。これは、日本で最初の『セツルメント

史』（大林宗嗣、一九二六年、同人社書店）に出てくる内容であった。創設期のセツラーたちが英国だけでなく米国のセツルについても学んでいることに驚かされた。

「貧困とセツルはどのようにつながるか」

片岡禮子（保専二年）

セツルの対象となっている地域は、その差はあれ貧困地域であると思う。セツルする対象については、特定の社会のみではなく社会全般において多かれ少なかれ、その必要性を所有している。

しかし全般にわたってセツルすることは不可能である。そこで最も必要性を大とする限定された地域での活動になる。それは貧困地域となってくるでしょう。

貧困の定義については、経済、精神…いろいろありますが、経済生活が近代社会の根底になっている今日、ここでは経済的な面にしぼって考えてみたいと思います。

ここで発生の過程について少しふれてみます。イギリスでは近代産業が発達するに及び、大量の労働者とその家族は都市に集中するに至った。彼らの住む人口密集せる区割りには娯楽もなく、子供に十分な空間もなく身寄りも友人（もと住んでいた農村又は町に残してきた）もなく住んでいた。

更にみじめな人々は、合衆国に来た膨大な移住民であった。彼らは大部分が産業労働者でスラム街に住み、足の踏み場もないような汚い環境、あるいは工場、家畜置き場の周囲の小屋に住んでいた。教育とか文化などは及びもつかず、貧困が病気や無知に支配されている環境では隣保相扶など期待すべくもなかった。人種が異なり話す言葉の異なる異郷から来た貧民間には、ほとんど相互理解の術がなかった。スラム状態における恵まれない家庭から善良な市民を作るため、新しい隣保相扶精神の概念を創造する必要性が初めて痛感された。アメリカにセツルメントの概念を移した最初のアメリカ人は、コイトとストーバーであった。彼らはヨーロッパ諸国の実例を視察研究後、一八八七年にニューヨーク市隣保組合（後の大学セツルメント）を創設し、後にシカゴのハル・ハウスとなった。彼女らはヨーロッパを旅行し、トインビーホールの成果を見てシカゴに同様の文化センターを創設しようとした。労働者、特に各種の国籍と宗教を持った移民たちの場所としてハル・ハウスを設立し、近所に住んでいる多数の移民たちに開放した。はじめ近所の人たちは、新米者の目的を不信視したが、セツルメントの勧誘を受けるものが一人二人と増し、教育を求めに来始め、協力して働くようになった。シカゴの商人によって美術館が寄付され、討論会、研究会、音楽会、演劇、芸術等、大人と子供のためにさまざまな教室が開催された。奉仕者たちは工場法の促進、住宅改良、賃金、労働時間の適正化、争議の仲裁の社会改良事業に活躍するようになった。

彼女とその協力者たちは、社会立法の必要性、児童労働保護、婦女子の夜間労働禁止、少年審判用非行犯罪者の更生保護等の必要性を市民に納得させるために説き回った。この体験は他のセツルメントの発達に貢献したのである。（後略）

次に地域の患者の姿から国の医療の在り方を真剣に考えていた医学生の姿を紹介しよう。松原氏は、第二代中央委員長として執行部役員を務め、活躍したセツラーである。北川氏と一緒に寒川町のアパートに下宿しており、二階の部屋にセツラーたちが一〇人も集まると床が抜けるのではないかと大家さんが心配したというこぼれ話もあった。（北川氏の話から）

「日本の医療の矛盾」（Sさんの場合から）

松原　保（五三年医学）

「安静が一番良い治療法なんですが。」

「しかしそうは云ったってね。子どもを抱えて働かないで休めば、明日から食べられなくなるし。それにね、自分でも休んで今度は完全に治療したいと思うんですが、病気であるということになると、日雇いは働かせてもらえなくなるしね。」とおばさんは疲れた声で云う。隣では、二人の子どもが一つの布団に上と下から潜り込んで心配そうにこちらの話を見上げている。

これは三年前、我々の先輩が母子寮で子ども会を始めた時から、ネフローゼという慢性の腎臓病にかかっているSさんとの話である。先輩が、安静ということの重要性に気を遣い、幾度も休むことをすすめたのであるが、休めば明日から食べられなくなるという現実はいかんともしがたく、最良の治療法は発見されずじまいであった。Sさんの病気は確かに、安静療法と食事療法、それに薬を用いることによって、大多数の同病者と同様に良くなるわけである。

しかし、Sさんの場合よくならなかったのはなぜだろう。

働かないと生きて行けない、生きられないという厳しい現実がある。安静にしていては食べられないのである。また腎臓の病気には、塩分をたくさんとるのは良くないとわかっているので、「食事は塩分を制限した方が良いですね。」とすすめると、「以前にも塩分は制限したことはあるのですが、塩気がないとまずくて食欲が出ないんですよ。働くにも元気が出なくてね。」という返事。また、働かないと食べられないという大きな厚い壁が治療をだめにしてしまう。

それでは、生活保護を受けてと考えたのであるが、Sさんに残されている漁業組合の配当が年三万円だかあるために、法は冷たく生活保護を拒否するのである。安静療法だめ、食事療法だめとなると残されたよりどころは「薬」となる。しかし、自費で全額負担できるほどSさんは豊かではない。

日本が国民皆保険ではなく、保険の恩恵を受けている人が約六〇％にすぎないということは、周知の如くであるが、まだ作られて日は浅いが日雇いの人たちにも、日雇保険が幸いにも設けられており、Sさんもそれに入っていた。しかし、日雇保険の規定には「同じ病気については、給付は一年間に限る」と書かれている。それでSさんの場合はその日雇保険も去年の一二月で打ち切りになってしまった。

医者の常識では、ネフローゼという病気は、一年で治るのは運のいい人だというほど慢性の病気である。こういう人に対して、規則は血も涙もなく「打ち切り」ということを行わせる。無料でやってくれる医者がいないと結局自費ということになる。その日暮らしの人にどれほどの貯えがあろう。こういうときには政府の人は、生活保護法で決められている医療扶助があるといわれるかもしれない。医療扶助をもらったから安心かというと、今度は内容が問題になってくるのである。医療扶助による診療内容はというと、厚生省からの医療扶助診療規定によって、使ってはいけない薬が種々決められている。そのため最低の治療しか受けられないようになっている。

例えば最近の新しい薬でコーチゾンという薬があり、ネフローゼにはよく効くといわれている。しかし、これは健康保険でさえあまり使ってはいけない高価な薬とされているので、医療扶助ではとても考えるには及ばない薬ということになる。「おまえたちには医療費を恵んでやっているのであるから、最低の治療で我慢せよ」という精神であるが、病気が貧富の別なく平等に人間をおかすものであることを考えれば、この規則は全くのナンセンスと言わざるを得ない。

このように現在の日本の医療制度は、貧しい人にはあまり頼りにならないものである。安心して（経済的に心配することなく）療養できる世の中であったならば、病気を治せば病人はいなくなるわけである。しかし、現在の医療制度のもとでは、いつまでたっても病気を治すことはできても、病人はなくならないであろうと思う。

いつになったらSさんのような人たちが、安心して医療を受けられるようになるか「病気を治すことが、病人を直すことになる社会」が一刻も早くくることを願ってやまない。

（みんなの広場二一号　一九五八年より）

五、全セツ連、連合委員会に参加して（一九五八年一一月）

松下兼明（五六年教育）

寒川セツルは、設立当初から全セツ連に参加し、全国の仲間たちと交流しながら活動していた。全セツ連に集まった各セツルの発言がかなり克明に再現されている。後に考え方の違いで全セツ連を離れるセツルの発言や、セツルの日常活動＝平和運動とはならないという慎重な意見も出ていて、「セツルメントとはなにか」を全セツ連のメンバーも真剣に討論していることがわかる。なお参加した松下氏の発言は、省略されていたのでここに載せることはできなかった。（資料編に掲載）

六、仲間づくりってなにをしたのか

『セツルニュース』一二号に、寮生活者が多かった看護学校生の座談会が載っていた。母子寮での子ども会や勉強会よりも、看護の専門性を活かした保健部の活動に意欲を持って地域に行く喜びや、寮生活についての総括をしながら新たな提案が生まれている。話し合うことから始まるセツルの仲間づくりの一端。

（一）セツルって何なの？——卒業生を囲んで看護学校セツラーの集い（一九五七年）

出席者　三年　宮本　荒井　大柳　鈴木　　　一年　安斉　大河原　田中　土橋　大岩　竹内
　　　　二年　狩野　芦沢　　　　　　　　　進士　中村　鈴木　新井　堀内

（堀内）今日は卒業なさる方達の追い出しコンパを兼ねて、ゆっくりお茶でも飲みながら話し合いたいと思い集まっていただきました。それに、中央委員会の方から「セツル活動を振り返ってみて、セツルは今後とも続けるべきか、それともやめてもよいものであるか」というテーマを出されていますので、なるべくこれに近づけてお話をしていきたいと思います。

（宮本）先輩セツラーといっても、何もやってこなかったので恥ずかしいわ。

（堀内）でも皆さんがやってくださったので、私たち現在一三名の一・二年セツラーが生まれることができたのですもの、それだけで十分だと思います。

（安斉）うちの学校では、今どことどこへ毎週通っているのですか。

（堀内）あのね、現在は土曜日だけで、母子寮に狩野さんと芦沢さんと私の三人で、今年新井さんと鈴木さんと中村さんが三丁目に行くようになりました。一年生でも今度から行きたいなと思う人は、早速今週の土曜日に一緒に行きましょうね。

（芦沢）わたしがセツルに入って思うに、病院の中でのことが地域でも当てはまるし、地域であったようなことが病院の中においてもあてはまることがたくさんあると思うのよね。セツルは病院の中でもやれるといえると思うわ。だからセツルに入っていて参考になると思う。

（皆）このテーマだけど、セツルはもちろん続けるべきよね。セツルをしなくてもよいときは、世間がよくなった時よね。

（宮本）続けるべきかというよりも、停滞しているセツル活動を今後どのようにやっていくべきかの方が問題なんじゃないかしらね。

（狩野）こういう問題が出たのは、セツルが昨年末頃にさかんにつぶれるかもしれない、と言われていたからじゃない。

（芦沢）でもそう言われながらも、現在続けられているのは、やっぱり続ける必要があるからじゃない。

（皆）そうよね。

（大柳）だけど地域に入っていくってほんとに難しいわね。

（宮本）子ども会を通して入っていくのはいいけどね。

（芦沢）あたしもこの間、血圧測定に行って感じたんだけど、つきあいやすい人とつきあいにくい人がいるわね。でも私たちは血圧測定に行っていることによって、地域のことを知ることができるし、看護面でも活躍できるのだと思うわ。

（堀内）この前ね、三年だけのグループで血圧測定に行ったとき、失敗に終わってしまったのはどうしてですか。

（荒井）それは結局行く回数が少なかったからよ。

（堀内）地域の人とうまくやっていくには、血圧測定に行くのも、やはり同じグループが連続して同じ家庭を訪問していくのでなくては地域の人も嫌気がさしてしまうのではないかしら。だからなるべくメンバーを変えないで続けた方がいいことになるわね。

（宮本）私たちにピンとくるのはやはり保健部ね。

（芦沢）そして重要点をおくべきところね。子ども会や勉強会へ行って教えたりするのはやはり難しいわ。どうしたって自分たちに関係ある保健部において地域に入っていくべきね。それにやりやすいもの、勉強会では無責任に教えられないもの。

（堀内）この前母子寮に行くとき、どんなふうに想像していた？

（中村）（略）子ども達があんなふうに寄りついてくるなんて思ってなかった。素直に迎え入れてくれて仲良く遊べて、思ったほど子ども達が暗い感じがしなかった。

（芦沢）わたし達一年の頃は、自分からすぐ入っていけるような機会をつくってくれてあったので、入っていきやすかったけれども、この頃セツルって遊ぶ機会っていうのがなくなったので、なかなか皆と交わる機会がなくて、入っていきづらくなったんじゃあない。

（堀内）ほんとにこの頃は、コンパなんてみんなでやらないわね。

（狩野）ある人が言っていたけど、セツルに入っていなくても、セツルのようなことはやれるっていっていたわ。

（皆）だけどやはりその精神っていうか何かが、そのつまり惹かれるものがセツルにはあるようね。その何かっていうものをうまく口だけでは言い表せないけれども。

（芦沢）うちの学校って、他の学校の人たちが不思議がるほど、セツラー同士のつながりが足りないわね。もっと私たちだけでの特徴っていうものをつくりたいわね。

（大柳）保健部で赤ちゃんなんかを対象にしてやったらもっと面白いものができるし一年生なんかも興味がもてるのではないかしら。

（竹内）寮内においてもっと親しさをもたなければだめね。

（堀内）全学年の人が一緒に集まる機会が今の寮内では少ないわけでしょ。あたしたち今三人で「歌う会」へ行っているけど、校外への活動へ誘い合って行くようにしたら、もっと仲良くできるんじゃあないかな。もっと積極的に自分から動くことね、こんど行きましょうよ。

（竹内）校内の人たち同士がうまくいってないのは、ケースワークにしても医学部の人たちと個人的にはまとまっていても、保健部全体としてのつながりが少ないからうまくいかないのだと思う。

（狩野）ほんとね、もっと今の保健部の活動方法を変えるべきね。血圧測定に行くにしても、その結果のまとめなんかもみんなで一緒にやるようにしたらお互いの親しさも増すんじゃないかしら。

（堀内）わたしたちの学校では、前にも言ったように、確かに系統的なつながりがないことが欠点ね。

（大柳）医学部では学生と医局の先生方との仲がよくてうまくいっているようだけど、あたし達は看護婦さん達と一緒になってやることってないんですものね。

（芦沢）わたしは病院においても、もっとセツル的なことが先輩の人たちとやれることは自然なことだと思うんだけど。

（堀内）一年生の人たち、現在活躍しているセツラーをみていて、もっと自分たちが近づきやすくなる方法を言ってみて下さらない。

（竹内）たとえばね、保健所なんかをみんなで見学に行ったりしたら、まとまりやすいと思う。

（芦沢）もっと皆がまとまってからでないとだめなんじゃない？

（狩野）今まであまりにも集まる機会が少なすぎたものね。

（堀内）だから保健所なんかに見学に行くことによって、そういう機会をつかんで親しくしていくといいのよね。今保健部の小委員会で保健所へ行くことになっているんだけど。寮内においてセツラーのたまり場みたいなところがほしいわね。

（芦沢）そして何でも話題なんか決めなくても、自由に話し合える機会をもつようにするといいわね。

（堀内）じゃあ早速来週から、そういう日を決めて集まりたい人同士で好きなことを話し合っていかない。毎週水曜の夜、二〇号室で行うことにしましょうよ。

（皆）賛成！

（堀内）そしてそのときは卒業生も時には来ていただくようにお願いしますね。あのね、今まで、セツルと教務の間でいろいろなことがあったようだけど現在はどう思う？

（宮本）わたし達一年の頃は全く厳しかった。

（堀内）この間も自治会のことなんかで教務の先生と話し合ったんだけど、そのときの様子だとあたしたち自身がもっと自信を持って動けば、教務もついてきてくれると感じたんだけど。

（芦沢）結局、自分たちがやることをやっていれば賛成してくれるんじゃない。

（堀内）私たちセツルは、他のものから引き出してあげようというような考えでやっているわけでしょ。だけど先生は宗教的に考えているせいか、慈善的に与えようとする主義なのよね。

(芦沢) 地元の人達だって、自分たちは慈善的にやってもらっているんだっていうと嫌なんじゃないかしら。

(宮本) うちの先生方だって本当は話せばわかるわよ。

(芦沢) 今までいろんなふうに考えられていたのも無理ないのかもしれない。理解されるようにうまく私たちが話してなかったのかもしれないし、少しずつ理解されてきたんじゃないかしら。

(大柳) 全看連なんかをみても、看護学生に対する一般の考えが変わってきたことを意味しているんじゃない。

(堀内) 私たちもこの頃、教務に少しでも認められてきたと思う。このときがよいチャンスなんじゃないかしら。

(宮本) うちの学校の人たちは適当にやることはできない。「何が彼女たちをそうさせたか」なんていつだったろうか、教務と話したときにも感じるところがあったらしいわよ。

(堀内) もっとまとまって仲良くやれるようにお互いに努力しましょうよ。それには具体的にどんなふうにやっていこうかしら。

(芦沢) 会合の時にセツルのことばかりでなくて、読書会みたいなものも取り入れたりしていったら面白いと思うわ。

(竹内) 看護学校だけで何か特色づけるものを研究していきたい。

(堀内) 水曜日の夜は、直接セツルに今いっていない人に状況を知ってもらうためにもその連絡の時間としてもいいわね。今後お互いに連絡のあるときには、その時間を利用しましょうよ。

(堀内) では大変時間もたちましたし、この辺で終わりにしたいと思います。だいぶテーマよりも外れましたが、うちの学校のセツラー同士で今思っていることを話し合えたのは、今後の活動にプラスになると思います。今後ともしっかり頑張りましょう。(終わり)

（二）ＯＳ会の集まり―インターン　金子　勇「青雲閣の夕べ」

セツルのリーダーたちは、卒業後も後輩の世話を良くしていた。金子勇氏の文には、そんなＯＳの思いが溢れている。大学祭期間を利用したＯＳ会の集まりとセツル活動の問題点を、セツル執行部としての卒業後もセツル活動を心配していた様子がよくわかる文である。（セツルニュース二七号　一九五八年より）（長文なので資料として掲載）

七、セツルハウス建設の夢

（文責：ロビン　七二年工学　本庄公巳）

セツルメント活動をしている地域に実際に住んで、そこで活動をしてみたい…。セツラーならば誰もが一度は思うことだろう。

一九五四年九月、寒川セツルメント第一回セツル委員会が開かれ、セツルメント活動を始める候補地として寒川地域が挙げられた。それ以来セツルハウスを求めるために寒川を歩き、漁業組合の役員等、地域の主な人たちとの折衝が始まった。

具体的な寒川セツルメントの活動は一九五四年一二月に母子寮で、クリスマス子ども会に参加したことから始められた。翌一九五五年一月、この母子寮内の施設をセツルハウスに当てるために、千葉市役所に「趣意書」を提出している。この母子寮内の施設は子ども会の勉強会会場としても使用され、また時間的制約もあり、セツラー同士が互いに話し合ったりする場所としては適当ではなかったようだ。

「三〇万から五〇万円転がり込んできたら寒川に四、五間ある家を一軒買う。二室は診療室、あとは子ども会と事務その他に活用する。玄関には看板を出す。『寒川セツルメントハウス・診療所』と。特定の人だけが話をするような空気が早くなくならないかなあ。医学部の連中が保健部の仕事に専念できたらいい。」、一九五六年一一月発行の「セツルニュース」秋季特集号の中で、第二代委員長を務めた松原氏の「セツルの夢と悩み」と題して綴られた文である。

一九五四年に始められた寒川セツルメントの活動であるが、その一年ほど前の一九五三年九月に氷川下セツルメントが活動地域にセツルメントハウスを設立し、そこを拠点として診療活動やセツラーの泊まり込みも始められていた。その後、氷川下の診療所は増改築され、やがて木造の診療所から鉄筋コンクリートの病院へと医療活動の発展と共にハウスは移転していった。(『氷川下セツルメント史』より)

こうした氷川下セツルメントのセツルハウス設立や、そこでの活動に刺激を受け、寒川セツルメントとしても地域にセツルハウスを設立したいという思いが高まっていったのであろう。

一九五七年二月第六回中央委員会に於いて、中央委員会の仕事として「セツルハウス設立委員会」を立ち上げることが決まった。セツルハウスの候補地としては、①市役所の建物、②3丁目民生委員の親類、③バス利用と記されている。

この年の九月には、セツルハウス設立のためのダンスパーティーが開催された。詳しい記述は見当たらないが、おそらく設立資金を集めるための事業であったと見られる。着飾った男女のセツラーが颯爽とダンスを踊っているという光景を想像するだけで面白い。

また、この年の一〇月、「みんなの広場」第一九号の中で再び松原氏が「シャッポの感想」として「寒川はセツルと言いながら余りにも地元の人達とのつながりが軽視されて、地元の人々の心にセツルしていない。積極的に地元の人を掴んでいかなければ惰性の活動に終わる。セツルハウスが地元に作られるのが一番手っ取り早い解決策のように思われる。」と記している。

一九六二年五月の総会で会計の問題として、「セツルハウス建設資金というのがあり、これは先輩が数年前にセツラー一人が年に二〇〇円出すことによって寒川にセツルハウスを建てようという長期計画で始められたものである。しかし、集金不徹底のためほとんどのセツラーが出していない。」と提起し、セツルハウス設立準備委員会を置き検討することが満場一致で決定された。

一九六六年の秋季総会に於いても、「春の総会で児童部の有志から寒川セツルルームについて呼びかけがなされた。地域に深く入り、活動に基点をもたらすので大いに歓迎し、その後の動きを見守ったが、その後、影を薄くしてしまった。セツルハウスは、かつて保健部でも問題になり、中央にいささか蓄えがある。中央委員会は音頭を取ってこなかったが、その点は下からの動き次第である」と報告されている。

しかし、寒川セツルメント創設時から一二年が経過したが、遂にこのセツルハウス建設の夢は実現しなかった。こうしたセツルハウスを建てたいという強い思いからは、地域で暮らし、地域の人たちと同じ気持ちを感じながら地域でのセツルメント活動を展開し、より良い生活を、より平和で民主的な社会を求めようとしたセツラーの純粋で真摯な思いを感じざるを得ない。

次の北原氏の創作文は、念願のハウス完成の喜びが本当かと思える位リアルに描かれている。セツル文芸の最高作品と言えよう。


「晩秋の夜の夢」

（北原季彦　五五年教育）

仕事から解放されて帰宅する途上にある妻の勤務先に立ち寄って一緒に帰ると、軒先のポストには、一葉の葉書があった。表の差出名は〝寒川セツルメント〟とあった。

拝啓

秋もいよいよ深まり、ＯＳ（注）の皆様には、ますますご健勝のこととお慶び申し上げます。今度、皆様のご尽力によって念願のハウスが完成されましたので、左記の如く落成記念会を開催いたします。お忙しいこととは思いますが、万障御繰り合わせの上、御出席願います。

記

日時　昭和三六年一〇月二五日　午前九時開会

場所　千葉市寒川町二丁目セツルハウス

経費　お母さん一〇〇円　ＯＳ一〇〇円＋α

セツラー一〇〇円　子ども三〇円　　以上

寒川セツルハウス設立委員会

二人が先を競って読む様は、子供のように嬉しそうであった。読み終わって、互いに交わす眼には隠しきれない喜びが溢れて、二五日の記念会に思いを馳せていた。

※　　※

白い陽光がジリジリと照りつける真夏の昼下がり、教育の四宮君、香村君、杉岡君、永友君、保専の岡田さん、小木曽さん、福尾さん、山下さん達と、寒川一丁目の街路樹もない舗装道路を調査について話しながら歩いていた。お茶屋さんの前で夕方四時に診療所での再会を約束して三々五々それぞれの目的に向かって家路に散っていった。

それから三時間余りしてようやく二軒調査して（五軒も歩いて三軒留守）フラフラになった頭と重い足を引きずるようにして、四時過ぎに診療所に帰り着くことができた。

西日の部屋いっぱいに差し込む二階の一室には、上気した顔、汗だくの顔、疲れ切った顔…等をしたセツラーが一〇人程、調査第一日目の感想を話していた。

「お母さん達は､私達の調査を待っていたかのように、忙しい内にも親身になって協力してくれたので、まだ一〇軒も残っているが、でも気持ちが楽になったわ」という声、「僕の行った家でもそうであったが、勉強会に来ている子どもの家庭は比較的経済的に恵まれた家庭が多いような感じがした。まだ五軒しか昨日と今日でしていないけど」という声、また「海岸寄りの家に行ったら、その辺一帯は、立退き命令が県より出ているという住民の切実な声を身をもって聞いて来た」という声等々、ただ漫然と町を歩いていては気づかないが、大きな問題が僅かな家に行っただけでも発見されたことは、私達の調査をより一層強力に進めるとともに、その成果に大きな期待をかけた。

私が部屋に入ってすぐに気が付いたのは、活動家の小木曽さんが力の抜けたような、また何か深く考えているような面をして、じっと皆の話すのを聞いていたが、突然「今日ね、あるお母さんからセツルって何ですか。勉強会、子ども会ってどこでいつやっているのですかという質問にあった」という話をした。この話は、そこに居合わせたセツラーの気持ちをしゅんとさせるには余りにも効きがよかった。

私達の幾多の先輩がこの町にセツルし始めてからもう四年になるというのに、勉強会、子供会等に参加している子供の家庭以外の町の人達がセツルに関して零に等しい関心と理解である現実をいやという程、体験させられた小木曽さんばかりでなく、他の調査に行ったセツラーも多かれ少なかれ感じてきていたのであった。

小木曽さんの話からこの場のセツラーは一致して、何故こうした現実になったか、またなぜこうした現実をより早く発見できなかったのか、それでは今後どのようにしていったらよいのだろうか。「寒川の町を明るく住みよくしよう」といって雨の日も試験の最中でも、うまずたゆまず努力してきた諸先輩の努力を無にすることなく、より能率的に活動していくことができるのかという方に話は発展してしまった。

何故地域の中に生きた活動となりえなかったか、この町の人達があまりにも仕事に追われて、自分たちの周囲を見ようとしない人間が多いということ、しかし単にそれだけに原因を求めることは、非常に大きな誤りをおかすことになる。むしろ私達はセツラーに大きな改良点なり、考慮点があることを認めなければなるまい。

寒川町と共にあるセツルとして成長するためには、勉強会、子供会等を通して行くことを更に深めると同時に、町の諸団体に呼びかけ働きかけるためには、まずそういった諸団体と話し合う場を持たねばならないこと、それと特に児童部セツラーに関係してくるが、セツラーをセツルしなければならぬ現実、これまでも種々と地域との結びつきの予備段階として、会合を持ってもセツラー自体の意識の低さのために、更に一歩を強く踏み出せなかったことは事実であるということを再認識して、その方法を考え出していかぬかぎり現段階から前向きの一歩は考えられないと思う。

児童部は、現在では他部と比して最も大きなエネルギーを必要とする時期であるにも関わらず、部内セツラー間の協力が得られないということは、仲間意識が感情的意識としてとらえられているからだと考えられる。セツルする上で共通な意識を持つためには、何といってもセツラーとしての意識の高揚が第一だ。結局、今までより更に強く地域と結びつき、地域のなかに入って行くこと、それにはセツラーのチームワークを強めることが要となる。

まず、手始めに調査と並行して、八月五、六、七日に清澄山のキャンプの計画が進められている。

キャンプの意義、参加等に関してお母さん達と話し合うことになっているので、その会を契機としてこれから月一回は少なくともお母さん達と私達が話し合う会をもつことにしようということになった。話は二転三転して、定期的会合をするにしても、キャンプの計画をするにしても、調査のまとめをするにしても、勉強会、子供会をするにしても、町の中に地域の人達と私達の共通の場所があったらなあという夢に等しい話になってしまった。場所がない故に、一丁目低学年の男子は勉強会を断念せざるを得ぬような状態にまで追い込んだことは、ハウスがあれば解決できることだと考えた。

私達児童部にとっては、現在種々の問題に直面しているが、ハウスがあれば現在より更に進んだ次元に到達することができる。ハウスがあっても尚多くの問題を残しているであろうが。セツラー間の意識の向上のためにも、それと表裏をなすことは地域の結びつきをより一層強化するためには、私達と地域の人達との共通の場を地域の中に持つことが何よりも先決問題となってきた。

だが先決問題だからと言って、明日からの活動をハウス設立のためばかりに費やすことは、全くナンセンスであるし、金が天からでも降ってきたり、地から湧いてきたりするわけでもない。私達は学生である…毎日の生活にすら追われている…。

ハウスは必要だし金はない。計画的に積立をするにしてもとにかく三〜四年先でなければハウスはできない。現在、私達が置かれている条件の中で最大限に努力してなし得ることは、ハウスがない現状から出てくる欠陥を再認識して、それをカバーするよりよき方法で活動を続けること。個人的にはセツラーとしての共同学習と自分自身で人間としての勉強を更にこれまで以上に強力に励むこと。個人的には、勉強していることだろうが、セツラーとして意識を高めていくためには、これまであまり努力が払われていなかったのではあるまいか。とにかく勉強したことをセツル活動に実践して行くことによって真の学習になる。私達は、これと並行してハウス完成を目指して着実な計画を立てて、これを実現へと努力を惜しまずに活動するならば、三〜四年の将来には、立派とは言えなくても寒川の人々と私達とのジョイントともいうべきハウスを持つことができるのだ。

その後、調査、キャンプサマー子ども会等で夏も終わり、九月早々調査のまとめにかかり、これと児童部総会、前期試験等目まぐるしく過ぎ、一〇月からは、インターンをしているOS柳沢さんの部屋で、エンゲルスの『空想から科学へ』の読書会を始め、毎週木曜の五時から活発な討論をして盛況を呈している。そんなある日、読書会に少し早めに行ったら、柳沢さんは日本シリーズ巨人対西鉄のラジオに聞き入っていた。私もラジオに耳を傾けていると、巨人が敗戦色濃くなってきたので、柳沢さんはスイッチを切ってしまった。そして先日開かれた関東セツル勉強会のことからいつしかセツルハウスの話になってしまった。

現在までＯＳとなった方は名簿上で一〇〇名位はいるので、ＯＳ会を組織して現役のセツラーとＯＳの交流を図ることは、学生である私達にとって活動面においてもハウス設立資金のカンパにも一石二鳥であることは確実だ。ただ考えなければならないのは、名簿上のセツラーには、こと金のことになると期待をかけては、後で大きなつまずきになるので、卒業期まで熱心に活動したＯＳにハウス設立資金のカンパは相当期待できるし、ＯＳ会もない現在、直接セツルとの関係はなくなっていてもやはり、資金カンパには最大限の努力と協力をしてくれるだろうということになって最後まで活動してくれた方を古い名簿の上に探してみた。

五〇～六〇名という数字が出てきた。毎年平均して二〇名位は卒業していたことになる。これからも平均二〇名として三年後には一二〇名にはなる。一年に一口一〇〇〇円は最低ＯＳ一人からカンパしてもらい、セツラーも一口一〇〇〇円一年間にやっぱり出すことにすれば、四〇万円近くの金が三年後には集まるという子どものような見通しを立てた。この原案をＯＳとセツラーの会に提示することをＯＳ会の柳沢さんとも相談した結果、来年一月にＯＳ会結成式を行い、その時より実行に移すべくＯＳ会結成準備会が大学祭の忙しい最中に発足した。

各年度、学校（学部）別に代表者を一名ずつ選び、ＯＳの柳沢さんが準備委員となり、活発に行動を開始した。

一一月一六日には第一回準備委員会が社医研の部室で開かれた。準備委員は一四名、セツラーは委員長以下中央委員の会議で三〇名近くなり、会場が余りにも小さすぎるという声があちこちから起こっていた。

「相変わらずキレイな部屋ですね。でも卒業して二年になるが、自分が現在セツラーであるかのような錯覚にとらわれてしまった」というＯＳ、また「随分変わったわね」といって自分が活動していた時代を回想しているかのように黙り込んでしまったＯＳもいた。

皆元気にＯＳ会結成に関する討議を終わり、雑談に移り、セツルを離れてからの横のつながりと縦のつながりがしみじみ必要だと感じながらも、忙しいということでこれといって自分から動き出すことができなかったようである。そんな中で、寒川の中にハウスがあれば、自分たちが千葉に出てきたときはいつでも立ち寄って、皆さんと話し合ったり、活動状況を知ったりする上で必要であり、大切だというあるOSの話には、一同強く共鳴した。

次の結成準備会までに、各々ハウス資金調達方法を考えてくることになって、その日は幕となった。子供会はクリスマス子供会の準備に忙殺されている一二月の二四日に、第二回OS会結成準備会が例の場所で開かれた。前の雑談の中から生まれたハウス設立の件についての私案が出された。

A案　OS、セツラーの会費として一か月一〇〇円（八〇円はハウス資金、二〇円はセツル、OS会費用）

B案　前に柳沢さんと私の話で生まれた案

結局、その場の空気はA案支持が強かった。このA、B案と共にOS会の運営と組織に関する規則の原案もこの日に決定され、一月に迫った総会に上程すべく更に検討することにして、皆「総会で会いましょう」という言葉で散会。

前日は夜半まで総会の準備で下宿に帰ったのは一時過ぎであった。一〇〇名近くのOSとセツラーが一堂に会するその壮観さをおもい浮かべながら、疲れた身体を冷たい寝具に横たえた。翌朝七時に眠い目をこすりながらも顔も洗えずにご飯をかっこんで、勤労会館に八時に着いた。寒川セツルにとって、三つの大きなモニュメントだったと思う。

一つはセツル創立、二つはOS会結成、三つにはハウス完成、眠くてぼうーっとしている頭にこの歴史的な日と今日のOS会、セツラー会が初めて一致するのを発見して驚き、喜んだ。

昭和三四年一月一五日、「成人の日」であると共に寒川セツルの「成人の日」でもあると。「成人の日」は、私達にとって意義が広く且つ深くなった。実行委員会が内容進行についての打ち合わせをしていると、OS会の方々が一〇名程到着、九時前には出席予定のOS三分の二、セツラー二分の一程度の顔が会場で懐かしいやらうれしいやらなんとも表現しえない面をして、総会が成功に終わるのを暗示するかのようであった。

正午前、出席予定者の五分の四程度がそろった。柳沢さんが総会宣言、同時に総会開催に至る経過報告があり、OS代表、セツラー代表の挨拶、続いて議長、書記の選出があり、草案のOS会の運営と組織に関する規則とハウス設立委員が選出された。その委員は、各年度、学級（学部）別に一名ずつ選出され積極的に資金集めとハウス建設構想の研究を推進することになり、OS、セツラーは全面的に協力することも確認された。資金カンパの方法としてはA案に修正を加えて採択された。

※　　※

二時間余り、ゴトゴトと私達は汽車にゆられて、千葉駅に着き、セツラー時代に利用したバスで寒川二丁目で下車。当時と変わらぬ寒川の軒先、小学校、母子寮であったが、小学校の向こうにあまり立派とは言えぬが、こぢんまりとした二階建て家屋が出現していること、その二階から下まで届きそうな長く大きな「寒川セツルメントハウス」と達筆で書かれた白い布があり、セツルの旗が一〇月の澄んだ空に翻っているのが、私達の目に痛いほどくっきりと映った。

ハウスの中にも庭にもお母さん達、子供達、OS達、そしてセツラー達一〇〇名位がすでに集まっていた。落成式はハウス前の広場で挙行されるらしく、セツラーと子供達が会場作りで大わらわであったが、皆喜々として仕事にいそしんでいる光景が私達の目の前に展開されていた。

妻の目には白いものが光り、二人で立ち止まって、感激のあまり収拾の付かぬ気持ちで、その光景をだまって見つめるばかりであった。

※　　※

「ハッ」と目が覚めると朝の一〇時、一限の「教育原理Ⅲ」は結局夢の中ということになってサボリになってしまった。随分長い夢をみたものだなあとおもいながらも三、四年後にはOSとセツラーが手に手をとって歩むならば、実現可能であると考えた。OSの皆さん、セツラー諸兄姉、この夢を実現させるよう努力しようではありませんか。

（みんなの広場第二七号　一九五八年より）

（注）ＯＳ：オールド・セッターの略。ＮＳ：新入生に対して、経験のある人または卒業生のことを指す。

1956 年頃の子ども会（寒川保育園にて）

第二章

1964 年頃　部室での総会

1964 年頃　子ども会活動

第二章　活発化した保健部の活動と教育学部を中心とした児童部活動の広がり（主に六〇年代）

（分析者：ダッコ　七一年教育　山嵜早苗）

一、六〇年代は、寒川セツルメントの高揚期だった

（一）寒川セツルメント活動の展開

五〇年代に誕生した寒川セツルメントは、医学生や看学生、教育学部生や栄養専門学院生などが、保健部、児童部、栄養部、人形部の各部に分かれ、それぞれの活動を行ってきたが、六〇年代後半には、各部の活動に行き詰まりが生じ、保健部と児童部の二つになっていった。

六〇年七月の総会で中央委員会から寒川セツルの活動目的について次のように提案された。

「我々の目的は平和と民主主義の基盤の上に立つ、健康で豊かな生活をすべての人が同じように営みうる社会を築きあげることであり、その具体的行動として寒川町を選び、寒川町を通してその目的を実現しようとする」

この寒川セツルの目的は六〇年代後半まで掲げられ、活動の指針となっていた。

六〇年代の**保健部**活動は、高血圧を中心にした集団検診や家庭訪問による寒川町の実態調査を進める中で、寒

川町の住民を苦しめる川鉄の公害被害の問題に中心的に取り組むようになっていった。

また**児童部**は、いったんは六人にまで減少してしまった児童部員を増やすための活動を展開し、やがて一〇〇名を超えるセツラーとなり、その活動をどう保障するかなどの課題から、活動班の編成や新たな地域拡大などの活動に取り組んでいった。六〇年代前半の地域実践活動では、子どもたちに学力を付ける勉強会（水曜）に力を入れていたが、後半になると集団づくりの活動（土曜だけ）に変わっていった。教育学部の城丸章夫研究室などで集団主義教育の理論を学んだ先輩たちが理論面で大きな影響力を持ち、学力よりも子ども集団に力を付ける遊びや行事を主な活動にしていった。

千葉大学の教養部（注1）があった西千葉キャンパスの児童部の活動は、教育学部だけでなく、理学部、文理学部（のちに人文学部、理学部）、医学部、工学部、薬学部、園芸学部などあらゆる学部生が参加する幅の広さを持っていった。

その後、従来からセツラーのいた保育専門学院に加えて、千葉大学そばの敬愛短大や市川市の和洋女子大・短大からも多くのセツラーが入り、千葉商科大学に市川セツルができるのを支援するなど、千葉県下の学生セツルメント運動を牽引するセツルとして全国学生セツルメント連合（全セツ連）の中でも積極的に活動を進めていった。

栄養部は、月一回行われていた料理講習会の参加者が減少し、その後の活動を模索していった。単なる料理講習会から脱皮するにはどうすればいいのか。母の会を対象に母子寮で行った栄養部、保健部、それに児童部が参加しての料理講習、保健についての話し合いとフォークダンスとがミックスされた会が企画されたが、結局栄養部は一九六〇年代末に自然消滅となっていった。

人形部は、医学部八五周年記念祭における公演、千葉県茂原の肢体不自由者施設「ベテスダホーム」訪問、母子寮との共同公演、市内肢体不自由児施設「桜ケ丘育成園」訪問など、大いに活動したが、人形劇と寒川地域

人形部による人形劇公演

との関係など、難しい問題を整理できず、一九六六年一一月の秋季総会で解散が承認された。

※この総会に向けた、当時の人形部長、中嶋弘道氏の記した「討議資料『人形部JUBOの解散に関する中嶋弘道（前部長）氏の総括』」を資料編に掲載した。当時の人形部の活動やその苦悩の様子が伝わってくる。

またこの時期、**青年実行委員会**が作られた。

これは全セツ連の方針でもあったが、寒川セツルの目的である「平和で民主的な社会を実現」させるため、寒川町に住む青年と一緒に活動し、その中で社会の矛盾などの学習をしていくことが大切だと考えたからである。

「映画会」や「うたとフォークダンスの集い」に取り組み、若い人が二〇人来てくれたという。しかし、寒川町には地場産業といえるものはなく、地域の青年層をつかむことは難しかった。六三年二月には、セツラー総動員で寒川小学校校庭での映画会に取り組んで成功させたが、それ以降活動は立ち消えになってしまった。

（注1）教養部：入学後、全学部生が二年間一般教養を学ぶ教養課程。（セツルにいろいろな学部の学生が参加できたのは、教養部があったからとも言える。一九九四年廃止され、各学部で一貫教育が行われるようになった。一般教養教育は大幅に削減され、専門教育が前倒しされた。幅広い学部生がセツルに参加できたのは、教養部での学生間交流と無縁ではなかったと考えられる。）

（二）組織　全セツ連に結集して―六〇年安保後の学生セツルメント運動の方針の確立

序章でも述べたように、学生セツルメント運動は、絶えず社会的な変革運動から影響を受けてきた。五〇年代後半は、政治的な学生運動の影響を強く受け、地域（生活点）での活動のみでは有効性に乏しく、労働者階級の現場（生産点）に入り、社会変革を働きかけるという「生産点論」が全セツ連書記局を席捲していた。しかし、六〇年代に入り、安保闘争後の全セツ連大会（六〇年六月）で、その混乱が総括され、**新執行部による新しい方針（テーゼ）が出された。**学生セツルメント運動は、「平和・民主主義・生活擁護のための国民的統一運動の一環である」と位置付けられたのである。「六〇年テーゼ」と呼ばれ、それまでの個人名を冠したテーゼと違い、書記局員の集団討議を経た新方針であり、その後の学生セツルメント運動の基本理念として存在した。寒川セツルも生産点論ではなく、地域実践を中心に活動を発展させてきたセツルの一つとして活動したことが『氷川下セツルメント史』にも記述されている。（注2）

その後、「**学生セツルメント活動の二つの側面**」として、「学生の地域活動における役割」と「学生が学び自らを成長させる場」という基本理念が確立された。更に、「セツル活動の主体は学生であり、セツラーの多様な要求に基づくサークル運動」の側面が強調されるようになってきた。

1964 年頃の部室での総会

更に六六年テーゼでは、「**学生の普遍的な要求に基づく三つの基本的な性格**」として「第一に、真の友情を得たい・子供と遊びたい・働く人々と話して何かを得たい・専門の勉強と結びついた活動がしたい・社会活動をやってみたいなどの要求を具体的な出発点とし、第二に、これらの要求を仲間と共に実際に地域に働きかける中で実現する活動であり、第三に、そのことを通して社会の現実にふれ、働く人々の生き方から学び、わたしたちの生き方を追求する学生サークル活動である。」と提起された。全セツ連書記局から出される方針（テーゼ）を各セツルに持ち帰り、具体化した。そして、学生の普遍的な要求を出発点とし、地域に働きかけることを通して社会の現実に触れ、働く人々の生き方から学び、生き方を考えるサークルであるという考え方が確立された。

セツルメント活動を「現在にあっては学ぶものとして、将来にあっては生活の各々の場所でよりよい社会の建設をめざす―そういう願いを持った学生の一サークルである」と位置付けた六〇年代は、全セツ連に結集するセツルが増える中、寒川セツルは全セツ連書記局員を送り出し、組織の中心的存在として毎年活発に活動を推進していた。

（注2）『氷川下セツルメント史』三二二頁「六〇年テーゼ」の項に記載。なおテーゼという言葉には、綱領という意味もあるが、セツルメントにおいては、もう一つの政治的な運動方針という意味合いで使われた。

（三）学生の意識　寒川セツル児童部の地域拡大と社会問題への関わり

児童部は、寒川町の実践を二丁目班、三丁目班、移転した末広町の母子寮班、そして、一九六六年、新たに地域拡大した作草部町県営住宅の風の子班、クレハ班、その後、炭鉱離職者が多く住む愛生町団地の愛生町班の五つの地域に分かれて活動していった。

児童部セツラーの爆発的な増加に対応した班ごとの地域活動の広がりとともに、六〇年安保や大学立法などの社会問題への関わりを討議する機会が増えた。政治問題への関わりの是非について地域実践との関わりで、また専門職として巣立つ学生の意識と切り離すことの出来ない問題として社会情勢を学び、行動していこうとする意識が見られるようになった。入学前の漠然とした政治アレルギーが、セツルの地域実践活動を通して地域の現実を直視する中で変革への意識に変わっていったセツラーが多かった。

二、保健部の多彩な活動

本節は、医学部生として寒川セツル中央委員長を務めた花井透医師の保管していた資料と談話を基にまとめた。

当時の寒川町の様子や学生たちの問題意識が伝わってくる資料を掲載した。

(一)「集団検診にどう取り組むか」

——一九六三年全セツ連秋の大会第一〇分科会に提出したレポートから引用

一、寒川町の状態

寒川町は、東京湾に面したところにある人口六〇〇〇人前後、一二〇〇戸くらいの街です。ノリとりを中心にした漁師の多い町で、いわゆるアサクサノリの生産地です。収入が不規則のためか生活状態は苦しい家が多く、生活保護世帯、日雇い労務者の多いことも一つの特徴です。また私たちが最も注目すべきことは、昭和二五年を境として寒川町の姿が変化してきていることです。それは、政府の国づくりの線に沿って千葉市が行った工場誘致の政策のために、川鉄の工場が寒川町のすぐ近くにできたことによります。そして、寒川町の上には以前からの生活上の矛盾に加えて京葉工業化による大きな矛盾がのしかかってくることになった訳です。それは、埋め立てによって海＝生活の場＝を奪われた人の問題、川鉄の煙、鉄粉による大気汚染の問題として表れています。

こういった環境に住む寒川の人たちがどのような状態かといいますと、これらの状態を不都合なことであり、以前よりは悪くなったとして受け止めてはいますが、その不合理が一体何に原因しているのかは全く認識していません。知ろうという努力をする人も、まして不合理を取り除くために行動しようとする人は殆どいないのが現状です。

二、集検(集団検診)の役割

このような状態のところで集検をやってきているわけですが、私たちは集検をやって寒川の人たちと深く結びついていく中で、当面地域に現れている川鉄の煙・鉄粉の害の問題に取り組み、寒川町の要求である快適な生活状態というものを作り出していく活動をしていかなければならないと考えています。そして、こういった活動の中で寒川の人たちが自分たちの生活に現れている不合理が何に原因しているのかをはっきりと認識し、それらを取り除くべく行動に立ち上がれるようにしていく必要があると思われます。

三、今までにやってきたこと

地域の健康管理をしていくとともに、地域の人たちともっと親しくなろう、地域の状態をもっと良く知ろう、そしてこれからの運動の出発点という四点を踏まえて集団検診をやってきました。地域の自発性を高めるなり、セツル活動の拠点となりうる組織を作っていくなりといったことが必要であることは論を待ちませんが、何年間かの私たちの集検、ケースワークといった活動がマンネリ化してきている中で、冷静に寒川町と私たちの関係を判断してみますと、まだまだその結びつきが十分ではなく、寒川町の問題が何であるかも各セツラーが十分につかんではいないということから、もっと寒川町と深く結びついていく活動が要求され、私たちのセツル活動というものを正しい姿で知らせていく必要があったわけです。

内容としては、高血圧中心に血圧測定、尿検査、心電図検査、内科診断、栄養相談などをやってきました。

また私たちの活動を正しく町の人たちに知ってもらうために、集検の会場に展示をしました。展示には、寒川セツルの構成、寒川町にある問題、即ちゴミ処理の問題、川鉄の鉄粉の害の問題、害虫の問題、原子力潜水艦日本寄港の問題などを取り上げました。最初は、ただ問題を列記して示しただけでしたが、二度目からは、私たちがその問題に対してどう考えているのか、どのように解決すべきかというセツラーの側の意見も出してきました。そして、会場には展示の説明係を置いて、寒川の人たちと親しく話をしていけるような雰囲気をつくるよう努力してきました。

四、これからやろうとしていること

集団検診という日常活動の中で、寒川町の人たちを組織化し私たちの活動の拠点を作るということができないでいるということは決定的な弱点だと思われます。そこでこれからは寒川町の自発性を高めうるような活動、寒川町の組織化に直接結びつくような活動を、集検をやるかたわらで積極的に押し進めていくことを確認しました。具体的には、地域向けニュースを手に家庭訪問をしています。具体的な行動のとり方を示しながら一人一人オルグをしていくわけです。

また集検自体も寒川町の人たちの要求に合ったものに変えて行くつもりです。高血圧についてだけの検診をやっているのではなくて、今注目されている癌についての検診も含めていくこと、そのためには保健所を動かしていくなり、民医連（民主医療機関連合会）の診療所と共闘していくなりの手段を取っていくことを計画しています。そして、検診の後でのアフターケアのことについても、今迄は要治療者には単にそのことを知らせただけですが、これからは近くにある民医連の診療所を紹介して治療してもらうようにします。

五、今後の問題点

集検という活動の中で地域の自発性を高めていくには、どうしたらよいか。

地域の組織化をおし進めるにはどうしたらよいだろうか。

保健部活動のマンネリ化を打破するべく、集検の会場で来た人に展示物を説明したり、集検の内容も住民の要求に合った内容に高めていったりするなど、啓発的な活動の工夫をして取り組んでいた様子がよく分かる。地域の人たちにセツルを理解してもらい、深く結びつこうと努力していた。

(二) 六〇年代保健部の活動は、千葉市の公害被害から守る闘いに

六〇年代の保健部の活動は前述したように、高血圧を中心にした集団検診や家庭訪問による寒川町の実態調査を進める中で、寒川町の住民を苦しめる川鉄(注3)の公害被害の問題に中心的に取り組むようになっていった。医学部の衛生学教室(田波潤一郎教授)が行った「大気汚染が人体に与える影響について」の調査研究に加わった。そこで、「川鉄に隣接する寒川町と煙の届かない院内町の間で疾病発生状況が異なる」ことに気づき、それが大気汚染の影響の違いに起因するという調査結果を学内シンポジウム(一九六四年)で発表した。

第一回学内シンポジウム「大気汚染」レジメ資料　一九六四・一二・一二　寒川セツルメント保健部

大変厚い資料である。調査結果を表した手書きの図表がたくさん載っている。文面のみ一部を紹介すると、「私たちは、一度病気にかかってしまった人たちが健康を取り戻すことができるようにということに重点を置いて勉強しているわけです。そして医者の任務もそれであると考えられています。ところが、いかに病気を治すための科学が進歩し、いままで治療不可能と考えられていた病気のいくつかが治療可能となったとしても、私たちの生活している環境の中に病気を発生させる原因、誘因となるべき要素が増大していることになれば、(或いは少なくともその要素が現在のまま放置されているとしたなら) それをなくす努力をしないということは、健康を守るという点から不十分と言わねばならないでしょう。公害ということも、近頃大きな問題となって来ています。その中でも京葉工業化政策につれてますます進行するであろう大気汚染について、私たち自身の手で行えるだけの調査をし、何が問題なのか、何をしていけばいいのかを少しでも明らかにする方向で努力しているわけです。今回の発表は、内容的にもずさんな点が多く、更にこれから調査を進めなければならない点も多いのですが、今ま

1970年代の川鉄工場の夜景

でやってきた中で気付いた点、失敗した点をよく反省し、今後の活動の参考にしていきたいと考えます。」と大学の研究室活動と連動した調査活動に参加していった目的が示されている。

そして、「大気汚染による被害調査」結果の考察では、「この調査の性質からいって、出てきた数字をそのまま客観的な状態を反映しているものと考えることはできないと思う。なぜなら地域によって、大気汚染に関する情宣活動の状態、関心度に違いがあるだろうし、衛生保健に関する知識、関心度にも差があることが十分考えられるからである。しかし、この調査によって、大づかみなことは言えると思う。川鉄を中心とする工場に近い地域（今井町、五井、寒川町）と、そこから離れている地域（院内町、小仲台町）とでは、被害を訴える割合に有意の差があり、私たちが実際に両者の町へ行って、家屋の外観を見ても今井町、寒川町においては鉄サビによって赤く染まっているが、院内町、小仲台町においてはそういうことは見られない点からも、寒川町は、院内町、小仲台町などに比べ、大気汚染がひどいと考えてもよいであろう。

最終的な結論は、いろいろな地域で、降下煤塵量、浮遊煤塵量、SO_2量の測定と成分分析の後に出さなければならない。私たちもこれらの測定を六月から行う予定であったが、測定に必要な機器がなく、現在に至るまで測定は行われていない。被害調査は、それだけで一定の結論を出す性質のものでなく、その地域における概況をつかみ、他のデータを検討する際の参考となるものであると考えられる。」とあった。**科学的な調査としては不完全ではあったが、その後の調査に繋がるものであった。**

寒川の住民は、どんな様子だったのか「例一寒川の人々」から見てみると「寒川町のすぐ近くに昭和二五年に川鉄の工場が建って以来、寒川町ではその工場による諸々の被害を受けることとなった。

海水が汚染され、生業たるノリの生産高が減収したり、水を工場に取られて井戸が枯れてしまったり、また、大気汚染のために洗濯物が汚れたり、たたみや床にほこりがたまって掃除が大変だったり、植物が育たなくなったり、或いは騒音に悩まされたりということが日増しにひどくなってきた。

そうした事実に対し寒川の人々も決して黙っていたわけではない。最初は、何度か町会を中心にして川鉄に抗議に行ったりした。しかし、その都度証拠が不十分であるとしてはねつけられたりしてきた。また大気汚染の害に対しては、工場も認めざるを得ない状態になってからも、煙の対策としてコットレルという装置を煙突に付けるからという口約束の下に厚いもてなしを受けて適当にあしらわれたりということが何度か重なり、各町内会に対して年間三万円というほんのわずかな補償金でもって現在ではけりをつけられている。そして、町の多くの人々は、現在でも依然として存在する公害に憤慨しながらも、何度言っても結果が上がらないのだからと諦めてしまっている状態である。それでは、そういう諦めてしまっている人々を勇気づけ、先頭に立ってその対策を考慮しなければならないはずの町会役員はといえば、川鉄を千葉へ呼んだ千葉市の市長や自民党との個人的なつながりや、そういったものに対する義理あるいは川鉄からの特別なもてなしを受けたりということにしばられて、むしろ現在では住民を抑える側にいて全く対策というものには手を付けていない。」とある。

そして、同じく公害の町四日市と比べ、これからどうしたらよいのかを次のように述べている。

「私たちは、先ず法規をもっと徹底させるべきだと考える。現在の法規は、煙突一本から出る有害物質の量を対象にしているが、地域に降下する量が実際の問題になるのだから、それを対象にして規制の基準を決めなければならない。次に、地方自治体及び政府はもっと公害について取り上げていくべきであると考える。現在は、担当が厚生省、通産省などに分かれているが、それを一本化するのを手始めとし予算を十分に組むべきである。

しかし、以上のことをただ願っているだけでは、企業側と利害を共にしている政府及び地方自治体が今までの態度を変える可能性は非常に少ないと見なければならないことは明らかであろう。したがって、住民の側に立ってこの問題を考え、一歩ずつでも害が取り除かれることを願う私たちは、ひとりでも多くの人がこの問題について考え、多くの人が一致して政府や地方自治体に私たちの要求を突き付けていかなければならないこと、そうすることが強ければ強いだけ政府や地方自治体が今の政策を変えざるを得なくさせることを、住民ともっと話し合わなければならない。そして、さらに、公害についての科学的研究を続ける必要がある。」

この資料に掲載されていた川鉄を中心とする工場に近い地域（今井町、五井、寒川町）と、そこから離れている地域（院内町、小仲台町）とを比較した「大気汚染の調査結果」は、後の川崎製鉄を訴えた公害裁判の証拠として採用された貴重なものであった。

（注3）川崎製鉄株式会社千葉製鉄所　戦後千葉県の誘致により日立航空機工場跡地に建設され、一九五六年操業開始。生産規模は拡大するも環境対策がおざなりで、一九七三年に環境庁（当時）が発表した全国各地の二酸化硫黄濃度測定の番付一〇位に千葉市の五測定地点が入り、うち四か所は川鉄周辺の公害指定区域内だった。更に第六溶鉱炉建設を開始したので、

一九七五年から差し止めなどの裁判が起こされた。

(三)九〇周年記念ゐのはな祭　一九六五年　学内発表会要項「セツル活動から」

このころ、セツル保健部でどんなことが取り組まれていたか、当時の保健部長狩野氏の文である。大学祭の場で、セツルメントとはどんなものかを具体的な活動から知らせようとしていたことが伝わってくる。学習会を多く持ちながら社会との接点を求め続けた学生セツルメントの姿を見ることができる。

はじめに

夏休みが終わった頃からセツラーの間で「四月からやってきた寒川町での集団検診や大気汚染調査は、どんな意義があるのだろうか」という疑問が出てきた。

セツルメントの掲げている社会を良くしていきたいということに共鳴して入部したセツラーたちであるが、セツルに求めているものは各人各様である。部会で、セツル活動は地域に対してどんな役割を果たしているのか、また自分にとってはどうなのかということを話し合った。この中で、「ゐのはな祭統一テーマ―よりよい医療と医学教育のために―」に関連のあることが話し合われたので、次にその骨子を記す。

Ⅰ　セツルというサークルは学生のどういう要求に基づいてできているのか

(一)クラス、寮などでの交友を求める。(サークル一般に共通)

(二)　将来の自分の職業(専門技術)に関係がある。

①技術を覚えたい、使ってみたい

②人間(患者)との心の接触の機会を得て、それに習熟したい

③現実の社会を知りたい―自分の目、耳、肌で(医療の面から或いはそれに限らず)

④現実の社会をより良いものにするために自分の力を発揮したい

以上のようにまとめられると思う。（略）

Ⅱ　現実のセツルの姿

（一）セツルには、二つの側面がある。

第一の側面は、私達のセツルメント運動は、地域の父母大衆、青年、子どもの生活要求、文化的要求、健康の要求、教育の要求等々、具体的要求を出発点として、平和、民主主義、生活の向上のため、国民的統一の一翼を担う人民大衆の運動であるということである。そして、学生のセツルメント活動を側面の援助として行われる、この地域運動の主体者は、あくまでも地域の父母大衆、青年であるということである。

第二の側面は、セツル活動が学生の様々な要求を基盤としたサークル活動であり、しかも全体を含む重要な側面として、学生セツラーはセツル活動を通して民主主義的にも政治的にも覚醒され、教育されるべきであるということである。学生セツラーにとってセツル活動が様々な面で（民主主義的なもの、政治的なもの、人間観、社会科学的ｅｔｃ．）学習の場であるということは大きな魅力であり、セツル運動上でも極めて重要な意義を持っている。また、学生が青年であるという側面をサークル運営で軽視することも間違いである。

（二）寒川セツルメント保健部を具体的に見ると（最近二年間）

六四年度

・大気汚染調査─被害の実態、疾病との関連、対策の現状、解決方法の討議

・癌についての講演会

残念ながら参加者三人だけだった

・集団検診

・原子力潜水艦寄港問題についての学習会

・健康保険改悪問題についての学習会

六五年度

・大気汚染調査─SO_2測定

・集団検診

・原水禁運動についての学習会

・健保問題についての学習会

・セツルの歴史についての学習会

Ⅲ　以上の地域での実践活動とサークルの中での学

習会をⅠ及びⅡで述べた二つの側面に照らしてみると

第一の側面：集団検診などの積み上げで自分の身体の状態に気を配るようになったり、セツルの活動をよいものだと理解してくれつつある人が何人か出てきているが、（一）町の中の健康上、生活上の要求が一歩でも解決の方向に向かったり、（二）町の人たちが、自分たちの町の問題は自分たちで解決するんだ、またそのためには自分たちのためになる組織を持つように自覚することについては、はっきりとした成果が得られていない。

第二の側面：話し合いの場、考える場を持つようになった。内容としては、

・個人尊重、他人の立場を考えることの大切さ（民主主義）

・学校で学んだ知識を社会に活用しなければならない。

・医者が患者に対する時に問題になる点で、学校の講義では学べないことがある。（町の人たちは、あくせく働いている。その人たちに学校で学んだ正しい知識をそのまま活用しようとしても、現実の厚い壁にぶつかり、医療従事者が社会でやっていくべきことを考えさせられる）

・病気をなくしたいという医療従事者本来の目的を持ってやっていこうとしても、現実にはそれを阻む種々の社会的要因がある。しかし、看護婦や医者は情熱を持ってそれらの困難に目をつぶらず、医学や医療に携わらねばならない。

・大気汚染調査から健康よりは利潤が先であるという資本主義社会の矛盾を感じ、また児童福祉法の講義の中からも問題点を感じ、考えるようになった。

（四）プロさんの記憶と記録——（六七年医学　長谷川吉則）医学部一年で入部

「火曜日の夜、部会があり、木造の古い大学会館の　中のベニヤ板で仕切られた一室で行われ、隣は東洋

医学研究会の部室だった。部員は看学生と医学生で、二〇名はいなかったと思う。

部会はまず歌を歌い、当時の学生愛唱歌で、ガリ版刷りの歌集が部室には常備されていた。それから部会に入る。部会ではその前の週の地域訪問の結果を出し合い、活動の感想や意見、そしてセツルメントについて議論した。

セツルの地域での活動は土曜日の午後だった。大学会館の部室から水銀血圧計と聴診器を持って、医学部構内から葛城町を経て末広町の母子寮か、寒川町へ徒歩で出かけていく。片道三〇分くらいの道のりだった。当時の活動を保健部の活動記録から見てみる。
①寒川三丁目
古川さん、大塚さん、市原さんというお宅を訪問していた。それぞれの家に地域の人が何人か集まってくれた。セツラーは地域の人の血圧を測り、体の具合や地域の状態などについて会話を交わす中で把握する。

当時結核健診でひっかかった人が三人いること、蝿や蚊の駆除の問題をどうするかがセツラーの間で話題となっている。

セツルメントの地域での活動については「寒川にはセツルメントが入っているから」という記録が部会ノートに記載されており、地域での保健予防活動として行政側からも評価されていたことがうかがわれる。
②母子寮
寮母さん（末永先生）にあいさつして各部屋を訪問して血圧を測り、話をする。子どものこと、仕事のこと、母子寮内の人間関係、寮母さんとの関係、母子寮での生活面で制限されていることなどについて聞くことができた。母子寮にはセツルの児童部も入っており、連携も課題だった。企画された七夕会に一緒に参加したりした。
③心身障害児のKちゃんの家への訪問
主にきんぎょさん（細山公子　旧姓入江）と中嶋先輩が係わっていた記憶がある。心身障害児のKちゃんと姉のHちゃんと両親との四人家族だった。心身障害児の様々な困難がただ両親のみに負わされている現実に直面し、セツラーは家族への社会的サポートと障害児に対す

る医療的サポートができないかを模索していた。」

ほとんど忘却していて、記録によりよみがえった活動、あらためて発見した活動の一コマについて以下に記す。

・寒川公民館でのセツル合宿と田口先生講演会

一九六七年六月頃より寒川三丁目公民館で七月二三・二四日に保健部の合宿をやることが計画された。その合宿の時間帯で、町の人向けの講演会を行うことが決まった。講師は当時大学病院第一内科のセツルの先輩の田口先生にお願いし、テーマは「夏の健康」だった。田口先生にはテーマの設定段階から部会に参加いただいた。

講演会当日は地域の人は男性四名、女性七名が参加した。参加したのは三丁目で血圧測定に来られる人たちだった。

七月二四日の夜には反省会が行われた。講演して頂いた田口先生に加えて、田口先生の同輩であり、セツルの先輩である西原先生も反省会には参加された。その中で西原先生はこんな発言をされている。

「セツルは一生懸命やる割には成果が上がらない。その点セツルってのは目的からしてはっきりしていない。学生という点からの繰り返し、四年やった割には成果がない。一つ言えることはディスカッションする中でセツラーの中に無形ではあるが、残るものがある。セツルとは何か—暗中模索の中でディスカッションする中で高揚があったのだと思う。現在とのつながり—漠然としたところ、形を変えて社会に対する見方、人生観として連続している。セツルと今診（注４）はダイレクトに繋がるというのではない。

矛盾は次々と出てくる。それに対する処し方が、セツル時代に身についたものが一貫性をもって貫かれる。いろんなことをディスカッションする場として大きな意義がある。…セツルの意味は集まるというところにあるのではないか、団結を作り上げていくもの、この分断されている現在に。」

（注４）今井町診療所のこと。当時、田口先生と西原先生は、今井町診療所でアルバイトをしていた。

1975年　川鉄公害訴訟原告団結成式

（五）その後、調査結果は、川鉄裁判の証拠に採用される

寒川セツル保健部が取り組んだ衛生学教室（田波潤一郎教授）としての「大気汚染が人体に与える影響について」の調査結果は、その後公衆衛生学教室（吉田亮教授）の疫学調査へと結びつき、やがて約三〇年を経て、「あおぞら裁判」と呼ばれた千葉川鉄公害裁判というこの国の公害裁判史上に残る闘いの中で活用された。

川鉄公害訴訟は、県立千葉高校の物理担当の教師であり患者でもあった稲葉正教諭が原告団長、同じく物理教師の朝生邦夫氏が事務局長となって、もっとも患者の多かった今井町診療所を中心に闘われた。（注5）

寒川セツルが取り組んだ調査は、花井氏始め保健部セツラーが市役所に足を運び、国民保険の請求書を一枚一枚調べてまとめたものであった。そしてその結果は、それまで動こうとしなかった千葉県衛生部をゆり動かすものとなった。

一九七五年千葉川鉄公害訴訟原告弁護団が提出した

「原告最終準備書面」（第三分冊の一）には次のように述べられている。

「昭和三九年、千葉県衛生部は、ようやく重い腰を上げ、千葉大学医学部衛生学教室に『大気汚染が人体に与える影響についての総合的な研究』を委託した。（甲C第一五七号証一頁）

（イ）右調査研究は、田波潤一郎千葉大医学部教授によって実施され、その結果は、昭和四〇年六月に発表された。（甲C第一五七号証）」

また、「千葉川鉄大気汚染公害訴訟第一審判決」（千葉地裁―一九八八年一一月一七日判決）には、次のように記されている。

「六　昭和三九年度の国民健康保険請求書に基づく疾病の発生状況の調査によれば、本件地域の寒川町においては、本件地域以外の院内町と比べて、**『年間を通して眼疾患が多発し、感冒が冬期のほか一〇月にもピークを示し、扁桃炎が七月と九月に冬期以上のピークを示し、気管支炎が一〇月にピークを示す。』**というように、疾病の発生状況が異なっていた。（後略）」

当時の弁護団事務局長高橋勲弁護士は、「学生セツルメントの活動が、被害者原告の勝訴（一九九二年）に寄与したというひとつの歴史的事実である。」と語っている。歴史的な勝訴の判決文の中に寒川セツルメント保健部の活動で明らかにされた内容（右「六」の文中太字部分）が記録されていたことは、セツル史にはっきりと刻みたい事実であった。

（注5）『大気汚染訴訟あおぞら裁判―追い詰められた川鉄公害』（朝生邦夫　合同出版一九九一）七二頁「あおぞら裁判の群像みちのくの地から」　元支援する会事務局長佐藤（磯村）茂雄氏　（六七年工学部セツラーのピー）は、大学院在学中から川鉄公害支援に関わっていた。第五章二節に「セツルが出発点―その後、大学紛争、川鉄公害、原発被害、そして今」を掲載。

三、寒川町から他地域への広がり―児童部活動の復活と発展

（一）児童部合宿で活動の意義を確認

活動の危機に陥った一九六〇年代前半の寒川セツルメント児童部は、全員がセツルについてのレポートを持ち寄り、合宿で徹底した討論を行ったことにより、マンネリ化の危機を脱していった。六二年三月に行われた勝山合宿の討論資料からその意義を読み解いてみる。

①はじめに
―どうして合宿をすることになったのか？
その目的は？

去年の三月、やはり児童部は合宿をした。医学部勝山寮で、年々激しくなっていく児童部のマンネリ化・停滞について大いに話し合った。

それから一年、僕たちの活動は意外にふるわなかった。一時は、児童部はダメになるかと思われた。決して大げさにいっているのではない。

しかし、僕たちの若い情熱は消えなかった。その情熱が何に対して燃えていたのかは、ここでは述べない。必要ないだろう。なぜかと言って、それはこの合宿を通じて浮き彫りにされるにちがいないから。

この一年間、児童部にとっては、つらい日々の連続だった。セツラー一人一人にとっても当然そうであった。いったい僕たちは何のために母子寮へ行かなけりゃあいけないんだろうか。僕たちのことを子どもたちはどんな気持ちで迎えてくれているんだろう。お母さんたちはどうなんだろう。それに、セツラー同士の結びつきがどうもしっくりいかない。どうして温かな雰囲

気にならないんだろう。

こんな疑問形の悩みがセツラー誰にもあったにちがいない。そして、そのような悩みをじっくりみんなで考え合う時があまりなかった。

このような悩みは、ある程度、去年の合宿で解決されたかに見えたが、そんなにあまいものではなかった。新しいセツラーはもちろんのこと、一年、二年と体験してきたセツラーも悩み通した。

しかし、このような悩みは、これで解決だということがないのが当たり前なのではないだろうか。このような疑問・悩みは、常にセツラーに起こってきてしかるべきなのではないか。そして、そのような状態こそ、各セツラーが本当にセツルに取り組んでいる健全な証拠なのだと思う。児童部を本当によくしていこうとしている印だと思う。

どうして僕たちは母子寮へいかなくてはならないかを繰り返し繰り返し自分自身に問い返し、セツラーみんなで考え合っていくところに発展も出てくるのだ。

この一年間は、皆がなんとなく自信のなさそうな顔をして動き回っているうちに、もう終わろうとしているが、去年の暮れ頃から、みんなの顔もだんだん明るくなってきて、自分たちがわからなかった問題や悩んでいた問題をみんなで話し合って、来年度からまたファイトを燃やして頑張ろう、今年も合宿をやろうということになった。

この合宿を期して、僕たちは新しい仲間を二人迎える。

以下、この合宿の目的をはっきりさせるために、箇条書きにしてみると、

・この一年間の活動の反省―セツラー一人一人がとらえた問題点や悩みを中心にして―

・そのような悩みの中で、特に、どうして母子寮へ行かなくてはならないのか、に関連してくる児童部あるいはセツルメントの理論といわれるものについて話し合うこと

・前の二つの話をふまえて、マンネリ・停滞から脱する。ムードとしてではなくてはっきりした足場を見つけ、来年度への体制を固めること

・以上の話し合いの過程で、あるいは浜辺の散歩の中から、あるいはダベリングの中から、互いによく知り合い、理解し合うこと

さて、安房勝山は美しいところです。早春の海は、ずうっとどこまでも青いし、はるか沖には貨物船が煙はいて通るのが見えましょう。三浦半島だって見える

その後、安房勝山での合宿は、寒川セツルの伝統となった。海に沈む真っ赤な太陽を見ながら浜辺で鬼ごっこをして子どものように遊んだ思い出が、セツルの仲間づくりを育んだとも言えよう。

翌一九六三年の勝山合宿（三月一六日〜二〇日）の総括集に合宿の詳細が載っている。

三月一六日、勝山において「今年度までの活動を振り返って、そこにある問題点を明らかにし、みんなで考え、そして来年度からの実践活動をどう行っていったらよいか検討する」ということに目的をおく合宿が始まった。

一六日は、親睦を深めるということに重点をおき、自己紹介、ゲーム等楽しく行われた。また、合宿委員会からの経過報告等もあり、皆でその労をねぎらった。

ことでしょう。討論で疲れた僕達をきっと慰めてくれます。きれいな貝殻を拾うのもよいでしょう。（略）

さあ、塩の香を含んだおいしい空気を胸いっぱいに吸い込んで、きちっとした楽しい合宿生活をおくろうではありませんか。

午後一一時、皆明日への期待に胸を膨らませて床に就いた。（二、三の不心得者もいたが）

一七日には、七時起床、午前九時より午後九時半まで一日中討論に熱中した。合宿資料に寄せられたレポートに基づいて各人に発表してもらい、それに対する質問を全員に出してもらって、その中から問題点を取り上げ、午後にそれについての討論を行うということで始まった。レポートは、来年度の活動に対する意

発言を得ることができた。（中略）」

レポートは、それぞれ入部してからの自分の変容を語るもので、次のような内容であった。

見が圧倒的に多かったので必然的に、具体的な問題の中で来年度の活動を考えていくというようになった。また全員のレポート発表ということが影響してか皆の

②各自のレポート――セツルに入部してから

S・M（六一年教育）

セツルメントに入部してから三年目になる。入部当時の考え方と、三年経った現在とは、多少なりとも変化が生じてきていると思う。現在までの様々な経験を基にして、私の考え方、物の見方がどのようになってきたか述べてみたい。

まず、どのような考え方で入部したかについて――私がセツルメントという名前を知ったのは、この大学にきてからで、私の高校の先輩が児童部にいたのである。「セツルメントに入らない？　何をやってるのって、そうねェ、母子寮へ行って、そこの子供達に勉強を教えたり、一緒に遊んだりしている。結構面白いわョ」私は奉仕団体であると思った。私には、他人の子供の面倒をみてあげるような人格的な面と金銭的余裕はなかった。しかし、時間的には十分余裕はあった。そこで私は奉仕団体、すなわち、母子寮の子供達を利用して私自身の人間形成に役立てようと考えた。

人間形成等と言ってもむずかしいことではない。教育学部にきた以上、〝でも〟〝しか〟先生であろうと子供達を知らなくてはならない。子供達のあらゆる面を吸収して、少しでも子供というものに慣れておこうと思い、それならば、少しくらいの金銭的犠牲、あるいは時間的犠牲があってもしかたがないと考えていた。

初めて母子寮に足を踏み入れた時、古びた建物と、ガサついた落ちつきのない子供達、愛情に飢えた子供達を見た。そして、これが母子寮か、この子供達が母子寮の子供達なのかと一つ知識が増えたような満足感のようなものがあり、疑問どころか、私の頭の中には母子寮という名からくるイメージがこびりついてい

て、学習室以外の建物―各個人の部屋をじろじろ見るのも悪いナと思っていた。

当時は学習室だけ借りて、四年生以下を低学年、それ以上を高学年として二組に分かれて勉強会、遊びをしていた。勉強会に出てくる子供達を待って、外でふらふらしていても、家庭を訪問して誘ってくる等ということは考えなかった。なぜか、家庭内をのぞくことが犯罪をおかすように思われ、そっとしておいてあげようという気持ちだけが先入していた。

子供達を観察していても、お母さん達、家庭内を知りたいという要求は出てきたのであるが、そのようなわけでできなかった。例えば、いつもいつも鼻をたらしている子、高価な洋服は着ているけれども汚れていて不衛生な子、その子供達をみていると、お母さんが忙しくて子供の面倒は見てやれない状態にあることは、一見してわかる。お母さん達はどのような仕事をしているのだろうか等、また、石けりやゴムとび遊びをしている子供達を見ていると、自分の意見があやまりであってもあくまでも通そうとする子供、その意見がちがっていることを認めながらも小さくなって従っている子。このような状態、子供達の身分的差というものが、家庭的なものからきているのではないかというささやかな疑問をもったのであるが、家庭的なことは一切タッチしなかったので解決にはならなかった。

その後、セツルというものは、奉仕団体ではないということをはっきり知った。それは、セツルの歴史を知ったことと、寒川セツルの目的がその内容をより具体化したからである。

セツルとは、一〇〇年程前にイギリスで始められたこと、原因は、産業革命によって生じた産業資本主義のもとで、貧困問題が深刻化してきて、失業者や低賃金労働者の下級階層と上級階層との差が明確にされてきた社会的背景に於いて起こったということであった。これだけでは、まだ私にはセツルの本質的なものの理解は困難であったが、寒川セツルの目的が「平和と民主主義の基盤に立つ健康で豊かな生活をすべての人が同じように営みうる社会をきずきあげることであり、その具体的行動として寒川町をえらび、寒川町を通じて、その目的を実現しようとする」ということが「平和と民主主義…、その具体的行動として、寒川町をえらび、寒川の人々と共にその矛盾を解決しようとする行動をとり、あわせて…」という現在の目的になり、セツルが奉仕団体、慈善事業団体でないという理論的なことは理解出来たのである。それから、初めて私は社会の矛盾というものに気づいていったのである。母子寮だけでなく、寒川町は川鉄の発展のために、漁業やのりの養殖ができなくなってしまったということも聞いた。寒川町からわずかに離れているところに石壁で囲まれた大きな家がある。そして自家用車が置かれている。自家用車の中にはマスコット用の大きな犬のぬいぐるみときれいな洋服をきた女の子がいた。その女の子を見た時、Aちゃんと港へいった時を思いだした。冬なのにセーター一枚といった程度、寒さにふるえながら広い海が恐いといっていたAちゃんを比べてみた。何の違いだろうか。父親がいる、いないの違いだけなのだろうか。

しかし、この二人の子供を対等な立場にするような社会を築きあげることと、母子寮での活動―石けりして遊んだり、ゴムとび、なわとび、はり絵、ハイキング等―がどうしても結びつかなかった。と同時に子供達をマイナスの方向にもっていってしまっているのではないかという懸念、すなわち、主体性のない子供達にしていっているのではないかと考えるようになり、私は、その責任から逃れる意味もあって、自分自身のセツル活動を強調していったのである。が、これもある壁にぶつかってしまった。それは、よりよい教師になるための人間形成であったのであるが、よりよい教師というのは、具体的にはどのような教師なのか。ただ、子供の心理状態を知り、子供達に学問をつめこむテクニックがうまくなればいいのだろうかという疑問が起こってきた。それから、さらに、教育というのは何のためにするのだろうかということさえ疑問をもち出した。

教育とは、読むこと、書くこと、算数の能力をつけてやることだけなのだろうか。その読み、書き、算の力がどうして必要なのだろうか。

教育の役目は、読み、書き、算は出来ないが、絵を描かせると、実に熱心に、まじめに、個性的な絵を描くAちゃんを見た時、その一人一人のかくれた能力を伸ばしてやることだって、個人の発展を図っている教育の役目にちがいないと思った。

読み、書き、算の能力は、その社会が背負っている課題、問題点を明らかにし、その問題点を解決することができる能力、知識―批判力、判断力―を身につけるためには、やはり基礎的なものが必要であること。そして、そのような能力を身につけた子供、個人の発展がなされている子供をつくっていくことは、社会もよりよいものにしていくのであるにちがいない。

口をまげ、「ちきしょう」と言いながら、わからない漢字を覚えようとしているH君。一生けん命勉強しているのに、たどたどしい口振りで一生けん命話をしようとしているのに友達からバカにされているH君を見ているうちに、私自身の人間形成だけを願っていたことは誤りであったことに気づき、これらの子供達を強い子供になるよう、どのようなことにも対決できるような子供達をつくっていかなければならないと思った。

ようやく、ここで、社会の矛盾と、教育のあり方(まだ、はっきりしたことはわからないが)と、母子寮での活動、私の立場というものが一致してきたのである。

そして、セツルメントの目的を達成するためには、もう一歩進んで考えていく必要がある。教育の立場を一つとってみても、教育は政治に関係している。いや、政治に振りまわされているといっても言い過ぎではないと思う。池田さん(首相)が「人づくり」と言えば、すぐ特設道徳をもってくるのだから。

母子寮の子供達だけの接触では、真の解決にはならない。お母さん達と話し合い、お母さん達のかかえている問題点をなくしていくように、我々の知識と力とを分与して、働きかけていかなくてはならない。当面の問題として、母子寮移転に、積極的に働きかけていくことがあげられる。全然、まとまりのないレポートになってしまったが、問題点をあげ、話し合って下さい。以上。

（二）仲間づくりについての討論

「昨年度の活動を振り返ってみても、すべての人がこのことについて多かれ少なかれ関心を持ち、それをしなければならぬと考えてきている。が、しかし、まだ思うようになされてきてはいない。その原因は、どこにあるのか。またどうして、そんなにまでして仲間づくりしなければならぬのか、先ず、第一番目の討論議題としてとりあげられることになった。

『仲間とは何なのか、どのような人たちの集まりなのか、また何のために集まらねばならないのか』という問題から現在、我々はどのようにして仲間づくりをしていかねばならないのか、そして、その仲間をどのような方向にもっていかねばならないのか』という方向で話し合いを始めた。まず、『どのような時に仲間がほしいと感じたか』皆の経験を出してもらった。その多くは、活動の中で行き詰まりを感じたとき、自分一人では解決しえない問題が出てきた時など、活動の中での要求であった。そして、これは、セツルをするために集まっている、運動をより広く、拡大するために集まっている、自分一人では解決しえない問題を解決の方向に導くために集まっているのだということを示しているように思われた。活動のための仲間、すなわち寒川セツルメントの基本方針に沿った一つの目的を持った集団が寒川セツルメント児童部であるということが、暗黙のうちに再び皆の心の中に確認されたような気がした。（後略）」

（三）勉強会はどうして必要か、またその内容は？

①勉強会の必要性

「民族の独立を勝ち取り、民主主義の徹底された国においては、一人一人の子供の隠れた力を見つけ伸ばしてやることでいいだろう。しかし、現在の日本を見たとき、私はこう考えるのです。

社会の改造の必要性に気づくように、そしてそれを解決するための知識や実行能力を付けさせるためにだと。（中略）公教育をすべて否定はしないが、ここからは日本の現実にある事実に対して批判する目を持った、平和を愛する子供たちが多く育ってくるとは考えにくいのである。そこで、私たちは学校教育の勉強から取り残された子供たちを相手に基礎的知識をつけさせ、個人個人の発達を助長しながらお互いに協力し合える、子供たちの集団を作ろうとするのである。」

②勉強会の内容をどう規定するか

「子供たちの個人的発達を無視してはいけない。お母さんたちのはっきりした要求でもあるし、また個人的発達なくしては現実にあるものに対して批判しうる目を養うことはできないし、また社会矛盾を解決するための実行能力を付けさせることは到底できないと思う。

しかし、このような基礎的知識をつけさせる活動は行われてきたのです。そこで、子供たちと一緒にやろうとしているのに子供が出てこなくては問題にならない。宿題とかプリントを持って行ってやらせる場合は個人指導になってしまって、子供たちの間に学年間に協力してやるとかという仲間づくりはまったくといっていいほどできなかった。」

このように、学年まかせの活動に多くの問題が含まれていたことを取り上げている。

③私たちの今後の具体的活動として

「児童部全体で各学年の計画を組み、それに沿って各学年の担当者が具体的計画を立てて活動する。もちろん、独創的な活動が行われて欲しいだろう。そして、活動してきてどうであったのか、各学年ともよく検討し、次の活動の計画を立てる。またそこで起こった問題をみんなに提示して、解決されたらどのように解決されたか、またされなかったら児童部全体の問題として解決の道を話し合うために、母子寮での活動は週一回水曜日にし、もう一回の土曜日は部会にすることが決定された。」

④実践記録、観察記録をつけよう

「今までも実践記録は付けてきたが、それに基づいて反省会は一度も開かれなかった。これは、各学年任せの活動だったからだ。これからの活動は、全体で組んだ計画に沿って各学年が独創的な具体的計画を立てて活動する。その際、目的、具体的な計画、行ってどうであったか、そこで起きた問題、自分の感想などを書いて部会にのぞんだらいいのではなかろうか。また一人一人の子供をセツラー各人が知るために、子供たちの観察記録をつけようということが決まった。」

⑤お母さんとの連絡（ニュース）

「気軽に利用してもらえる投書箱を設けることが決定。対象は、お母さんだけではなく、青年、子どもたちにも利用してもらう。他にニュースも出すことに決まった。現在、何をやっているのか、お母さんたちに連絡した方がよいことや、お母さんたちの意見などを載せる、できれば一緒につくる。これを利用してお母さんたちと話し子供たちを多面的にとらえることになろうし、またお母さんたちと一緒にいろいろな問題を考えていける。セツラー、お母さんのつながりを作るために。」

⑥思想の問題

特に世間一般でいわれている『アカ』についても話し合い、セツルがアカというレッテルを張られているのではないかという指摘を受け、それによって自分もそうではないかと考え、それが仲間に対して不信感を抱く原因になったことはあるか。具体的にどんな時感じたか、そして自分はどう思ったのか。どうして仲間から離れていかねばならなかったのかという点で、各人の経験、意見を述べてもらった。言われたことのある人は、数人いたが、それによってセツルから離れていこうとした人はごく少数であったし、『アカ』という言葉自体もはっきりとわからずに使われているのではないかということがわかった。（中略）今の児童部の活動、寒川セツル全体の活動をみた場合に『アカ』という言葉がぴんとこないということであった。

討論終了一〇時。強硬なる打ち切り、皆興奮したようだった。一九日、一日討論。真剣に考え抜き、夜になったら頭は空っぽ。」

五日間の児童部合宿は、レクリエーションも楽しみながら徹底した討論まではいかないにしても一人一人のセツラーがそれぞれの思いをぶつけ合い、全体としての活動方針を出せたという成果があったようだ。当時の児童部の活動における勉強会の重要性は、他のセツルでも同様であった。氷川下セツルでも「勉強会のあり方」を巡って活発な論議が行われていた。「セツルの勉強会」としての意義を確認し、カリキュラムを作り、母親たちの会を組織するなど、寒川と同様な努力が行われていた。

（『氷川下セツル史』一五三頁「勉強会のあり方を求めて」）

（四）中央委員長の討論資料

六二年三月の勝山合宿の討論資料には、中央委員長だった花井透氏の「セツルメントとは?」という長編の論文が載っている。まず、「はじめに」のところで、このテーマに取り組むがゆえに、どうしても触れなければならない問題があるということで、「一見、寒川セツルとは何の関係もない、あるいは、ともすれば目を向けるのが面倒くさくなる政治や経済のことを考えていくことによって、今の社会のありさまを明らかにし、それじゃあ、セツルメントはどんな役割を持っているのかと話をすすめていきたい」と書いている。今の時代と変わらぬ問題がこの時代も席捲していたことに驚かされる。

①池田カバ君とアメリカロバ君の約束

最近の新聞紙上をにぎわせている問題をあれこれ思い出してみると、なんとなくむかむかしてくるものばかりだ。アメリカの核実験再開声明、ＩＬＯ条約問題、ガリオアエロア問題、選挙法改正骨抜きのこと、その他、汚職、自動車強盗、入学試験、自殺、火事…正直に白状して、このむかむかは、なんとなく全部池田首相にいってしまう。そして最後には、あのカバに似た顔にむかむかしている。

一昨年暮れの衆議院選挙の時、まだ選挙権はなかったが、ある政党の演説会に行って、こういう話を聞いた。

今から九年前、昭和二九年の一〇月、当時自由党の政調会長だった池田カバ君がアメリカへ行った。そしてロバートソン国務省極東担当次官補という人といろいろ話し合った。どういう話かというと、ロバ君が言う。『日本の憲法には困ったなあ。第一、あの九条には困るんだが』カバ君は『そうなんですよ』と相づちを打つ。ロバ君はさらに『日本で困ったことはまだ四つある。平和団体とか○○会とかいういわゆる民主団体が多すぎる。学校の先生の組合がガッチリし過ぎている。子供達は戦争は絶対嫌だと思うように教育され過ぎた。（もう一つは筆者が忘れてしまった）』というと、『そうなんですよ。でもなんとかします。そのかわり日本の経済を立て直すためにドルをくださいよ』とカバ君は答えたという話である。

演説者は、聴衆を引き付けるために面白おかしく話したが、実際は笑いごとではないのである。あの、これでも人間かと思われるような、言葉では言い表すことのできない残虐なことを公然と行ったナチスと手を結び、自らもナチスに劣らぬことをした日本の支配者たち、彼らが戦争に負けて、アメリカ占領軍によって追放され、国民が平和憲法として世界に誇るべきものを多くの同胞の死の唯一の代償として自分たちの手にしたのも束の間、中国人や朝鮮人、そして多くの日本国民を死に追いやった人間が再び大手を振って自分の好きなことをやろうとしているではないか。（中略）

昭和二六年（一九五一年）、ソ連、インド、中国などの反対を無視してサンフランシスコ講和条約を調印し、同時に日米安全保障条約を調印したことを要としつつ、着々とその政策が行われてきていることは、カバ君とロバ君との対話もはっきりと示している。

憲法九条は完全に骨抜きにされている。僕たちがまだ何も知らない幼い頃（昭和二五年）、警察予備隊とかいう名で始まったものは、今何になっているのか。憲法改正（悪）は今や大問題になっている。

破壊活動防止法という法律ができた（昭和二七年）。その目指すところが何なのかは論を待たない。さらに警職法（注6）が改悪されようとしたし（昭和三三年）、今は政暴法（注7）だ。政暴法などをポツンと取り出して考えると騙されそうだが、こうした何年かの歴史をたどってみたとき、戦後の平和と民主主義への願いをなし崩しにしてしまおうとしている政治の正体がわかってくる。

さらに勤評―これで日教組は割れた。ついこの間経団連が結成されたが、その結成式に文部大臣を招待したという。（文相はあまりに露骨なので出席しなかった）道徳教育、指導要領の改訂、マスコミの悪辣な番組…。

カバ君とロバ君の話は着々と実現している。それらは、明らかに平和への道とは逆である。（略）僕たちは、こうした情勢の社会の中に生活していることに気づかなければいけない。今の日本は平和とは逆の方向に向かっているのだということを。

（注6）警職法…警察官職務執行法
（注7）政暴法…政治的暴力行為防止法案

②ポスター一枚までアメリカ民政府に支配される沖縄の現実

先日、ある会合で、沖縄の若い労働者から沖縄の状態について話を聞いた。そこにいた人はみな思わず、フウーとため息をついた。

沖縄は日本ではなくなっているのである。すべてアメリカ軍の都合のよいようにされてしまっている。アメリカ軍の基地はよく肥えた平地、耕作地に容赦なく作られており、空には核兵器を積んだ飛行機が絶えず飛んでいる。自分の家が知らぬ間にブルドーザーでつぶされてしまっていたということがある。琉球立法府で議決された法律は、すべてアメリカ民政府の承認が必要であり、外国人の裁判はすべてアメリカ軍側でおこなわれるのであり、判決は知らされるがその後どうなるのかはまったくわからないありさまである。またアメリカ民政府は、いつでも「布令」がだせるのである。たとえば、彼らにとって都合の悪い瀬長亀次郎が那覇市長に当選した時、監獄に一回でも入ったものは被選挙権がないという布令を出し、その当選を無効にしてしまっている。また労働組合の設立にはアメリカ民政府の承認が必要だという布令がある。したがって、民政府にとって好ましくないいわゆるアカ味が別の布令では、労組の団交権などは認めないと言っている。新聞、書籍はもちろん、一枚のポスター、ビラの類まで琉球政府の許可がなければ印刷できないという。

その人が中学生の時、政府の許可をちゃんと得てクラスの（？）新聞を作っていたが、ある号の欄外にみんなで祖国復帰をという意味の言葉を書いたら、当局に全部没収されてしまったという。

みんなため息をついて聞いた。沖縄は日本である。沖縄の人たちは日本人なのである。しかし、アメリカは決して返還しようとしないし、日本政府は、口ではうまいことを言っても、それを認めている。

沖縄の小学生や中学生は、教科書に出てくる「我が国」という言葉が、アメリカのことか、日本のことか、沖縄のことか、わからないという。

③平和と民主主義を守る仲間にセツラーもいる

しかし、そうした平和とは逆の方向に歯車を回そうとしているものに対して、がっちり粘り強く反対している人たちは、世界中、日本中に大勢いる。労働者、農民を始めとして、勤労市民、知識人、婦人、青年、学生などが、様々な団体を組織して、平和と民主主義を守ろうとがんばっている。

その中の学生の、またその中の僕たち、学生セツルメントに集まっている僕たち。今、全国で一二都府県、三二セツル、約五五大学、約一六〇〇名の仲間たちがいる。（中略）

現在学校で学んでいることが、本当に国民の幸せと、国民の平和と民主主義への願いに役立つことを望んでいる僕たち。真の学問を確立させるために、ただひたすら象牙の塔に閉じこもることをやめて、学校で学んだことを地域にじかに持ち込み、広め、そして、また逆に地域からさまざまなことをじかに学び取り、ともに平和と民主主義をしっかり守り、推し進めること、それがセツルメント運動ではなかろうか。（後略）

④日本社会の貧困は社会主義ヒューマニズムで根元から絶て

僕は小さい頃から僻地や無医村や台風の災害で代表される日本の社会の貧困さに憤りを感じ続けてきた。理由はない。どうしても憤りを感じるのである。なんとかしたいと思ってもどうしようもない。大きくなったら自分一人でもよいからなんとかしようと思い込むようになった。と同時に、政治家がうらめしかった。どうして毎年毎年台風による被害が出るのだろう。どうして僻地や無医村がなくならないのだろうと思った。外国から旧式のジェット機を買う莫大な金をちょっとそっちへ回せばいいんだ。そんなわかりきったことを大人がわからないはずがない。一体これはどういうことだと自問自答したが、わからなかった。

しかし、今はもうわかっている。色々計算してこれは得になると思うこと以外には絶対手を出さない人間がいる。そして、彼らが政治・経済をあやつっているのだということを。

務台理作という哲学者がいる。彼は、現代における真のヒューマニズムとはいかなるものであるかについて、次のように言っている。

「ヒューマニズムは時代によっていろいろ変化してきており、イタリアルネッサンス時代においては、中世のキリスト教会の教理や教権のもとで苦しんできた人間の人間性を、古代ギリシャの人文を復興することで回復させねばならぬという旗印の下に高らかにヒューマニズム（人文主義）が唱えられ、また封建的絶対主義の支配を打ち破る先進的な力を持った振興市民階級による革命に際しては、全人民の自由、平等、そして博愛が叫ばれた。しかし、自由、平等の思想を得たものは限られた人のみであった。金が無ければ自由も平等もなかった。それは現在にまで至る歴史がはっきり示している。金を大量に握っているものにのみ自由があった。しかも互いに譲り合い、互いに愛し合わねばならぬというような、理性に信頼した個人主義的・近代市民的ヒューマニズムである『調和』の思想などは、現代においては無力であることを二度の世界大戦がはっきり示している。個人主義ヒューマニストは、確かに人間に対して善意を持ち続け、人類の幸福と平和を願っていないではない。

しかし彼らは、現代の危機の社会的条件、特に政治的条件に触れずに中立性を標榜し、人間解放の問題とか新しい社会の建設というような問題に対してほとんど積極的な意欲を示そうとしない。かくて、現代のヒューマニズムは戦争を防止し平和への力となる全人類の立場に立った人類ヒューマニズム・社会主義ヒューマニズム以外にない。」

彼はこうして社会主義ヒューマニズムに達したのである。

僕も実際に僻地をなくし、二度と台風で大きな災害を起こさないように対策をしっかりと施し、毎日と言ってよいほど新聞に載る生活苦による一家心中というような悲惨な記事がなくなるようにするのは、あのカバ君のような人たちの寛容と忍耐の心ではなくて、そのような心をいったん否定し、一段高い次元で再び肯定したところに生まれた心、すなわち社会主義ヒューマニズムだと思う。

それは、第一にダーウィンの進化学の思想に基づく自然史観に立ち、第二に将来の歴史の担い手は物質的・知的労働者すなわち生産的人間の手に移るという信念の上に立った真底から、人類の幸福と平和を願う真のヒューマニズムなのである。

それは、ファシズム、テロリズムなど人間を疎外する反人間的なものに対して妥協なく闘い抜き、強国間の利害の緊張を引き起こし、世界の平和を絶えずおびやかす源となる植民地、半植民地、半独立国の解放を支持し、現実に平和を獲得することのできる力を持ったヒューマニズムなのである。

平和を求めて闘うことは、多くの同胞を広島や長崎で一瞬の内に失い、今もなお原爆症でなくなっていく人のいる日本に、生を受けて生きている僕たちみなの義務であろう。僕たちの生活は、すべて平和から出発し平和へ帰っていかねばならない。

中央委員長たるもの、合宿の際、全力で論文を提案した様子が伝わってくる。花井氏は、卒業後、千葉県の民医連で働く医師として、被爆者の治療に当たる一方、平和教育の重要性を痛感し、核廃絶の運動を世界の人々と一緒に行ってきた。国際会議に日本の医師として数多く参加し、国連へ働きかける積極的な活動を度々行い、「核戦争防止国際医師会議」で、世界の代表者と交流してきた。多くのセツラーが彼の人柄に惹きつけられ、行動を共にしてきた。呼びかける力、行動力が抜きんでている。また俳句や音楽にも造詣が深く、豊かな人間性で千葉県の医療活動から世界の平和まで幅広い活動を行うその姿は、千葉大学医学部の同窓会ホームページで一番にインタビューが紹介されている。著書も「良い医療を求めて」「平和・核廃絶を求めて」句集「蜩の中」等がある。

次に、合宿で学び、児童部の再建に尽くした当時のセツラーに、思い出とその後の人生にセツル活動がどう生きたかを語った原稿を寄せてもらった。当時のセツラーの気持ちや活動の様子が鮮明に伝わってくる。

（五）私のセツルメント活動（児童部）

福島　明（六一年教育）

二〇一八年五月八日の新聞に、絵本作家で児童文学研究家、加古里子さんが亡くなった記事を読んだ。息子が小さい頃、加古さんの『カラスのパンやさん』を何度も読み聞かせしていた頃を思い出し、九二歳まで旺盛な創作活動を続けてこられた加古さんの生涯に心を打たれた。

加古さんは若い時代に化学メーカーに勤務しながら、「セツルメント活動」に参加し、絵本や紙芝居など子ども向けの創作に携わったという。今年になっても、沖縄への思いを込めた新作を出版された情熱の原点は、若い時代の「セツルメント活動」にあったのではないかと思う。「セツルメント」という言葉をなつかしく噛み締めながら加古さんを偲んだ。

かつて教職にあった頃の卒業文集に、「若い時にはどんな偶然の出会いも、人生の出発点や転機になることがある。意欲的、積極的に物事に取り組み自分の道を切り開いていこう。」といった主旨の一文を寄せたことがある。これは自分が大学時代に出会った「寒川セツルメント」の活動の中で体験し学んだことが、後の教職生活の土台を築くことになったからである。

私がセツルメント活動に参加してからすでに半世紀以上も経過し、当時の資料は散逸してしまい活動内容は詳しく記憶していないが、その活動体験が後の教職生活にどう生かされたかを綴ってみたい。

夭折した長兄の意志を継いで教師を目指したが、入試直前に父が亡くなり進学を断念しようとした。しかし家族の強い勧めもあって受験し、昭和三六年千葉大学教育学部に入学した。「寒川セツルメント」の勧誘がどのようなものであったかは覚えていないが、当時医学部のグランドの端にあったヨット部の建物に同居していた部室を訪ねたのが「セツル」への第一歩であった。並み居る先輩に向かい、「安保闘争に参加しましたか。」などと不躾な質問をしたことを記憶している。勧誘の内容に社会的な活動への参加を呼びかけていたことに関心を寄せたことが、部室訪問の動機であったと思う。全国各地に安保闘争が激しく展開されていた当時の学生ならば、社会的、政治的なことに関心を示し行動することが当然の時代であった。

「児童部」への活動参加は、先ずは寒川町の母子寮の見学であった。寒川小学校と道路を挟んで向かい側にある母子寮を同じく見学に来た新入学生と訪問し、そこから「寒川セツルメント児童部」としての第一歩の活動を踏み出した。母子寮へは週一回くらい出かけ、学習室で子どもたちと勉強会と称して宿題を中心に勉強を見てやるとか、寮の庭や小学校の校庭で遊ぶことが活動の主たる内容であった。「宿題の手助けやいっしょに遊ぶこと」が、「活動を通して地域を変えること」に結びついていくのかなど、部会で議論を重ねたこともあった。しかし母子寮の子どもたちとの小さな実践を重ねていくことで、自らを変革し社会を変えていく力に結びついていくという確信が一人ひとりのセツラーに育っていったと思う。社会を変えていかねばならないという機運が世の中全体にもみなぎっていた。

活動の中で印象に残っていることが二つある。一つは夏休みの夜に行った幻灯会で、映写の途中でフイルムが切れてしまい、同じフイルムを扱っているところを調べ、東京の市ケ谷の制作会社まで買いに行き、千葉市のフイルムセンター（役所の名称は記憶にない）に返却した。幻灯会は子どもたちやセツラーも多数参加し盛況だったが、その後始末に苦労した。暑い夏の日に市ケ谷にある会社を探し歩いたことが忘れられない。

もう一つの出来事は、千葉公園までの遠足である。この計画を立案するにあたって、交通費（電車賃）を集めるかどうかを巡り、部会で長時間議論し一人当たり一〇円位を集めることになったと思う。どんな内容の遠足になったかは覚えていないが、往きの駅のホームから、ひとりの女の子が片方の靴を線路上に落としてしまい大騒ぎしたことを鮮明に覚えている。

中学生で問題を起こした子がいて、先輩のセツラーが中学校の先生のところに相談に行ったことがあった

1964年頃の子ども会活動

ようだが、これは正確には把握していない。子どもたちが通う学校との連携は、私たちの活動の中にはなかった。子どもたちや母親から「先生」と呼ばれていた寮母さんとは、子どもたちのことでよく話し合いをした。何人かの子どもたちの名前や顔は今でも覚えているが、すでに大部分の子たちは還暦を過ぎていよう。どんな人間に成長したであろうか。

セツラーとの交流も大きな活動であった。とにかくセツラー同士は仲がよく、よく話し合い、歌った。母子寮での活動後、葛城町を抜け亥鼻の部室まで語り合いながら歩いた。また旧千葉駅まで歩く途中、栄町にあった「ジャマイカ」という喫茶店に入り長時間話し合い、この喫茶店は第二部室のような存在であった。喫茶店に入ることは初めての経験であり、先輩のセツラーの話には啓発されることが多く楽しく有意義であった。

児童部の部室が西千葉にできてからは、そこが部員の居場所となり毎日が部会のような生活であった。当時うたごえ運動が全国的に広まり、大学構内でも「千葉大のうたごえ」と称し、昼休みにうたごえ運動が行われていた。部員は、部室の中で当時平和運動の中で盛んに歌われていた、荒木栄さんが作曲した歌などを主に歌い連帯を強め合った。ここで覚えた歌の数々は初任教員時代に生徒とよく一緒に歌ったものである。

部室の机上に置かれたノートにさまざまなことを書き、それを読み合うことも楽しみのひとつであった。私の文字はひときわいかつく、かつ大きいので先輩から「鬼瓦君」と呼ばれた。合宿の資料の最初のガリ版切りではその文字で書いたので、呼び名はかなり固定してしまった。その後の合宿や部会の資料づくりのために謄写版一式を自宅に揃えるなど、ガリ版切りに取り組んだことで腕前も上がり、後の教員生活に欠かせない技術として役立った。夜遅くまで学級だよりやテスト問題などを薄い原紙に一字一字ガリ版文字で丹精こめて書いていた教員は、生徒と共に懸命に生きる姿そのものであった。教員生活の前半はガリ版印刷の時代であり、手間をかけた実践が行われていた。

部会での熱い討議の中でもさまざまなことを学習し、教育や社会、政治について自己啓発が図れたが、セツルの活動の中で最大の学習の場となったのは、医学部の先輩の下宿で行われた「読書会」であった。『同じ喜びと悲しみの中で』(三一書房)をテキストとして他の部の先輩たちと行われた学習会は、常に新鮮であり、目を見開かれる思いで参加した。セツルメント活動の原点を学んだのはまさにこの読書会であった。特に保健部の先輩は大きく、偉大な存在に見えた。

また夏休みに行われた合同の合宿や、春休みに行った児童部の合宿は、セツラーの連帯を強め仲間づくりとよき学習の場であった。数年前、最初に参加した児童部の合宿地、安房勝山の医学部寮を訪ねたことがある。寮はすでに無くなっていたが、地元の方に跡地を教えてもらい、当時のセツラーの面影を思い出し感慨にふけった。あの瑞々しい仲間たちと懸命に活動したセツルの時代から半世紀以上が経過したのである。近いうちに寒川の町を訪れ、子どもたちと遊んだ小学校の校庭にも立ってみたいものである。

セツルの活動を通して得られたエネルギーは、平和運動や教育ゼミ活動、全セツ連大会などへの参加にも向けられ、仲間とともに全力で取り組んだ。当時中断されていた関東教育系学生ゼミナール（関教ゼミ）を千葉大学において再建することに全力で取り組み成功させた。多くのセツラーがこの教育系ゼミに積極的に参加し、全教ゼミへと発展させていった。

これらの実践で得られた力は、後の職場活動や、組合活動への基盤ともなった。教育実践と組合活動の一体化は、まさにセツルの目ざす「活動を通して、地域を変えていくこと」と同一であった。

後年、学校経営に携わる中で時には教職員や保護者と厳しい対決を迫られることも多々あったが、その都度「学校の主人公は子どもである。子どもを分母として考えよう。」と呼びかけ難局を乗り越えた。また、「学校は楽しい場でなくてはならない。」「学校は生徒に生きがいを与えるところである。」「学校は生徒の心の居場所にならなくてはならない。」と掲げた方針は、セツルメント活動によって得られたさまざまな体験や学習に原点があると信じている。

「山の緑はなぜ美しいのか。一人ひとりの子どもの違いを認め育てていこう。」と、どの学校でも保護者や教職員に語りかけた。

セツルメント活動から放たれた一粒一粒の種は、さまざまなところで芽を出し根を張り息づいているのだと確信している。

四、拡大した新たな地域での実践活動—「愛生町班の歴史」をもとに

その後の児童部の発展の基礎となった三年間の合宿の様子を受け、この後、児童部がどのように発展してきたのかをセツル大学の卒業論文で「愛生町班の歴史」（一九七二年三月）を書いたチャオ（宮崎久雄　六八年教育）の文から紹介する。壮大な論文なので内容を大幅に縮小してある。なお論文に入っていた詳細な出典（主に寒川セツル内の資料について）は省略した。

(一) 地域拡大の始動期

一九六五年、晩秋を迎える一一月頃から地域拡大をしようという声が大きくなっていった。

この当時の寒川セツルを概観してみよう。

まず、組織を見ると児童部、保健部、栄養部、そして人形部の四つの部からなり、それぞれが独立した運営委員会を持っていた。すべてを統合するのは中央委員会であった。

学校は、一九六六年において「千葉大学教育学部・工学部・医学部(一人)・文理学部(一人)、看護学院、保育専門学院、栄養専門学校、養護専門学校(一人)」からなっていた。

児童部は、二つの活動班をもって活動を続けていた。母子寮と三丁目の二つの活動地域しかなく、子供たちの人数に比べてセツラーが多すぎたことが、作草部への地域拡大のエネルギーになった。

しかし、一九六五年一一月二三日の総会では、児童部が作草部地区へ出て行こうとして調査中のところに、人形部の疑問として「前総会で人形部が寒川以外の地域で公演することが反対されたがどうなのか」(『セツルニュース』第五号)という意見が出されている。それに関して、春の合宿では「私たちが活動を進めていく場合、お母さんの持っている子供会を作りたいという要求はやはり大切にしなければならないし、それを伸ばしていくことが必要です。お母さんからの要求があったということが大きな理由だといえます。」(略)この背景には、拡大の意義に関して十分討論がなされていることがうかがえる。

①地域拡大の意義

「セツラーの主体性を生かす場を保障するということがまず言える。現在の私たちの生活を考えるなら様々な問題、矛盾があることに気付くであろう。そして、その矛盾は私たちの身の回りや一定の地域内では解決され得ない。もっと深い根っこと関連するものが多いことに気付くことであろう。私たちが真に、地域の人たちと共に、地域に平和と民主主義・生活向上を実現しようとして活動を進めるなら、同じような目的に向かって進んでいる様々な人たちと手を取り合わねばならない。共に進む必要がある。同時に、私たちの活動を一定の地域内だけに留めるのではなく、増々広範な地域に広めて、その中に我々の目指す目標に向かって、共に進める人達を広めるとともに強化して行くことが必要である。また、いろいろな地域で活動し学んだものをまたそれぞれの地域に持ち帰ることによって、それぞれの地域の活動を相互に向上させることができる。そして、セツルメント活動の拠点をたくさん作っていくことがセツラーの拡大にもつながってくるし、また、国民統一運動を推進する大きな力になる」(一九六六年総会議案書)

(二) 作草部に地域子供会誕生

「地域拡大の必要に迫られていた時だけに、地域のお母さんが子ども会を作りたいと言っていたと児文研(注8)の人から紹介された作草部町に早速調査活動を開始した。子ども会を作ろうとする場合、私たち自身で子どもたちに接して、子どもたちの状態や持っている要求をとらえると同時に、子どもたちの中に子ども会をしたいという要求を作っていくことが重要になってくる。この観点に立って、実行委員だけでなく、空き時間を利用して多くのセツラーが、実際に団地へ行って活動してきた。四月からは新入生を迎えて活動を始められるようにしたいという願いを持って活動を続けた。低学年の中には〝お兄さん、お姉さんと友達になれてすごく嬉しい。みんなで楽しく遊ぶ子ども会であったらやりたいなあ〟という声が聞かれるようになってきた。一九六六年二月二三日には、地域のお母さんであるKさん、Aさんの呼びかけで子供たち、お母さん、そしてセツラーの三者の話し合いを持った。そこへの参加者をみると、子どもたちは六年生九人、五年生四人、お母さん三人とセツラーである。そこで子どもたちが一致したことは〝みんなで協力し合って楽しく遊びたい。そして、団体的行動の中で、自分の欠点も直し、みんなで向上していきたい〟ということだった。さらに『みんなで決めて、みんなでやっていくような子ども会を作ろうということが確認された。』

この確認事項から二七日（日）にスポーツ大会を計画した。当日は三年生以上の子どもたちを対象に、五、六年生を中心として行う予定だったが、翌二八日に学力テストがあるということで、二、三年生が中心に三〇名くらいの子どもたちが集まった。セツラーは六人で行った。お母さん方も見に来てくれていた。

確認事項が、その第一声にして裏切られてしまった。しかし、セツラーは慌てず、今後しっかりと話し合っていこう、と構えていた。さらに、お母さん方との結びつきを強く求めていた。

こうして着々と準備が進められ、関根、吉野、青木の三人のセツラーが行くことが決定された。準備は整ったというところであろうか。これは現在の風の子班を拡大するときの様子である。こうして四月からは風の子班、クレハ班は実際の活動を開始していった。」

（一九六六年三月二日春合宿議案書）

（注8）千葉大学教育系サークルの「児童文化研究会」、六〇年代後半に「あらぐさ」と人形劇「かざぐるま」に分かれる。

（三）クレハ班の誕生

一九六六・四～一九六七・三

「児童部、三丁目班での活動の中で、子ども会活動に対し町内のお母さん、町内自治会からセツラーの子ども会はやめてほしいとの問題が出てきて以来、子どもの参加が悪い状況から、セツラーの主体性を活かせない状態になった。このような混迷状態に作草部町のお母さん方が要請に来て、これに乗った」形である。実際セツラー数は増大しており、日常の活動でセツラーのほうが子どもより多いことがあったりして、セツラー拡大は同時に地域拡大をも可能にし、また必要とされてきていた。（以降の文は要約を含む）

①クレハ班の地域とは

千葉大のすぐ近くのクレハの地域は、国家公務員の住宅（一五世帯）で勤務先はほとんどが東京の官庁である。生活状態は比較的楽で、三DK、バス、トイレ付きで一五〇〇〇円という保障された住宅である。ここのお母さん方はものすごく教育熱心であり、教育熱心なお母さん方が子どものためにということで積極的に、隣の風の子の班活動を聞いたり、学生にやってもらうと楽しくできると聞いたりして、セツラーにやってほしいという要請をしてきたのである。

②クレハ班の活動

しかし、いわゆる官制子ども会に入っての活動である。したがって、「世話人のお母さん方の意見などによって活動が限定されたり市の主催する行事には特別な事情がない限り参加したりするので、私たちが子どもと一緒にやる子ども会は規制されてくる」という状況が出てくる。この中で「自主的な子どもを、また自主的民主的子ども会を育てていくこと」は、難しいものがあった。

官制子ども会に参加して「自分たちはクレハの地域で学んで、自己変革できるのか」という疑問が出されてきた。それは、一九六六年九月の部会での拡大総括の中で、「活動の主体は何か、また、働く人から学ぶといった点を最大限に考慮し、地域性を考えた場合、我々がそこからどれほど有利に学ぶことができるか」といった指摘がなされていた。国家公務員として住宅、生活も保障されているクレハの団地においては生活が苦しくてどうにもならないという状態は見つけられるのかという疑問が湧いてきて、「地域拡大は、より矛盾のふきだまりの地域（基本的人権が侵されている地域）で問題点が表面化されている所の方がよい」と結論を出した。（後略）

（四）愛生町班の誕生　一九六七年六月

①二丁目班、そしてクレハ班から愛生町班へ

春合宿において、クレハ班の総括をする中でセツルの基本的立場―どういう地域の人達からどんな事を学ぶのか―という観点を確認した。それは「労働者から」「労働者としての生き方」を学ぶという観点であり、そのためには社会の矛盾が鋭くあらわれている地域を選んで、その地域で活動することがより学びやすいというものであった。

四月から、地域拡大のための調査活動を始め、寒川二丁目とあやめ台団地（西千葉よりバスで一五分）と

川鉄付近の町の三か所が拡大の対象としてあげられていた。その結果、寒川町二丁目班の拡大に踏み切ったのである。新人セツラーは四月一四日現在、千葉大教育八人、文理二人、工学一人、保専一〇人、合計二一人である。その後、敬愛短大から一挙に一三人以上のセツラーが生まれ、多くのＮＳ（新人セツラー）がいろいろな要求をもって、初めてセツル活動に参加してきた。まさに、四月当初二〇名ものセツラー（それに対して出てくる子どもは八名位）を抱え込み、どうしようもなかった母子寮班からセツラーが移ってきたことは、二丁目、母子寮の両班、さらに部全体の中でセツラーが主体的に動けるような条件を作ったことになった。

その後、六月、愛生町班の拡大に踏み切るのである。六月二一日発行のニュースでは「愛生町に内定…西千葉から二〇分位バスに乗って作草部のぐっと奥深くへ入った農林地帯である…子ども会もなければ自治会もない…団地の人たちは子どもに対する要求、場所が千葉市から遠く交通の便が非常に悪いのに対する不満、その他いろいろな不満やら要求を持っている地域である」と報じている。地域の様子は、その後の資料を見ると「炭鉱離職者が主に入居しています。そして、出身地は北海道が多いです。生活が苦しいために母親もパート、内職と共稼ぎをしている家庭が大部分です。しかし、このような状態にもかかわらず、子どもたちは明るく素直で全く自然の中で育ってきたという感じであり、子どもが『今家に帰れないんだよ』というのでセツラーが『どうして?』と尋ねると『今、家でお父さんが寝てる』と答えたそうです。この子のお父さんは三交代制をやっている川鉄へ勤めている。夜、仕事をしてきて昼間は家で寝ているのです。家庭破壊、生活破壊が進んでいることが強調されている地域である。

六月二日、旧クレハ班のセツラーにとっては記念すべき日であった。愛生町班での初めての活動である。この日の活動の感想をセツルニュースで次のように報じている。

「活動の始まる一時半には、それこそ多くの子どもが遊び場に集合していた。活発で素直な子ども、上級生は下級生に対して指導力がありそうなこと、自分のことだけでなく、ある程度は他人のことも考えられる子ども…。本当にセツラーのような人を待っている子どもたち。この感激が四時半のバスに乗り遅れてしまったことである」と、感激をもって地域に入り込んでいるが、そこには多くの困難さが待っていた。その一つは、セツラーの数が減ってきていることである。六月に拡大をしたために「大きな問題として、一年生が少なかったと言えます。そのために馴れ合い的になってしまう傾向があり」それらに加えて「NS三人、しかもNSを含めて常時活動できるセツラーが五、六人になってしまう。このようにセツラーが不足していることは何をやるにもガンとなってくる」という。正確には「総勢八名」の班であった。このことはセツラーが主体的に動ける場を保障するための地域拡大が、新たにセツラー不足に悩まざるを得ないという結果を生んでいるという運営面での問題があるのだろうが、運営委員会が忙しすぎて、パート会などで十分に動けなかったり、多くの学校が集まってきたのでそのことが学園の問題を複雑にしたり、時間が合わなかったり等々の問題を指摘するだけで、具体的な方針が十分に出し得ないでいた。

②子どもの要求をとらえる地域実践と地域住民との連携

一年間の活動を春の合宿で総括している。その特徴は「子どもの要求をどうとらえ、どう実践してきたか。地域住民との提携をどう進めることができたか」ということであった。

子どもの要求をとらえ実践するという点に関しては どうか。地域に行って活動してくるが、それが班会で『きょうは子どもたちが何人きて何をしました』式のアリバイ報告のようなものであり『活動で何を見てきたのか』『何を感じてきたのか』『自分はどう思っているのか』ということがなかなか討論されなかった辺りを克服しつつある。（略）愛生町班の実践を見ると「上級生の男の子と女の子の仲が悪くて困るというのが悩みの種だった」このことを「今日まで男女一緒に遊んだり勉強したりすることがなかったからじゃないか。もっと一緒にやる機会を作っていかなければいけないのではないか」ということが話されていた。（筆者―この後、男女でポコペン遊びができるようになった実践の様子が続くが、詳細は省略する）

セツラーは考える。『男の子と女の子は、本当は一緒に遊びたいのじゃなかろうか。一緒に遊びたいという要求をお互いに持ちながら発言する場がなかったんだな』と。

こうした、子どもの要求を取り上げた実践は一二月のクリスマス会も男女一緒にやろうというところに発展してきていた。

愛生町の実践は、この段階で十分評価されていないが、集団の内部のちから関係を変えていくという芽が見られる実践として評価されてよいと思う。

地域住民との提携では、風の子班において民主的な父母が動き出しているから、そういう人たちと提携していくことが必要であることが強調されているが、しかしここに留まっている。「現在、家賃値上げ問題が起こっている。それに対して地域のお母さんの中に、不当値上げ反対、自治会民主化の動きがあり、地域で組織的に、この問題の学習会などが開かれている。こういう地域の民主的な部分と提携していける基盤があり、こういう人たちと積極的に提携して地域の問題を意識的にとらえることこそ私たちが学び、変われることだと思います」と。地域における民主勢力の発見、それとの提携が叫ばれる。しかし、観点は出されているのに、実際の活動には発展していかない状況であった。

③仲間づくりのとらえ方

この間の、もう一つの特徴として、仲間づくりのとらえ方が大きく前進したことである。『セツルニュース』において、今、何人かの人が〝セツルは現在、安らぎの場所ではなくなった。むしろ、戦いの場である〟というような深刻な感情を抱いている。これはみんなで共に考え、直ぐにでも改善しなければならない大切な問題である。声なき声も聞き入れて、誰もが入りやすい安らぎを感じるような部室にするために、一人一人が頑張ろうという主張が三年生のセツラーから出されているが、「今までのような家族的雰囲気を仲間づくりの中で追い求めようとすること自体無理があります。…仲間づくりを単に皆と一緒に楽しむコンパや活動と切りはなされたフリートーキング（これは、それ自体は仲間づくりの上で少なくない比重を占めているがｅｔｃ.）だけに求めてしまうというのも大きな誤りです。…私たちの仲間づくりは、活動がどれだけ発展し、その中で私たちがどれだけ学び変わってきたのかということを通してみていかなければなりません。それは、各セツラーが地域実践をしっかりと追求し、その中で本当に（抽象的にではなく）学び変わっていけるようなセツル活動が追求されることが第一です。」と述べ、この観点は前年度にもみられていたが、三丁目班の大学祭への取組を総括する中で「…この問題を通じて三丁目セツラーは『本当に官制子ども会の実態が分かった。』どこが地域の人々の生活や権利を脅かしている根源なのかが明確になってきました。このことがその後の三丁目セツラーの団結を基礎づけてきたものであり、共通の問題にぶつかって一緒に考えていくというセツラー集団が実現されるのに不可欠なものです」と、実践的に確認してきている。これは全セツ連段階では一年前の一四回大会で指摘された「地域実践を通じてこそ、セツラーは学び生き方を追求できるのだ」ということを実践的に明らかにしたものとして評価してきている。「また、その中でこそセツラーの仲間づくりが追求できるのです」と確認してきている。実践的に、この年が発展してきていることを示している。しかし、まだ、全セツ連段階では「一年遅れの実践」というイメージが強い。

（五）発展する愛生町班（第一次成長期）

①幼児パートの実践を分析し見えたもの

昨年六月に誕生した愛生町班、実践面では寒川セツル内で遅れていた。二年目を迎えた愛生町班では班員数も増え、パートを幼児、一・二年、三・四年、五・六年の四パートに分けて活動に。幼児パートの実践は一年間の総括をする段階に至って、一つの典型例として評価された。それは、「私たちは第一六回大会で『地域の人々の要求に根ざした地域実践を発展させよう。その中でこそ激しい情勢の下での様々な困難に打ち勝っていけるし、私たちも学び、生き方が追求できるのだ』ということを明らかにし、地域の要求にねざした活動、働きかけることの重要性を確認し合い、学内での自主的な活動も含めて、セツル活動の全面的な発展をかちとっていこうと確認しました。」(一八回大会基調報告)を受けて、寒川では「地域のお母さんや子どもたちのわずかな要求に目を向けてその要求にねざして活動を発展させる」という実践をしてきているのである。それが愛生町の幼児パートの実践である。少々長いが紹介しよう。

「ある日の活動において、YちゃんとHちゃんとKちゃん、Mちゃんで、高々鬼をしていた時、Nちゃんが『入れてくれ』といってきた。Nちゃんは、時々悪いことをするので、みんな本当は、あんまり入れたくなかったのだけれど、セツラーが『入れてくれっていってるよ。どうする』というと『まあいいや』という訳で、Nちゃんを入れることにした。

しばらく遊びを続けていると、Mちゃんが半ば泣きそうな顔をして『もうやめた』といった。セツラーが『どうして』と尋ねると、しばらく黙っていました(ぶつという行為があったらしい)。その時、『絶対強くぶったりしないって約束するといいよ』と一人の子どもが言うと、『ぶたない?』『ぶたない?』とてんでにNちゃんに聞いていったのです。でもMちゃんは、まだ怒ったような顔をしていました。子どもたちがどんなに尋ねてもNちゃんはただにやにやするばかりで何も言いませんでした。仕方がないので、Nちゃんを入れないで再び高々鬼を始めることにしました。

しばらくして、そばでじっと見ていたNちゃんが「ぶたないから入れてくれよう」と悲痛な顔をしていってきました。これに対して、HちゃんやYちゃんやKちゃんは『ほんとう? じゃ、入れてもいいよ』と言いましたが、Mちゃんだけはどうしても『いやだ』と頑張っていました。さっき強くぶたれたために、Mちゃんはどうしても入れたくなかったのでしょう。セツラーが

『Mちゃん、どうして？ もう強くぶったりしないんだよ』と言ってもMちゃんは下ばかり向いて黙っていました。『どうして？ 幼稚園では仲よく遊ぶんだよ』と子どもたちが口々に言うと、Mちゃんはとうとう『だってNちゃん手がきたないんだもの』と言いました。なるほど、Nちゃんの手には少し泥が付いていました。Nちゃんが、『じゃ、手を洗ってこよう』と団地のそばの水たまりのところにかけていくと、Hちゃんや Yちゃんも一緒について行って手を洗いました。小学生に、『汚えなあ。しょんべん入っているかもしれねえぞ』と言われ、今度はみんなで八百屋さんの前の水道のところにかけて行って、みんな順序良く並んで手を洗いました。手を洗い終わって、Nちゃんが『今度はきれいになったよ』というと、HちゃんやYちゃんが『うん。今度は入れようよ』というと、Mちゃんもとうとうこっくりと頷いたのです。」この実践を「セツラーが、『みんなと楽しくやりたい』という要求を、みんなで追求させるように働きかけ、子どもたちには集団でやることの楽しさを味わわせています」と評価している。

しかし、よく見てみると、子どもたちの中に「Nの乱暴を許さない」という力が形成されているだろうか。答えは「否」である。本音は「幼稚園ではみんな仲良く遊ばなくてはいけない」からであるようにみえる。これは、当時のセツラーの集団観に大きく規制されていたと見ざるを得ないであろう。

②地域活動と仲間づくりの関係性

この年から、班毎に総括集を作成するようになり、各班独自のスタイルの積み上げが期待できるようになる。仲間づくりや自己変革などに関して、昨年度は仲間づくりを一歩前進させて、実践的に日常実践と結びつけた仲間づくりを発展させてきた。しかし、それは「実践と切り離して追求できるものではない」ということであって、活動と仲間づくりとは別個の課題のように理解されていた。

よって、「『地域に働きかける中でこそ、私たちは学び変われるのだ』…セツルメント活動の目的が、単に『地域に働きかける』ことではない、ということに注意しておく必要がある。『地域に働きかけていく』過程を通して、セツラーはどんな力が要求されているのか、苦しみながらもその要求にこたえようと自分を変えてきたのか、そして、そうする中で、自分はこれからどんな人間になっていったらよいのかを考えていく」自己変革論を生み出してきた。

実践的には、愛生町子ども会からの「謝礼金」に対して、「私たちは愛生町という地域で非常にたくさんの事を学ばせてもらっている。…本を読んで勉強するだけでは到底知ることのできないことを自分の体で直接的に感じさせてもらっているのです。だから、私たちは報酬を受ける権利などはない」と形式的に割り切ってしまうところの実践形態を生んでいた。すなわち、地域が変わることと自分たちが変わることが実践的に統一されているんだと一方で主張しながら、もう一方では全く違ったものであるという主張が同居していた。これら三つの主張は、それぞれ正しいのではあるが矛盾である。矛盾が『本当は子どもの立場に立つということが分からなかった』と反省する。すなわち、再び頭の中だけに戻さざるを得なくなっていたのである。頭の中だけならどんなに矛盾があっても平気だが、一歩実践に結びつくともう不可能であるから。

地域の民主的な父母との連携が昨年叫ばれてはいたが、具体化していない。母子寮班の総括集には、〝母子寮子ども会〟をセツラーとお母さんとがスクラムを組んで支えている図がある。その関係を的確に示している。愛生町の場合も「お父さん、お母さんの援助・助言があってこそ初めてうまくやれるのです。…話すことによって、私たちが思いもつかないような助言をして頂いたり、新たな問題を提起してもらうことがおおうにしてあるからです」と、父母とセツラーとの関係は、援助、助言してもらう関係であり、そのための提携が必要とされていたのである。図に描けば確かに母子寮班のようになるであろう。そうなると、一年前、「セツルメント活動、それは学生の活動を側面の援助として行われる地域の要求に基づいた地域住民自身の要求をくみあげたサークルである。且つ、学生が地域活動の中で学び成長していく学生自身の要求をくみあげたサークルである」と定義したことと若干矛盾が出てこざるを得なかった。

決定的に弱いのは「地域の要求に基づいた地域住民自身の要求をくみ上げた…」といいながら地域の要求と地域住民自身の要求運動とを明らかにし得ていない点と、そこから出てくるところの『地域住民による運動』を起こしていくという観点の欠如である。

子どもたちへの働きかけに関しては夏の集中活動を総括する中で「自分たちの要求とぴったり一致していることと自主的に動けるというその作業が子どもたちを積極的に把握してきている」と見て良いだろう。

（六）低迷期（愛生町班崩壊）

①退部者が続き一人になった一年生

四つのパートを持って頑張ってきた愛生町であったが、一年生が五人やめていくという結果を生んだ。昨年度の一年生は一人になってしまった。この原因については十分総括されていないのであるが、仲間づくりに関しての失望感が大きい。また、セツル活動から何を学んできたのかを十分におさえられなかったことなどを挙げることができる。（詳細は省略）

全セツ連大会が六月にもたれ、そこでは「地域ぐるみの運動」が新たな実践課題として提起されてきている。井戸田セツルでは「家庭訪問、父母の会、教師との連携」、中野セツルでは「地域民主化の課題─地域ぐるみの運動─」とそれぞれレポートが提出され討論されてきた。各パートを越えた、地域を丸ごととらえるという主張がよく聞かれるようになったのもこの頃からである。

ところが、寒川では一～二年前の発展段階にしがみついている現状であった。（略）

「私は今、活動がやりたいんです。でも、一人じゃできないことがよくわかっています。みんなと活動の話し合いを十分していきたいんです…」「…人数が少ないし、なれ合っているんだと思う。そこには、私たち一人ひとりの成長はない。弱い人間が集まって、なれ合いの中で自己変革している。そんな愛生町班になりたくない」

レモンのこの叫びを一体誰が受けとめてくれただろうか。残された四人が果たして、どんな展望を持ちえたのだろうか。もはや、運営委員会としても具体的な援助はなかった。（略）

また、他の要素として、大管法（大学立法）が強行採決されるという時期であり、各学園でセツラーは自覚的に動いていたし、その方に力を注ぐ〈セツルをやめてそちらの闘いに専念する〉などという事態も起こりセツル活動におけるセツラー集団の主体的力量が問われるという時でもあった。その矛盾が力の弱い部分には当然しわ寄せされるのであろうことであった。活動は一二月で崩壊してしまった。

②三丁目幼児パートの援助で再建へ

三丁目幼児パートでは、トコロテンを三丁目に連れて行き一緒に活動する…という援助をしてくれた。そして、もっともっと具体的に子どもたちを知り、考えることを実践的に考えてくれた。運営委員会では、「どうしてほしいか、愛生町として要求してほしい」とその展望のなさを示していた。愛生町班をどうするかは残された班員の手にゆだねられていた。何度も話し合った。三丁目班で元気づけられ実践的に指導を受けたトコロテンが中心になっていつしか話の方向は愛生町再建のための方法を探し求めていた。

今日の愛生町を存在せしめるものとしては、何よりも三丁目班幼児パートの果たした役割は大きかった。その後、大学祭などで「地域調査」をやり、「実践と結びついた調査活動が進められてきました。まさしくセツラーの要求から出発した調査活動に取り組む中で元気のなかったセツラーが生き生きしてきた」というように実践が科学的に地域全体を把握していこうという方向に向いてきたことがうかがえる。（略）

こうした中にあって、四月には一三名の班員をほこる愛生町班が崩壊せねばならなかった原因と三か月のブランクがあったが、一九六九年度の総括をやる。そして、来年度の方針を出す春合宿にトコロテン、レモン、チャオの三人が参加するというところにこぎつけた。（後略）

（七）まとめの章

一九六九年度に崩壊した愛生町班であるが、七〇年代に再び頭を持ち上げ着実な歩みを見せる。

特に子ども集団内部の力関係に着目し、誰にどんな働きかけが必要かという細かな実践の見方を提示していったり、一回一回の実践において細かく総括し持続的に働きかけていったりするなど寒川セツル内において果たした役割は決して小さくはない。

一九七〇年・七二年度と着実に活動は発展してきて、七一年度には自治会が愛生町周辺に生まれる。さらに、七二年度の役員には地域のセツラーに非常に好意的なお母さん方がなって「今年こそ集会所を作る。できるまでは愛生町から引っ越すわけにはいかない」とセツラーに語ってくれるなど、大きな成果—そう呼んでよいだろう—が生まれてきた。

歴史的に見て、一九七〇・七一年度の実践は飛躍的に発展していることは事実である。

順序がおかしいが、歴史を紐解いてみて、感じたことをいくつか書き添えておきたい。

その一つは、歴史的に見て実践が発展しているのは事実であるが、それが、すなわち成果が子どもたちの中に、あるいは地域の中になかなか蓄積されないという問題である。愛生町の場合でも、セツラーと遊び始めて三年、四年とたっているのにもかかわらず、いつまでたっても前進していない。子どもが変わり切っていない。セツラーが変わるからだろうか、いやそうではない。全国的にも常に前進しているのである。となると、問題は子どもの側にあるといえよう。（略）

愛生町の中になかなか動き出す力が蓄えられない原因はここにある。不十分ながらも、母子寮班の実践の中には行事などに取り組む場合には必ず子ども総会がもたれるし、それが最高決議機関であり、半ば慣例的にではあるが制度化されているのである。まだ、規約みたいなものに結晶していないので、いつその慣例が崩されるか分からない。そういう弱さをふくんでいるのであるが…。愛生町の決定的な弱さは、せっかく芽生えた力を発展させていくための場がないし、蓄えた

力もそれが受け継がれ、継承されていかないところにあると思える。（略）

よって、子どもたち自身が言葉ではなく体で、行動で教訓を引き継ぎ発展させる体制を作ることが決定的である。母子寮班の場合、小学生から中学生までが一緒に子ども総会をやっているのは、こうした観点からみると、まさに子どもたちが自分たち自身を教育していく機関を作っているという事が分かる。子どもたちを現在の横割りのパートに分けることはその時々の実践においては矛盾も少なくてやり易いかもしれないが、それがために大きな弱点も含むものである。

子どもたち自身が子どもたち自身を教育し、経験を継承し、発展させるための場・制度をあるいは規約みたいなものとして残して活動形態を打ち出していく必要がある。今日の子どもたちの現状を分析する中でそういう方法を導き出したら活動は飛躍的に発展すると思える。

新しく地域拡大しても、そこのセツラーの力量にまかされる。運営に関しても各セツラー、班の力量に負う所があまりに大きすぎる。現在はそれもやむを得ないであろう。しかし、セツル活動をもっと発展させたい、広範な学生がセツル活動をできるようにしたいと願うなら、何よりもセツル活動を一人一人の力量としてみるのではなく、誰でもがその方法さえ学べば実践できるようなある意味ではセツル活動の技術として、働きかけの仕方や組織方法を明らかにしていくことが大切である。

新入生のエネルギーを丁稚奉公のような形で消耗させるのではなく、きちんと新入生講座を開いて、すぐにでも経験セツラーと一緒に活動に参加できるようにすることが大事である。（略）

愛生町班のチャオは、班の誕生につながる寒川セツルの歴史から紐解き、班の未来発展を展望する卒論を書き残してくれた。各班に同様の歴史があるわけだが、一つの班の歴史を見るだけでも膨大な地域実践と自分と仲間を見つめる歩みがある。執行部セツラーとして、全セツ連のレベルから寒川セツルの実践や仲間づくりを広く見て分析している。他班の実践から学ぶということも冷静に行っている。また批判もしている。班員が激減して班が崩壊状態になった時、援助してくれたのは誰だったのか、他班の同じパートの仲間だった。その苦しみを乗り越えて七〇年代の発展につなげていった。チャオは、卒業後も生活指導の研究分野で活躍し、現在も教育現場で経験セツラーとして鍛えた力量を発揮している。

五、全セツ連での寒川セツルの活動—革命論より地域実践で勝負！

創設以来、全セツ連に結集してきた寒川セツルメント、一九六三年一二月の仙台大会の報告には、「四本のレポートを発表し、全体会の議長も務めた全国でも中心的なセツルであり、実践上でも組織上でも全国のセツル運動に少なからぬ影響を与える位置にいる」とある。中でも全セツ連書記局員として活躍したセツラーを紹介しよう。

（一）全セツ連書記局員ガマ（六七年教育　大釜正明）の活動—県下のセツルを組織化へ

①大学立法阻止の闘い—『せつるめんと』全国学生セツルメント連合書記局

一九六九年五月三一日『せつるめんと』という手書きのガリ切新聞である全セツ連書記局ニュースを出したガマ。その冒頭に「大学弾圧立法阻止　セツル活動の自主的民主的発展擁護のために全国のセツラーは全力を挙げて奮闘しよう！」という呼びかけを発表している。その要旨は、「闘いの基本的方向と重点①私たちセツルメントがこの大学弾圧立法阻止の闘いで最も反動を追い詰めるのは、私たちの活動を一八回大会で明らかにしたように、自治会に固く結集し、日常実践を大きく発展させ、地域の中で私たちの活動が信頼され、これらを追求していく中で、セツラー集団の質を高め、団結を一層固いものにしていく―このような活動にまで早急に高めていくことです。②私たちが学内の自主的民主的なサークルとして、自治会に固く団結し、大学の自治を破壊し民主主義を奪い去り教育、研究を軍国主義化しようとするこの攻撃に対し、最後まで闘いましょう。この時、セツル集団として学内活動にどう取り組むのか、セツルとして自治会にどう結集するのか、各セツルで検討、研究することです。③私たちの活動している地域に大学弾圧立法のことを訴え、共に闘いに参加していくことを目的意識的に追求しましょう。地域から出ている疑問と要求に対してもっともっと考えていくことが大切です。地域の民主団体との提携を進め、ともにたたかっていくことも重視しなければなりません。」（以下省略）

同じ『せつるめんと』には、連合書記局の中で反対派と闘いながら各セツルの闘いを報告した中に寒川セツルの様子も次のように載っている。

②もりあがる闘い　関東〝もう実際に〟―寒川セツル―

ガマ（六七年教育　大釜正明）

五・二二に部会を開き、大学立法に関して討論を行った。その中で「『基本的人権無視だ』とか『セツルを含めて民主団体の活動が政府の意志の下に弾圧されてしまう』とか、『学問を深めたいのだが、大学立法はつぶしてしまう』などと不満が出されてきた。特に私立のK短大（本節第二項参照）のセツラーから『私たちの大学は、すでにこのような内容になっている。自治会がなく、集会もできない、ビラを貼ることもできないなど自由が失われている』ということや『昨年の学園祭でクラスシンポを持ったとき、学校当局から禁止されたりして、学友はその前につぶされてしまう』『セツラー拡大もまだまだ表面に出せなくて、勧誘のビラをトイレの中に貼ったりしたのよ！』などと学園の状況が出され、圧倒的多数で『大管法粉砕！』の決議をあげた。その後、意志表示として学内に立看板を出し、ビラを二〇〇〇枚まいた。運営委員からは五・二三統一行動に参加することが訴えられて、当日、学生九〇〇〇名の隊列に加わった（二〇数名）。

今、寒川では、更に大学立法と地域の問題、教育の問題を深めていこうとしてきている。大学立法は、セツルの実践の発展ぬきにして絶対粉砕できないだろう。つまり、一部の学生の暴挙を世論に扇動して大学立法を制定し、それを労働立法に介入するという民主主義破壊の突破口にしようとしているとき、ただ地域情宣するというのではなく、地域の人々と共に全国民的な運動にしていくには、さらに地域の人々の要求にねざした実践を発展させ、地域の人々が自ら立ち上がる方向をもつようにならねばならないだろう。こういうことも今後さらに討論し、実践して深めていきたい。

全国の仲間たち　ガンバロウ！

母子寮班民主中パーのガマは、寒川セツル児童部セツラーであっただけでなく、全セツ連書記局員として全国的な学生セツルメント運動をリードしてきたセツラーとして知られる存在である。単なる中パー（中学生パート）ではなく、民主を付けて活動していたところに、母子寮班のセツラーたちが民主的な運営をしながら最高の実践をしていくという決意や意欲を見ることができる。地域の中にある階級対立の相手として、母子寮の寮母さんに対峙し、お母さん方に寄り添い、子ども集団に自主性を育てる明確な目標をもって実践し、全セツ連大会で報告してきた。在学中は、教育学の城丸研究室で学んだ理論と実践を体現した「全国少年少女センター」（注9）の活動を全国の仲間たちと行い、卒業後は、江戸川区で民間教育の諸組織と提携した私的夏季学校である「青空学校」（注10）を開催し、それが教員組合の年中行事となるなど、子どもの組織を育てる活動を広く行ってきた。どちらも、現在も継続されている。と同時に、文学を愛する青年として、詩や短歌などの創作活動を続けてきた。月間『詩人会議』の編集も行うなど詩人としての表現活動を現在も行っている。

詩集『茜の空の下で』（詩人会議出版・二〇一五）『あかるいひざしのなかで』（同・二〇一八）刊行）

（注9）「少年少女組織を育てる全国センター」の略称、一九七二年設立、二〇〇四年からは少年少女センター全国ネットワークとして毎年、子どもの組織を育てる全国集会を行っている。

（注10）江戸川の『青空学校』については、第五章二節、今の「私とセツル」―卒業後の歩みとセツルにムキダルマ（六九年教育高橋修）が執筆している。

全セツ連の書記局会議に行くと「世界革命を主張する人たち」は、高邁なセツル理論は朗々と展開するが、地域実践については沈黙してしまう。だからガマはいつも地域実践を語ったのだという。『みのむし』第一号に、地域実践を大切にした様子や考え方がよく表れているガマの文がある。

③「寒川セツル発展のために」

ガマ

一九六八年度春合宿を赤城山寮で終えたわけだが、その中で明らかになった、この間の寒川セツルの活動の発展段階とこれからの課題を明らかにしたいと思う。「私たちセツルメント活動は、肉体的精神的成長期、思想形成期にある青年学生の普遍的要求である社会に対する関心、要求と、自分が学び成長していくことの要求から生じる様々な具体的要求を出発点としています。私たちは、地域の人々の要求に根ざした地域実践を積み重ね、たゆみない努力を続け、要求が実践し発展していく中で、私たちは一見無気力にさえ見えた地域の人々の限りない力にふれ、要求を実現し発展させていく道すじとその力を学び、働く人々の生き方から学んでいくものです。さらにこの過程を通じて私たちは現実への深い理解と正しい対処の方法、力を身につけ、学生としてすなわち学問研究をする学生として、地域の人々が私たちに何を期待しているのか、私たち学生が現在と未来の社会を切り開いていく上で、どんな任務と役割をもっているのかをつかみ、現在どのような学問を身につけるのか、私たちの学問研究を私たち自身の手で身のあるものにしていく基礎を築くことです。」（第一八回全セツ連大会基調報告）という基本的性格（今まで深められた段階での）に基づきながら具体的実践でみてみよう。

三丁目幼児パートの実践　なわとびから電車ごっこへ、更に役割ができ、子ども同士の働きかけへ発展

「縄跳びをしようと思っていた縄で子どもたちが自然に電車ごっこを始めた。全部の子どもがその中に入り、わあわあキャアキャア騒いでいた。そのうち女の子が二人その輪から外れてままごとを始めた。しばらくじっと見ているとそのままごとと電車ごっこがつながっているように気づいた。駅ができ、駅員ができ、運転手ができ、お父さん、お母さん、赤ちゃん、おじいさんという具合にできて運転手が働きにでかけ、お母さんに『ご飯の支度をしとけ』お兄さんが赤ちゃんを連れて乗ったりするという具合です。（三丁目班総括集）さらにその遊びをしていく中で、H君のお母さんに『この子がぬけるとつまんないんだよ』『私たちがめんどうみてやるから心配しなくてもいいよ』といい、お母さんを家に帰してまたみんなで遊び出す。」（春の総会議案書）というように、子どもたちは集団の中で生き生きと活動し、その中で子ども同士のはたらきかけが見られてきています。

「それは、子どもがほとんど名前も知らないので、それまでの子どもの一つ一つの言葉、行動の背景をしっかりととらえ、みんなで他の子どもを呼びにいくなどをしてきて、セツラーがさらに子どもの要求、気持ちをとらえ、それを自分の気持ち、自分自身の願いとしてどうにかして伸ばしていこうとセツラー会議や実践ではたらきかけてきたからなのである。」と、この実践が自然発生的に見えるが、実は、それまでのセツラーの働きかけが背景にあり、子ども同士の関わり合いが広がっていったことを語っている。

母子寮のこども新年会で生き生きとした姿を見せたマリン

「母子寮の子ども新年会の中でのことである。〝ジェスチャー〟で雰囲気が盛り上がった後、〝魚鳥木〟（注11）があった。そこでは、千葉の養護学校に行っているマリンがすごくハッスルした。マリンは、常にはあんまりみんなと遊ばない子である。そして、以前は皆からもバカにされて暴力をふるっていた。彼がオニになったとき、はじめ『オレイヤダヨ、ヤンネーヨ』と言っていたんだけど、セツラーが『さあ、みんなといっしょにやろうよ』といい、大きな声でみんなにぶつけていったらマリンも照れながら、みんなにチョットずつ声を合わせるようになり楽しく皆の中に入っていった。そのことが彼をすごくおしゃべりにし集団ジャンケンの中でも『もう一回、うんうん』と次の子に伝えたりして、ジャンケンで勝ったら大きい声で『うわあ、勝った勝った』と躍り上がって喜びました。彼は、その後、最後の掃除の時、先頭に立ってやるなど、すごく生き生きしていました。（母子寮班総括）この実践にも発展段階があったわけなのである。それを簡単に見てみると、運動会の実践の中でセツラーが子どもの要求や不満を理解し、そこに働きかけ、子どもたちがさらに子ども総会で認められ、自分たちの位置を知ってきた。さらに『（寮母の）S先生を囲む会』の中でもセツラーは子どもが自分の意見を言って生き生きする方向に働きかけてきた。そういう中で、前の実践例にも言えることだが、セツラー対子どもという一対一、子守活動をさらに改め、地域の子どもたちの要求に働きかける中で学んできているのである。そこには、必ずと言っていいほど、セツラー会議も発展しているのである。」と子どもに働きかけるセツラーの活動と子どもの変容を総括している。

（注11）魚や鳥や木の名前を早く言えた方が勝ちのゲーム

今後の活動の課題その一
―子ども集団をささえる地域の人々への働きかけ

では、次に今後どう活動を進めていくのか課題を明らかにしてみたい。さらにお母さんたちの要求を明らかにするとともに、子ども集団を支えるような大きな地域の人々の組織化の方向に働きかけて行くことである。各班の方針も参考にしてみよう。『お父さん、お母さん、子どもたちのセツラーに対する要求をしっかりとらえて地域の中での地域に支えられた子ども会にしていく』（二丁目小学生パート）とか『家庭訪問を強化し、お母さん方とともに支え合って行けるよう努力する』（愛生町三、四年パート）、『子どもを家庭から支えてもらう』（愛生町五、六年パート）と、どの班でも一応お母さん方に対する方針を持っている。これは、当然であろう。単に〝地域の組織化〟と教条的に叫ぶのでなく、今の情勢を分析して、子どもをいくら組織化（＝集団化）したと喜んでみても、それは今までセツラーがとらえてきたセツラーと子どもの要求なのだが、家に帰って各部屋の中から鍵がかけられる（母子寮班）状況の下では、結局は子どももバラバラ化するしかあり得ないのである。そういう中で、真に子どもの要求を支持し、それに働きかけ発展させていくとしたら、出てくる課題であろう。さらに我々のセツルメント活動は、学生が活動の主体であるサークル活動であるという点から出てくる学生の限界性（さらに追求しなくてはならないだろうが…）を乗り越える手段としても出てくるのである。

今後の活動の課題その二
―セツルでの学びを学内にどうかえしていくか

地域の現実に触れる中で感じ、学んだことと自分の専門の勉強とを統一的にとらえ、セツルで学んだことをどのように学内にかえしていくかということが一つの重要な課題（学生運動とセツル活動―一八回大会基調報告）である。先にあげた実践を通して、セツラーは、その実践活動の発展とともに、子どもに対する物の見方を自分のものにしているわけである。つまり、NSになったばかりの頃、『一人で遊びたいものは一人で遊ばせておけばいいんだ』『何も無理やり集団の中に入れる必要がないんじゃないか』と子どもを見ていたのが、子どもと遊んだり働きかけたりしていく中で、子どもの要求を知り、更に情勢を見る中で子どもの要求を支持して働きかけ、実現していく方向を出す中で『もっと子どもをまとめていくんだ。その中で子どもは生き生きするんだ』と、いろいろ学んできているわけである。そういう中で、我々学生セツラーは、例えば保専のセツラーだとしたら、実践で得た子どもの見方、物の考え方＝生き方、さらに、今の子どもに何が必要か、我々がそういう物の見方に立って今、何を学ぶべきかを明らかにする必要がある。保専での授業内容を顧みる必要がある。その内容でどうなのかを明らかにし、セツルで学んだことを学内にまずかえしていかなければならない。具体的には、大学祭でパンフを出すとか、ゼミ等に集団保育等を出していく方向を取るべきだろう。それがセツルが果たせる、果たすべき学生運動の一分野だろう。さらに、学問研究を考えていく中で、それに見合った学園の建設へと進めていく方向もあるだろう。日福大のセツル、戸山、トロッコ、ヤジエは、それをやったのだ。千葉大の工学部や薬学部セツラーはまだまだその方向性が不明確だが、今後活動を深める中で追求していこう。(後略)

（一九六九年五月）

このガマの訴えと六〇年代後半の児童部活動の展開は、千葉大学だけでなく、周りの私立大や専門学校などの学生を巻き込んだ七〇年代前半の児童部活動を盛んにし、情勢の激化とともに社会との関わりを考えた活動、県下のセツルが連合して活動していく県セツ連の結成へ向けた動きの創出など、千葉県下のセツルメント活動を牽引することに繋がっていった。学生運動としての意義があった。

（二）K短大の仲間たちがセツルで学んだもの

二〇一六年に「寒川セツル研究会」でガマの講演会を船橋市で開催した時には、ガマと同世代にセツルで学んだセツラーたちが多数集まった。その中でも特に、短大や専門学校でセツル活動の期間が短かったセツラーたちが参加し、卒業後、いち早く現場に出て働き出した時、セツルでの経験が支えになったと口々に話していた。特に、千葉大学のすぐ裏手にあったK短大の卒業生の多くは、千葉県下の小学校に就職し、県内の初等教育を担ってきた。その数は、千葉大学教育学部の卒業生で千葉県に就職した人数の比ではない圧倒的な数である。千葉県の初等教育は、K短大生の手で担われてきたと言っても過言ではないだろう。二年間という短い教育、しかも実習期間もあり、教師になるための促成的な教育に対し、自治会の結成や学生の集会結社などの要求を認めようとしない大学側との闘いが生まれた。教育現場は、管理教育、偏差値による輪切りの中高受験教育の余波で落ちこぼれや不登校などの荒れが席捲していた。その中でも社会に目を向け、子どもに寄り添う教師になるという姿勢をもったものたちは、民教連（日本民間教育研究団体連絡会）の学習会やサークル活動などに自主的に参加し、地道な教育活動を行ってきた。K短大のピートが書いた卒論を紹介する。

セツルで学んだもの

ピート（六九年　K短大）

私がセツルの中で学んだ事を一つのレポートとして仕上げるには、少しの時間では書き切れないほどのものがありました。セツルで学んだ全ての事を言い尽くすには、私が二年間活動を行ってきたと同じだけの時間を必要とします。一回一回の活動が、班会、パート会で話す先輩達の一言一言が、仲間と話す一言がとても貴重なものだったのです。

卒業するにあたり、今までの事を振り返ってみてつくづくそう思いました。

しかし、全てを書き表すのは無理なので、一番強く感じていることだけを書き留めておこうと思います。

どの教科書にも載っているだろうし、私達が何の気なしに口にする「明るい日本を築き上げていくのは国民一人一人なんだ」と言うような意味の言葉があります。小学校、中学校、高校の教科書には表現の仕方こそ違いはありますが、このような言葉を目にします。私も高校生だった時にこのような言葉を目にしても気に留めることなく、さっと読み流してしまっていました。しかし、セツル活動と関わってきた今の私は、さっと読み流すことが出来ません。素通りできないものを含んでいる事に気づくのです。

「明るい社会、明るい日本とはどんな日本なんだろう」と考え、さらに「私達は何をしなければならないだろうか」、そして「どんな学問を身につけていったら良いのだろうか」等々、以前はさっと読み流していた言葉に、ものすごく深い意味が含まれているということがわかるようになりました。格好つけて言うなら、問題意識を持てるようになったということでしょうか。

短大に入る前の私は、（自分で言うのもおかしいのですが）何事においても素直で、先生方からは「良い子」、「模範生」で通っていましたし、自分もそれで得意になっていました。その「良い子」というのは、裏をかえせば、先生方に気に入られ、生徒の立場（自分自身が生徒であるにもかかわらず）に立つというより、学校の側（校長先生、教頭先生、他の先生方）に都合の良いように考えていたのです。権力に従順だったわけです。

しかし、今は違います。高校時代の自分よりは、社会を見る目が変わってきました。何に対してでも問題意識をもって物事をみることができるようになったことは、これからの生き方の基本となっていくことと思います。

これこそ、セツルで学んだ大きな一つです。


（『みのむし』一三号　一九七一・三・一〇）

第三章

1974年　愛生町班夏祭り

3丁目班実践場所　不寝見川公園（2014年撮影）

第三章　一九七〇年代の寒川セツルメント—「地域変革」と「自己変革」をスローガンに

（分析者：ロビン　七二年工学　本庄公巳）

一、寒川セツルメントの全盛期、そして少しずつ見え始めた陰り—活動方針を視点として

（一）はじめに—高揚期から全盛期へ

一九六〇年代後半は児童部の対象地域をこれまでの母子寮、寒川町の他に、新たに二地区（風の子作草部町・愛生町）拡げ、また、セツラーを輩出していなかった学部（薬学部・理学部・園芸学部）、あるいは他大学（敬愛短期大学・和洋女子大学・和洋女子短期大学）へとセツラー拡大をしていき、セツラーの数としても、活動の質としても、寒川セツルのいわば高揚期を迎えていた。

こうした一九六〇年代の活動を引き継ぎ、一九七〇年代前半の寒川セツルは、まさしく高揚期から全盛期を迎えたといっても過言ではない。

（二）一九七〇年代前半—質的にも量的にも寒川セツルの全盛期だった

一九七〇年代前半の日本は、「高度成長」も終わりを告げようとしていた。経済的には大きく成長したがその

一方で、その急激な変化は地域住民の生命や生活をも脅かしていた。「高度成長」の陰で、企業による環境破壊が進み、水俣病や四日市ぜんそく等の公害が発生した。地域住民の健康破壊に対して住民による公害反対運動が各地で巻き起こっていた。

当時の寒川町の様子が全国学生セツルメント連合（以下全セツ連）の大会報告書に書かれているので引用する。

「千葉市寒川町。ここでは夏、風の強い日には近くの川崎製鉄の粉炭のため戸外では目を開けているのが苦しく、遊んでいる子どもの顔が真っ黒になったりします。あるおばさんは『夏はほこりをがまんするか暑さをがまんするかですよ』とこぼします。日本の驚異的な『高度成長』と足なみを同じくして『千葉県も農業県から全国でも有数の先進県へと脱皮した』と言われる。気管支炎などによる住民の健康破壊と、その足跡がつくほど軒下や畳につもる粉炭による人間の生存そのものに対する侵害という事実です。そこに生きる人々にとっては、表向きの『繁栄』よりも、裏側の悲惨さこそが〝寒川の現実〟なのです。」（一九七一年八月全セツ連第二三回大会報告書）

また、一九六八・六九年には全国的に学生運動の高揚期を迎えていた。一九七〇年には安保条約廃棄の運動も高まり、寒川セツルでも「地域の現実から深めていくことが重視され、川崎製鉄所による『公害』問題を取り上げながら、安保廃棄全国統一行動に寒川セツルとして六一名参加した」と記録に残されている。（一九七〇年八月全セツ連第二一回大会討論資料）

社会や政治が地域や自分たちの生活に否応なしに影響を与えていることを認識し、地域や自分を見つめ直して、自分にできることから動きだそうという意識が学生に芽生えていったのであろう。

こうした社会背景の中にある寒川セツルをみたとき、この一九七〇年代前半は、まさしく寒川セツルの全盛期であったと言える。当時の寒川セツルの活動方針（活動を行っていく上での目標・指針となるもの）などから、この時期がどのような全盛期であったかを検証してみたい。

一九七〇年代当初の寒川セツルの基本方針は、大きく三つ掲げられた。
Ⅰ　地域の人たちの要求を明らかにし、見通しをもって、その実現に向けて正しい系統的な働きかけをし、力をたくわえる活動をおしすすめよう。
Ⅱ　セツラー集団の団結を強め、一人一人の生き生きとした活動と成長を保障しよう。
Ⅲ　地域の現実から、学園のあり方、学問内容のあり方をとらえなおし、学園の民主化をおしすすめよう。
（一九七〇年五月「みのむし」第七号）

①地域実践の活動スタイルの定着、活動の深化・充実─どのような地域実践が行われていたのか

方針Ⅰの視点から、当時どのような地域実践を行っていたのか、その中でセツラーは何を実践し、何を話し合い、どんなことを学んできたのかを問い返す中で、地域実践の視点からも全盛期であったことを検証したい。

地域での実践は、「地域の人たちの要求をセツラーの働きかけにより実現していく力を地域に貯えていくこと」を目指して行われていた。

七〇年代の寒川セツルの活動は、地域実践に対してもセツラー自身に関わることに対しても、いつも「要求」を大切にして活動してきた。

ここで何故「要求」を大切にしてきたのか、その頃の筆者の記憶を基に考えてみたい。

「要求」は「矛盾」や「それをはばむもの」に相対して生まれるととらえていた。「〇〇したい」という要求は今の状況では決して満足できないことへの不満の表れであり、そこには何かしらの矛盾や「はばむもの」をはらんでいるのである。「〇〇できない」ということの裏返しとして「要求」が生まれてくる。したがってその「要求」を実現できるようにすることこそが現状を「変革」することにつながるのであり、「要求」は「変革」のエネルギー

1973年　三丁目班集中実践

なのである。そのように筆者はとらえてきた。

では、児童部の実践活動は具体的にどのような活動を行ってきたのであろうか。

地域の子どもの「遊びたい」「楽しみたい」「○○したい」という様々な要求を、セツラーがその子の言動や態度などからとらえ、その要求の背景を探る。そしてその要求を実現することの正当性に確信をもち、その子に働きかけたり、あるいは周囲の子どもたちに働きかけたりする中で、要求をもった子ども自身が要求を実現する力をつけていく、といった実践を行っていた。

またこの頃の児童部は、個々の子どもの要求を大切にしながらも、子ども集団全体を視野に入れ、「集団づくり」を意識的に追求する実践が展開されることが多かった。

この「集団づくり」とは子ども集団を「単に子どもたちが集まっている」という初歩的な集団から、「一人一人の要求が実現される」民主的な集団へと質的に高めていくことである。そのためには集団の中に核となる民主的リーダーを育成していく必要があった。そのリーダーに自分の周りの人にも目を向けさせ、周りの人のことも考えられるという資質を身につけさせることによって、集団全体としての質を高め、一人一人を大切にしていこうとするものであった。

この集団づくりの理論については、パート会や班会などでセツラーたちが、当時千葉大学教育学部の城丸章夫教授らが中心になっていた、全国生活指導研究協議会（全生研）常任委員会が記した「学級集団づくり入門」という書籍を使って学習会を行っており、その「集団の中でこそ一人一人の子どもたちが豊かに成長していける」という理論を基に寒川セツルの児童部の多くは実践を展開していた。城丸章夫教授の主宰するゼミに参加する教育学部のセツラーの理論的な影響もあったのであろう。

児童部は地域実践の一つとして家庭訪問を行うことがあったが、これは前述したように、子どものもつ要求を把握すること、その要求の背景を探ること、その要求の正当性を確認すること、などを目的とするとともに、家庭の子どもへの願いを把握する意味ももっていた。時には実践の中での子どもの様子を家庭に伝える中で、家庭に対しての働きかけを行うこともあった。

子どもを変えていくこと、子ども集団を変えていくこと、そして家庭を変えていくこと、ささいな実践ではあるが、こうした実践の積み重ねが地域を変えていくこと、それらのことがすなわち地域変革であるととらえていた。

保健部は、地域のお年寄りを対象として、血圧測定、尿検査を主とした集団検診を月に一回程度三丁目会館で実施してきていた。この集団検診の中でも、お年寄りの要求を大切にし、お年寄り同士がつながっていけるよう、お楽しみ会も年に数回実施してきていた。この集団検診に毎回二〇人前後のお年寄りの参加があったのだが、次第にその人数も減少し、集団検診というスタイルから家庭訪問中心の実践へと移行していった。

一九七二年に納涼大会を企画し、三丁目会館の借用のため町会長宅を訪れると、「会館は貸せない」と断られ、この納涼大会は実施できずに終わった。このあと、保健部の活動そのものは模索を続ける状態となった。

一九七三年より保健部は、公害パート、老人福祉パート、障害児パートに分かれ、新たに障害児を対象とした活動も開始し、一九七四年に千葉県学生セツルメント連合（以下県セツ連）が結成されると「亥鼻（いのはな）セツル」として寒川セツルから独立し県セツ連に加盟した。

児童部や保健部のセツルの実践を支えるものとして、パート会、班会を充実させることが大切であった。パート会や班会で、実践に向けての論議を重ねた上で地域に向かい、子どもたちや高校生、お年寄り、お母さん方に働きかける実践を行い、その実践が終わればパート会や班会でその振り返りとして総括を行う。そしてその総括が次の実践に生かされる。こうした活動のスタイルがサイクル化し定着したことにより、実践そのものが充実、深化したものとなっていった。

②大学の民主化　大学祭・全教ゼミへのとりくみ—なぜ大学の民主化を大切にしてきたのか

方針Ⅲの視点から寒川セツルの地域実践と自分たちが学ぶ大学との関わり、自らの専門性をどのように追求していったのか、大学の民主化をどのように果たしてきたのかを問い返す中で、大学民主化の点でも全盛期を迎えていたことを検証してみる。

「大学民主化とは、大学において学生が自らの要求を実現していくことを基本とし、そのための制度や物的条件等の保障をかちとっていき、それを通じて自分を変革していく活動です。」（一九七〇年八月全セツ連第二三回大会報告書）

セツラーたちは学生として、セツルメント活動を通して地域と関わる中で、地域や社会の現実に触れ、自ら学ぼうとしている学問の専門性をとらえなおし、更にその専門性を深め、まさしく生きた学問として学ぶことを目指していた。地域の要求を実現するよう働きかけることが地域実践であり、自らの生きた学問を学ぶことへの要求を実現しようとすることが大学民主化に他ならない。

大学で学ぶ学問の内容を、国民の現実や生活の向上に貢献する内容に変えていくこと、学生が学びやすいよう条件や設備を整えていくこと、自主的なサークル活動が保障されることなどが大学民主化の具体的な中身として取り組まれてきた。

大学祭は、各大学や学園ごとに大学セツラー会を開き、地域実践の中で学んできたことや、実態調査などから明らかになった地域の現実などを学内に広くアピールする場として取り組まれた。また、同時に開催されていた教育系サークル共同主催の子どもまつりにも、実践している地域の子どもたちを招く活動も行ってきた。

教育系サークル同士で共同しての教育系サークル活動（教サ連）・教育系ゼミナールなどの取組も、この大学民主化の一環として、寒川セツルで盛んに取り組まれてきた。

※教育系ゼミナール…学内のゼミの他、関東教育系ゼミナール（関教ゼミ）、全国教育系ゼミナール（全教ゼミ）

敬愛短期大学では、大学当局からの学生自治会役員退学処分という攻撃があり、自治会役員と共に敬愛短期大学のセツラーたちも大学当局との交渉を重ねる中で一定の勝利を収めることができた。

まさしく、一九七〇年代前半に、寒川セツルが大学・学園の民主化に果たした役割は大きいものがあったと言えるのではないだろうか。

③仲間づくり、一人一人の生き生きとした活動・成長―いろいろな場で追求した仲間づくり

方針Ⅱの視点からセツルメント活動を行う中で、セツラー一人一人がセツラー集団としての仲間づくりを通して、どのように生き生きとした活動を展開し、豊かに成長していったのだろうか。

地域実践を通して地域の人々と触れ合う中で、地域の人たちの要求をつかみ、どうしたらその要求を実現できるのか解決の道筋を考える中で、地域や社会の現実からセツラー一人一人は学ぶことができる。また大学や学園の中で、地域や社会から学んだことを学内に返していったり、あるいはその学んだことを基に自らの専門性を高めたりする中でもセツラー一人一人は豊かに学ぶことができる。

さらに、寒川セツルはセツラー一人一人の生き生きとした活動や成長を保障していくことを活動の一つとしてしっかりと位置づけており、そのことを意識的に追求してきた。

その場として、地域実践の最小単位であるパート会や同じ地域で活動を共に行っているセツラー同士で集まる班会が挙げられる。

地域実践の中では、子どもの要求を大切にしてきたことは先に述べたが、セツラーがその子どもにもつ「願い」も大切にしてきた。子どもに願いをもって働きかけていく。「こんな子どもになってほしい」、「〇〇ができるようになってほしい」と子どもに願いをもって働きかけていった。セツラーの人生観や教育観、子ども観に裏打ちされた子どもへの願いを大切にしてきたのである。パート会や班会では、子どもや家庭の要求についても論議されてきたが、このセツラーの願いについても論議を深めた。こうした論議の中でセツラーの生き方が問われ、学び深める中でセツラーは生き生きとした活動を行ってきた。

また、春や夏の合宿の中でもセツルの仲間づくりは行われてきた。中でも、活動班単位で時間をとり、「個人総括」を行ったことは今でも新鮮に筆者の脳裏に焼き付いている。まず、自分自身がこの一年間ないし半年間、何を目標にしてどのように頑張ってきたのか、達成できたものは何で、達成できなかったことは何か、何が原因で達成できなかったのか、今後どうしていくのか、という点について班員のセツラーにさらけ出す。そして班員の一人一人がそのセツラーの頑張りや、取り組んできたことを認めたり、時には批判したりしていく。それを班員の一

1973年　新年会・成人式

人一人について行っていく。その内容は、セツルの地域実践や大学・学園での生活のことだけでなく、そのセツラーの行動や時には性格や人格にまで及んだ。

互いに自らをさらけ出し、涙ながらに本音で語り合う場面もあった。

また、寒川セツルでは、新年会・成人式、追い出しコンパなどの行事も大切にし、パートや班を越えたセツラー同士の交流を深める中で仲間づくりが展開されてきた。ゆえに一人一人のセツラーは豊かに学び、成長していき、生き生きとセツル活動に邁進していたセツラーが多かった。

機関誌「みのむし」にも、「実践から地域の現実を知り、そこから社会を知った。」、「セツル内での人間関係が温かく、自己を見つめることができた。」という声が多数掲載されている。

④全セツ連・関セツ連への結集、県セツ連の発足―全国・関東・千葉の牽引車だった

寒川セツルは六〇年代の頃から、全セツ連に書記局員、関東学生セツルメント連絡会議（以下関セツ連）には常任委員を送り出していた。寒川セツルの実践は全セツ連や関セツ連にもち込まれ、関東地区だけではなく、広く全国にも紹介された。また、全セツ連大会や関セツ連関東交流集会、同分野別交流集会や東京学生学術文化集会（東学文）や全国学生学術文化集会（一二月集会）でのレポーターなども積極的に担ってきていた。

全セツ連大会への参加数も多く、「全国にこんなにたくさんの仲間がいるんだ。」、「全国の実践から多くのことを学ぶことができた。」と大会のたびに元気をもらってくるセツラーも多かった。

一方、一九七四年七月、千葉県内にある寒川セツル、こぶしセツル、市川セツルの三セツルが同じ県内同士で、実践を更に高めるために互いに交流を図る目的で、県セツ連を結成した。これに伴い三セツルは関セツ連から離脱した。寒川セツルはこの県セツ連内の中心セツルとして県セツ連委員長や県セツ連常任委員を送り出してきた。また、寒川セツル保健部（いのはな班）は一九七五年四月に寒川セツルから独立をし、亥鼻セツルを立ち上げ、県セツ連加盟は四セツルとなった。

※こぶしセツルは淑徳大学、市川セツルは千葉商科大学、和洋女子大学、同短期大学のサークル

⑤ セツラー数の推移―毎年一〇〇名を超えるセツラーがいた

児童部として活動する地域が二地区増えたことにより、児童部のセツラー数も増大していった。（一）のはじめにで挙げた学部・大学の他に、新たに人文学部・女子専門学園（のち女子専門学校）・実践女子大学が加わり、毎年一〇〇名を超える数のセツラーが所属していた。

四月の新入生に対する歓迎の取組（新歓）も毎年重要視され、一九七五年には、六〇数名の新入生を迎えている。新入生歓迎が大きく成功し、セツラー数が増えていったということはそれだけ、寒川セツルの活動が豊かに展開され、セツラー一人一人が生き生きと活動していたという証ではないだろうか。

⑥機関誌「みのむし」「てっぴつ」の果たした役割—機関誌・文集を通しての交流

一九五〇年代から一九六〇年代後半まで、寒川セツルの機関誌として「セツルニュース」「みんなの広場」が発行されてきた。一九六九年五月に機関誌「みのむし」第一号が事務局により発行された。

「みんなで学べる楽しいものを月一回発行する」ことを方針として掲げ、一九七〇年代には第六号から第四一号まで三五回発行、一九八一年一月に第四三号を発行している。その資料は手元にあるが、それ以降について発行がいつまで、何号まで継続したのかは不明である。

当初は執行部の機関誌という位置づけから、情勢分析や実践分析を掲載していた。特集として、「私にとってセツルとは」「セツルと私」というセツラーなら誰しもが悩み、考えることをテーマにセツルに対する皆の思いを掲載した。また、卒業生からのセツル卒論や、自由投稿としての詩や随筆、時には執行部への疑問や批判・反論なども掲載し、部や班を越えて文章を通しての交流が深まった。

「みのむし」の果たした役割は大きいものがある。

原稿が集まらなかったことも多く、発刊するのに事務局員は苦労をしていた。原稿を時間通りに提出できなかったセツラーが原稿無しに、ロウ原紙に直接ガリ切りをしていたりする場面や、たまたま部室にいたセツラーに原稿を依頼し、その場で書いてもらったりする場面も見られた。

この「みのむし」を全セツ連の大会に大量に持って行き、全国のセツラーに販売したこともあったようだ。

一方、「てっぴつ」は西千葉地区の機関誌として、事務局より一九七二年から毎週一回発行され、一九八六年五月には三〇〇号を迎えた。

（三）一九七〇年代後半─少しずつ見え始めた陰り

一九七三年のオイルショックから日本経済は低迷しはじめ、戦後最高の企業倒産を数えて失業者は増大し、不況・インフレ、物価高騰の社会となっていった。大手の企業はこの不況で軒並み新規採用ゼロを打ち出し、大学卒業生にとっても厳しい就職状況を迎えていた。

一九七〇年代後半は、過激派によるテロ事件が多発する中、学生運動そのものも低迷し、もはや学生運動を知らない世代が大学・学園へと入学してくる時期でもあった。

不況や物価高の中でも物が次第に豊かになり、生活の程度は「中流」と答える家庭が増えていった。進学率は高くなる一方、授業について行けない児童・生徒が増え、学校には「荒れ」が見られるようになってきた。

かつての貧困とは異なる新しい形の困難さと苦しさの伴う貧困が見られ、当時の全セツ連大会などでの講演会や分科会では「新しい貧困」、「現代の貧困」とも呼ばれていた。

こうした社会背景の中、一九七〇年代前半には全盛期を迎えた寒川セツルであったが、一九七〇年代後半には少しずつ陰りを見せ始めてきていたのである。

いくつかの視点からこのことを検証してみる。

一九七五年の活動方針は次のとおりである。

Ⅰ　地域の現実から地域住民の要求を明らかにし、その要求を実現できる力を地域に貯える方向を大きく見通し、そのもとでの系統的な活動を推し進めよう。

Ⅱ　地域実践・学園の現実から、私たちの生活の場である学園のあり方、学問内容のあり方をとらえなおすなかで、私たちの要求を明らかにし、その要求を実現していく行動を一致点にもとづいて追求していこう。そういう場として、大学セツラー会、学部セツラー会を充実させていこう。

Ⅲ　全セツ連・関セツ連・県セツ連の組織に積極的に加わる中で、セツラー一人一人の諸分野での活動をより広く、深く追求し、セツルメント運動の一層の発展をかちとろう。

Ⅳ　セツラーの一人一人の生き生きとした活動と成長を保障しあおう。そして寒川セツルメントの発展をかちとろう。（自主的質的発展）

（一九七五年三月春合宿討論資料）

①地域から学べない、実践から学べない―部室が遠く感じられる

地域実践についての方針Ⅰは、七〇年代前半とほとんど変化は見られない。つまり、セツルとしての実践活動のスタイルは七〇年代前半と同じなのである。しかし、同じ方針、同じスタイル、同じ活動を展開しているのに、「地域から学べない」、「実践から学べない」、「部室が何だか入りづらい」という声が聞かれるようになってきた。みのむし三五号には、事務局の局説として「寒川さんちのセツル君、この頃少し変よ」と題する、寒川セツルへの警鐘も鳴らされた。

「前号で、保育専門学院（保専）生には部室が遠く感じられるということが問題にされ、さらに深い交友関係を結んでいこうと書いた。しかし、大学祭終了後、寒川に不穏な動きがあり、全体的にバラバラというあり様。一体どうしてこうなってしまったのだろう。『セツル活動が自分にとって何の価値があるのか分からない』、この様な疑問に答えることができない。セツルって何なのという素朴な疑問にさえ答えられずに、うやむやのまま続ける活動、疑問がいつまでも解決されず忙しさに追われ続ける活動には必ず『行き詰まり』がくるだろう。今がその時ではないか。理論と実践とがあまりにも遊離しているではないか。今、みんながはっきりと思っているこ

とを言うことが大切である。黙ってしまっていたら何も改善できない。」（一九七六年一二月　みのむし三五号「寒

川さんちのセツル君、この頃少し変よ」）

そんなセツルの状況に対して、時には経験セツラー（OS：オールドセツラー）から、「ストップ・ザ・サラリーマンセツラー」、「学べセツラーたち」と題する檄文が「みのむし」を通じて発せられたこともあった。

「もっと目的意識をもって実践に行こう。パート会や班会の会議だけでなく日常的に話していくようにしよう」（一九七五年一二月みのむし三〇号「ストップ・ザ・サラリーマンセツラー」ジュリッペ）

「『辞めたい』と考えている人が出るということはその人が大切にされていないということではないか。その人が大切にされていないのにどうして自分が大切にされていると言えるのか。こうした集団の質の問題は寒川セツルの質の問題であり、私たちの先輩が築き上げてきた寒川セツルをどう受け継ぎ、発展させていくのかの歴史的使命を考えても重大な問題である。寒川のこうした現状を見、肌で感じ、寒川の危機を感じているのは私だけではないだろう。こうした一連の事態の後押しをしているのが〝自然成長主義〟だろう。まさしく今のセツラーは学ぶことの放棄によって大きな誤りをおかす危険にさらされている。民主主義を愛し民主的知識人として成長しようというセツルで科学を学ばないのはセツラーでないと言っても過言ではない。」（一九七六年一二月みのむし三五号「学べセツラーたち」三丁目小高パート　ジュリッペ　七三年教育）

七〇年代当初から比べてみても、地域に大きな変化があったとは思えない。地域実践、パート会、班会という活動スタイルも変わったとは思われない。むしろセツラーの側の意識がどこか変わってきたのだと思うが、詳し

い掘り下げは一九八〇年代の活動の章で扱うこととし、ここでは問題提起だけしておきたい。

②セツラー数の減少—半減していくセツラー

一九七〇年代前半では、優に一〇〇名を超えていた寒川セツルであったが、そのセツラー数は、一九七六年には保健部が亥鼻セツルとして独立していったこともあるが、六〇名へと減り、一九七九年には五〇名、一九八一年には四三名と年々減少していった。

一九七〇年代も末となれば、物質的にも豊かな暮らしぶりの家庭が増え、地域の貧困も見えづらくなっていった。子どもも塾へ行くことが当たり前のような生活の中で、地域で遊ぶことも減ってきたと言える。一面的な見方ではあると思うが、筆者は、個々の家庭において地域のことよりも自分の家庭のこと、セツラー自身も周りの人のことよりも自分のこと、といった個人主義的・私生活重視的な傾向が始まっていたのかも知れないと思う。こうした中でのセツルメント活動の困難さはあったのだろう。

③全セツ連・関セツ連・県セツ連への結集—年一回となった全セツ連大会

一九七〇年代前半から大きく変わった方針は、方針Ⅲの「全セツ連・関セツ連・県セツ連への結集」という部分が加わったことである。

七〇年代前半の基本方針には、「全セツ連・関セツ連への結集」についての文言は見当たらないが、前述したように寒川セツルは全セツ連には積極的に書記局員を送り出していたし、関セツ連にも常任委員を送り出していた。むしろ、寒川セツルとして、書記局員や常任委員を送り出すことは当然のこととして受け止められていた。したがって、方針Ⅲとして新たに「全セツ連・関セツ連への結集」が謳われたところで、何の疑義も生じなかったし、どのセツラーも大会などの重要性を認識していたと言える。

全セツ連は一九七五年三月の第三〇回大会を契機に、それまで春と夏の年二回開催していた大会を年一回とした。全セツ連の大会が年一回となったこと、県セツ連が結成され関セツ連を離脱していったことにより、地域での実践を東京や全国のより広い視点で交流し合う機会が少なくなった。そのことがまた大会参加者を減らしていく原因にもなり、全セツ連や関セツ連への参加意識が遠のいていった原因にもなったのではないかと筆者は推測する。

④大学民主化―消えた「大学民主化」の文言

一九七〇年代前半から大きく変わった方針のもう一つは、方針Ⅱから「大学民主化」の文言が消えたことである。

一九七〇年代後半には、国立大学の授業料値上げ反対の声もほとんど聞かれなくなっていた。大学や学園に対して要求をもたない学生が増えてきていた。要求をもたないということは矛盾を感じないということであると思っている。

こうした中では「大学民主化」の課題には取り組みようがない。

みのむし三五号には、大学のゼミ活動にも参加しているセツラーから「セツラーの中にはセツルに没頭していてクラス活動を切り捨てている者がいる。学内ゼミに対して『セツルとして取り組めるものがない。』ということで今回のゼミにも寒川セツルは参加しなかった。ここに『今のセツルは軟弱だ。』といわれる理由がある。」と批判をぶつけている。（一九七六年一二月　みのむし三五号）

また、県セツ連第三回定期連合委員会議案書（一九七五年九月）の「学園民主化」の項では、「寒川セツルでは、学内に目が向ききれず、セツラー一人一人の要求としてあるのですが、具体的にそういった要求を組織し運動にまでなっていません。亥鼻セツルでは、医学部附属看護学校が全学連への加盟運動をしていた時、大学セツラー会として運動をつくれませんでした。

また衛生専門学院では、寮生の外出許可がおりなかったことから寮自治会への不満を感じ、もっと寮生全体のものにしていかなければいけないと話されています。」と学園民主化への取組の弱さを指摘している。

ここにも、寒川セツルの活動の陰りが見られる。

(四) むすびに—八〇年代へと生き生きと活動を引き継ぐセツラーがいる

一九七〇年代前半には全盛期を迎えた寒川セツルであるが、やがて一九七〇年代後半には、少しずつほころぶかのように陰りを見せ始めていった。

しかし、陰りを見せ始めていったとは言え、一九七〇年代後半から一九八〇年代に入っても「地域実践」「地域変革」「自己変革」を掲げて寒川セツルメントの活動を引き継いでいき、地域実践の中で、そしてセツラーの集団づくりの中で、豊かに学び、生き生きと活動したセツラーが多数いたということは声を大にして伝えたいことである。

二、大学生としての自分を見つめる—セツラーとしての活動を通して自分を見つめる

(一) 日常実践・教育実習から自分を見つめる—「自己変革」、「生き方を学ぶ」とは

セツラーはセツルメント活動として地域での実践や大学内での実践を行うことにより、地域の実態や子どもたちや各家庭の置かれている状況などに触れ、自らの生き方や学生としての学びのあり方について絶えず自らを問

い返してきた。

セツルメント活動の日常実践を通して、あるいは教育実習を通して、大学生としての自分を見つめ、自らを問い返してきた手記を紹介する。

「自己変革について思うこと」

愛生町班幼児パート　モック（七三年保専）

自己変革とは何と難しいことだろうか。果たしてできるものなのか？ 今までの自分を振り返ってみて、私の姿勢の中に何か欠けている部分があったことに気付いた。

一年八か月のセツル活動の中で、パートキャップ、班キャップ、そして今、寒川セツル全体の執行部の書記局員としての立場があるのだけれど、どれをとってもどれだけ自分の成長になってきたのかわからないのだ。そして、性格が形成された過程を思い浮かべる機会が非常に多くある。

私は四人兄弟で兄と弟二人。女の子一人で小さい時から長女としての責任を感じていたのではないかな。小学六年の時に母が過労で倒れて以来、家事の手伝いなどして（でも実際はそれ程でもないんだけど）また何時か倒れるんじゃないかと心配で家に帰ると直ぐ「母さんは？」とまず聞いたのを覚えている。

中学、高校ではバレーボール部で、高校の時は年間で休みが一五日くらいではなかったろうか。それ程強いチームでもなかったのに練習は毎日欠かさずやり、割と体が丈夫な私だから少しの頭痛などでは休まずに続けてきた。そして、それがよいことだと思っていた。これらの経験から私が身につけたことは、耐えるということではないかと思う。〝苦あれば楽あり〟そんな感じである。

ところが、保専に入り、セツルに入ってみると全然違う。自分で好きなようにやり、本当に自由。でも私にとっては、動きが見つけられず慌てた。

特にセツルの中では、自分を出していくことが強く要求されていた。初めのころから、何かセツルの中では、バカ騒ぎのできる人でなければ認められないという雰囲気を私はこれまでもってきた。だから自分が他の人の冗談も冗談として受け取れないのがとても恥ずかしかった。まじめだという言葉がどんなに嫌だったか。

私は、新しいということが嫌い。初めてのクラス、初めて接する人、何故ってそれに馴染むまで時間がかかるから。新しい経験には非常に憶病なのだ。(新しい物に向かう新鮮な気持ちはあるんだけれど)

私がどうして自分の成長を認識できないのかといえば、自分で自分の成果を認められないから。自分のもっている良さを知らないから、つまり自信がないということ。どうしても新しい環境に入った時は、その中から自分の行動を決めていくという姿勢を取るからだと思う。自分のやりたいという感情より義務とか責任が先に来て私の行動を規制する。今までを振り返ってみるとそう思うのである。だから自分から思い切って楽しみ、意欲的に打ち込めたものがない。あってもその中には責任が重くのしかかっている気がする。そして今も重みが強く、弱気な毎日を送っている。

それには苦しい時には苦しいと訴えることができない表現の乏しさも加わっている。

私の姿勢の中で欠けている部分は、自分の個性にあった行動を見つけ出せない点ではないかと思う。今考えてみると自分の根本の考え方というのは全く変わっていないことに気付き、とても残念。(一九七四年一一月記)

「教育実習を終えて」

風の子班中学生パート　ウメ(六九年教育　安東啓子　旧姓梅原)

一二月に入り、友としんみり語り合いたくなるような晩である。

大学三年の後半になれば、今までやってきたことを思い起こし、確信できるものをつかみたい、そんな気持ちになることが多くなった。ただ単に、昔のことを思い出し、自己満足的なムードに浸ろうと思っているわけではない。自分に残された約一年の大学生活をいかに送るべきか、また、教師になる立場として、いかに生きていくべきかを考えたいと思った。そんな機会の一つとして教育実習があった。

教育実習は、セツルと関係の深い寒川小学校を選んだ。子どもは、本当にかわいかった。子どもたちがたくましく生きている姿を見つけると胸がジ〜ンとなった。教師たちは、少しでもよい授業をしたいと切実に感じていた。だが、現実はきびしかった。

社会科の教科書は沖縄をこう教えていた。

『沖縄は県民の長い間の願いがかない、やっと七二年に返還されることになりました。』小四

「先生、なぜ沖縄は、アメリカだけにとられてしまっていたのですか?」

「日本が戦争に負けたのは、もっと、他の国もあったはずです。」

先生は、吉田首相がサンフランシスコ条約を結んだ背景を話し、子どもたちにたずねた。

「君が首相だったら、そんな条約を結ぶかい?」子どもたちは、一斉に「いやだよ。」「そんなーーー」と口々に叫んだ。

この授業は、N先生という沖縄出身の先生がやってくれていて、沖縄の基地が沖縄の人々の暮らしにどんな影響をもたらしているか話してくれた。子どもたちは、その恐ろしさに耳を澄まし、真剣な目つきで聞いていた。

私は、この授業の前に担任と話し、「沖縄返還についてどのように教えるのですか?」と聞いたが、すごく困っ

たように「むずかしいわね。」と言っていた。

政治の問題を扱うことが一種のアレルギーになっているように感じた。

この授業を見て、教科書さえあてにできない中で、真実を正しく教えることはすごく難しいことだと思った。

そして、真実を見分ける力が私たちに要求されていると思った。

私があえて寒川小を選んだ理由はいろいろあったが、一つに公害や川鉄に対する子どもの意識をとらえたかった。私は、昼食の時間子どもたちとこんな話をした。

ウメ「お父さんが川鉄に勤めている子は、このクラスにいるの?」

A「うんいるよ。まさお（仮名）君のお父さんもそうだよ。」

まさお「オレのお父ちゃん、そうだよ。」

B「まさお君のお父ちゃん、死んじゃうかも。」

まさお「そんなことねえ。お父ちゃん死なないよ。バスで運転手しているもん。」

C「バスの運転手だってわかんないよ。」

話を聞いていてびっくりした。〝川鉄で働くと危ない〟こういう言葉が子どもたちの日常会話に出てくる。なんということだろう。寒川町で活動しているセツラーならわかっているのかもしれないが、風の子班の私にとっては、初めて聞く子どもたちの生の声であった。

「先生、夏になるとのどがとっても痛くなるの。胸も痛くなることだって…」

と、訴える子どもたちは真剣だった。

寒川町は、工場で出す大気汚染のために住民の健康問題が起きていた。日本の高度経済成長の陰で、いろいろな歪みを起こしていた。寒川町だけでなく、京葉コンビナートを取り巻く地域の現状と課題をもっと考えていかなければならないと思った。

私のクラスの担任は、若いバリバリの女教師。二年目というまだまだ勉強中という感じの先生なのに「教材研究が不十分で…。」と嘆き、子どもと遊んでやれないことを嘆いていた。休み時間は、テストの採点や学級事務に追いまくられ、教材研究は、家に帰ってからという。

授業の準備をきちんとして、教壇に立ちたいという願いがありながら、できないというあまりに厳しい現場の状況だった。文部省が指摘している〝授業についていけない子の続出〟の原因がこのあたりにもあるのではないかと思った。

思いっきり、子どもに教育ができるような学校現場にしていくことも、私たちがこれから勝ちとっていかねばならないことだと思った。

私は、教育実習を通して、生の学校現場にふれて、いろいろな問題提起をされた気がする。教師になろうとする自分自身にも、たくさんの課題が出てきたような気がする。セツルで学んだ民主主義を基本にしながら、教育に携わる人間として、教育の専門家として、どう生きていったらよいのかを学んでいきたいと思う。


（一九七一年一二月　みのむし一七号）

コラム　ー　当時を振り返って「セツルで学んだもの」

風の子班幼児パート　にんじん（七三年女専　森川みどり　旧姓山口）

一八歳から二〇歳という青春真っ只中、セツルで沢山のものを得ました！私は千葉女子専門の保育科に通っていました。その二年間は保育士と幼稚園教諭の資格を取るためのびっしりの授業と実習に追われた、なかなか忙しい日々でした。

そして、その間にセツルでの貴重な時間がありました。

四〇年以上保育の仕事を頑張ってこられたことは、セツルで学んだものが支えてくれたものと私は感謝しています。

風の子幼パーの実践は作草部団地で行われました。先輩はいなくて保専のキリンとモネと三人で、幼児二、三人〜一〇人近くで遊びました。鬼ごっこをしたりヘビじゃんけんをしたり…終わってからは、実践の振り返りと次週の計画を千葉大の食堂で話し合いました。

そんな実践、子どもへのまなざしが、今までの保育への土台になったと思います。卒業してからは市川の保育園で四〇年、退職後も二年間再任用で働きました。

どうしたら楽しく遊べるか？こんな働きかけや提案でクラスが変わってきた!?次のクラスの課題は？等、保育が楽しくワクワクしながら仕事をしていました。

働き始めた頃と比べたら保育は大きく変わりました。保育指針も変わったけれど、自分の実践、理念は間違ってないと思いました。官から民へ、働く仲間も非常勤が増えたり、保育園も民間が増え、園庭のない認可園が増えたり、厳しい労働条件で人出不足が続いたりしています。保育園はこれからどうなるのか？子どもたちはどうなるんだろう？

学生時代の活動がキッズクラブとして受け継がれていることをうれしく思いました。セツルのような活動を学生時代に経験することは、教育や福祉を支える大きな力になることと思います。

学校のワクを越えて学び合い、語り合い、歌い合い、カッパエビセンを肴に飲み合い、合宿や全セツ連に参加したりして歴史のつまった部室で沢山学んだなぁ。二年間がすごく濃い時間だったと思います。

あの頃の保専、女専のメンバーとは今もランチをしたり、旅行をしたり賑やかに集まって楽しく過ごしています。

今の私は保育園から離れて地域に根ざす活動を始めました。地域の子育て支援や市川の産後ヘルプサービスや保育園にわらべうたや絵本の読み聞かせボランティアに出かけたり、私なりの方法を見つけながら楽しく過ごしています。

(二) 全セツ連、大会基調報告、県セツ連、寒川セツル執行部(書記局・事務局・実行委員会)

第一節で述べように、寒川セツルメントは全セツ連、関セツ連、県セツ連を支えるために書記局員や常任委員、役員を毎年送り出してきた。

全セツ連大会は年二回(三〇回大会以降は年一回)全国各地で開催され、大会に向けてここ寒川セツル内にも全セツ連大会実行委員会を組織し、全セツ連大会成功へと大きく貢献してきた。全セツ連書記局からの依頼に応じて分科会のレポーター(実践報告者)や議長などを送り出したり、大会参加者を募ったりしてきた。

大会の「基調報告」とは各大会に向けて全セツ連書記局が発行した、今後の活動方向を示すもの及び討論資料で、寒川セツルもこの基調報告に基づく実践を展開してきた。

こうした全セツ連大会をはじめ、関セツ連、県セツ連の交流集会にも多くのセツラーが積極的に参加し、各地で活動している他セツルのセツラーと実践を交流し合う中で励まされ、元気づけられてきた。

また寒川セツル自体も、一人一人のセツラーの生き生きとした活動や豊かな学びを保障するため、組織として常任委員会や書記局、運営委員会、事務局などの執行部体制を築いてきた。

ここでは、全セツ連、県セツ連との関わりや、寒川セツル執行部として活動したセツラーの手記を紹介する。

全セツ連大会基調報告より

三丁目班小低パート　ロビン（七二年工学）

【第二一回大会　討論資料】　一九七〇・八・四―六　お茶の水女子大　八百数十名参加

・一三〇〇名の新入生、加盟セツル五二

【第二二回大会　討論資料】　一九七一・三・四―六　東京学芸大　加盟五二セツル（二一回大会時）

・七〇年四月、千数百の新入生が加わり、全国に四〇〇〇名のセツラー。

・一七回大会以来「意見の違い」を口実に全セツ連内部に持ち込まれた不当な混乱に対し、私たち自身の弱点を真剣にさぐりながら、そうしたセツルに対する批判を続け克服の努力を重ねてきました。二一回大会においても意図的な混乱が持ち込まれましたが、全国のセツルの連合委員の団結した力によってそうした動きを断固阻止してきました。

【第二四回大会　討論資料】　一九七二・三・六―八　愛知県立大学

・地域の問題と要求は、学生のもつ問題と要求と共通の根源をもつものであるという六六テーゼの指摘は、地域の問題を解決することナシには、私たち学生の持つ問題も根本的には解決できないということです。すなわち、地域の問題は決してそこに限られた特殊な問題ではなく、私たち学生の問題そのものであるということを意味しています。

【第二七回大会　討論資料】　一九七三・八・五―七　東大本郷　二〇〇〇名近い新しい仲間

・子どもたちのかかえる矛盾は成長・発達過程の矛盾、地域・学校生活上の（社会的）矛盾などが複雑に絡み

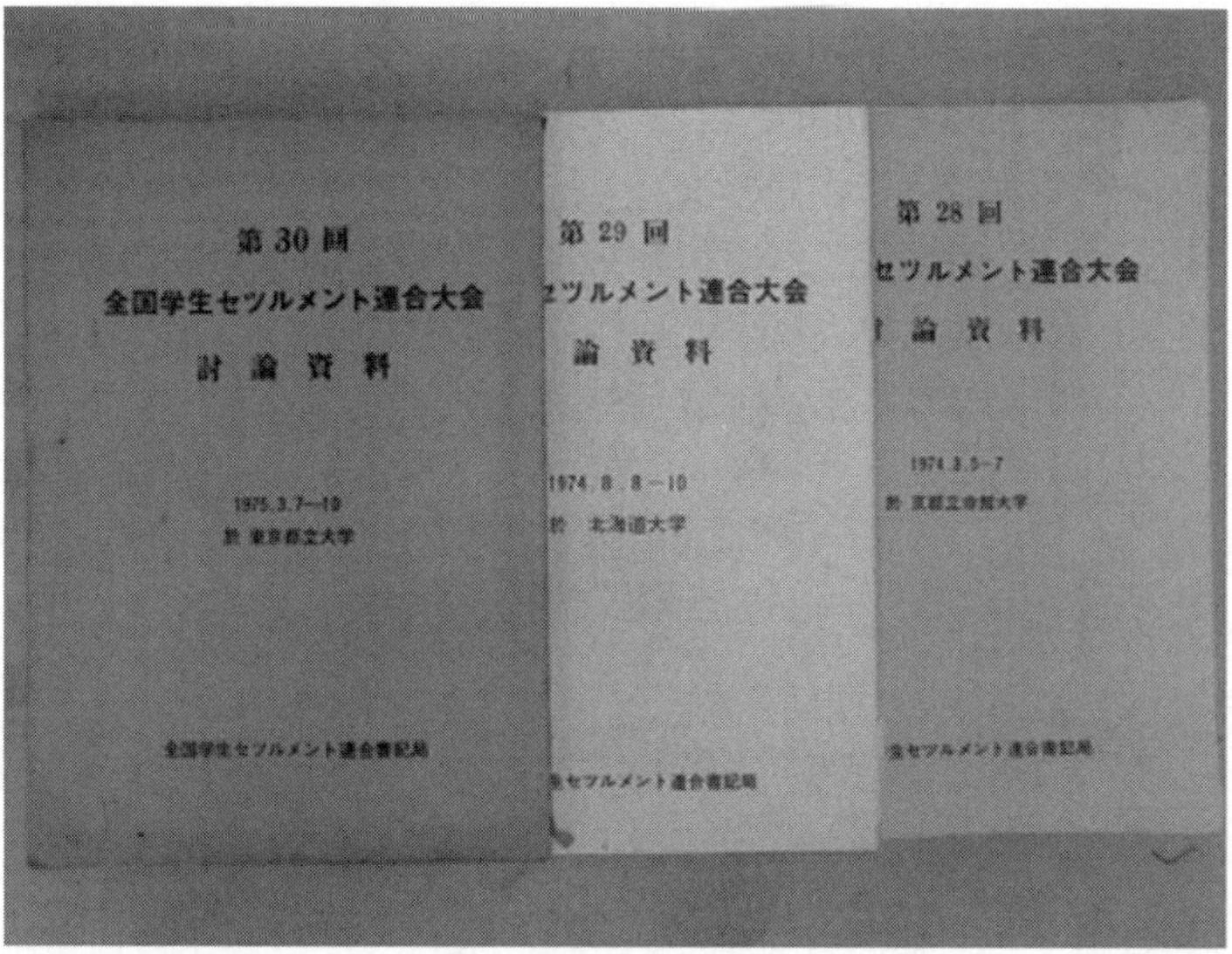

全セツ連大会　討論資料

あったものとして存在しています。とりわけ現代日本に於いては社会的矛盾が大きなものとしてあると言えます。したがって私たちは矛盾認識の作業を子どもたちのリアルな現実の中からより科学的・総合的にしていかねばなりません。そうした中で子どもの真の要求に応えることができるのです。私たちが子どもの要求をとらえるとは、第一にその要求がどんな矛盾の反映として出ているのか、第二には要求実現を阻害している物は何であり、それを子ども自身がどうはねのけようとしているか、第三には要求実現を何につなげていくのか、すなわち子どもたちの抱える生活現実をどう変革するかという視点（＝セツラーの思想性）を貫く事であるということができると思います。

【第二八回大会　討論資料】　一九七四・三・五—七
京都立命館大　参加者七百数十名

【第二九回大会　討論資料】　一九七四・八・八—一〇
北大　新歓二〇〇〇名近い新入生

【第三〇回大会　報告集】　一九七五・三・七―一〇　都立大　加盟サークル六四（七五・九・一現在）

《小学生部：風の子小高パートの実践》　第三〇回大会報告集より

寒川セツルの風の子班小高パートでは、実践に来る子どもの八割までが塾に通っており、学校での問題を地域の問題として追及していこう、子ども会のことをもっと話せるようにしようと勉強会を始めました。当初は参加した子どもは四人だけでしたが、数回開く中で子どもの数は増し、マンツーマン形式で行っていたのが科目別で教える様になったり、子ども同士の交流でお互いに協力し合い競争させ、自主性を持たせるために、班分けを行ったりしました。また、子どもと共に実践で何をしていくのかを話し合い、勉強・遊び・反省・来週の打ち合わせなど一回の実践の時間割を作成していきました。

私たちは今、学校や塾でやっているのと同じ様な勉強会をするのではなく、セツラーの子どもに対する願いを明確にする中で、勉強会を通じて子どもにどうなってほしいのか、どのような力をつけてほしいのかを考えて行く必要があると思います。

寒川セツルでは勉強会の中で子ども同士のつながりを深め、子ども間の話し合いをもっとさせよう、学校性のない勉強会を推し進めよう、自分の考えを言える子どもにしていこう、とセツラーの子どもに対する願いを明らかにしていく中で、それにそって科目別、班分けを行い、子ども同士の交流を深め自主性を伸ばそうとしています。

《中学生部：寒川三丁目中学生パートの実践》　中学生をめぐる情勢：議長サニー（寒川セツル）

京子（仮名）という中二の女の子を追って　中学生の非行化を考える　第三〇回大会報告集より

第一期（四月〜八月）京子が二年生になって初めて来た実践の中で感じた事は、何だかソワソワして男の子を意識する様になったなぁと言う事だった。京子と友だちの会話の中にセツラーも入ると、「同じクラスの子が誰とどこで関係した」とかＡＢＣＤ…婚前交渉はどうのこうのと驚く様な話題に花を咲かせている。京子「京子くらいの年ではまだ初体験は早いよね」、セツラー「そうだね。この人だったら一生やっていけるって思う人ができるまでは待っていて欲しいなぁ」、京子「じゃあさ、中学三年生の終わりか高校一年ならいいね」と言う。人を本当に愛する事をまだ知らないのに興味と肉体だけが大人に近づいていて、精神の抜けたセックス観、恋愛観に大きなショックを受けた。そこで、「表面だけの恋愛観を変えていこう」という課題を立て、性教育を試みたが、セツラーの願いばかりが先行してしまった事、京子の生活に深く関わっていなかったため、なぜこうした状況ができてしまったのか押さえきれなかった事で実践が貧弱に終わってしまった。

第二期（九月〜一〇月）夏休み以降京子はさっぱり実践に出てこなかった。家に行くと京子は居ず、お母さんが出てくる。お母さんの話によると京子は夏休みに入って男の子と一緒に半月間位、盗んだ車で静岡の方までドライブに行きそこで補導された。そして家に戻ってからも、家にも居着かず、すきをぬってお金を盗んで飛び出して行ったり、それを親が咎めると殴ったり、蹴ったりの乱暴をふるう。こんな京子のいきさつを話す中で、お母さんは「相談できる人（先生・児童相談所・親戚）には皆したんですけど、私一人ではもうどうにもなりません。人並みの人間になってもらうために、施設に入れようかとも思っているんです」と話してくれた。又京子との対話の中で、初めて「お父さんほしい」と尋ねてみた。すると、「うん。私お父さん子でよく一緒にお風呂に入ったんだ。何でもお父さんに話していたから、お父さんが死んだからといって急にお母さんと話す気になれない。でも今の京子見たら、きっと怒って家に入れてくれないよね」と言ってくる。以前から感じていた親子の信頼関係の欠如が二人の言葉から感じられた。この時期の京子は遊びが生活のすべてであり、自分と遊んでくれる男の子ならだれでもよかった。セツラーはこうした中で毎回毎回お母さんと話す実践を積み重ね、学校や児童相談所へ積極的に相談にいくことを働きかけていった。そうした中で、お母さんとセツラーの信頼関係が築き上げられていった。又京子に対しては、もっと京子に自信をつけさせてやりたい、自分の好きな事を一生懸命やることの喜びを教えてあげたいという願いから京子の好きな編み物や料理の実践をした。チョッキを縫ったりカレーライスを作ったりしている時の京子は熱心だった。セツラーはこの実践の中で少しでもいいから自信をもたせてやり、友人の間でも認められる存在になれるんだという確信を与えてやりたかった。又運動や勉強の大切さ、素晴らしさを話して京子のエネルギーの新しい発散を試みてみた。しかしながら系統的な実践が作れず、根本的に京子の心を動かすものとならなかった。

第三期（一一月〜一二月）第二期の頃から京子のお母さんから「Wと付き合っている内は、京子はよくならないから付き合うなって言って聞かせるけどダメなんです」と話されたことがあった。実際、第三期に入ってから京子とWさんはいつも一緒の行動をとっていた。シンナー・タバコ・ゴーゴー喫茶とかなり遊びがエスカレートしていった。スナックでタバコを吸っていてWさんと補導された事件があった。京子にとって数度目の補導であった。お母さんはこれを契機に補導センターに入れる決意で書類の手続きをするが、セツラーと親戚の人でなんとか止めた。そして、「京子に対してもっと理解して欲しい。Wさんのお母さんと話し合って欲しい」と要求していった。実際にWさんのお母さんと京子のお母さんとセツラーが入って話し合いをもつが、お互いに「家の子に限って」というワクから抜けきれず、同じ立場で悩みながらも力になっていける存在にはなり得なかった。

冬休み明けと同時にWさんは京子と一緒に同級生を誘拐した事で補導され、施設に入ってしまった。こうした中でセツラーは京子といろいろな面でぶつかり合い、理解しようとした。大祭中、京子が家出をし、セツラーの所に相談に来た。理由を聞くと、「京子は必ず遊びに行っても何してきたのか本当の事を教えるのに、母ちゃんが信じてくれないからだ」と言う。そんな会話の中で京子は本当にお母さんに信じて貰いたい、認めて貰いたいと思っている。その要求を感ぜずにはいられなかった。そこで「今みたいにしている京子をもっと遊びやすいようにしてくれる人たちは本当に京子の事を考えてくれてるのではない。もし、本当に考えている人なら怒るのが当然だし、もっと違う形で力を貸してくれるはずだよ。今京子に最後まで責任をもてる力はないんだから。」と言って聞かせると京子は「うん。うん」とうなずいている。しかし、そうした中にも友だちから離れられない弱みをもっていた。

第四期（一月〜二月）Wさんが施設に入れられたことは京子を大きく変化させた。気の強いWさんが「入れられたくない」と言って泣いた場面を目の当たりにして京子は「補導センターには絶対入りたくない」と強い願いを出してきた。そして今何を一番すべきなのかを考えた場合、勉強する事が大切なんだと分かってきて、実際に学校へ行こうとした。ところが学校側はWさんと一緒に女の子を誘拐し怪我させたという理由で、校長は「学校へ来るな」と言い、学校へ行こうという京子の気持ちをくじいてしまった。お母さんは何度も学校に呼ばれ、その度に長時間説教をもらったそうだ。校長のあまりにも一方的なお説教に対し、お母さんは「家の子が悪い事をしたのは分かるけど、もう少しこっちの言い分も聞いてくれてもよさそうなものなのに」と学校側に不満をもっているが、自分の子どもが悪い行動をとったという負い目からそれ以上学校に対して要求していけないでいる。一方京子は学校へ行きたくても学校から登校を拒否されている。京子は家にこもることしかできない。お母さんは勤め、弟は学校、Wさんは補導センター、と昼間は一人っきりで雨戸を閉めたまま暗い部屋で一日中たばこを吸ったり、テレビを見たり、ボケーッと何もしなかったりしている。

二月一五日、学校側の許しが出て登校したが、授業中校長から呼び出され、会議室に閉じ込められ、「一人で勉強していろ」と言われたので、京子は家に帰ってきてしまった。「一人でやるなら先生もつけてほしい」と京子は主張してきた。こんな京子の姿を見て、なんとか学校に行ける様に援助していこうということで、二月一七日～二四日まで集中的に毎日京子の家へ行って勉強を教える事を方針にした。

学校へ行ってもつまずかないですんなりと授業に入っていけるように、又京子のいい話し相手になってやろうということで意思統一していった。最初は一五分位しか集中できず、タバコを吸い出したり、シンナーの話をしたり。次第にちょっと宿題をやってきたり勉強が少しずつ分かったりしてきた。しかし、京子の心の中には、まだ今までの生活を断ち切る決意は揺らいでいることも確かだった。（以下省略）

【第三一回大会　討論資料】　一九七六・三・二二―二四　名古屋大

第三〇回全セツ連大会は大会年一回化という歴史的な決定を行いました。今大会はその決定後はじめて開かれる大会であり、私たちの新しい運動を検証していく大会です。年一回化を決定する中で明らかにされた七〇年代にふさわしいセツルメントとは、第一に誰でもどこでもどこからでも参加できるセツルメントです。この間社会的意識も高く、特別に強い人が生活の大半をかけてやっていたセツルから女子大生、短大生、看学生、理工系学生、そして自宅通学の学生も参加できるようなセツルへと飛躍的に参加する学生の層を広げてきました。第二に誰もが日々の実践で感動し、確信をつかんでいけるセツルです。第三に一人一人が現在と将来の生き方をも考えられる様なセツルメントです。

【第三二回大会　第二回連合委員会討論資料】　一九七七・八・五―七　都立大　一七〇〇名の新入生

七〇年代のセツルメント像をうたいあげた二四回大会は、「第一に民主的学生運動としての側面と地域運動としての側面を組織的に統一させることを基本として、それと共にセツルメント運動が学生運動、地域運動のそれぞれの面に於ける組織的確立と安定を克ち取る事、第二に運動内容での確信的課題は、セツルメント運動を貫く大原則として『学ぶ』機能を安着させる事」とセツルメント運動の二つの柱を提示しました。

「書記局員雑記プラス常任委員としての記」

風の子班中学生パート　ブーバイ（六九年教育）

池袋駅から東上線に乗って一五分位すると上板橋という駅に着く。さほど大きな駅ではない。乗降客があまり多くないのか生憎この駅には準急電車が止まらない。いつもプラットホームで電車を待っていると準急電車は我らを横目で見ながらスピードを落とさず疾風のように去っていく。まったく憎き野郎だ。

上板橋駅を下車して常盤台の方へ五、六分歩くと左にコンクリートで囲まれた一画が見える。ここが我ら全セツ連書記局員の根城がある教育大桐花寮である。この寮の一寮一室という部屋は何年か前に民主化されて以来、全セツ連の歴代の委員長が寝食を共にした由緒ある部屋である。とは言ってもほかの部屋と変わるところはない。本とゴミに囲まれたよごれた部屋である。

木曜日の夜一〇時を過ぎる頃になると在京の書記局員がぞろぞろとこの部屋に集まって来る。ぞろぞろと言ったものの定刻に全員が集まるということはめったにない。最初に来た者は誰も来ていないとわかるとさっさとベッドに入ってしばしの眠りを貪る。次に来た者はベッドで寝ている奴を見て「チェッまだ一人か！」と言って靴を履き直して又外へ出て行く。彼の行先はラーメン屋である。ちょっと懐具合がいいと喫茶店あたりに変わる。夜の戦闘に備えての腹ごしらえである。こんな事を繰り返しているうちに時計の針も〇時を指す。いよいよ会議が始まる。皆疲れた顔をして目をこすりながら各セツルの状況を出し合ったり、代表者会議の準備や他団体との提携などを話し合ったりする。もう夜はとっぷり暮れている。この会議は午前三時過ぎまでかかる。その後、ある者はムスケル作業（印刷―筆者注）をし、ある者は夜明けまでダベリ、ある者は睡眠に就く。

これが在京書記局会議（東京近辺の書記局員の集まる会議）のある一日である。このほかに月一回、二泊三日（時には三泊四日）の書記局合宿がある。この合宿には仙台や京都、大阪、名古屋の書記局員もはるばるやって来る。この合宿が我ら書記局員にとって一番大切な会議である。それは一つに全国のセツルの状況を把握し、実践の到達点を明らかにする場であり、二つに書記局員の学習の場であり、任務点検の場であるからである。この合宿が近づくと期待と不安とが入り交じった気分になる。まず最初、この一か月間自分は何をしてきたのだろうかという疑問が湧いてくる。更にそれは何もしてこなかったのではないかという焦りへと変わる。この焦りに付随して財政的な不安がつきまとう。いくら家から通っているとは言え、そうせびるわけにはいかない。しかし、一方では早く皆に会いたいという気持ちになる。同じ境遇の者同士はお互いに理解しあうという、つまり同病相憐れむという心境になるのであろうか。

書記局員の基本的な任務は、全国のセツルの状況を把握

1970年頃　風の子班ハイキング

しながら自分のセツルの中で先頭に立って奮闘することである。理屈ではわかっているのだが私自身寒川セツルにどれだけ根を張った活動をしているかというと疑問である。実践の面でも仲間づくりの面でも、まだまだ皆の中に入り切れていない自分を発見して自信をなくしているのが現状である。大学二年の半ばを過ぎたというのにいまだに何故自分がセツル活動をしているのかわからなくなり、すべてを投げだしたくなる時もある。でもそうは思っても投げ出せない何かがある。その何かとは「これ」といい切れるものではない。言いきれるものではないが、一つにセツル活動には私を変革させようとする何かが、更に社会を変革しようとする何かがある。そんなものを私はセツル活動に感じる。だから、私の日和ろうとする気持ちは、自分の成長したい、強い人間になりたいという要求と現実の社会に対する不満、更には、微力ではあるが社会変革の一翼を担いたいというヒューマニズムの心に打ち砕かれて来た。だが、私にはどれほどの力があるのか、私はたえず自分の力量のなさにさいなまれる。

ある人がこんな事を言った。「人間にとって大切なことは仕事です。その仕事をやり終えたときには新しい自分ができるのではないか」と。一面的な面もあるかと思うかも知れないが、今の自分にはこの言葉が強く胸に響く。最後に一言申す。何か今のセツルはきびしさがないような感じがする。きびしさというものは単に相手を批判するだけではなく、お互いをもっと見つけ合うことだし、お互いの成長を考慮した働きかけ合いだと思う。いくら美辞麗句を並べても何の力にもなり得ない。あとは行動だけですね。

地上には平和を！　心にはロマンを！（一九七〇年一二月　みのむし一一号）

「全セツ連大会に参加して」

愛生町班幼児パート　モック（七三年保専　針谷延子　旧姓寺嶋）

全セツ連二七回大会は、セツルメント創立五〇周年を記念し日本のセツルメントの発祥の地、東大本郷で行われました。寒川も大会を盛り上げる大きな役割として歌集（一二〇〇部）とうちわの実務がおろされ、そのため私たち寒川セツル内実行委員は四苦八苦の毎日だったわけです。

私にとっては初めての大会参加で、一〇〇〇人以上もの人が集まることにまず驚き、また夏の熱気とで雰囲気がものすごく盛り上がっていました。

その中で私が一番感動したのは、「幼児と集団づくり」の分科会でした。分科会の中のたった一つの実践、それは氷川下の実践でした。

家族四人のその家庭は共働き、四歳のかよちゃん（仮名）とその下の弟一人、父親は喘息で残業ができず、母親が四時半までパートで働いている。かよちゃんは、土曜日は一時半に幼稚園から帰って来て、いつもセツラーと遊ぶんだけど、途中からいつも帰ってしまう。

セツラー「どうしてかよちゃんは帰ろうとするの？　誰も帰らないし、お母さんもいないし…」

かよちゃん「お母さんいるもん、会社にいるもん」と言ってきかない。

お母さんは、「四時まではたとえどんなに帰りたくとも帰さないで下さい。厳しく叱ってもいいから。でないと安心して仕事もしていられませんから。」と言う。

そこでセツラーは、なぜ子どもを引き止めねばならないのか疑問を感じてくるのです。

それまでの私の実践の姿勢は、ただいい実践がしたい、自分が満足するような実践、それだけ。でもいったいいい実践って何なのか。今思えば皆がまとまって一つの遊びをする中で、元気に遊びまわることだけだったようです。しかしまとまった一つの遊びができても実践の終わりにはいつも「いったい今日は何をしたんだろう」と考えてしまうことばかり。そういった実践の見方を氷川下の実践は変えてくれたように思います。

いつも決まって途中から帰ってしまうかよちゃん。聞けば帰りたいと言うだけ。そこでその子を何故遊びの中に引き込む必要があるのだろうか疑問に思う。それはほんの小さなことなのです。でも、その小さなことが本当は大きな社会問題―働こうとすれば幼児が犠牲になるという貧困な保育行政の問題、「保護されるべき幼児」が地域でこのように放置されている現状―までつながっている。

それを知ったセツラーはいったいどう行動するのか。

氷川下セツラーの場合は、どこでその子が一番生き生き何の屈託もなく遊んでいるのか、家の中でテレビを見ている時か、いやそうじゃない、皆と遊びをしている時なんだと発見し、そこで一つの確信、「この子はみんなの中で一緒に遊ぶことが一番生き生きできるんだ」ということで遊びに引き込むことにしたということです。

私に欠けていたのは、一人一人の子どもたちの様子や言葉から、いったい何を求めているのか、どこでその子が自分の力を十分発揮できるのかという、子どもたちをつかむことだったのではないか。そしてもっともっと子どもたちの小さな行動に気をつけていこうと思いました。

ところでOS（オールド・セツラー：経験セツラー）から「大会は行けば学べるというものではない。今考えている問題、わからない点を自分なりにつきつめてみることが大事で、はっきりさせて臨むべきだ」と言われました。でもパートでは総括もされていないし、自分の問題なんてはっきりしなかったんだけれど自分なりに考えたことは、

①遊びの選択の問題でいろいろな遊びの関連性から系統だった実践とはどういうことなのか？
②自分の実践活動（子ども中心）と地域の関わりをどう結び付けて考えたらよいか？
③他のセツルの人と話す中で他の地域はどんな状況なのかをしっかりつかむこと。

「実践が面白くない、何をやっているのかわからない」といった声をよく聞くこの頃ですが、それこそ自分の追求なしには、あるいは行動なしには解決できない問題だと思います。自分をもっともっと追求していってほし

いと思います。（一九七四年七月　みのむし二六号）

「七五年新入生歓迎（新歓）をすべてのセツラーの力で」千葉県セツ連委員長

三丁目班小高パート　ジュリッペ（七三年教育　奈良部研二）

七四年度の活動も全セツ連三〇回大会・合宿を残すだけとなりいよいよ七五年新歓をむかえるわけです。新歓という言葉を聞いて「ＮＳ（ニューセツラー：新入生）が入ってきてどうしよう。」なんて悩んでいるセツラーもいることでしょう。

さて七五年新歓を科学的に分析し見てみることにしましょう。七〇年中頃から全国的に革新統一という言葉をよく耳にしました。現在の政府自民党が行ってきた大企業本位、国民不在の従米国型政治の本質を狂乱物価、インフレ、公害たれ流しから核もち込み、さらには政治献金、金脈問題と目にも明らかなその実態の本質を見抜き真の革新を願う動きへと国民の力が結集されてきています。しかし、革新陣営が統一戦線を築いていかないとこの力はフルに発揮できません。現在、愛知県知事選を終えプレ統一地方選はすべて保守に握られ、大阪・東京でも統一戦線が組めず東西の革新の砦も危うくなっています。

千葉県でも四月に県知事選・市議選など各地で一斉に選挙が行なわれます。川鉄を無料で誘致し、公害をまきちらすことを許してきた千葉県や千葉市の行政、公害防止基本条令制定の署名を取り上げない市政、私たちが住んでいる千葉県、足を運んでいる地域が発展していくためにはどういう行政が必要なのでしょうか。産業道路を造ることとプレハブ校舎の中で勉強している子どもたちを見てみてもいいでしょう。これからの四年間の行政をまかせる選挙です。真に地域住民の立場にたった行政をすすめてほしいと願います。全セツ連三〇回大会・合宿にむけてパートで班で総括していく時期です。地域を再度見なおし、地域住民と私たちセツラーの要求を実現していく政策を見抜いていくことが必要です。地域の生活が私たちの生活が行政に大きく影響されていることを見るならば、今度のこの統一地方選を実践の中からとらえ直していかなくてはならないでしょう。

また、学園の中をみてみると私学学費値上げ、国立大学学費値上げと学費問題が全国の学園をゆり動かしています。五〇年度予算案では国立大学費は入学金一万二〇〇〇円が五万円に、入学検定料五〇〇〇円から七五〇〇円に。国会を通過すればその結果がこうなるのです。一月二〇日、文部省は国立大事務官を集め五〇年度学費値上げに伴う「学則改定」、「入試要項」書きかえを直ちに実施するよう行政指導を行ったのです。弘前大・和歌山大など多くの国立大で値上げを承認、入試要項の書きかえなどの事態がすでにおこっています。これは、今国会でまだ全く審議されていない段階にある学費問題を「行政」によってなしくずし的に強行しようということであり、今後も文部大臣の一声ですべての大学を動かすことを容易にさせるものです。

1973年　セツル大学

憲法でも保証されている「教育を受ける権利」を無視し、金のある・ないで差別しようとする動きであることを見なくてはいけません。本来ならば「○（ゼロ）」であるべきものではありませんか。

さらに今回の値上げは、八〇年までに私学四八万円、国立二四万円にするという中教審路線にのった連続値上げの一環であり、大学を文部省の指令で思うままに動かせる大学にする策動であるということ、まさに「大管法」の先取りであると言うべき攻撃なのです。さらには、「新大管法」も今国会に提出しようとする動きの中で、学費値上げの本質を見抜き、政府・文部省の意のままになる「物の言えない」大学にすることを許さず闘っていくことが迫られています。すべてのセツラーが、目指す大学像を明らかにし四月に向けて大きくこの闘いに結集していくことが必要です。

さらに、学費闘争・統一地方選に伴い「友○宣伝」という手を使い、民主的・自主的なサークルに対する攻撃が激化してくるだろうと考えられます。全国では露骨であくどいセツル攻撃が行われてきました。千葉大でも昨年、ビラまきやクラスまわり、さらには下宿まわりまでして教育学部新入生に対してその要求を押しつぶしてきました。今年のＮＳに教育学部生が少ないのは、こうした動きがつかめず対処しきれなかったところにも原因があります。

七五年新歓は、県セツ連ができて初めての新歓であり、この成果によって今後の活動が大きく左右されるきわめて重要な新歓です。一人ひとりのセツラーがこれからの実践像・セツル像・大学像をもち、パートで、班で、そして寒川で一致させていくことが必要です。総括をおしすすめる中で、一つひとつを十分にかみくだいて私たちのものとしていきましょう。

七五年新歓を大きく成功させ、七〇年代後半の千葉県でセツルメント活動を大きく発展させていくために。

（一九七五年二月　みのむし三〇号）

「大学祭を終えて」

母子寮班中学生パート　ボラ（七四年理学　増田　勉）

やっと大学祭が終わったという気がする。まさにセツルに始まりセツルに終わった大学祭であった。というのも、大学祭の実行委員だったということが大きいかもしれないが。

大学祭って何だろうか、疑問が残った。まさに模擬店祭に終わったような気がする。大学祭というのは、もっともっとアカデミックなものだと思っていた。大学祭の少し前に全学連の人が来て「大学祭は学生運動である」ということを言ったのを覚えている。そういった意味で、今の大学祭は退廃化しているのではないだろうか。かといってアカデミックなものがなかったともいえない。逆にそういうものは十分とはいえないまでも、かなりあったと思う。なぜ盛り上がらないのか、と考えてみれば一人ひとりの大学祭に対する認識ではないだろうか。大学祭はその名の通り、お祭りに過ぎないと考えたり（一面的には正しいがそれは一つの側面に過ぎない）、大学祭の期間中にどこかへ遊びに行ったりする人がいるのは情けないことだと思う。

大学祭の意義は、四つあると思う。

一つには、お祭りとしての側面がある。模擬店がなかったならば、大学祭の気分が出ない。模擬店が出ることにより、大学祭が盛り上がるのだと思う。またその模擬店にクラスなどで取り組むことにも意味があるだろう。

二つ目は、サークルその他の単位での成果を結集するものであることだ。多くの学生がサークルに所属しており、その成果は大学祭以外には発表する場がないであろう。

三つ目は、大学の社会の中での役割である。一般市民にこんなことをやっていると知らせることももちろん重要だが、それだけでなく市民をまきこんでいくことだと思う。

四つ目に、学生運動の一環としてあることだ。学生一人ひとりが学園民主化を考え、行動ができるような方向までもっていくことだと思う。

四つのことに共通していえることは、学生一人ひとりの要求に即して大学祭はあるのだということではないだろうか。

最初の日は参加する人が少なかったのだが、最後の日はたくさん来ていた。やはり大学祭に期待するものがあるのだと思う。しかし、地域の人の話によると、年々大学祭が面白くなくなっているようだ。ここのところを、これからの課題として追求していく必要があるのではないだろうか。

「書記局活動報告」

二丁目班小低パート　ピノ（七二年教育）

後期は行事が多くて大変だと二年生の時さけて通ってきた道を今歩いています。

成程おわれるというのが実感。前日までどうとりくむかが決まらなかったり、はっきりしないままとりくむだけとりくんだり、一つ一つがまとまりのないものとして、セツルをさわがせてきたという感じで、私自身も書記局員として展望がもちきれずに流されてきた一人でした。

私がもつ書記局での担当はというと、千葉大会、財政、学年会です。

学校会は大祭を経て、人数も多いし、どう組織していくかという見通しがもてなくなり放棄してきました。これが学内実践の弱さの原因であることを思えば担当者として無責任にすぎたようです。何も言われずにきたので、まあいいやと担当替えも申し出ずにすごしてきてしまいました。

財政は、はじめ局をつくろうと、各班の係に提起したのですが、時間が合わなかったのとその後やる気をなくしたのとで、いまだにできていません。局をつくる意味、財政活動をどう位置づけるかで、あいまいさがあり、合宿できちんと総括して、できたらつくる方向にもっていきたいと思います。

学年会は、三年生のそれぞれが忙しく、なかなか学年会まで時間をさけないという状況で、要求はあったと思うのですが、たちきえています。

セツル活動の基本というべき頭と手と足の活動をしてこなかったので、局員としての印象は自分自身にも、みんなにもうすいと思います。一年生の中でとまどい、甘さと三年生という重さで、ちぢこまってきた、会議のみ（それも、満足に任を果たせずに）の活動でした。みんなの足をひっぱってきた一人なのです。一月以降は特にひどく、自分の悩みに負けて、書記局の任務放棄をしてきて、迷惑をいたるところにまいてきました。その重さに、これからどうしようと思うのですが、結局やるしかありません。これまでの分までも、というのは力不足でだめでしょうが、がんばりたいと思います。

時々、おれそうになる自分に自信がもてなくて〝やります〟と決意をのべられないのが残念ですが。


（一九七五年二月　みのむし三〇号）

「みのむし発刊にあたって」

愛生町班中学生パート　となり（七三年理学）

今年ももう一二月となり、みのむしの季節になってきた。みのむしももう三二才、本当に長い間にわたって寒川の歩みを見てきたのだと思います。

みのむしが作られたのは、マジョの時です。マジョは、ブービーの前のマックその前のヤンマ、ロビン……とにかくずっと前の常任委員長をやった人です。本当は、発刊当時の事務局のようす、みのむし発刊の意義などを書きたかったのですが昔のことなのでちょっと断念しました。

みのむしは一九七二年の後期までは、事務局唯一の機関誌でした。その当時の事務局長のクルミが新しい機関誌としててっぴつを作り、いまの様にみのむし、てっぴつが事務局活動を支えていく二つの柱となったのです。ちなみにその当時の事務局員ではキンタが現役セツラーとして活躍しています。

さて、その後一九七三年に現在の三年生セツラーがセツルに入って来ました。その時の局長はジュンでみのむしを全セツ連二七回大会で売りました。これは、一つには寒川の財政状況のためもあり、一冊五〇円？だったと思います。

後期にはこの時、今の様な寒川の書記局体制がひかれて、ピノが事務局長となりました。この時も京都で行われていた、全セツ連二八回大会にみのむしを持っていき売りました。確か値段は一〇〇円だったと思っています。書記局の事務局担当はダッコです。

この時の事務局員は三丁目ジュリッペ・キント、二丁目ピノ、風の子タレメ、母子寮ピッキー、愛生町となりでした。

さて、七四年前期、この時に県セツ連が結成されました。そのため、みのむしには、県セツ連特集が載りました。事務局長にはピッキーがなり、ギチョン・オンチ・バニラ・ガッパなど今活躍している面々が事務局に入っています。（風の子中パーは、キンタとタレメがやっていたのですが、この年になくなりました。そして全寒中『全寒川中学生パート交流会のことで、寒川水泳のことではありません。』が寂しくなったのを覚えています。）

その後のことはよく知りませんが、事務局はバニラ・ガッパそして今年前期のギチョン・リリィが担い、現在のオンチに至っています。

事務局から巣立っていったセツラー、そして僕みたいに〇〇けたセツラーそれぞれの胸に楽しい想い出、そして夜遅くまでみのむしを作った想い出があります。今考えると苦しい想い出もみんな楽しく思えてきます。原稿

みのむし

におわれ夜遅くまで苦しくても一生懸命書いた原稿が一冊の本となり、みんなの手元に帰ってきます。寒川という大きなサークルの中で時として小さくなりがちなセツラーのせいいっぱい広げよう、そして寒川の全セツラー、いや全国のセツラーが本当に仲間なんだという気持ちを作る一つの助けとして、この一冊のみのむしがなってくれたら、そんな願いをこめてここに筆をおきます。

（一九七五年一一月　みのむし三二号）

コラム―当時を振り返って「事務局の思い出」

母子寮班青年部　ギチョン（七四年教育　森田雅夫）

私は性格なのか育った環境なのかは分かりませんが時間には厳しいと自負しています。それは自分にもそうだし、ほかの人にも求めることが多くあります。当時は自分も若かったし世間知らずのところもあったから特にそうだったと思います。セツルの性格上教育学部の人間が多く、将来先生になる人間が多いのに、偉いことを言ったり日本の将来を語ったりする割には、会議には遅刻し授業には出なかったりという行動が許せませんでした。だから事務局長という大役を引き受けた時、これを改善したかったと記憶しています。しかし、自分のやる気は空回りし、どんなに一生懸命声を出しても、どんなに自分は頑張っても他の人がついてこなくなってしまったのです。今振り返れば、結局、自分は自分だけのことを考え、ほかの人の気持ちや生活を考えなかったからだと思っています。他のセツラーを巻き込み、悩み、悶え、苦しみ、投げ出したい気持ちを抑えながら「てっぴつ」や「みのむし」を編集したことは申し訳なく思っています。しかし、あれから四〇年経った今、振り返れば、あの時の経験が後に教員になった時に役立ったと思っています。人間というものは失敗や挫折を経験し、それを乗り越えていく度に、賢くなり優しくなれると思っています。

セツラーとして活動した四年間はいったい何だったんだろうと考えてみました。総括してみると、やはり苦しかったというよりは楽しかった思い出が多いです。汚い部室の中で吐くまで飲み続けたり、キンタ先輩と徹夜でトランプをしたり、ギターを教えてもらい弾いたり（これは教員になってから役立った）ということは今でも覚えています。

でも最大の出来事は、帰りの電車で貧血になったエメロンを家まで送り、その後結婚までいったことかな？セツルに入っていなければ保専の人とは出会うことが無かったしね…（二〇一八年五月一日）

三、情勢をどう見てセツル活動と切り結んで考えたか―地域・学園の課題と日本の情勢

「ある地域の問題が、単にその地域の問題に留まらず、本質的には日本の社会の根本的なあり方そのものという問題の性格をもっています。」（全セツ連第二六回大会討論資料）と指摘されるように、寒川セツルの実践地に見られる問題は間違いなく日本の社会問題となっている。

地域の要求や私たちセツラーの要求を実現していくためには、日本の政治情勢をしっかりと見据えその情勢を切り拓いていく活動を展開していくことが求められる。

日本の情勢をどのようにとらえ、その情勢とどのように切り結んで考えたのか、七〇年代幕開けの情勢分析を見ていきたい。

（一）情勢分析

一九七〇・五・八　マジョ（六八年教育　相澤光子　旧姓高梨）

今や大きく揺れ動く情勢がいったい私達に何を要求しているのだろうか。それを京都府知事選を見る中で、また四・二八を考える中で、私達はしっかりと実感してきた。私達はその教訓を血とし肉としていくために明日への活動へと地域のかあちゃんや子どもの中へとその地域の矛盾との戦いへと更なる一歩を力強くふみ出そう。

①京都ニナ川府政の民主的な教育政策（一部略）

第二〇回全セツ連大会（一九七〇・三）が京都で開催された。その中で京都のセツラーは、地域住民の生活を守り民主主義を推し進めていこうとするニナ川候補を支持し、その選挙戦へ向かって限りないエネルギーを地域のすみずみまで発散させた。はたしてこの選挙は何を物語っているのだろうか。六選是非論、学力低下、非行少年、暴力学生が遍向教育の産物であるとか、「よど号」の乗っ取り事件を利用した中傷にもかかわらず、次点の柴田候補を一四万票も引き離してゆとりある当選の結果となった。金と権力・デマと中傷の、民主主義を破壊しようとする自民・民社・公明の連合は、良識ある府民の前に屈せざるを得なかった。今回勝利したというのは、ひとつには、「明るい民主府政をすすめる会」を中心に本当に自分達の生活を守っていけるような明るい社会をつくっていくために、社共をはじめ民主主義を愛するすべての人々が全国の人々の励ましや支援に支えられて、手を取り合って戦い抜いたからであろう。そして、何にも増して大事なもうひとつのことは二〇年間にわたる二ナ川府政の実績そのものであろう。地域住民は「いったい誰が自分達の暮らしを保障していくのか」というのをしっかりとみきわめ、自己の生活の実感を表明したからであろう。ここではその政策の教育面へスポットを当ててみよう。高校授業料は全国で最低の月額六〇〇〇円であり、私立高校には月一万円の授業料と入学金一万円を府で補助している。また教育費の父母負担が全国で最低である。義務教育であっても父母から徴収される寄付金、教材費、ＰＴＡ費が年々増大していくなかで京都では軽減していく。更にまた身体障害者の教育保護の充実化として精神薄弱者のため養護学校等の建設が進んでいる。このような福祉的な分野への積極的姿勢がみられる。

②住民無視の千葉市の政策

それでは、私達の地域、千葉市ではいったいどうなのか。千葉市議会にみられるように安保維持の討論を強行採決で押し切るという全くの民主主義を踏みにじる地方行政が行われ、私達の活動地域にもその矛盾が露呈している。母子寮では生活保護を受けている家庭がほとんどである。しかし、その生活保護費だけでは十分でなくほとんどが働きに出ている。幼児と母親の二人に月八〇〇〇円という微々たる金額でいったい誰が健康で文化的な生活ができようか。働いた収入が規定以上になるとすぐその分から減らされる。体の弱いお母さんも無理して働かねばならない状況を見て私達はその政策に怒りを覚える。又、愛生町団地では、雇用促進事業団というものができ、炭鉱離職者に出た金で団地をつくり、当然の権利として入れるはずなのに川鉄その他の企業会社のあっせんがないと入れないという事態が公然とおこっている。また教育面を見ても、京都では男女共学を三本の柱としているのに、千葉市では、男女の分離を試みている。その他千葉市におけるその財政は、産業育成面へと力を注ぎ、京葉工業地帯の躍進のかげにかくされた住民の暮らしは見過ごされている。産業道路の拡充整備。しかし、私達が毎日歩く一般道路は狭く不備のまま改善しようとさえしない。そのために悲惨な交通事故で子どもの生命が奪われつつあるのだ。京都府知事選を考えるなかで、私達の地域の問題を大きく千葉市の政策と照らし合わせ、考えていかねばならない。

③四・二八沖縄デーに関して

四月二八日は、一九六二年にサンフランシスコ条約と安保条約が発効し日本の対米従属、そして沖縄県が日本から切り離され米軍の全面占領下におかれたその日である。そのことによって沖縄の現状は大きく生活破壊をきたし、生存することの権利さえも奪われているのだ。アメリカは沖縄県民の生活基盤としての土地に夜襲をかけて強制的に立ちのかせ、軍事基地の拡大と軍事産業への拡充を強奪的に押し進めている。秘密兵器、毒ガス、放射能などが隠され、常に不安におびやかされ毎日の生活が破壊されている。爆音によるノイローゼ・不眠症・アメリカからの風しんのまぎれこみ等、人間が生きていくための最低の基本的な人権さえも踏みにじられているのだ。

そんな中で基地労働者の闘争は大きく広がっている。本土に換算して一〇〇万人が一挙に失業することになるという。今後も続く大量解雇、それによって生じる問題は基地労働者だけにとどまらない深刻なものである。その戦いは地域住民の生活の戦いと結びつき全日本の支援に支えられて、さらに大きな戦いへと前進しつつある。沖縄の映画などの感想会等をもつなかで、また沖縄の学習を進める中で、沖縄人民の力をさらに民主的生活を守るたたかいへと大きく広げていくことが大切である。学習を深めよう‼（一九七二・四・二四　みのむし七号より）

四、地域の変革課題と自分を見つめること―地域の課題を自らの生き方に

地域での日常実践の中から、子ども集団のあり方や各家庭のあり方、ひいては地域のあり方に変革の課題を見いだし、その地域の変革課題と自分とを見つめ、課題解決に向けて動き出そうとしていたセツラーもいた。

（一）「『地域開発』にともなう地域構造の変化と住民意識の分析」教育学部卒業論文

二丁目班小低パート　ヤンマ（七二年教育　長澤あや子　旧姓山崎）

はじめに

戦後の一連の「地域開発」政策の実施にともない、日本のあらゆる地域で、特に都市周辺部において、急激な地域の変貌がおこった。それは地形の変形という自然環境の変化から、地域の産業構造や住民の生活様式の変化まで、様々な形で現われ、そのもとで住民の生命とくらしをおびやかす諸矛盾や、住民の意識の変化を生み出してきた。

そのような中で、「地域に根ざす教育」とか「地域の教育力の回復」等がさけばれ、「人間の形成、発達にとって地域社会がもつその意味と役割との吟味の必要」が問われ、子どもの発達環境でもある地域の現実を分析・検討しながら、改めて地域を教育の対象としてとらえていくことの必要にせまられている。

一方行政側も、新しい地域社会「コミュニティー―生活の場における人間性の回復」（一九六九年、国民生活審議会の答申）という形で「地域の再編成」を志向している。現在はこれら各方面からの「地域」への注目が、単なる注目にとどまらず、それぞれの立場で「地域再検討」の実践の過程にあるといってもよいだろう。

このように注目されている「地域」とは、いったい何だろうか。「地域」―そこには子どもから老人まであらゆる階層の人々の生活がある。そしてその生活は個々バラバラに存在するのではなく、日常的な近隣の人間関係によってつながっている。そのつながり方には検討の余地があるが、地域をそのコミュニケーションと相互依存をともなう、人間の基礎的な生活の場としての地域社会と見る場合、その場が、人間が真に人間らしい生活をなし得る場であり、子どもたちが社会へ十分参加できるよう準備する、つまり子どもたちの発達を保障するような環境であることを望むのは、当然であろう。

その意味で、地域が、社会生活の最基底をなす日常的な地域社会の生活の次元で、人間らしい生活環境を自らつくり出すことができるか、草の根民主主義＝市民文化を育成させることができるか、それとも、この〝主体化〟のエネルギーが、体制的秩序の編成替えの動きにからめとられてしまうことになるのか、ということは、重要な問題であると考える。

私は前者を志向する立場で、では実際の地域が、どのような経済構造をもち、どのような人口の構成、動態等の地域構造をなしているかを調査・分析し、それを土台として、住民の意識がどのように表出し、先の草の根民主主義を育成させる環境としての条件がどこに存在するかを具体的に考察したい。

調査の対象としては、千葉市寒川町を選んだが、その理由は、私がセツルメント児童部活動でこの地域にかかわってきたこともあり、協力が得やすかったこと、又、今後の活動のためのまとまった資料としても残していきたいと考えたこと等である。調査にあたっては寒川町一～三丁目各町内の町会長さんや婦人部長さん、その他町内会の役員の方々には大変お世話になり感謝している。調査を通じて町内会の強力な組織力には驚くばかりであったが、そのことが私を町会という組織の存在に目を向けさせる原因ともなっていった。内容に関しては本論で述べていきたいと思う。（中略）

地域構造の変化に伴う住民意識

第一節　住民の地域への関心と対応

一、**調査の目的及び方法**

地域の変貌―それは寒川町の住民にとっては川鉄誘致であり、海岸埋め立てであり、漁業破壊であり、産業道路の出現、公害の激化であった。漁業従事者の多い素朴な町は、今では大臨海工業地帯の一角である。耐久消費財などが増えて見かけは豊かになったように見えても区画整理もされない町並みは相変わらずである。

年齢	男	女	計
15～19	1	1	2
20～24	1	2	3
25～29	4	12	16
30～34	8	17	25
35～39	3	27	30
40～44	12	23	45
45～49	16	22	38
50～54	3	33	36
55～59	6	9	15
60～64	18	13	31
65～69	6	7	13
70～74	3	0	3
75～	0	1	1
計	81	167	248

〈表１〉年齢構成　単位人

現在はぜん息患者が増え、交通量も激増したこの町に対し住民はどんな関心を示し、又どのように対応しようとしているのかを町内の二六六人から回答を得たアンケート（回収率八二・八％）の結果から分析してみることが、この節の目的である。

アンケートの方法は、一部分、筆者が個別に歩いて答えてもらったものを除き、各町内会役員の力をお借りした。

二、**回答者の構成**

調査対象の年齢構成は〈表1〉の通りであり、職業構成は〈表2〉の通りである。居住年数別構成は〈表3〉の通りである。

三、「**公害がなければ住みよい町**」

「寒川は住みよいところですか」という問いに対する答えは〈表4〉の通りであるが、細かく見ると二〇年

	男	女	計
運　輸	1	1	運　輸 6)
自宅商	16	11	27(10.4)
自宅工	2	0	2(0.6)
自由労動	1	0	1(0.3)
工　員	3	0	3(1.1)
公務員	5	3	8(3.0)
会社員	30	10	40(15.0)
その他	5	2	7(2.6)
無　職	20	142	162(60.9)
不　明	14		(　)は%

〈表 2〉職業構成　単位人

以上居住している人に「住みよい」と答えた者が多く、逆に一〇年以下の人は「いいえ」と答えた人が七〇％以上いる。長年住み慣れた土地に愛着を感じるということもあろうし、交通の便もよいのだし、昔は空気がきれいで「人情もあつくてよかった」寒川を、住みにくい町だとは言いきれない気持ちがあるのかもしれない。しかし「はい」と答えた人の中にも「いいえ」と答えた人の中にも、わざわざ「公害がなければ住みよい。」ということを書き加えた人が多かったのは公害がいかに地域の生活環境をおびやかしているかを示している。

四、地域の交流、行事について（略）

五、公害に対する対応

公害の被害を受けていると答えた者は九二％にものぼり、様々な被害内容をうったえている。

今回のアンケートでも用紙の余白に、「朝、戸をあけるとガスのにおいがして困る。工場のガスではないでしょうか。」（五三才・女・二〇年以上居住）「公害のないすがすがしい町、余り埋め立てられない広い海、昔の寒川がほしいと思います。昔の寒川はよい所でした。今の東京湾は死んでいます。」（四八才・主婦・二〇年以上居住）等々、が書かれてあるのが目立つ。

寒川セツルメントが港町、寒川一丁目で行なった調査では、この公害に対して、〈表5〉のような対応を示してきている。何らかの形で反対するという人が二九・七％いる反面、「何もしない」「あきらめる」「ひっこす」

はい	135（53.8％）
いいえ	116（46.2％）

〈表４〉寒川は住みよいところですか？

何もしない	4
何かしたいがどうしたらいいか分からない	28.4
何かしたいが忙しくてそれどころではない	8
あきらめる	4
ひっこす	9.5
町内会などを通じて公害を監視したり反対したりする	29.7
その他・無答	16.4

〈表５〉公害に対してどうしたらよいと思いますか？　単位％

１年未満	0
1～３年未満	7
3～５年	11
5～10年	17
10～20年	35
20年以上	185

〈表３〉調査対象者の居住年数　単位人

という消極的対応を示すものがあわせて一七・五％、又、何かしたいが実際には何もやらない（わからない）者があわせて三六・四％で、被害感の切実さに比して、その対応は総じて消極的である。だが見方を変えて、公害に対して「何かしたいが…」と答えた者を含めて解決志向型の者があわせて六六・一％になるということは、健康をむしばむ公害に対して黙ってはいられない、何とかしなくてはという意識を持つ人が六六・一％いるとも考えられるだろう。「何かしたいが」と考えている住民が「どうしたらいいかわからない」でいるという状況は、一方では訴訟という形で運動が発展してきているにもかかわらず、個々の地域までその影響が及んでいず、不満を持つ住民のエネルギーが、まだ地域にくすぶっているとも見られる。

同じセツルメントの調査では、この地域にも署名活動に入ったはずの一九七四年の公害防止基本条例制定の対市直接請求署名は三六・五％の人しか知らなかった。しかし一般新聞にもとりあげられた訴訟については、かなりよく知っていると言える。ではその訴訟に対する考え方はどうか。住民側を応援すると答えた者四三％の示すように、同じ被害を受けている住民として、共通の立場に立とうとする者が半数近くいる半面、「裁判をしなくても…」「川鉄も対策をしているからだんだんよくなる」という、訴訟を余り肯定しない人が四九％いる。中には「公害は悪いが、生産活動が無ければ国亡ぶという事を考えてほしい。企業の発展なくば福祉も生活向上もあり得ず、従って公害防止も留意し、ますますわが町が発展することを望む。」（四五才・男・工場勤務・二〇年以上居住）という意見や「町が経済的に発展することを望む、川鉄も対策をしているからよくなる。」（五七才・男・鉄工業・一〇年以上居住）という意見もある。多分川鉄関係の従業員ではないかと思われるこれらの人の声にも、彼らの生活基盤から出た、町のことを考える姿勢がうかがわれるが、結局は川鉄の出す公害を免罪することにつながっていくだろう意識が含まれているように思う。

だが健康をむしばむ公害はこれらの人々を例外とはしない。そのような中で「大なり小なり公害はみな受けていると思う。大企業側と住民側がお互いに話し合いで、被害を最小限度にとどめる様に歩み寄るべきだと思う。そして今後増々人口が過密化していく現状では、公害問題はもっともっと住民側が関心を持って対応していくべきだと考えます。」（四七才・主婦・二〇年以上居住）という意見には、自分たちの生活環境は自分たちでこそ変えていかなければ、という、地域に対する積極的な対応の芽として、住民のエネルギーを感じるのである。

五三％の人が住みよいところだと答える寒川の地域は、しかし今後もこの土地に住むという人は四六％、子どもにもこの土地でくらしてほしいと思う人は三〇％である。この数字が示すのは、子どもたちにはもっとよい土地でくらしてほしいという願いであろう。その裏には、「生活環境はこの先、余りよくならないのではないか。」という無力感のような意識があるのかもしれない。

その「もっとよい土地」がまさに寒川であれば―これからの寒川がそのような土地になるかならないかは、やはり住民自身の力にかかっていると言えるだろう。

（二）「われ思うに…」──千葉市公害を話す会の活動

風の子班中学生パート　デメ（七〇年工学）

私が、千葉市の公害について真剣に考えるようになったのは、以前寒川セツルメントのセツラーだった人から「千葉市の公害を話す会」に入らないかと誘われたことがきっかけでした。

私自身、教養学部時代二年間セツラーとして子ども会活動に参加し、子どもたちが抱えている問題、地域にある矛盾などを様々な場面で感じていました。学部に移りセツルはやめましたが、自分の専門分野でもセツルで学んだことを生かしたい、その中で自分が将来、どんな技術者、科学者になるのか考えたいとは漠然と思っていました。その中で地域の矛盾のひとつである公害についても学んでみたいという気持ちはもっていました。

でも、いきなり「千葉市の公害を話す会」に入ってもどこからどのように考えていけばよいのかも分からないと思ったので、まず、工学部の技術論ゼミ（もちろん自主ゼミ）の公害の分科会に参加して公害について学ぶことにしました。その後、「話す会」にも参加するようになりましたが、最近、自分の基礎知識のなさを感じることが多く、情けなくなることも度々です。

例えば、亜硫酸ガスが人体に与える影響はどんなものか、そのメカニズムは何か、煤塵の影響は？ 光化学スモッグのメカニズムは？……。

公害の経済、法律、行政面での問題等々、一言でいえば、公害学とでも言えるのかもしれませんが、分からないことばかりなのです。

一体今まで私は何を学んできたのか、工学部にいて何をやろうとしているのかと考えさせられます。

「話す会」に参加している主婦の方の中には、四日市裁判のことを勉強し、熱心に質問する方や、千葉市のい

	4月	5月	6月	7月	8月	9月	合計
0.100ＰＰＭを超えた時間数							
寒川小	42	23	34	141(21)	177(26)	10	427
今井町	79	128	65	153	129	21	575
福正寺		(19)		(23)	(19)		(15)
0.200ＰＰＭを超えた時間数							
寒川小	1	0	3	23(3)	7(1)	0	34
今井町	12	4	9	19	8	4	92
福正寺	(2)	(6)	(1.5)	(2.5)	(1)		
総時間数	720	744	720	744	744	600	4252

〈表１〉単位は時間　（　）％

ろいろな地点で自主的に亜硫酸ガスの測定を毎日毎日やり、結果を報告する方がいます。ある懇談会ではおばあさんが「私の方では光化学スモッグがひどくて、喉が痛いんですよ。ある植物を見ればわかると聞きましたが、どのように見分ければよいのでしょうか」と専門家に聞いていました。

自然科学を学んできたわけでもない方々が、私たち以上に勉強しようとしている姿を見て、自分たち学生は何をすればよいのかということをいつも考えさせられています。

私たち学生は専門分野だけでなく、多方面にわたる様々な知識を身に付け、社会に役立てていかなくてはならないと思います。

こんなことを踏まえながら、自分が経験したセツル活動を自分の中でどう位置付けていけばよいのかを再度考えてみました。以前はどこかで、セツルの子ども会活動は自分たち工学部生には直接関係ないし、時間的にも専門の勉強で余裕がなくなるから三年になったら教育学部の人たちに任せようという気持ちをもっていました。でも最近、自分の考え方の中ではセツルで経験したことが大きな位置を占めていることに気づきました。

今、私は公害について学習していますが、セツラー時代に知った公害の実態や行政の対応の不十分さ、それを見て感じたことなどももっとみんなの中に出していけたらと考えています。私だけではなく、教育、政治、法律、医学、自然科学、様々な面から様々な人たちが意見を出し合い、自分たちの生き方まで考え合うことができたらなどと考えると、何だかワクワクしてきます。セツラーは、実際に地域に行き、地域の人たちと直に触れ合い、様々な現実に直面します。地域の方々から学ぶこともたくさんあります。それらを基に多方面での基礎知識を身に付け、得たものを地域に返していくことも必要なのではないでしょうか。地域の人たちの学生セツラーへの期待も大きいのではないかと思います。

みなさんはどう思いますか?

千葉市の公害の現状と問題点を挙げておきます。即席で、資料のまとめ方が不十分ではありますが。〈表1〉は、今年の寒川福正寺における汚染状況です。寒川小は、千葉市の汚染地区の中でワースト二（二番目に汚染がひどい）と言われているところです。

この表の上は〇・一〇〇PPMを超えた時間数でこの程度の亜硫酸ガス汚染が一時間以上続くと健康に支障が生じると判断しています。

環境基準では、この程度の汚染時間数は総時間数の一二%未満でなくてはならないと決められています。また、下は〇・二〇〇PPMを超えた時間数を示しています。環境基準では、総時間数の一%未満でなくてはならないと決められています。この環境基準をもとに、寒川小学校の汚染状況を見てみると、七、八月は〇・一〇〇PPMを超えた時間数も〇・二〇〇PPMを超えた時間数も環境基準を超えていることがわかります。また、〈表2〉を見ると、六〇歳以上の高齢者に大気汚染の影響が大きく出ていることが分かります。〈表3〉の地域別患者数を見てみると、白旗町が一番多く、二番目が今井町になっています。これは、白旗町には民医連の診療所があること、今井町でも町ぐるみで公害対策を行っていることが関係すると思われます。汚染が最もひどい寒川町での患者数が比較的少ないのは住民の意識の低さとも関係するのかもしれません。

以上が大体の千葉市での公害の実態です。

セツルでも、様々な活動の中で公害問題に取り組んでいってほしいと思います。地域の厳しい現状もあるとは思いますが、特に保健部では寒川三丁目の現状をしっかりととらえて、活動していってほしいと思っています。

児童部においては、子ども会活動と公害問題とはなかなか結び付きにくいかもしれませんが、自治会の在り方などを考え、地域の閉鎖性を乗り越えていくことも意識しながら、矛盾に向き合っていく姿勢は必要だと思います。

私自身の活動もまだまだ不十分なので、もっと現実の矛盾に立ち向かっていく姿勢を示していきたいと思っています。当面は「地域研究と教育」(仮名)のような学習会を開きたいと考えています。みんなもいろいろなこと、やっていきませんか?

(一九七二年一〇月　みのむし二〇号)

年　齢	患者数	%
3歳以下	6人	6.3
4～12	14人	14.7
13～39	10人	10.5
40～49	12人	12.6
50～59	17人	17.9
60歳以上	36人	37.9

〈表2〉年齢別患者数

町名（丁目）	患者数	%
白旗（1･2･3）	27人	28.4
今井（1･2･3）	16人	16.8
蘇我（1･2）	13人	13.7
寒川（1･2）・港	12人	12.6
稲荷	7人	7.4
南（1･2･3）	7人	7.4
合　　計	95人	

〈表3〉地域別患者数

「千葉市子どもを守る会準備会活動報告」

母子寮班幼児パート　ミルキー（六八年教育　会田ゆり江　旧姓島野）

千葉市子どもを守る会準備会事務局では、先に太郎座と提携し、「竜の子太郎」の公演に取り組み、セツラーも見た人がいると思います。この公演は人数的にみても成功をおさめたといえるのですが、私たちとしては取組が遅かったこと、料金のこと、そしてこれが最大の弱さだったのですが組織がないということで、本当に見て欲しいと思う地域の子どもたちに見てもらうことができず、小さな役割しか果たせませんでした。それに会場で配った「千葉市子どもを守る会」結成呼びかけのアピール文も、ただ出しただけという形になってしまいました。しかしながら今回のような提携は全く初めてのことであり、八日（木）の「たろうの会」でも話されることと思いますが、子どもたちによりすぐれた文化を！ということで、これから千葉市の文化活動をどう進めていくかという点で積極的な姿勢で手を結んでいこうとの方向が出されています。

その後五月五日の子ども大会では「父母教研の集い」を主催したわけですが、これも完全な準備不足のまま、もたれてしまいました。私たちとしては主に千葉市の子どもを、お父さん、お母さん、先生、学生とそれぞれの立場から見てどうかを出し合い、問題を深めあう中で、それでは今何をすることが必要なのかという点まで話し合いたかったのですが、参加者は、千葉市のお母さん二名、船民教（船橋民主教育を守る会）のお母さん五名、先生は都賀小のS先生とY先生（OSポッポちゃん）の二名、後、学生四名（児文研三名、セツル一名）という状態で、内容が具体的にならず一般的なものとなってしまいました。

まず、話は今のマスコミが子どもたちにどんな影響を与えているのかということから始まり、現在の学校教育体制への批判へと移っていきましたが、内容がむずかしくなり、発言者が限られてしまったこともこの集いの大きな欠陥でした。事務局会議（五月六日）での一応の総括の中では、こういう話し合いを地域の中へもちこんで、最初は二人でも三人でもいいから集会所や公民館で催し、十分な準備期間をもって母親大会等も開いていきたいと思います。各地域で……ということは、それぞれの地域でより多くの矛盾をかかえて、毎日をおくっているお母さんの切実な要求を掘りおこし、その要求に働きかけ生活から出てくる要求を連帯の基盤としていくという地道な活動の一つですが、守る会結成のためにもかかせない活動ではないかと思います。そのためにも以前述べた機関紙活動を推し進めていくことが大切です。機関紙は現在、テスト版として二号まで発行されていますので、それをもってより多くの人々に働きかけていきたいのですが、残念ながら寒川セツルでは各班での「子どもを守る会」の位置づけはおろか、寒川セツルの中での位置づけもまだまだ不明確な段階です。でも各地域に入って、お母さん、子どもたちの立場にたって活動をしていこうというセツルなら、機関紙にも自分たちがとらえている子どもたちの状況、地域の状況を生き生きした言葉で語ってくれるようになって欲しいと思います。小さなつみ重ねの中から、千葉市の子どものしあわせを願うあらゆる人と手を結んでやっていこうという、幅広く、底厚い活動の場としての「千葉市子どもを守る会」の結成を一日も早く！　実現するために、今後できるかぎり準備会の活動報告はしていくつもりですが、事務局に入ってあなたもいっしょにやってみませんか？　事務局会議は毎週火曜日夜、八時〜一〇時までで、これからは学習会もやろうと張り切っています。

（一九六九年五月　みのむし一号）

（三）「地域変革で学ぶもの」

愛生町班小学生パート　メイ（七〇年教育　相沢藤江　旧姓柳沢）

「実践で何を学ぶのだろう」という疑問があちこちで聞かれます。セツラー集団の中で学ぶことと地域実践で学ぶことは、切り離せませんが「なぜ地域にむかうのか」という問題は、私たちが常に問わねばならないものでした。す。むずかしいのですが、私の感じていることを書きます。

私がセツルに入って、すぐの実践です。みんなから〝拾いこじき〟といわれている智美（仮名）という女の子がいました。智美ちゃんは、何となく汚れた身なりをしていて、他の子たちは「智美は道に落ちているものを拾って食べる」というのです。そんな智美は、運動もあまりできず、字もよく読めませんでした。五月のある日、愛生町で運動会がありました。会場の原っぱにいると、遠くから智美が見ているので「出ようよ」と誘い、徒競走に出ました。ビリの方だったけれども賞品をもらい、すごく嬉しそうにしていました。その後、遊園地でのこと。智美とYが鉄棒をしていました。智美は何にもできず、Yが「私、逆あがりもできるよ」といってもYがやっているのを見ているだけです。智美に私が手を貸して前回りをさせると、最初恐がっていたけど、数回やるうちに、自分でできる様になりました。その時、智美は「私もやればできるんだね」としみじみと言ったのです。そばにいたYは、智美の足がバタンとなるので「こうやって足をまげるんだよ」と教え始めました。智美は「手にまめができた」といいながら「今度、学校で逆あがりをやってみよう」とすごく興味を示してきました。こんな智美をみて、いつでもこんな風に生き生きしてほしいと思いました。そうでないのはなぜだろう。私が個人的に智美に働きかけてもダメなんだ。智美は、愛生町で毎日生活している。そのお母さんは、近所の人ともあまり話さない閉鎖的な人で、そういうものが智美に影響している。

智美ちゃん自身も、子どもたちと一緒に遊んだり、行動したりする中で変わっていける。それには、智美のよい点をみんなが認め、智美も積極的にその集団の中に入っていかねばならないし、私たちは、家庭訪問を意識的にやっていかねばならないと思った。

家で一人でテレビを見ていたいと言う子、みんなと何かするのは面倒だと言う子、その子たちにどう願い、どう働きかけるかが、常に問われます。それは私の子ども観、人間観につながっていきます。

生き生きと行動できるすばらしさを知り、それにむかって自分からぶつかっていける子どもたち、それは、私自身に対する願いでもあるのです。やる気のない子どもたちに「じゃ、やめよう」と言うのではなく、そのエネルギーを引き出し、発展させていく方向で働きかけられる様になりたいと思います。

五、保健部から「いのはなセツル」へ—新たな活動を求めて

七〇年代の保健部には、医学部生のセツラーがほとんど存在せず、それまでの血圧計をもっては地域を訪問し集団検診を中心にしてきた保健部の活動も、その活動のあり方を変えていかねばならなかった。そして、七三年に障害児・者パートを創設し、新たな保健部活動を展開していった。

保健部セツラーの手記を紹介する。

（一）「七〇年代の保健部の思い出」

保健部　タンテ（七一年看学　吉村照子　旧姓藤井）

一九七一年入学の私が学んだ看護学校は、今は大学病院の数々の建物に変わり、寒川セツルの部室があった『学生会館』は、現在病院駐車場となって跡形もない。木造で、床が抜けそうな学生会館には、セツルの他、東洋医学研究会、社会医学研究会（社医研）が並んでいた。

医学部や付属病院、看護学校、放射線技師学校は、亥鼻町地区にあり、西千葉キャンパスには、電車とバスを乗り継いで行かなければならない。当然移動の必要のない「保健部」に入る人が多かったが、遠くても「児童部」

で活動するセツラーもいた。私の学年では、コトや一学年上のピーコが、児童部セツラーとして活動していた。

一九七一年の保健部に医学生はただ一人アジコケがいたが、彼はその年、児童部から移ったばかりで、保健部の実践はしていなかった。保健部は医学生一人、看護学生と放射線技師学生という構成だった。前年までは血圧計を持ち、集会所で検診活動を行っていたようだが、医学生のいない活動は自ずと制限されていった。キャップのモンとヨッチが中心となり、医学生不在の保健部を率いてくれていたが、実践面では、限られたものになっていた。

その年の活動としては、

①八六歳以上の老人の健康を守る

②お楽しみ会を定期的に行っていく

という方針の下で、家庭訪問を行っていた。六月には町会の集会所で「健康のつどい」と題するお楽しみ会を計画していた。宣伝用ビラも用意していたが、集会所を借りる手続きを怠っていたため、いざやろうという段になって、集会所が使えず、やむなく日程を変更したという失敗もあった。お楽しみ会では、老人たちに「芸を披露して欲しい」と働きかけたところ、「民謡や歌を歌いたい」「今は何もできないが当日には何かやりたい」等、なかなかの意欲を見せてくれた。

①の「老人の健康を守る活動」では、地域の実態調査を行った。その経過は、みのむし一九号に「『集団検診は、それ自体が目的化されてしまい、それが本当の地域の要求なのかわからない。現在の老人の環境を知らなければ健康増進は望めない』という総括から、数か月の準備期間を経て、家庭訪問活動を推し進めるということになった」と記されている。内容は、健康についての知識や生活環境に関するアンケート用紙を作成し、七〇歳以上の人を対象に、家庭訪問して会話を広げ、まとめていくというものだった。

それを大学祭で発表した。大学祭で発表するにあたって、目的を、
①セツル活動を来場者にアピールし、知ってもらう
②老人の実態を保健所に知ってもらう
③調査内容を、老人たちに返していく
という三点にして、保健所および地域の老人に、大学祭の招待状を配布した。残念ながら、その資料が残っていないので、成果もイマイチはっきりしない。調査前の地域の位置づけとして、川鉄の工場建設により、漁業で生計を立てていた住民たちの生活は一変した。（都の清掃局などの）代替の仕事を与えられ、生計は保証されたが、それは生きがいに通じるものだったか、川鉄の公害被害は、寒川にも影響を及ぼしていたか等であるが、その数値化や、評価の尺度がはっきりしなかった事で、地域に影響を与えるような形にまではならなかったように思う。それでも調査や家庭訪問を通じて「セツル活動は、老人を大切にしていくと共に、老人に、家庭で自分の要求を言っていけるような力を蓄えていってもらいたい。もっと家庭の中で、老人が生き生きとできるようにしたい」（みのむし一九号）という願いをもって取り組んでいた。

三つのパートに分かれた活動へ―あしなみ・ぶつかり・よりみちパート

大学祭後、寒川町を三つの地域に分け、保健部メンバーも三つのパートに分かれて活動した。そのパートの名前も①あしなみパート（カリ、センチ他）②ぶつかりパート（パパ、チューザイ、タンテ他）③よりみちパート（フクレンコ、オヤジ他）という。地域を分けた当初は、「そこにセツラーの定着化をはかり、健康調査活動で明らかになった疾病を情報宣伝紙に載せ、それを媒体として全家庭に入る」という明確な目標があった。小回りがきき、活動をしやすくする面もあったが、お互いのパートの活動が把握できず、班会がつまらなくなったという

声もあがり、活動は停滞してきた。各パートとも、なんとか楽しい活動にしようともがいていた。

私自身は、毎回の家庭訪問が苦痛で、地域に行く足は重かった。一週間ごとの訪問では、会話の糸口を探すのも難しく、会話は弾まず「また、学生さんたちの相手をしてやらなければならないのか」と、面倒がられているのではないかという自問があった。それは自分の未熟さ以外の何物でもない。「なぜ、そんなに遠慮しているの？普通に話せばいいの、普通に」と、今の私なら当時の私に言ってやれるが、それほどに人との会話に気を遣っていた。セツラーが苦しいのだから、それを受ける老人も緊張していたに違いない。

翌年の一九七二年、寒川セツル全体で、県内の大学や専門学校に広くセツルをアピールした結果、一四人のセツラーを迎え入れる事ができた。保健部には看護学校、放射線技師学校の他に、衛生専門学校からも入セツしてくれた。また、医学生も二人迎えることができた。新しいセツラーのおかげで、停滞していた活動も、やや活気を取り戻してきた。後に彼らが中心になり、「いのはなセツル」として繋がり、蘇る事ができた。

(二)「障害児パートの活動　いのはなセツル設立」

保健部　オリーブ（七二年衛専　氏家佐知子　旧姓河合）

一九五〇年代に、セツルメントを立ち上げた金子勇様からお手紙を頂き、若かりし日のことをいろいろ思い出しました。一九六九年、日本中が安保闘争で揺れ動いていた時、私は二〇歳でした。私のいた東京女子大学でもストライキが始まり、連日、白熱したクラス討論や自主ゼミが行われていました。樺美智子さんの「いつの日か人知れず微笑まん」という本を読んで感動し「戦争にて死すよりは、反戦にて死なんと決意したる日、燃ゆる二〇歳の日」というのが私の二〇歳の時の決意でした。

小田実氏の提案によって大阪城公園で行われた「真夏の反戦広場—一〇〇万人集会」に参加し、ストライキの解除された学校に戻る事は無意味に思え、大学を二年で中退しました。

働きながら現場で学ぶ道を選び、美濃部東京都政の中で、働く母性のための〇歳児保育が進められており、乳児院で働きながら保育通信講座で学び、保母資格を取得しました。しかし乳児伝染性下痢症で、次々と子どもたちが脱水症状で入院し、付き添いをする中で、感染予防や看護を学びたいと思うようになり、二三歳で看護師を目指しました。

千葉県衛生専門学校に入学した七二年、千葉大での新入生歓迎サークル勧誘で、セツルメントを知り、現場で実践活動を仲間たちと共に行う事に同感し、すぐに入部しました。

亥鼻にある寒川セツルの保健部室に、学校の寮から徒歩とバスで通い、そこでタンテやパパなど沢山のセツラーと出会い、日中一人暮らしの老人や、海を埋め立ててできた工場の公害で喘息に苦しむ老人の自宅を訪問して、実践報告とミーティング、討論を行い、沢山の気づきと学びがありました。

看護実習をしている時に、子どもが種痘後脳炎になった事で育児に悩み、夫とも離婚して自殺未遂を図った女性と出会いました。当時、障害児は、教育、保育の場もなく、家の中に押し込められて、ひどいときは紐で繋がれて座敷牢の中に入れられていました。私は障害児の保育、教育の問題を何とかしたいという思いで「老人パート」「公害パート」の他に「障害児パート」を作って活動したいと思いました。千葉大の中に全国障害者問題研究会というサークルがあることを知って、そこを訪問し障害児パートの立ち上げや活動について相談しました。その時の相談相手がＥＬＪです。子どもから一時も目が離せない母親のために近くの神社の境内を借りて子どもたちを遊ばせている間に、買い物やパーマに出かけてもらい、一度も家族で出かけたことがないというので皆で梨狩りや海水浴や潮干狩り（富津）に出かけたりしました。市原市の市役所職員とも連携して、障害者スポーツ大会の手伝いや「手をつなぐ五井の親の会」の立ち上げに関わり、学校に通いたくても就学猶予・免除になった重度障害児の通園施設造り運動を支援し通園施設を完成させました。

亥鼻セツルの同窓会を三年毎に開いていますが、その時一緒に活動をした仲間たちと、セツルで実践してきた事が、保健師や看護師、養護教諭の仕事に生かされていることを話し合っています。「その時々の現場の問題点を現場に行って実感し、どうすれば問題解決できるのか検討し、努力する」この姿勢は、セツルメントの精神に通じるものだと思います。（二〇一五年『創立記念のしおり』より転載）

六、婦人部、青年部の創設―地域から求められた活動を自らの専門性につなげて

児童部の活動からお母さん方との関わりが生まれ、七三年に母子寮班にお母さんを対象とする婦人部お母さんパートが創設された。また、同じく児童部の中学生パートの活動から、中学校を卒業していき高校生となった青年との関わりが生まれ、七四年に高校生を対象とする青年部高校生パートが母子寮班、愛生町班で創設された。

婦人部お母さんパートと青年部高校生パートの実践を紹介する。

（一）母子寮　お母さんパート（婦人部）の実践　全セツ連二七・二八・二九回大会基調報告より

寒川セツルのお母さんパートは昨年春に母子寮班で設立された。設立の要因を三点にまとめている。

第一に、子どもの生活を守り成長を保障するためにはお母さんへの働きかけが、それもお母さんの変革が必要であること。第二に、セツラーが公害や交通事故など地域全体の問題を住民運動の中で考え、地域を大きく揺り動かし、具体的に目の前にある問題を解決していけるような実践をしたいと思った事。第三に、三年生になったセツラーが専門の研究とセツル運動とが統一されることが必要となり、労働や職業というものをもっと考えたい

という要求から、実際に働いているお母さんを相手に実践する必要がでてきたことである。

千葉市にある「川鉄」の煤煙風が吹き付ける日は洗濯物が真っ黒になってしまうほど。

ここに住む子どもたちも呼吸器官の弱い子が多い。そのためこの母子寮に入ろうとしたお母さんに「あの寮は近くに工場があって環境が悪いですから、住み込みで働ける所の方がよいのではないですか」と言う職業斡旋所もある。そして最近、母子寮の前を走る道路で、夕方、高校生になる母子寮の女の子が交通事故にあった。そこは人通りが多いにもかかわらず、街灯も付いていないし信号機も当然無い。近い将来にはもう一本母子寮を挟んで鉄道が走るという。こうした立地条件の悪い母子寮で寒川セツルのお母さんパートは活動している。

家庭訪問の中で「お母さん方とバレーやコーラスできたらいいですね」という声に励まされ、お母さんたちの交流の場を作ろうとバレーボールに取り組んでいく。お母さんたちに呼びかけると多くのお母さんから「いま忙しいから」「身体の調子が悪くて寝ていたんですよ」とかの返事が返ってくるが、Iさんだけは別だ。呼びに行くとすぐ出てくる。セツラーに子どもを預けて少しの間セツラーとバレーをやっていたとき、子どもが泣き出すと抜けて「おむつ」を替えに帰る。ひどく泣くのでブランコの所へ連れて行って乗せながら汽車を見せて、そのすきにそっと抜け出してバレーの輪の中に入ってくる。こんなIさんの様子やバレーボールの終わった後、セツラーがボールを洗っていると、たわしを持ってきて一緒に洗ってくれる姿に、本当にIさんがバレーボールを楽しみにしているのをセツラーは確信していく。そしてこの後のハイキングについての親子総会の時もセツラーに働きかけられる中で、いつも寮の中では孤立化しているIさんから「月末はお金が無いので、五月二七日を六月上旬にしてほしい」ということを「身勝手ですみませんが」と前置きしながらも発言していく姿を引き出している。

二回目のバレーボールの実践の時にも「バレーやりましょうよ」と声をかけると子どもをさっさとセツラーに預けて、「さあ、やりましょう」と飛び出してくるIさんは、セツラーと中学生や小学生の子どもたちとも一緒になって、日が暮れるまでバレーボールを続けていく。

数年前から比べれば離婚した若いお母さんが増えてきているこの母子寮には、二六世帯の、幼児も多くかかえた働く母親たちが住んでいる。「今夜泊めてあげたいわ」と言っても六畳一間で子どもとお母さんが横になれば一杯といった狭い部屋。ベランダのない部屋は幼児が落ちる危険があるため、窓は夏でも閉め切ったままで、幼児のおむつや汗の臭いでムンムンしている。そんな部屋の中で「子どもが泣いて言う事を聞かないときはマッチに火をつけて静かにさせるんです」というIさん。生活保護を受けているIさんは他のお母さんから「お金無いくせに」とか「私ら働いて四万しか貰えないのに働かないで二万円ももらっているなんて」とか悪口をたたかれる。それに寮の中では「カラーテレビを買いたい」と思っていても、バイオリンを習わせている子に皆の前で発表会をさせようと思っても、寮母の「寮全体のことを考えてください。集団生活なんだから」という警告で、寮の生活水準はこういうもので、それ以上の生活を望むのはタブーであるという特定の考え方を押しつけようとしてくる。パートで働き疲れた上に、家事、育児もやり、それに寮の作業の当番制のもとで更に疲労はかさむばかりである。七三年前期の活動の総括から次のような方向性を出した。一つにはお母さんの多様な要求を実現し、交流を図るためにも一種のサークル活動を組んでいく必要があり、その際寮長さんや寮母さんと提携していく必要があること。二つ目はセツラー自身婦人問題を深め、要求を客観的にとらえ、確信をもって取り組んでいくこと。三つ目に様々な婦人問題を扱っている団体の調査・提携を行っていくこと。

以上の事から、具体的な実践としてお母さんのサークル活動に取り組もうとした。そして、毎週土曜日の夜、一時間ぐらい集まって学習会やコーラスをしたり、また公害のフィルムを見たり、子どものこと、職場の事などいろいろ話し合ったり、寮の生活についてもみんなで考えて行く事をめざして、家庭訪問をしながらお母さんたちに呼びかけていった。「正直に言うと、土曜日だけは何もしないでゆっくりしたいんだ。日曜の朝、遅くまで寝ていたいし、反対じゃないけど私は出ないよ」「働いているお母さんは大変、みんなそうなんじゃないんですか」など、働いているお母さんにとって土曜日は大切な休日であり、趣旨には賛成だが参加するのは面倒くさい、学生はまだ苦労知らずだからそんなことが言えるんだ、という声が多い事をセツラーはつかんだ。しかし、「私なんかは毎日寮の中しか居ないから若い人と話したり、何かやったりするのは単調な生活への刺激になるし、大賛成よ」「セツラーが呼びかけてやるんじゃなくて、全部のお母さんが集まって決めましょう」というお母さん、そして「学習会よりももっと寮内の問題、特に寮母のことについてみんなで話し合う必要があるんです」というお母さんたちの要求に依拠して話し合いがもたれ、数人のお母さんと寮長さんとセツラーが同席した。この話し合いの中で、寮母さんに対して不満が具体的に出され、寮長さんが注意してもきかない「がんこな」寮母さんに対して一人で言うよりもみんなで言っていこうということになった。

ここではお母さんたちの現実の問題を変革していこうとする強い要求と、それを集団的に実現しようとする志向が見られる。そしてこの要求を引き出し、皆でやっていこうとする端緒を切り開いたのはセツラーの「サークル活動をやろう」という働きかけがきっかけとなっている。その後、寮内の規則、寮母派のお母さんのセツラー不信などによって話し合いはもたれていないが、サークル活動に対して賛成のお母さんも多く、今後の発展の糸口となる可能性を秘めている。

(二) 愛生町　高校生パートの実践　みのむし三一号（カマ・キング・チェリー）、三三号（キング）より

現在、高パーは三人のセツラーと三人の高校生の計六名で実践を行っている。この間の実践はトランプやギターとあまり積極的に追求されておらず、今高パーは大きな壁にぶちあたっている段階である。本来的には高校生の社会的役割を明らかにし、今の高校生を取り巻く状況を把握し、何をこそ、どんな力をこそ彼らに与えていくの

かを追求していかねばならない。

では、高校生の社会的役割は何であろうか？ 高校生は本来なら自分の将来に積極的に目を向け、前向きにそれに向かって進んでいける青春の時である。しかし、現実には政府の中教審による高校の多様化、ランクづけ、受験主義のつめこみ教育、退廃文化を求めたり、一人きりになって何の生きがいも見いだせないといった状況にさせられている。

しかし私たちセツラーは、こんな現実の中にある高校生の中に伸びる芽、向上しようともがいている姿を見つける。どんなに受験主義に追い立てられていても、本当に本心を打ち明けられる仲間がほしいという切なる訴えを…。今、高パーは学習会（勉強会）をやっている。学習会の提起は高校生で、中間テストの成績が悪く、「なんとかしたい」ということからである。私たちセツラーは高校生にとって、勉強がもっと分かるようになりたいという切実な要求をパート集団全員の力で達成しようと頑張っていこうと思っている。

その際、どこに特に目を向けていかねばならないのか。やはりパートの高校生みんなが力をつけていくこと、みんなの力で前進させていくこと、勉強会を通して物の見方、考え方、科学的な探究心をセツラー共々身につけていくことであると思う。より高い系統的実践を追求することだと思う。

以上より、今の高校生の社会的役割を私なりに明らかにしていきたいと思う。今日の高校生は大学生と同様、次代を担っていく新しい力に成長していく層の人間であるといえる。そのためにも、この時期に豊かな感受性と科学的な物の見方、組織していける力をこそ身につけていく時期なのである。この力をつけていくことこそ、今の高校生の社会的役割なのだ。

一月二四日のパート会では次のようなことを話し合った。

今日の実践課題として、高校生の意識を本当に知らないとやる気がおこらない。高パーの実践の場で、どこで学べただろうか…そこに確信がもてない。

セツラーの成長がなければ高校生も成長できないのではないだろうか。

セツルの性格とは、地域に果たす役割はどこにあるのか？

自治会というのは、地域に求められているのだろうか？

この後に今後の実践をどうやっていくのか、その基盤となるものは何かと話し合った。そしてその結果、高校生に対して「生きがい」について聞いていくことになった。まず、高校生にとって何をしている時が一番楽しいのか？今実践のなかで、もし高校生がセツラーとやっている時が楽しければ、仲間の必要が出てくるはずである。つまり最終的には、高校生自身が生きがい＝何を目的に生きていくのかということを身につけていくことをセツラーは高校生に対して望んでいこうということが話された。

また、もっともっと高校生と親密になるために「落書きノート」みたいなものを作っていこう、そのなかで高校生がどんな時に一番生き生きしているのか、高校生自身が考えてみることが必要であることなども話された。
▽一月二四日の実践
パート会の後、セツラーは地域へ行った。
セツラー「D君は何をしている時が一番楽しい？」
D君「学校で休み時間友達と話している時。」
セツラー「どんな話をしているの。」
D君「麻雀のこととか。クラスにすごくおもしろいやつがいるよ。」
セツラー「D君はいつもどんな本を読んでいるの。」
D君「推理小説なんか多いよ。」

セツラー「買ってくるの。」
D君「本高くてもったいないから、友達から借りる。」
D君はいつもあまり話さず、セツラーが聞くと話すという感じである。しかしこの日は、この後麻雀パイを買うと言いだした。
セツラー「麻雀パイなんて四人に一人持っていればできるんだし、いらないじゃない。誰か友達も持っているんでしょ。」
D君「うん。でもいつでもやりたい時、あった方がいいし、家族でもできるでしょ。うちのクラスなんて半分ぐらい持っているよ。」
この日の実践はこんな感じで終わった。この後のパート会で、なぜ高校生がこんなに麻雀を好んでいるのか話し合った。高校生にとって麻雀とは、簡単に今の追い込まれている状況…受験とか、すごく密度の高い授業から逃れることのできる時間ではないだろうか。だが、セツラーはそこでもっと創造的な事をしていく必要があるのではないか。例えばギターを弾いて歌っていくこととか。ギターにはそういった創造的なものがあるが、麻雀ではその時だけで何も得られないのではないか、という結論がでた。
▽今の高パーの現状と課題
今年の高パーの前進点はどこかと考えると、難しい。何故なら、この一年でどう発展したか見つからないからである。その理由としてははっきりとした方針をもたなかった。

パート会があまり開かれず、実践の総括をすることが極めて少なかった。

高校生をめぐる情勢など、常に学習に欠けていた。

常に、手（実践で何をやるか）の問題に追われて、その基本を考えることが欠けていた、等である。

今、高校生パートを大きく飛躍させていくために、僕たち高パーのセツラーも高校生パートを真剣に考えていかなければいけないだろう。また、寒川のすべてのセツラーに、高校生パートに対する批判や援助をお願いしたい。

コラム ―当時を振り返って―「セツルあれこれ」

愛生町班中学生パート　甘太郎（七八年人文　善財利治）

（一）火事場から救出された基調より貴重だったギターとアンプ

七八年に人文学部に入学し、八〇年後期に常任委員長でした。中学校の教員を目指していたので、子どもと触れあうサークルを選び、セツルメントに入りました。部室があった最後の年に一年生でした。散らかっているけれど、いかにも大学生のたまり場という感じの広い部屋でした。映画やドラマで見た大学生のたまり場そのものでした。自分もそんな場所にいられて嬉しかったです。私はエレキギターとアンプを持ち込んで置いていました。

夏の土曜日の夜に燃えてしまったのですが、居合わせた先輩セツラーたちが、「甘太郎のギターとアンプが部室内の唯一の金目のものだから運び出してあげなければ」と考えて外に出してくれました。それだけでなく、部室棟が全焼してしまったので、二年生のB先輩が稲毛の下宿までギターとアンプを持っていって保管してくれました。本当にありがたかったです。

三年生のP先輩が火事場に駆けつけてきた時に、居合わせた先輩たちに「基調（基調提案冊子）は持ち出したの？　基調は！」と問いただしたのですが、文書類は一冊も持ち出していなかったそうです。

P先輩は大変がっかりして、「セツルの運動の歴史が分からなくなってしまうじゃないの。」と嘆いたそうです。文書史料的に、この時点でセツルの歴史的史料が喪失してしまいました。私のエレキギターとアンプにも責任があります。申し訳ない気持ちです。

(二)キッズが保管してくれていたセツルの一番古い写真

セツルの歴史の資料と言えば、こんな思い出があります。私は、社会人一四年目に千葉大の大学院に社会人入学して二年間通いました。その時、セツルがサークル棟に入居して部室があるはずだからと一度だけ見に行ってみました。

居合わせた男女二、三名のキッズクラブの部員が歓迎してくれました。セツルの話をしているうちに、「古い資料がありますから見ますか」と言ってくれました。それはデジカメが流行る前に写真屋さんが無料サービスでくれたミニアルバムでした。「これがセツルの一番古い写真なんです。」と教えてくれました。写っていたのは私の一年年下のMEさんと二年年下のMA君でした。「この二人は、ぼくのすぐ下の後輩部員です。二人とも常任委員長というサークル部長のような立場をやった人で

部室には寒川セツルの旗もあった!(1973年撮影)

す。」と説明しました。部室再建後は、セツルとキッズクラブの資料をちゃんと残してくれていることに感激しました。

（三）あのことわざって、これが由来だったの？

話を一九七八年、部室焼失前に戻します。部室は居心地がよいのですが、散らかっています。食物を食べると、みんな大きなポリバケツに包み紙を放り込みます。その食べかすに惹かれて、ある日、子ネズミがポリバケツの中でチューチュー鳴いていました。ポリバケツは滑りやすいらしくて子ネズミは登ることができません。女子セツラーが「かわいいね」と言っていました。しかし工学部の先輩セツラーCさんが「かわいいなんて言ってられねえよ。ネズミは不潔だから、処分しないとだめだ。」と言いました。

女子セツラー：どうやって、処分するんですか。

工学部先輩：普通は小型のねずみ取りのかごに、ネズミが入り込んで捕まえる。その場合は河原に行って、かごごと川につけて処分するんだ。

そういって工学部の先輩は、ポリバケツの中のごみを一つ一つ取り除き始めました。やがてポリバケツの中は子ネズミだけになりました。そして先輩は水を注ごうとしました。

女子セツラー：ええ、残酷！

工学部先輩：これを逃がすと繁殖してもっとたくさん部室に出てくるぞ。仕方ないだろう。

「ネズミは、こうやって処分するもんなんだよ。」そう言って水を注ぎ始めました。

女子セツラー：あっ、だから〝ネズミに水？〟って言うんですね。

（四）国鉄線ホームでの思い出

一九七九年一二月の暮れです。同級生で私の前に常任委員長だったS君と一緒に、学年が一年下で同年齢のP君の家に遊びに行くことになりました。目的地のP君の家は東小金井です。「毎日、東小金井から西千葉まで通学しているから、総武線の大お得意様だよ。総武線の社長に表彰されちまうよ」と、P君は言っていました。確かにこんな距離を毎日、乗る人って少ないだろうな。

私とS君とP君は、一緒に東小金井のP君の家に行こうとして千葉駅のホームに立ちました。P君が「二人とも元気がないから、俺ん家に来てよ。俺の家の家族、楽しいから。気分転換になるよ。」と誘ってくれたのでした。まだ一二月なのに雪が舞っているせいで千葉駅では、列車ダイヤが大混乱していました。ちっとも列車が来ないので、駅のホームには大勢のお客があふれて、苛立っていました。

するとアナウンスがありました。

「次の五番線ですが内房線君津行きと総武線快速久里浜行きの先に来た方がまいります。」

お客さんたちがどよめき、「いいかげんだぞ！」と叫ぶ人がいました。

P君が「同時に来たらぶつかるじゃねえか。」

それが聞こえた周りのお客さんたちは大笑いしてくれました。殺伐としたお客さんたちが和やかになりました。私もS君も笑いました。

「こんな時でも人間って笑えるんだな。そういえば、五日間、全然笑っていなかったな。」と思いました。

第四章

1984年 全セツ連

1985年 春合宿（於 伊東）

1986年 千葉大内子ども祭り

第四章　一九八〇年代の寒川セツルメント――一致点は「地域実践」、全セツ連との決別

（分析者：おたま　八二年教育　榎並　智）

寒川セツルメントの一九七〇年代までの活動の中に、「寒川セツルメント」がやがて「キッズクラブ（KIDS CLUB）」に変わっていくことへの萌芽が見て取れる。経済・社会風潮の急速な変化と多様化する価値観の下、「全盛期」の運動と機構をそのまま引き継いでいくだけでは組織を維持できなかったのである。そのことが一九八七年五月の部会での「全セツ連・県セツ連からの脱退決議」となり、一九八九年の「キッズクラブ（KIDS CLUB）」への名称変更となる。つまり、大きな転換点となった一九八〇年代であるが、寒川セツルメントのその間の経緯についての検証は、資料収集もままならず以降の研究を待ちたい。

本章では、当時のわずかな資料を紹介し、「八〇年代セツラーたちの成果と課題」の概略を探ることとする。

一、『てっぴつ　二〇〇号』（一九八〇年一〇月）『みのむし　四三号』（一九八一年一月）より
―八〇年代を見据えたセツル活動とは

「てっぴつ二〇〇号」共通テーマが「理想の地域像」だった。メロディー（七九年教育）は、五年後に予定されていた動物園開園、さらに八年後のモノレール開通を想像して、愛生町の未来を描く。「みのむし四三号」からは、班の学習活動として取り組まれた「セミナーハウス」を報告したぼん太（八〇年教育）の文章を紹介する。

（一）未来の愛生町

愛生町小パート　メロディー（七九年教育　池田芳江　旧姓小貫）

現在愛生町には、もうずっと前から予定して建設工事をしていた動物公園があります。これは、ついここ一、二年前に完成したもので、まだ完成間もないのと普通の動物園とは一風変わったところがあるのとで、あちこちから見物客が集まって来ます。みつわ台にモノレールが開通されているため、モノレールでやって来る人もありますが、千葉や都賀、西千葉から来る人は、以前よりも多少本数の増えたバスで来るか、またはタクシーを利用します。なにせ電車の駅からは遠いので、車の便は大盛況です。愛生町団地で以前自治会長をしていた個人タクシーの運転手の宇田川さんも、今はほとんど動物公園に来る客を乗せて駅との間を往復し、大忙しの毎日です。宇田川さんが自治会長になった時は、タクシーの運転手もさほど忙しくなく、両方やっていけたのですが、今では仕事の方が忙しく自治会長はできなくなり、動物公園開園後まもなく、しぶしぶその座を菅野さんという人に譲り渡しました。菅野さんは、何年か前には「おれはもう役員なんてやんねえ。」と言っていましたが、今ではセツラーのおかげかどうかはわかりませんが、自治会の組織も前より多少しっかりしてきて、連絡など各棟の役員さんがちゃんと回すようになったため、会長としてけっこう住民の中に立脚してきているようです。

子どもたちの様子はどうでしょうか。相変わらず幼児が多く、土曜の午後はいつも、セツラーと段ボールで遊んだりリレーをしたりする幼児の楽しそうな声が団地の中から聞こえてきます。自治会長が、以前青年対策部で子ども会についてセツラーと共に関わってきたため、現在子ども会については自治会は温かい目で見守っています。しかし、一般の子どももまきこんだ日常の子ども会活動というのはまだ確立されておらず、毎月第一日曜日廃品回収のあとに、ドッジボール大会やゲーム大会、ハイキングが行われることになっているのですが、日曜日ということもあって、参加者の集まり具合が役員の他は不規則です。ただ、はっきり以前と違うのは、セツラーの他に団地の青年指導員が入っていることです。この指導員とは、何年か前に子ども会の役員を経験したりゅう、まこと、えいじの三人です。この三人は、中学・高校に進んでいる間はもう実践にも来なくなってしまいましたが、まことは父親が自治会長であることから、子ども会についても多少聞かされており、ある日セツラーとその三人が偶然顔を合わせて話をしたことがきっかけとなって、今度は指導員としてセツラーと同じ立場で子ども会に関わることになったのです。彼らは割としっかりしているのですが、反面どんどんやってしまう時があるので、セツラーはそのへんに気をつけていかなくてはなりません。青年の指導員が確立していけば、セツラーもいらなくなるのでしょうが、これがその第一歩といえるでしょう。

これから秋の行楽シーズン。動物公園もますます客が増え、団地の青年の中には動物公園警備のアルバイトをする者もいますが、たいていセツラーにもそのバイトをあっせんしてくれます。そういえば、今度の日曜日も愛生町のセツラーは動物公園のバイト。終わったらまた、団地の青年たちと一緒に食事でもすることになるのでしょうか。

(二) 愛生町セミナーハウス

愛生町小中パー　ぼん太(八〇年教育　池田和久)

愛生町班では、班としては画期的なセミナーハウスを、去る一月一一日に行いました。日頃からの自主的に学ぶ活動の発表の場として、また、ほかのセツラーの発表を聞くことによって自分がさらに学ぶ活動を進めるきっかけとして、新年初めの日曜日、セミナーハウスをもち、充実した時を過ごしました。NSはNSなりに意欲的なところを見せ、ぼん太は、家庭教育の重要性を実践の中で感じ、それをさらに社会的視野に高めるために学習していました。カブは、セツル活動にとどまらず、将来専門としてやっていく分野を、みんなに説明していました。また、当日欠席したクマは、相対性理論について日頃の研究を徹夜して何十枚も用意していたということです。また、OSはOSなりに、実践の課題を出していくために必要な視点をこの中で発表し、助言していっています。

ぼん太『たくましい心と体を求めて（望まれる家庭教育）』

○動機・仮説

現在、青少年の非行、校内暴力、家庭内暴力、低学力、体のゆがんだ発達、無気力、自立性欠如など、さまざまな問題が社会問題にまで発展しているが、それらがみな学校教育や政治社会のひずみからくるものとはいいがたい。むしろ、全ての人間は生後幼児期から学童期を家庭で過ごすのであるから、やはり人格形成に最も関係するのは、家庭の環境、親のしつけ等ではないか。特に最近では、青少年の退廃に関連するかどうかはともかく、近代化に伴う家庭の崩壊が叫ばれ、それと共に家庭教育への関心が高まっている。これらのことから、たくましい心と体を兼ね備えた青少年の育成を願い、望まれる家庭教育について考察してみた。

○内容

高度成長時代を境として、子どもたちの間に広がった原因不明の症状。それは細菌やウィルスが原因ではなく、体の部分に異常はないが全体がむしばまれているという特徴をもつ。これは、環境や自然の教育力の低下、そしてなによりも、親の育児感覚が狂い、まちがった親子関係をつくっているというところに原因がある。親は、過保護によってますます自律神経失調症を増加させている。

○結果

白書などからの分析により、子どもが家庭内では「お客様」的であり、子どもの親に対する認識もきわめて一面的で利那的なものとなっているということを知る。

ぼん太は、それを打破するひとつの道として、生活実務をあげている。家事労働の中でリズムを作り、生活のスタイルを確立していく。更には対象への向かい方や豊かな情操をも養っていくのである。

次に、親の側の一方的な愛情関係に陥りやすい親子関係を、安定した両者の関係にすることができるのが生活実務の共有であるという。その場は、親子にとって「出会い」の場であり、親は人生の先輩として、人格を伝えていく。ビッケは、ぼん太の内容に関連させて、家庭内暴力について発表しました。ビッケは卒論にこの分野を書くそうです。

サリーは角度を変えて、モラトリアム人間や甘えの理論の立場から、親子関係、集団関係を考察しました。最後にまとめて、父親としてどうすればいいのか、母親としてどうすればいいのか、ということを話しましたが、これは、将来父親母親となっていくセツラーに参考になったのではないでしょうか。

ポンチは、現象心理学についてやったのですが、内容が少し難しかったようです。物体は、存在してそれに価値があって初めて意味をもつのだそうです。

二、一九八三年度　寒川セツルメント活動方針―セツル運動の原点に立ち返る

前文　私たちは「寒川セツルメント」サークルとして利害をひとつにすることがらについて方針を定める。また、五つの班の活動上の利益の共通することがらについて方針を定めることができる。

方針Ⅰ（地域実践）
私たちは、子ども・父母の要求をとらえ、それが実現できるように働きかけていく中で、子ども・父母が生き生きと生活できる地域社会をめざしていこう。また、子どもや父母、地域の現実からセツラーの感じたことをぶつけあい、一致点作りを大切にした討論を行い、各セツラーの認識を広げていこう。そしてセツラーひとりひとりの力をみんなの力にして一致して実践にとりくもう。
方針Ⅱ（学内実践）
セツラーが地域実践の中で学んできたものを明確にし、それを学内に訴えていこう。そのために、新歓・学園祭の場を大いに利用しよう。そして、学生に対する願いも明らかにしてとりくんでいこう。
また、学内での要求を実現しよう。そのために千葉大では教サ（注1）に結集しよう。
方針Ⅲ（県セツ連・全セツ連）
私たちの活動をより発展させていくため、県常員（注2）をおくり、地域実践および運動面（新歓・学園祭）の教訓を日常的に交流しよう。
大会・連合委員会などを寒川の運動の中に位置づけ、もちこむもの・もちかえるものをあきらかにし、そこでの交流を生かしていこう。
また、出版物、基調などを生かしていこう。
方針Ⅳ（セツラー集団）
以上を通し、各討論における一致点づくりとそれに基づいた運動づくりを行い、運動の発展とその中での各集団としての高まり、ひとりひとりのセツラーの成長をかちとっていこう。
また、各集団内での交流および地域実践面の交流を充実させていこう。

（注1） 教育系サークル連合会
（注2） 県セツ連常任委員

三、全セツ連第三九回大会（一九八四・三・一〇〜一五）参加レポートより
——八〇年代も地道な地域実践が行われていた。

（一） 風の子班小低パートの実践

〔Nくんのプロフィール〕

昨年九月に県営住宅と道路一本はさんだところに転入。これは公務員の寮でNの母はその寮母。朝は五時起きで朝食作り、それからの一日はかなり忙しく手が空くとよく炬燵で仮眠をしている。休日には昼過ぎまで寝てしまうし「台所は見るのも嫌ですよ。」Nは同じクラスの友達のつながりから県住に来るようになったが、しばしば暴力的衝突をおこした。まず受け入れ母体を作ろうと野球実践などをするが、男の子集団そのものも未形成であり難航する。かなり出来上がっていた女の子集団とのドッジボールがきっかけでNは彼女らとともにスイカ割りなどもするようになる。しばらく彼への働きかけが停滞し、いつの間にかまた遊びから消えてしまったNを家訪（注3）した結果「Nから始まる実践」ということでバドミントンをやってみることにした。

〔母との対話からの、母の息子観ほか〕

「あの子は真っ直ぐな方だけれど我が強いんですよ。自分の思い通りに行かないとすぐに腹を立ててしまって…ただ泣いて帰って来るとぴしりと叱ることにしています。男はそんなことでは生きていけませんから」「どうしても、まぁ、忙しくなくても、つい、子ども

をかまうのが面倒です」

Nには Y子という妹がいる。直情径行型の兄に対してY子は六才にしては大人び過ぎている。仲の良い子と絶交した理由として「だって、もうすぐ学校に行ったら、たくさん友達はできるでしょう。だったらあの子と仲良くすることないもの」

■二月一一日の実践

凍りオニが一段落した頃、Mさんが子どもの自転車が見えなくなった、と子どもと一緒に探しに来た。Yくん（一年生）によると「Nが乗ってた」とのこと。A「どこに置いて来たの？」と問うとN「あっち」と指はさすものの動こうとはしません。A「一緒に探しに行こう」N「……」A「Nくんが勝手に乗って置いてきたんでしょ、行こう」N「だって疲れたもん」A「Nくんが悪いんだよ、Nくんだって自分の自転車誰かが乗ってっちゃったらいやでしょう」N「いいよー」Mさん「他の人のもの借りるときは、ちゃんと『貸して』って言わなくちゃ。なくなったと思って困っちゃうでしょ。自転車置き場にあったんだし、今度からはちゃんと言ってね」N「だーって～」

■二月一四日のパート会

W：Nくんになんで Aの気持ちが伝わらなかったんだろう。

A：自分が悪い、ってこと、わからなかったんじゃないかな。

M：悪いって、分かってるかもしれないけど、それが表現できなかったんじゃないの。

W：Yくんの言葉で皆が Nくんに注目してしまったから、Nくんにとって Yくんは敵対するものに思えたんじゃない？ それに同調した Aもちょっとした「敵」に見えてしまったのではなかろうか。

H：敵というより、自分の悪い所をつつかれて Nくんは黙っちゃったんじゃないかな。自転車のことなんて忘れていたのかもしれないし。それを思い出させられて黙っちゃったのでは？

A：良いとか悪いとか別にして、Nくん自身がなんとなく、自分はヤバイ立場におかれた気がしたのかもしれない。

M：なんとなくヤバイと思ったから、どうしていいのか分からなくなってしまって、感情が内側にこもってしまったのではないのか。

H：Aの言葉は、表現は柔らかくても、Nくんの行為を非難していることになる。

A：責めるつもりはなかったけれど、悪いことだとは言った。分かってほしかった。

W：行為にしろ、責める気持ちがAにあったらNくんは閉ざしてしまうだろう。

H：Aの場合は、分かってほしいという気持ちであり発言であろうけれど、Nくんにはそれが自分を責める言葉と受け取られるんじゃないだろうか。

M：Nくんを責めるんじゃなくて、その行為だけを悪い、と言うならいいんじゃないか。

A：何を言ってもNくんには責められていると感じられたろう。悪いことだと分かってもらうためには、一緒に苦労して探しながら、大変さを分かってもらうべきだった。

H：言葉でいくら言っても通じないんだよ。

◎一致点「一緒に探しに行こう」と働きかけることしかできない

W：たとえ行為であっても非難しちゃあいけない。「あー乗ってっちゃったんだー、探しに行こうかー」というふうにすべき。セツラーは情報を提供するだけだ。

H：Nくんのように幼い子に善悪判断を任せきっていいのだろうか。

A：子どもの善悪判断というのは、教えられながら身に付くものではないか？

H：考える主体に、より考えやすくしてやれるよう援助すれば身に付くものだろう。情報を提供するだけでいいのだろうか。おとなの価値基準をおしつけることになってはまずいだろうけれど。

M：良いのか悪いのか、セツラーが一緒に考えてあげられるといい。

（二）愛生町班集中実践での父母会実践

夏集実（注4）では子ども会の父母たちと共に七夕

祭りを実施するために、地域連帯についての学習会を行った。そして父母が主体的に動くことの意義として「子どもにとって――①お母さんを尊敬できる②お母さんがやるということでひきつけられる　母にとって――①自信が持てる②自主的になれる」ということを確認した。これに沿って父母が主体的に動ける場として、昼食の焼きそばづくりと父母の出し物とを設定した。その中で母たちの生き生きとした姿を克ちとった。しかし父母の出し物はセツラーが設定し、家訪で参加を呼びかけ成立したものだった。参加者も六人で、大部分の父母は無関心であり子ども会役員の父母たちを支えきれず、集実のたびに彼らが疲れている現状がある。

～後期の取組～

■学習会（家訪について）

前期は、それまでの各セツラーの家訪へのかかわり方を交流し、さらに家訪の必要性をみんなで話し合い「後期も家訪をやっていこう」と一致しました。家訪の必要性は前期話したように各自感じてはいるようなのですが、どんなことを話したらいいのか分からないことも多かったのです。そこで後期のはじまりにあたって、その必要性をさらに深め「どういう家訪が理想的なのか」という点を話し合い、各自家訪のイメージを大きくふくらませようということで、学習会をしていきました。

K：育児不安を持ってるお母さん方って多いのにはおどろいた。愛生町もそうなのかな。子ども（自分の子だけでなく）のことを本当に考えようとする大人って少ないんだね。

Z：〝子供集団が大人の生活する場所に入りこんできた〟（＝広い遊び場に恵まれてない）とあるが子供集団自体にも自治能力がない。

U・E：愛生町では子育ての不安、話してくれてないね。

N：セツラーはお母さん方のそういう不安や悩みを聞いてあげられる存在になれるのにね。愛生町のお母さん幸せだよ。

C：お母さん方が育児不安をもつ理由に〝相談相手、

話し相手がいなくなった〟ってあるけど、セッラーがそういう人になれるかね？

U：お母さんとの信頼関係がないとだめだろうね。それと話題を共有するためにも、その子の内面までとらえてないとだめなんじゃないかな。

E：セツラーが本当にその子のことを考えてるんだってこと、わかってもらいたいな。

N：セツラーがその子のこと実感してないとだめだと思う。

Z：セツラーはよそ者だから、むしろ話しやすいんじゃないかな。

K：セツラーは子どものこと（親以外に）知ってるめずらしい人だから、子どものこと真剣に考えてるんだってわかってもらえれば話してくれるよ。

A：親身になって考えてることが見えれば話してくれる。表面的でなく真剣に話せれば聞き役にもなれる。

T：父母と話さなくっちゃということばかり考えて、子どものこと本当に考えてなかったんじゃないかな。

C：愚痴、悩みを聞いてあげられる人になろう。そのためにも信頼関係をつくっていきたいね。

■クリスマス会への取組

愛生町班では一二月下旬のクリスマス会（地域行事）にむけて、小パートの子ども役員会を中心に企画作りに取り組んでいきます。その中で当日の昼食をどうしようか、家で個々に食べるか、それともみんなで食べるか、みんなで食べるなら、過去の焼きそば、カレー等にプラスして、今回はお餅つきもできそうだよと子ども役員にセツラーが持ちかけます。子どもたちの反応は予想をはるかに上回り「これっきゃない！」「餅つきにしよう！」と一瞬にして一致しました。

しかしゲームや出し物等とはちがい、これだけは子どもやセツラーの力だけではできません。お餅つき実現に向けての取組がはじまりました。

○自治会との交渉

この決定を役員の子どもたちが自ら、自治会長の時田さんに報告、お願いをしに行き、セツラーも時田さんと話しました。

時田：お母さん方がね、出て来てくれんのですよ。前にもお餅つきやったんだがお母さんお父さん誰も出て来てくれなくて自治会の人だけでやったんですわ。だから自治会の方としてもねぇ…。

子どもがやりたいんだからやらせてあげたい、と時田さん、でも過去の事実を思うと「今回もどうせ…」との意見はもっともなこと、どうすればよいか。

時田：自治会としてはやりたくないが、父母が自分たちの手でやるというんだったら手伝うよ、という形にしたい、父母会で話し合って。そこに子どもたちも参加させて。

＝後期方針（父母）＝子どものことを話し合える父母とセツラーが協力する中で、つながりあえる父母集団をめざしていこう。そのために家訪、情宣紙を充実させ父母会を開いたり主体的に行事に参加してもらえるような父母集団をめざそう。

＝クリスマス会意義（父母）＝父母に参加してもらうことを通して父母と子どものつながりをつくり、父母に自分達でつくっていくという意識をもってほしい。そのために父母の動ける場をもとう。

父母会を開いていきたいということは上記の方針、意義から、班では一致されていたこともあって時田さんの話を共有しすぐ実践・家訪に臨んでいきました。

○家訪実践　具体例

真田さん宅

セ：「餅つきやりたーい」って子どもたちが言ってるんです。セツラーもそうしたいんです。でも役員さんが「私たちだけで動くのならやりたくない」って言ってるんです。今までなかなか父母が主体的に動いてくれなくて役員さんばかりに負担かかっちゃいましたからね。

真：そうですね。私もなかなかどこで動いていいのかわからず、困ってました。

セ：ええ、そこで今度餅つきを実現させるのに父母会を行うことになったんです。そこで父母に行事への参加を自分で考えて欲しいんですね。
真：へぇー面白そうですね。
セ：ええ、子どもたちの要求が大人の都合でつぶされるのってすごくまずいと思うんです。子どもの「やりたーい」という興味を奪うことだと思うんです。それで是非父母会に参加してほしいんです。
真：ええ、それは出席したいと思います。
セ：餅つきって日本の文化なんですよねー（三八基調地域実践パート総論で述べているようなことを語り合う）。
○父母会　報告
セ：餅つきのことについてOさんNさんを中心に話してみて下さい。
―お母さん方（一三人参加）戸惑い―菅間さん（元子ども会会長、時田さんとの確執により辞任）登場
菅：子どもたちから餅つきをやりたいと出ているが、やらせたいと思うか、やらせたくないか。
母たち：でも、お金が…。臼なんかどうするんでしょう…。
菅：お金とか準備とかは後で、まずは餅つきをやらせたいのかどうか、ってところがかんじんなんでね。できるかできないかってところで話を進めても決まるもんじゃないでしょう、どう？
母たち：やりましょうか。
：私も…。
：やるならお手伝いします。
＝お餅つきをやることに決定！＝
菅：ひとこと言っておきますが、子どもの前で約束したんだからやらなきゃなりませんよ。
＝費用の話＝
菅：一昨年の餅つきのときは他の父母の皆さんが手伝ってくれず頭にきた。子どもたちは自分の親が来ることを恥ずかしがるかもしれないがどこかで喜びってものがあるものだよ。
菅間さん主導で話は進む。こうしてお餅つきが具体化されていく。

○子ども会役員日高さん
初めてなんでなかなかイメージもてなくて大変ですよ。夜もなかなか寝付かれなくて、でも、父母全体で作っていくことが大切なんですね。餅つきは私たちが何とかしますので、子どもたちの方はセッラーさん、よろしくお願いします。
○二回目の父母会
実務的な話をした。臼をどこに借りるか、米をどうするかなど検討した。

■クリスマス会当日の父母の姿
朝早くセツラーが地域に着くと、時田会長はすでにかまど作りを始めていました。しかし、それまで父母の中心となってきた日高さんは風邪で寝込んでしまっていたのです。やがて役員をはじめ地域の人たちが出て来てテーブルを出したり「たまの行事だからおめでたくしよう」と紅白幕を張ったりしました。こうして餅つきの会場が集会所前にできました。

プログラムに沿ってクリスマス会を進めていると、予定よりずっと早く「餅がそろそろつきおわるから出て来て欲しい」と呼び出されました。子どもたちが争って出て行くと、粉を敷いたテーブルでお母さんたちが餅であんをくるんでおり、男の人たちは杵を持って子どもたちを待っていました。外は寒い風が吹いていて餅つきをしている父母は辛いのではないか、とセツラーKは思っていたので、お母さん同士楽しそうに喋りながら餅を丸めている姿を見て驚きました。子どもたちはすぐにテーブルに飛びつき、お母さんたちにやり方を教わり餅を丸めるのに大騒ぎ。ただ本間さんだけは必死の面持ちでした。しかしつく餅はあと一臼しか残っておらず、セツラーが望んでいたにもかかわらず子どもたちにはつかせられませんでした。連絡が不行届きで「子どもに餅つきを見せればいい」と父母は思っていたのです。そして小学生の男の子たちは「俺たちはついてねぇー、つきたかった」と、後でセツラーに訴えてくるのでした。

昼食では、お母さん方がおしるこを作って食べさせました。いつもはおとなしいお母さんも、とても陽気で皆生き生きしています。しかし、大方の片づけが済むと、父母はいつの間にか自宅に帰ってバラバラになってしまいました。子どもたちと一緒に午後のプログラムを過ごしたのはわずか一人のお母さんだったのです。

■クリスマス会　反省会

子ども会役員会（大人）設定のクリスマス会反省会がこのあとすぐ行われました。

時田：クリスマス会で餅つきをやって、みなさんどうでしたか。

脇坂：あんこのくるみ方はじめて知ったんですけど、なんか餃子みたいにくるんでいたんですけど、なんですか、餅を…。（目を輝かせて餅のくるみ方を説明する）

吉本：私なんかも知らなかったんですけど面白いですね。（ひとしきりくるみ方談義が続く）

Z：一つだけ残念なのは子どもにつかせてあげられなかったことなんです。その辺ちょっと考えた方がいいと思うんです。

時：セツラーさんから何も聞いてなかったからねえ、餅つきを見せるだけでいいと思ってたんですね。まあ時間的見通しも甘かったんだけど…。

菅間：今回はセツラーと役員の連絡が十分じゃなかった。今度からもっと綿密に連絡とらないとだめだ。

本間：セツラーさんにはいつもお世話になってごくろうさまです。

Z：いや、今回はセツラーの力なんてそんなに強くないですよ。何と言っても本間さん達が頑張ってくれたからできたんですから。父母が動くとセツラーがいくら頑張ってもできないことが出来ちゃうんですからねえ。

菅：結局さあ、セツラーはこの団地に入ってくるただの学生にすぎないから、セツラーがつくっていったって意味無いんだよ。これまで行事はセツラーにおんぶにだっこだったけど、それじゃあだめで、団地の父母が動くことに意味があるんだよ。まぁ、今はセツラーがいなけりゃ行事なんてできないけど…。

Z：結局、父母が主体的に動けて作れる場を広げていけばいいんですよね。（一致点）

菅：今回はこうやって父母会まで開いてやってきたけど、父母の参加がまだまだ少ないよね。

Z：でも今回最初の父母会で一四人でしょ？ すごい前進だと思いますよ。

時：いや、それでも少ないと思いますよ。

菅：確かにそうだけど、今まで六、七人しか参加しなかったのに今回は一四人参加した。これは大きな前進だと思うよ。でも、あんたたち、自分達が一生懸命やっているんだけど参加してくれない人たちのこと、どう思う？ 本間さんなんて役員初めてやったんだけどどう感じた？ 私たちが必死にやっているのに無視されるのは腹が立つでしょう。

武：何で、ここでそんなこと言うんですか。そんなこと言ったって仕方ないと思うのです。ここに来ているのは、ちゃんと忙しい中来たんですよ。その人たちに来ない人のことを言っても仕方ないと思いません？

菅：いや、来ない人も、例えば隣の人とかが誘ったら来るかもしれないと思うんだ。だから、行事のときは隣の人を誘ってほしいんだ。

武：そんなことをしても無駄ですよ。

Z：いや、やっぱり父母が誘うのはセツラーが誘うのと全然違うと思うんです。だから父母同士誘い合うのって面白いと思うんですよね。

ここで菅間さんと武藤さんなどとの間に対立が生まれます。セツラーはなんとか仲を取り持とうとするのですが、うまくいきませんでした。このあと討論は吉本さんから父母会の位置づけなどについての提案がありましたが、セツラーや役員はなかなかこの言葉を受け止められません。

（注3）家庭訪問
（注4）集中実践

四、『てっぴつ　三〇〇号』より―歴史に学び、将来に展望を

一九八四年後期、「てっぴつ」がついに創刊三〇〇号を迎えることとなり、記念特集号を企画することにした。実働部員数二五人程度のまさに活動の継続の危機感の漂う真っただ中、歴史に学び、現在を見すえ、将来に展望をもてるような特集にしようと事務局スタッフは気負い、三章構成の大部の冊子を構想した。大風呂敷を広げてしまった結果、刊行予定日は大幅に先送りされ、挙句、任期内には完成を見なかった因縁の作品ではある。一九八四年度後期事務局がそれを仕上げたのは一九八六年五月二六日のことだった。

（一）卒業生インタビュー　大釜正明さん　ガマ　母子寮班　中学生パート

インタビュアーのカブとおたまは、二月二五日月曜日の夕刻、約束の五時に一五分遅れ、あわてふためきながら、待ちあわせ場所の小岩駅南口へ馳せ参じました。ガマさんは仕事の帰り、紺色のハンチング帽を小粋に被り、片手に絵本を持って、遅刻で恐縮するふたりをにこやかに迎えてくれました。

ガマさん―本名大釜正明さん。寒川で今を去ること一五年前、〃六七年四月から〃七一年三月まで、四年間活動されたセツラーです。母子寮班中学生パートで、三年生のときからは全セツ連書記局員も務めていました。現在は葛飾区立細田小学校の先生、また全国少年少女センター常任として活動する一方、江戸川青空学校の中心者として頑張っておられます。

〔セツラーが一三〇人！〕

――今日は、お忙しいところをありがとうございます。ガマさんのおられた頃の寒川は、どんな様子だったんですか。実践地域など…

ガマ「そうですね、寒川二丁目、三丁目、末広母子寮と愛生町、作草部、高校生班、保健部、それと市川の方行ってたのがいたな。」

――はぁ、そんなにあったんですか。市川ってのは、何ですか。

ガマ「ああ、あの頃まだ、市川セツルなかったんですよ。それで、和洋の学生が、セツル活動やりたいというので、寒川に言って来たんですが、千葉まで活動のために通うのは大変だし、それより地元の市川でやりたい、というんで、園芸学部の松戸のメンバーが援助して、市川セツル準備会ということで始めたんです。」

《へーッ！　あの市川セツルは、寒川の分家だったんですね、知らなかったー》

――すると、当時、寒川には、いくつの学校が結集してたんですか。

ガマ「ええと、千葉大の西千葉と医学部、付属看護学校、保専、県立養護学校、それと敬愛短大ですね。」

――はぁ、そんなにあったんですか。

ガマ「そう、医学部と看学は保健部の実践で、主に二丁目三丁目で老人の家など家訪しては血圧測ったりしてたんですよね。県立養護学校っていうのは、学内の教育系サークル棟（編集部注・今の大学会館の場所にあった木造の建物。セツル、同人会など教サの部室がありのちに焼け落ちた）の中に設置された養護教員養成所です。今は稲毛に移ったらしいけど。敬短も二年間だけど頑張っていましたよ。」

――高校生班っていうのは、何ですか。

ガマ「三丁目で、やっぱり他のパートと同様に、高校生集めて実践してたんです。」

――でも、そんなに大学が多かったり、地域が多かったりしたら、さぞかしセツラーの人数も多かったんでしょうねぇ。

ガマ「ええと、だいたい、一三〇人くらいですね。」

――えーっ!!　ひ、ひゃくさんじゅうにん！

〔まぼろしの寒川のテーマソング〕

――それだけ人数がいれば、各班も賑やかだったんでしょうね。

ガマ「だいたい、二〇人くらいずついたんじゃないですか。ぼくは母子寮だったけど、幼パ、小パ、中パ、それぞれ五〜六人でやってたんじゃないかな。今は何人なの。」

――はぁ…ええと…実動で二五人くらいで…まるで、その頃の班会が、今の部会のようですねぇ。でも、二〇人で班会なんて、どーやってたんですか、会場とか。

ガマ「サークル棟の二階の部室使ったり、教室使ったり、でも形式ばらないでやってましたよ。班会、パート会の始まるときなんか、いつも歌ってましたしねぇ。」

――どんな歌、よく歌ったんですか。

ガマ「それはね、決まってたんです。男たちの歌うのは、『地底の歌』これは三井三池闘争でできた歌ですね。女たちの歌うのは『子供を守るうた』勤評闘争から生まれた歌ですよね。」

――ほ、ほかには何かありますか。

ガマ「『心はいつも夜明けだ』とか『国際学連の歌』は、いつも歌ってましたねぇ。『ガンバロー』はもちろん『ふなのり』っていう歌が寒川のテーマソングでよく歌ったなぁ。あと、北海道のあらぐさセツルが寒川と兄弟セツルということでよく交流してたんだけど、そこのテーマソングの『あらぐさの歌』っていうのも、よく歌ってたなぁ。」

《タラー…知らない曲ばかりですよ、こまっちったな、寒川にテーマ曲があったなんて、こりゃ大変だ、なお、『地底の歌』『子供を守るうた』は、『大きくなーれ』の一〇〇ページ、六八〜六九ページに載ってますよ。曲はわからないけれど…》

――あらぐさっていえば、学内実践はどんなことやってたんですか。教サ、とか。

ガマ「そうね…、教サ同士の交流会もあったけれども、それより、大学民主化運動に果たしたセツルの役割は、はなばなしいものがあったと思う。セツルの運動方針とかってわけではないけれど、セツルの実践活動を行う中で、ひとりひとりのセツラーが、仲間に働きかけることの意味とか、自己変革・自己実現の可能性とか学んでいって、大学の民主化は、セツル活動をより保障することに他ならないと確信できたメンバーは、率先して、代議員とか寮委員になって活動していったね。特にセッラーには寮生が多かったから、無名寮、といって当時は習志野にあったんだけど、セツルと児文研（児童文化研究会）とで、寮の民主化、大学民主化に大きく貢献してましたよ。」

——寮生がセッラーに多かったんですか。

ガマ「そう、千葉県出身の学生は、保専、養専を除けば、ほとんどいなかったからね。」

——学内の活動でいうと、子どもまつりが今年で二〇回目を迎えたんですが。

ガマ「あれは、児文研が中心だった。児文研が『子どもを守る会』とつながりがあって、その主導でやってましたね。もちろん、セツルも積極的に参加してたけど。学内ではないけど、関教（関東教育系サークルゼミナール大会）なんて、有力なメンバーでしたよ。」

——今は逆ですね、子どもまつりはセツル主導で動いてるし、関教は僻研が頑張っていて、寒川はほとんどタッチしてませんから。

〔四ＫＳの存在〕

——大学民主化運動とか関教とか、はなばなしい歴史があるようですが、全セツ連に関してはいかがでしたか。

ガマ「寒川は先進セツルでしたね。書記局員も毎回送り出していましたし、実践内容で優位性をもってたからね。特に児童部あたりでは、全国でも注目されていたしね。」

——伝統として書記局員を出してったわけなんですか。今は寒川は、方針Ⅲは危機なんですけど。

ガマ「伝統というより、出すのが当然だったんですね。部員が一三〇人もいれば、全国でも有数の単セツなわけだし。今、「結集する」という言葉が使えなくて、「関わっていく意味を考えていく」、というのは、ひとりひとりの意識を大切にしているようでいて、本当に大切にすることにはなっていないんじゃないのかな。執行部とか、高学年セツラーの役割ってのは、〝ものの見方・考え方〟ということの基本を、学習会など組織して、伝えていくこと、教えていくことですよね。三年生、四年生には、そういう任務がある。」

——今は三年生で引退なんですけど。

ガマ「えーっ…信じらんないなぁ。ぼくら四年までやってたけどなぁ。

セツルに確信もって活動していくには、一年間をふり返って、学んだなぁ、と思えることが必要ですよね。地域から学んだなぁ、お父さんお母さんと話してものの見方が拡がったな、どこをどんなふうにみられるようになったな、そういうことをセツラー同士互いに評価しあえるときに、確信がうまれるんですよ。そういう場合に、うまく評価してあげるものとして、四年生セツラーの存在は大きくなってくる。」

——はぁ、そういうもんですか。

ガマ「そうだよ。子どもと遊びたい、っていうだけじゃない、別の要求が、そう地域から学んでいくんだ、とか自己を変革していくんだとか、そういったセツラー自身の要求に基づいたお互いの働きかけを、認めあう場として、セツラー集団があるんじゃないのかなぁ。」

《この三月限りで引退のつもりでいたおたまには、重った〜いお言葉です。でも、真剣に考えるべき問題ではあります。四KS—》

——ガマさんの活躍された頃の、特色ある実践なんて、ありますか。

ガマ「保健部なんかは、川鉄の煤煙によるぜんそくの調査とかやってたんじゃないかなぁ。

母子寮は、寮母さんと対立してたよね。管理者としての寮母さんの存在を改善したかった。母子寮中パの機関紙の名前が『ストラグル』っていったんだ。抵抗、闘い、努力なんて意味の言葉で、パート会なんかじゃ〝アンチB作戦〟なんて言ってた。」

——なんですか、〝アンチB〟って。

ガマ「Bってのは寮母さんのこと。でも、その頃の寮母さんが、今でも手紙くれたりするんだよ。ぼくらが大学卒業するときには、『寮の子どもたちのためにつくしてくれた』といって、記念品にアルバムくれたりもしたなぁ。実践では、末広公園に寮の子ども連れて行っては、公園にいる子たちと大勢で遊んでた。地域外の子が寮に来ることはなかったけどね。家訪なんかしてると、夜中の二時、三時になっちゃって、生活保護世帯に行くと、保護費が出たからといっては、酒のましてくれたりしたなぁ。子どもたち、ぞろぞろつれて、三丁目の銭湯に行ったこともあったよ。」

娘さんが入院中で、この晩もこれから病院へと、お忙しい中を「てっぴつ」のために三時間近くも時間をさいて下さいました。学童保育の機関紙づくりを説明した、『クラブ通信』（一声社刊）という本に、ガマさんの執筆された章があるというので読んでみたところ、通信のつくり方、その意味、大切さが、丁寧にわかり易く書かれていました。丁寧さ、親切さにガマさんの人柄がにじみ出ているかのようです。これは、「てっぴつ」や情宣紙作りにも大いに応用できましょう。おたま宅にありますから、各班の情宣担当の人など、活用してみてはいかがですか。

ガマさん、長時間本当にありがとうございました。

（二）卒業生インタビュー　長澤あや子さん　ヤンマ二丁目班　小低パート

二月二七日水曜日、その日それぞれ班の年間総括を済ませたカブとおたま—鬼怒川での班合宿帰りで、大きな荷物にギターまで持って—は、勤め帰りの人々でごった返す日野駅でおちあいました。駅前でタクシーをつかまえ、うろ覚えの住所を告げて一〇分程、お宅の前の道路まで、長澤先生がわざわざ出て待っていて下さいました。

長澤御夫妻、おふたりとも、一〇年前の千葉大卒業生です。八五セツル大学講演でもお馴じみの、教育学部社会教育学の長澤先生は、在学時代教育同人会で活躍され、名古屋大大学院から去年、千葉大へ恩師福尾先生退官の後に来られた先生。寒川セツルメントで活動されていた、ヤンマさん—本名・山崎あや子さん（当時）とは、社会科選修のクラスメイト、また福尾研で一緒に卒論と取り組まれていたそうです。

ヤンマさんは〝七二年四月から〟七六年三月まで二丁目班小低パートのセツラーとして、あるいは運営委員長、サー協会長等の役職をこなされました。今から一〇年前といえば、ちょうど県セツ連が結成された時期にあたるわけです。現在は日野市立日野第七小学校で教職に就いておられます。

インタビューは、ヤンマさん、長澤先生の食卓にカブとおたまがお邪魔して、お酒をのみながら、四人の歓談という形ですすめられました。ときおり一人息子の勇気くんが甘えん坊ぶりを発揮しながら――。

〔「てっぴつ」創刊！　県セツ連結成！〕

――突然お邪魔してすみません。実は機関紙の「てっぴつ」が今度創刊三〇〇号を迎えることになって、特集として、卒業生の方々にお話を伺っているんです。

ヤンマ「あら三〇〇号なの、たしか『てっぴつ』って私達の頃から始まったのよねぇ。」

――えっ、そうなんですか、では一〇年間、めんめんと続いてきたんですね。

《ヤンマさんがゴトゴトと、大きな段ボール箱をひっぱり出してきてくれました。見れば一〇年前、ヤンマさんの頃の基調、名簿、情宣紙「どろんこ」、セツル大学パンフ、議案書等、ギッシリと入ってます。「てっぴつ」は第七号から出てきました。二ツ折り四面構成の小さなものでした。カブが秘かに「勝ってる！」と呟きました。》

――今はだいたい八面刷りくらいなんですよ。実践報告とか常任報告とか、遊びの要素もあったりして、自由につくっているんです。

ヤンマ「私達の頃も内容はそんな感じだった。寒川内の交流を保障するために作ってたのよね。」

――他にもいろいろありますねぇ（と、セツル大のパンフをひろげながら）あ、体制図がある。このゼミ局ってなんですか。

ヤンマ「それはね、寒川、といっても西千葉地区での学習活動を集約したり援助したりするところ。学内のゼミ大会への参加のときも中心になったりしたのよね。六～七人でやってたかしら。」

――今は常任の学習調査担当がひとりでやってるんですよ。

ヤンマ「当時は人数多かったし、ひとりじゃ学習活動の分析指導なんてできないでしょう。ゼミ局は寒川の理論の弱さを集団的に解決していくものだった。部員は西千葉、亥鼻あわせて九〇人くらいだったかしら。」

——あ…そうですか。ガマさんの頃は一三〇人だったそうですけど、活動班とか、一緒にやってる大学とか、いくつだったんですか。

ヤンマ「班は、亥鼻の保健部と、二丁目、三丁目、母子寮、風の子、愛生町の五つ、学校はいろいろありましたよねぇ、千葉大、保専、栄専、女専、敬短…他にもいたかもしれない。女専って、女子専門学校っていうのがあったのよね。二人のセツラーがいました。養護教員養成所? ええ、覚えています。」

——活動の規模はガマさんの頃と同じなんですね。だけど部員数は減っている。…実は、今、保専が寒川の中で風前の灯のような状態で、それというのも、去年、おととしあたりから、寒川の活動が千葉大ペースで進められる、理論重視の風潮に保専生がついていけない、むずかしくてわからない、という声があって、これ保専生が次々とやめていってしまったりしたんですけど、昔はどうだったんですか。

ヤンマ「そうね、活動がむずかしい、なんていうのはあったわよ。千葉大生だったけど、パート会とか実践とか、そういう活動はおもしろく感じない、けれどセツラー仲間で一緒にぶつかりあうことに魅力感じてセツルやってた人はいましたね。私もずいぶん、地域実践について話したものだけれど、彼女は、例えば事務局で頑張るんだ、とか、自分の一番生き生きできる活動をみつけて、最後までやめないで、やってたわね。実践でも実務でも執行部でも、自分を生かせる活動さえどこかにみつけられれば、セツル活動って成り立っていくと思う。それがみつからない人はやめていったけれど。…二〇人くらいやめていったかしら…。」

——今は実働で二五人くらいなので、例えば県常員を送り出す場合とか、他の部員にかかる負担などを考えるとそれだけで大問題になるんです。だから全員一致ということが多くの場合前提になるわけなんですけど。県常員といえば、県セツ連をつくったのはヤンマさん達だと聞いたんですけど、どういういきさつだったんですか。

ヤンマ「それまでは関セツ連に結集してたでしょ。で、関セツ連、といっても千葉の三単セツ以外は、結局東京のメンバーばかりだったから、毎週開かれる関セツ連の常任委員会や書記局会議なんかは、千葉のメンバーにとっては、そのたびに東京に集まらなければならなくて、それが大変だということと、やっぱり千葉県内の地域性・独自性に着目した連セツ活動をこそめざすべきだということで、県セツ連をつくったんです。県セツ連の独立・結成前から、関セツ連の中でも、千葉ブロックだけで新歓実行委員会つくったりして活動してたんだけれども。」

《去年の千葉大祭のセツルの展示に長澤御夫妻が来られて、そのとき説明したのがなんとカブだったそうです。話をしているうちに「どっかで見た顔だな」と双方で気になっていたのですが「あぁそうだ」と思い出して改めて「あの時は、どうも」と旧交（?）を温めました。》

〔歴史から学ぶ〕

——そういう昔のことって、今史料がなくて忘れられているんですよね、例の、部室の火事で。

ヤンマ「だったら、ここにある資料、持って行っていいわよ。何かの役に立つかもしれない。」

——ありがとうございます。これ（セツル大パンフ、歴史の頁）を見ると、寒川結成が一九五四年って書いてありますよね。今年度、ちょうど結成三〇周年だということは、聞いてはいるんですけど。

長澤「ほう、これにはそう書いてありますね。五四年一一月セツル設立準備会発足。これは知らなかったな。千葉大の教サでは、同人会が一番古いと思っていたんだけれど、同人会は五五年だから、セツルが一番古いんですね。」

——そういうことになりますね。でも、そういうこと、伝わってないんですよね。

長澤「同人会では二〇周年のときに、サークル史をまとめて冊子をつくったんですよね。そのサークルがどんなことやってきたのか、先輩がどんな活動してきたのか、ということを後輩が学んでいく、というのも大切じゃないんですか。歴史から学ぶ、ということですよね。三〇周年ならひとつの区切りだし、今まとめとかないと、四〇周年、五〇周年では手に負えなくなるでしょうねぇ。セツルもせっかく三〇年間の歴史があるのなら、それを明らかにしていくというのも、大切な活動だと思いますよ。」

――なるほど、そうですねぇ。例えばセツルの愛唱歌ひとつとってみても、ガマさんのときと今とでは、全然違うんですよね。「ふなのり」っていうのが、寒川のテーマ曲だったっていうんですけど。

ヤンマ「テーマ曲っていうことは知らないけれど『ふなのり』はよく歌ったわよ。それから男の人たちは『地底の歌』女の人たちは『子供を守るうた』っていうのは決まってたわね。」

――今それらは歌われないんです。他にどんな歌がありましたか。

ヤンマ「そうねぇ、『あの青い空のように』『青春』『とびたとう』なんかは、私達の頃、歌声サークルからもってきて歌うようになったけれど。」

――ああ、そのへんはぼくらにとって古典的ナンバーですね。

《知っている曲が、ようやく登場しました。でも、そうすると、今よく歌っている歌も一〇年くらいすると、忘れられてしまうのですかね。ちょっと寂しい気もします。》

〔恋愛から学ぶ〕

――こないだ、ガマさんから、四年生まで活動してたって聞いたんですけど。

ヤンマ「そうですよ。四年生っていうのは、もちろん常任とかキャップとか、役職にはついてなかったけど、実践、パート会なんかは一緒にやってたわよ。」

――日常的に活動してたってわけですね。

ヤンマ「そう、四年生は、やっぱり三年間活動してきて実践場面たくさん経験してきてるから、実感から実践を語ってくれるし、伝えてくれるんですよね。パート会での分析も鋭かったりして。」

――じゃ、NSからは神様みたいにみえたんじゃないんですか。
ヤンマ「そうね、あこがれましたよ。二年生、三年生の先輩からは、つめられたり考えさせられたりしたけれど、四年生が、NSが学んでいくことを保障してくれたりして、NSと四KSとのつながりってのが、結構強かったりしたわね。」
長澤「今は四年生はやらないんですか。」
――はぁ…教採もあるし、卒論もあるし…ガマさんも驚いていた、というかあきれていた…んですけど…
ヤンマ「そうよ、もったいない、おたまは、もう引退するの。」
――はぁ…そのつもりなんですが…
長澤「続けなさいよ、後輩のためにも自分のためにも。」
ヤンマ「今日の課題点はそれね。おたまが四年生になっても活動を続ける、ということ。」
《あらぬ方向に話が進んでしまいました。ひたすら「はぁ」をくり返すだけのおたま。「そうだそうだ」と無責任な賛成をしているカブはお刺身とお酒とで御機嫌です。》
――でも、そうやって四年生まで活動を共にしていくと強い連帯意識、仲間のつながりってできたでしょうね。
ヤンマ「ええ、今でもつきあいが続いていますよ。おとといも二丁目班で一緒だったのが遊びに来たし。」
――へぇ〜、今でもそんな往き来があるんですか。
ヤンマ「そう、今教員やってる人達なんだけどね、二丁目の私と同じ代から二つ下の世代で、たまに連絡とりあったりして。」
――はぁ、それはすごい、本当に共に活動すると、そんなふうになるんですかね。
ヤンマ「四年間、一緒に悩んだり喜びあったりしてきてるでしょ、そうするとお互いに相手を本当に思えるような間柄になるのよね。」
長澤「そんな中から、親友とか恋愛とか、生まれてくるはずですよね。本当にひとりひとりを大切に、お互いを考えあう活動ができているサークルっていうのは、そういったカップルがたくさんできるんじゃないんですか。今、セツルで、いいなぁ、あんなつきあい方をしたいなぁ、と思えるようなカップルってありませんか。」

——そういうのは、ちょっと…見当たりませんねぇ…大学生のいわゆる「つきあい」になっているんじゃないかなぁ、交際しているふたりの関係は、第三者にはほとんどわかりませんし。

長澤「そうですか。でも、これは言えるかもしれませんね。本当にいいなぁと思わせるようなカップルの数に、そのサークルの活動の質があらわれる。サークル活動の質のバロメーターになるということ。恋愛から学ぶことってあるんじゃないですかね。」

(三) これからのセツル

てっぴつ三〇〇号第三章は当時の事務局長カブによる将来にむけての論文である。カブ自身が途中で注記している通り、八四年度中に着手したものの書き終えた八六年頃には状況も変化していた様子である。とても長い文章のため、ここには抜粋転載した。

セツルと同人会という活動の違いはあっても、共に学んできて、今一緒に生活をつくっていることを強く感じさせるおふたりでした。恋愛が活動のバロメーターになるということ、それから、歴史から学ぶこと、四KSの重要性など、数々教えていただいたインタビューでした。七時間お邪魔して、気づいたら夜中の一二時、すっかり話し込んでご迷惑をおかけした上、昔の資料をたくさんお借りして、当時の卒業生の連絡先なども たくさん教えていただきました。

雪の舞う夜の有意義なひとときを、ほんとうにどうもありがとうございました。

「これからのセツル」

母子寮班　カブ（八三年法経　千葉裕之）

はじめに

なぜか僕が〝これからのセツル〟なんて論文を書くことになったんだけど、よく考えてみたらとっても難しいことだった。書いてるうちに、どんどんわからなくなった。でも、今後どんどんきびしくなるだろう、ってことはわかる。だからもし、今後そういう中をやっていく人の参考になればと思って、一生懸命書いたので、がんばって読んでほしいと思う。

＊　＊　＊

今の社会は変化が速くて、価値が複雑化、多様化していて、人間同士がバラバラであるってことは、セツラーなら実感としてわかるんじゃないかなぁ。それじゃあそういう社会の中でセツルはどうなっていくのか、ってことを考えていこうと思うのです。セツルは素直というか、時代をよく反映してるというか御多分に漏れず変化し、混沌とし、解体の危機に瀕しています。しかしまあ、これだけ時代を表しているサークルも珍しいですね。学生運動の盛んな頃には学生運動やって、学生が白けてくるとちゃんと止めて、時代が過渡期に入るとちゃんと過渡期に入るんだから感心してしまいますよ。現実を知ってるというか何というか…あっ、こういうのを実践の優位性っていうんですかね。なんちゃって冗談はさておき、ここで、八四年一一月頃に僕の書いた文章を引用してみたいと思います。今後の寒川について「こんにちはノート」に書いたやつなんですけれど、今一度読んでみて下さい。これを軸に、これから議論を展開しようと思うのです。

〝突然ですが今後の寒川セツルメントについて！〟

過渡期…何かが大きく変わる前にそれまでのすべての価値観が喪失して、どこにも依拠する所がなく宙に浮いている状態。今寒川は過渡期のまっただ中にあると思う。活動の根幹が欠けている。誰も活動の指針を示せない。セツラーがセツルメント活動が何か示せない。何をしていいのかわからない。「何をしているサークルなの？」ときかれてもうまく答えられない。そこでの答えがそれぞれ違う。オルグができない。なんで班会やるのかわからない。県セツ連・全セツ連が不要に思えて仕方ない。ある運動の成否が個人のがんばりに左右される。力が結集できない。ある方向に結集する必然がよくわからない。「地域にまで目がいかない。」なんてよく言われる。…etc.

とにかく混沌としている。ここで僕は一つの議論を提起したい。〝今後のセツルメント活動について〟何をするサークルなのか、そろそろはっきりさせる時だと思う。そうでないと近い将来終わりになってしまいそうな、そんな気がする。〝消滅〟この不安はかなりの確実性をもって僕を襲う。このサークルの存続を願う一人として何とか手をうちたい。そう思って以下僕なりの分析を書こうと思う。

過渡期、それは〝地域実践系サークル〟から〝教育系サークル〟への過渡期だと思う。地域変革を目指すサークルから、子どもの成長を考えるサークルへの。今後僕のいう教育系サークルへ向かっているかどうかは別として、四年ぐらい前まで寒川セツルメントは〝地域変革〟と〝自己変革〟を高々と掲げたサークルだった。この二つの変革を目指すサークルであり、この二つの変革を志す人間の集団だった。この二つが活動の根幹であって、地域は違ってもみんなこの理念に従って活動した。（例え県が違っても話は同じだった。）そしてこの二つを実現するために、いろいろな制度を整え、組織をつくった。班会、パート会、常任、「住民主体の原則」、総括、総括

―実践―総括のサイクル、県セツ連、全セツ連、集実、家訪、合宿の形態、基調、セツラー会…etc. 今残ってる形態すべてはこの理念実現のためにつくられた。例えば「住民主体の原則」はセツルの地域変革のあり方を示し、総括はその一年間でどの程度地域が変わったかを押え次の方向を出す。常任はその時々の現状から方針に従ってバックアップする。大祭は、その理念を他の地域、他の学生に広げることを目標とする。何をするにも地域変革と、それを通じての自己成長が貫いていた。そしてこれら一つ一つがどうしても必要だった。必要だからできたのだし必要だから今まで残ってきた。

しかし今や必要なくなった。必要ないとまでいかなくても「あった方がいいな」程度にまでおちた。基準が余剰になった。余剰になったもの、班会、県セツ連・全セツ連、闘い、セツラー会、セツルの歌の一部（概して地域実践系）。何が残ったか、自分の力で遊べるようにという子どもにとってのみの住民主体と願いを持った働きかけ、子どもの要求、パート会、子どもの成長についての総括と展示、家訪、あと思い出したように地域が問題となる集実（概して教育系）。

このような変化がなぜ起こったか？ 一つは実践という形態の中で地域変革が狙っていけないように、社会情勢が変化したことが原因してると思う。実践と地域変革が結びつかない。（致命的）まあ、あとは嫌な言葉だけど、学生の質の変化、視点の狭さも影響している。変革の主体となることに対して無関心または恐怖を感じてしまう。以上の分析から僕が導き出す結論は一つ〝選択〟ということだ。前に進むか後にもどるか。すなわち今の形態を温存して地域実践を再び目指すか、それとも純然たる教育系サークルとして、子どものみに（子どもの父母としての人間も含む）焦点を絞って活動し、その中から新しい原則や制度、サイクル、組織を再構成、発展させていくかのどちらかを選ばなければならない。「地域変革を忘れたセツルはセツルの名にあたいしない。」という議論があるが、僕はそうは思わない。子どもの成長を考えていきながらでも十分にヒューマニズムは貫けるし、自己成長も追求していけると思う。地域変革→子どもの成長。この移行を行っても十分にセツルメント活動は成り立つと思う。ただ、今の形態は消失するが…班が解体しパートが単位となり集実もパート集実になる。班のかわりにパートの集まりができるかもしれない。県セツ連・全セツ連からの遊離、教サへの接近。総括、常任、合宿の内容の大幅な変動…etc.

とにかくどちらかを選ばなければならない。何かを決めなければならない。このままでは…きっとやっていけないと思う。地域か教育か、社会か人間か、どちらが目的でどちらが手段か、議論を始めなければならない。もちろん地域も教育も、人間も社会も全く違うものではない。しかし活動の根幹になるのはどちらかで「何をしているサークルなの。」に対して両方は答えられない。

(注)ここでは地域変革と教育活動の選択を迫っているが、セツル活動の本質において、この二つはタイヤの両輪であって、理念的にはどちらか一方で成り立つものではない。当時確かにここにあるような地域変革系→教育系への流れはあったが、一九八五年前期には、この流れは止まり安定した。ここにきて問題となっているのは、社会の複雑化からくるセツルの社会認識の甘さと理論化の弱さである。以上のことから考えて、上の流れは、セツラーが社会の現状を見切れなくなっていったがゆえに教育系の活動が目立ってきたという過程で、決して選択という解決法がとれるしろものではなかった。

ここまで僕は社会同様寒川セツルメントも混沌としてるんじゃないか、現状はとても深刻なんじゃないか、ってことを言いたいんだけど、みんなどう思ったかなぁ? とにかく僕は、今の寒川には解決しなきゃいけない問題がいっぱいあって、これを解決しないともう先は長くないんじゃないかと思うんだ。だから〝これからのセツル〟なんて文章を書く時に、今のこの混沌を解決できるかどうかで話は全く違ってきちゃうんじゃないかなあ。だから僕はこの問題が解決できるしろものなのかどうか、またどうしたら解決できるのかってことを書いて終わりにしたいんだ。それから先のことなんて予想すべくもないからね。

＊　＊　＊

それでは〝この過渡期をいかにのりきるか〟についてなんですけど、この問題がちょっとやそっとでなんとかなる問題でないことは、セッラーなら想像できるでしょう。僕もこの間この問題について考えに考え続けてきたのですけれど、いまだに納得のいくような理論的解決をみないのです。でもこうした文章を書き始めてしまった以上、何らかの形で完結させなくてはいけないので、今までの考えをまとめて〝暫定的結論〟みたいなものにします。そして今後のことは、これからのセッラーに任せるとして、そうした人達の〝考えるヒント〟にしたいと思います。

物事がうまく進まなくなって、つまってしまった時、その状況からぬけ出すには二つの仕方がある、と僕は思うんだ。一つは思いきって積極的な方向に出てみること。今までの型を崩してみたり、今までと違った新しい動きをつくってみたりして、今まであった枠を一度壊してみるやり方。もう一つは〝基本に帰る〟今一度原点に帰って一から出発するやり方です。

それではセツルの場合はどうでしょう。これをセツルにあてはめてみるとどうなるでしょう。前者のやり方をセツルにあてはめると〝形態変換論〟になります。そしてある時期までずっとこの可能性を模索してきました。形態変換というのは具体的に言うと、例えば班を解体して、班として地域に定着するのをやめるということ。そして川崎製鉄公害対策部、千葉市公園対策部、障害者対策部、人形劇部…etc.という形で千葉市内の各地域、または行政に遊撃的に取り組んでみるといった感じのことです。そして新たに問題が出現した場合には、またそのつど考えていくといった形です。こうした形で思いきって積極的な方向に出てみれば、現状にみ合った活性化される活動ができるのではないかと思いました。情勢もとらえ易くなるし一つの政治運動にまでもっていけるしね。

でもやっぱりだめなんだよね。こういう活動がしたければ別のサークルをつくるしかないんだよ。セツルっていうのは、その名の示す通り〝定着〟が命なんだよ。そこに住んでいる人間の人生や生き様が大事なんだよ。だからセツルは、これだけの伝統を持ったサークルの場合は〝思いきった積極的な方向に出る〟ことはとっても難しいんだ。(だからって不可能って訳じゃないだろうけど、僕にはわからない。)よって僕の提起できることは一つ〝基本に帰れ〟ってこと。基本に帰ってもう一度セツルを考えてみること、これしか現状を乗り切る方法はないんじゃないか、と僕は思うんだ。なんだかあたり前すぎる結論で気がぬけてしまったかも知れないけれど、これは結構思いきったことだと思うのだ。なぜなら対象を子ども一本に活動を教育一本に絞ってしまうから。純粋な教育系サークルにしてしまうから。前章でごちゃごちゃ書いたことの、これは一つの結論なのだ。(あの頃は地域変革にまだまだ未練があったけどね。文章にもそれがよく出ている。)セツルの基本はやっぱり教育だからね。セツル活動は地域教育活動。今まではそれだけじゃなかったけれど、今からはそれだけでいいと思うね。今はもう一度基盤をつくり直す時だから。〝教育〟というのは、トータルで巨大な分野だからね。セツルがここにがっちりとした基盤を持っていれば、そこからいろんな方向に活動を展開していくことができる。だから今は、情勢とらえることより、体制いじくることより、実践―パート会を充実させること、子どもの内的世界をとらえることが何より重要だと思う。情勢も実践―パート会の中から情勢という声が出てくるまで待つ、体制変換も実践―パート会の中から出てくるまで手をつけない。こうして実践―パート会を中心として、ゆっくりとセツルを再構成していけば、八〇年代後半から九〇年代へ向けて基盤のしっかりした、柔軟に何にでも対応できるサークルにしていけると思うのです。

これが僕の今後のセツル運営に関する暫定結論です。みなさん、いかがお考えでしょうか。ただ、今、今後のセツル運営に対する長期的な見通しがないように思います。この文章によって、そうした議論が活発になることを期待します。ただ、あまり安易に、活動内容や形態を変える方向に走らないように、保守派の先輩として忠告しておきます。

五、「全セツ連第四一回大会基調報告（案）」より　一九八六・三・一〇〜一三　於：日本福祉大
―八〇年代の理念―発達保障の地域づくり

当時全セツ連書記局員を務めたあんぱん（八四年理学　風の子班中学生パート）によると、四〇書記局は事務局長の江川くん（川崎セツル）、書記局員さかなや（やじえセツル）との三人のみによる構成で負担が過重であったこと、書記局三人で担いきれない分を各連セツの委員長に分担してもらったこと等とても厳しい情況にあったという。そんな中でまとめ上げた基調報告には、「発達保障の地域づくり」という八〇年代の理念が前面に出されている。この理念については紙面の都合で資料編に掲載した。以下はその具体的実践例として挙げられた愛生町班の実践である。

〈具体的実践例〉

千葉県セツ連寒川セツルメント愛生町班の実践です。地域づくりということなので少し系統的に実践をみていきます。

愛生町は、雇用促進事業団によって、閉山となった炭鉱労働者の転職のために建てられた団地です。従って転職に成功すれば転住し年々居住者は減っています。このため住民の意識は寄り合い所帯的で仮住まいだと思っており、セツラーが地域づくりを訴えても「そんなこと言ってもここじゃ無理よ」という声がでていました。セツルメントの実践は幼児部・小学生部に分かれていますが、対象は一〇軒ほどで対象の姿や親の姿を比較的おさえやすいという面があります。

セツラーはこうした中で父母に子どものために何かをしてもらいたいと願い、子育ての悩みを共有できるような父母集団をめざしはたらきかけてきました。特に幼児パートの母親たちが子どもを遊ばせる傍についていることから自然に顔みしりになったり、一緒に内職をしたりする輪ができたりしていました。

八四年度の冬集実のとりくみです。絵本を母親に読んでもらおうと父母会を設定していきます。

父母会の場面です。いつも発言する人に気おされて、隅で黙っている幼児の母親Aさんがいました。読む絵本のテーマを決める討論が一般的になりかけたので、

司　会　Aさんはどう思われますか

父母A　小学生の子が多いのでうちは・・・

司　会　お子さん、家でどんなものを読んでいますか

父母A　こういうのとか（具体的にだす）

これがきっかけとなって、討論が自分の子どもに何を読ませたいかに話がすすみテーマをきめることができました。

これを契機にして、セツラーは、家訪とかで、子どもの姿を語ることを今まで以上に位置づけます。

八五年度の七夕会では、昔母親の合唱を子どもたちが感動して聞き、いっしょにうたった場面をおもいおこし、母親に手あそびの劇をしてもらおうと設定していきました。

セツラーが劇の意義や、互いに子どもを評価してほしいことを訴えると「そんなのわかってるわよ。具体的にどうしましょうか」とセツラーをせっつき、具体的に内容をきめるときも「うちの子だったらそんな長いセリフは言えないからカットして」「子どもたちに

もできるやさしい手あそびはないかしら」と自分の子どもにひきつけたところで考えていきました。その手あそびも、はじめはセツラーが一軒一軒家訪して教えるつもりでしたが、「セツラーさんも忙しいみたいだし、私に教えてもらえば、後は私からみんなに教えますよ」と言われ、その人に教えました。

しかしこのような父母集団の高まりを父母自身はあまり評価せずに、以前から「この団地じゃ無理よ」という否定的な声があいかわらず聞かれます。

このような変化をふまえ、冬集実としてクリスマス会が設定されます。

父母会で父母のだしものを決める場面ですが、例年は「時間がない」という否定的な意見も出るのですが、今回は、出しものをすること自体は一致します。具体的に決めていく上で昨年のイメージを思いおこしていきます。

父母B　昨年の絵本よかったわねぇ。

父母C　同じやるなら内容も豊かで感動を与えるものを。

父母D　幼児のお母さんは働いてないし時間があるようなので絵本係はお任せするわ。（おしつけたのではなく、忙しい人もまきこめるように皆で合唱するのは決まっていました。）

父母E　私、人前に出るの苦手でみんなの前で読むのははずかしい。

父母D　やってみなさいよ。こっちも色ぬりとか手伝ってあげるから。

こうして手づくり紙しばいに決まり、テーマはEさんら幼児の親二、三人で担当して決めることになります。この父母会では、日常的なつながりの強い人たちだけが発言しており、セツラーは、みんなで行事を作る価値を訴えるのですが、ひととおりは決まっているのであまり強く言っていけませんでした。

紙しばいのテーマを決める日、子どもの文化を考慮したものにするためセツラーが援助にいくと、父母は集まっており、絵本もあります。町に出て本屋で探してきたそうです。その中で「ちいちゃんのかげおくり」という反戦絵本もありました。

セツラー　反戦ものの絵本がありますね。

父母Ｅ　せめて、これぐらいはわかってほしいからね。私たちも戦争のこと知らないけど、こんな機会に戦争のこと伝えていきたいんですよ。

セツラー　昨年も「象のいない動物園」をやりましたね。

父母Ｅ　そう、あれはよかったわね。子どもに身近なところから戦争を理解させることができるから。

こうして準備はすすみ、当日は、はじめ消極的だったＥさんを中心に感情移入した朗読をして、子どもたちは涙をうかべながら感動して聞きいる姿がみられました。

さて、反省会です。みんな共通して「今回はみんなで作ってよかった」と実感しています。そんな中で、「あの紙しばいはよかった」「私たちは読んだだけでＥさんが内容を決めてくれたのよ」と評価しあう姿がみられました。又、「この団地にあれだけのことを考えられる人がいたなんて知らなかった」とか「私たちには故郷があるが、子どもたちにはここしかない。みんなで行事を作ってここを故郷と誇れるような町にしましょう。」という積極的な発言もありました。

以上実践例をみてきたわけですが、以下評価点と課題点をあげていきます。

評　価　点

①地域情勢をおさえ、父母の子育て、地域づくり要求とそれをはばむもの（転職までの仮住まいなので連帯が弱い、共稼ぎで時間がない）をおさえています。その中で、自然発生的な幼児の母親集団の芽を捉え、子どもの姿を語ることを通して全体のものにしようとしています。又とりくみを系統的なものとして捉えて、父母集団の到達を明らかにしています。

②父母集団の力を信じ、指導性の転嫁としてまかせるべき所はまかせています。（七夕の手あそび等）そうしたことが、父母に自分たちの力を確信させるはずです。

③具体的実践例の項では詳しくふれませんでしたが、一回一回の父母会を成功させるために家訪をいち

づけ、子どもの姿やセツラーの意図を語っています。このことが父母会運営をスムーズにしています。

課　題　点

①父母の要求の高まりは一定おさえていますが、その原因までおさえられていません。そのため、父母集団の枠を広げること(他の父母をまきこんでいくこと)が弱く、弧立しがちな父母へのはたらきかけかたが明らかになっていません。

②七夕会での意義やクリスマス会で出しものをすることで父母が一致していたのに、その高まりを過少評価しています。意義をどう訴えるかについてはよく準備されているようですが、具体化にあたっての留意点はあまり準備されず、その場まかせになってしまっています。そのため父母会でセツラーが主導的に発言できなくなっています。

今後の実践に生かしていく方向としては、この到達点をふまえ、次に何を働きかけていくのかを明らかにすることです。

六、「寒川セツルメント　一九八七年前期基調　歴史I—寒川セツル、理念転換をむかえて、今、問われるセツルの歴史とその理念—」より

一九八七年五月三一日の部会で全セツ連・県セツ連への結集が否決された。すっぱまん（八四年理学　風の子班小学生パート）は、全セツ連・県セツ連に結集することの必然性を力説し、方針Ⅲを支持する討論を行ったが、部会議論の大勢を覆すことはできなかった。他のセツルとの連帯に価値が見いだせず、むしろそれに伴う煩雑さを余計なことと感じ、減少した部員の中で県常員をおくりだすことの負担に耐えられなくなった寒川の窮状が見てとれる。

「寒川セツルメント　一九八七年前期基調
歴史Ⅰ―寒川セツル、理念転換をむかえて、今、問われるセツルの歴史とその理念―」より

母子寮班　きゅうり（八五年法経）

全セツ連、関セツ連（のちに県セツ連）と共に歩んできた寒川セツルメントでしたが、一九八〇年代に入り、徐々に、様々な問題が現れてきました。たとえば、「地域に入っても、問題が見えない」、「セツル活動をしても学べない」、「セツル活動をどうしてやっているか分からない」、「全セツ連、県セツ連へ行っても学べない」などの問題まで出てきたのです。

これに対して、まだまだ、全セツ連、県セツ連の価値を確信しているセツラーや、「こんな問題が出るのは、セツラーの力不足だ」として、より強く、セツラーの〝自己変革（自己成長）〟を求めるセツラーも数多く存在していました。その一方で、「セツル活動は、もはや、子供中心になってしまったのだから、うるさい理屈にこだわらず、寒川セツルを純粋な教育サークルにすべきだ」と主張するセツラーもまた、存在していました。要するに、寒川セツルメントは、〝これからの活動像〟に対して二つの取るべき道が存在し、そして、その内の一つを取らねばならない必要に迫られていたのです。この〝取るべき〟とは、一つは、「解体・消滅覚悟で、従来のセツルを守り、『これがセツルだ』と主張し続ける」というもの、もう一つは、「『従来のセツル』の大部分を削り落としてでもセツルを維持する」というものです。前者は、原点に帰るべく「復古主義」であり、後者は、まさに、「革新主義」です。しかし、この両者とも一致しているのは、「現状を何とか建て直さなければならない」ということでした。

一九八七年五月三一日、前期の積み残し分であった「方針Ⅲ（全セツ連、県セツ連に関する方針）」の部会が

開かれました。その結果、「方針Ⅲ」は否決され、これに関する規約の文面が除かれました。「方針Ⅲ」が認められなくなったということは、要するに、寒川セツルメントが、後者の「革新主義」の道を取ったことに他なりません。寒川セツルメントは、今、新たな時代を迎えようとしているのです。

「方針Ⅲ」が否決された理由は、

(一) 教育とは必ずしも政治性を内包しているものではない。寒川セツルメントの活動が教育活動に変わってきた今、「全セツ連」、「県セツ連」が擁護している「政治性」を教育活動から排除するため。

(二) 個々の人格から出発することこそ教育である。地域社会の変貌は、「地域性のある階級社会」を消滅させ、政治性を内包する〝セツルメントの理念〟に基づく活動が実効性を持たなくなってしまいました。その反面、個別性の強い教育活動がクローズアップされてきます。一般性の強い政治性をほとんど失ってしまった今、「全セツ連」、「県セツ連」に連合して、政治的アピールをする必要は、もはやないといえる。従って、加盟する必要もないのです。

(三) 方針とは全セツラーに保障できる内容でなければならない。教育とは、個別的なものであり、「全セツ連」、「県セツ連」で、他のセツラーの話を聞いても、必ずしも、自分の活動に生きるとは言い切れません。したがって、寒川セツルメントが、「全セツ連」、「県セツ連」に参加すれば、必ず、寒川の全セツラーが〝学べる〟という保障はなく、「方針」として位置づけることが出来ないため。

以上、三点が主な理由です。

「方針Ⅲ」が否決されたということは、すなわち、私たち寒川セツルメントは、前述の二つの取るべき道から、「革新主義」の道を取り、政治性を内包する〝セツルメントの理念〟をもはや断念し、純然たる〝教育的セツルメント〟

になったということなのです。〝政治的セツルメント〟から〝教育的セツルメント〟へ、形式的にも、実質的にも、転換された訳なのです。

地域に入ることの実効性を失ってしまった今、セツルメント活動は、新たな時代を迎えています。「革新主義」の道も、決して、安易な道ではないでしょう。過去に立ち戻らない道なのです。過去を踏まえて、未来を切り開いていく道だと言えます。

今、私達には、新たなセツルメント像、新たなセツルメントの理念が求められているのです。

第五章

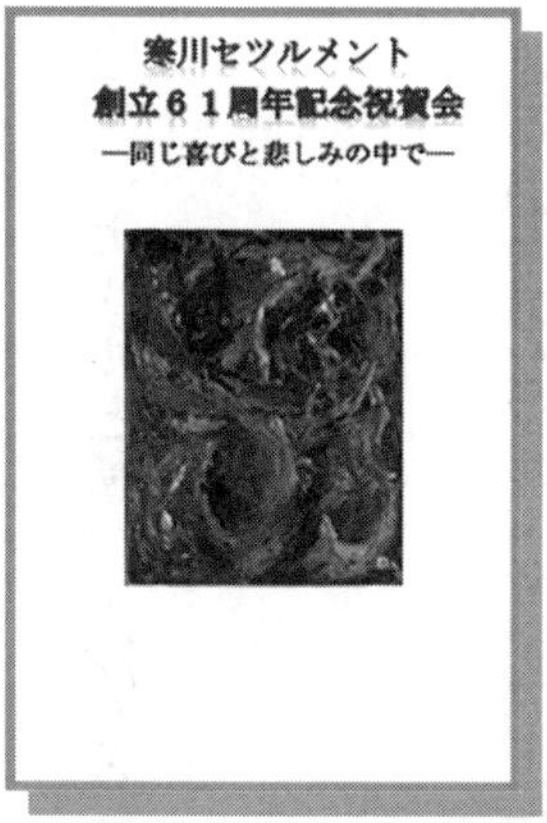

コンゴの小学校でパペットを披露するブーバイ

ある日の編集会議

第五章「セツルと私」―同じ喜びと悲しみの中で―

（分析：ダッコ　七一年教育　山嵜早苗）

一、自分の中のセツル―セツラーにとってセツルとは何だったのか

寒川セツルメントには、セツルとは何かを考えながら活動をしていた証しとして、多くのセツラーによる文章が残されている。膨大な文章の中から当時の学生の気持ちが伝わってくる文章を掲載する。ほんの一部に過ぎないが、各年代のいろいろな活動場面での悩みや喜び、そして何より真摯に自分を見つめて書いている若者たちの心を伝えたい。

（一）特集「セツルと私」

機関誌『みのむし』が一九六九年に発行されて以来毎年、セツルに入って数か月の頃、NS（新入セツラー）たちが、それまでの高校生活や受験生活を振り返り、大学生活との違いや学びたいことなどを綴っている。そして、毎年、自分を見つめ直す文を書いている。セツルを通して考えていたことを覗いてみよう。

①セツルと私（六九年「みのむし」三号より）

三丁目班中学生パート　ニダン（六九年理学　石橋一真）

Ⅰ　麗らかな陽を浴びた緑のキャンパスを歩きながら、無表情に立ち並ぶ白い重くるしい校舎を見ていると、時おり襲う思い。声を嗄らして続けるアジ演説を横切る時、部室で漫然としている時、夕立の如く襲うくやしさせつなさ。

Ⅱ　五月、私はセツルに入った。何故にセツルに入ったかは、人のよく聞くところであるが、私は社会奉仕的学生運動をイメージして頭の片隅にもっていた。もっとも人に直接聞かれると、適当にお茶をにごす事にしている。初めての部室には、ほこりっぽい中に、五、六人がたむろしていた。誰がするかと互いに譲り合っていたが、やがてその中の一人が私にセツルメントの説明を、気のりのしないようにし出した。その時の内容は今は忘れている。誰かが「セツルには、女の子が多いのだけがいいよ」と言うのを聞いた。セツルに慣れるにつれて、それに反比例するように、セツルが嫌いになっていった。地域の要求をくみ上げると言いながら、現実には家庭教師であり、子供の御機嫌とりであった。仲間づくりを推し進めようと言いながら、冗談の中にむなしさを感じ、雑用の中に時を過ごした。合い言葉は春風のように快く肌を包んではいくが、決してこの手の中に握りしめる事は出来なかった。しかしながら一方こういう中において、私は現状を分析する方法を学んで行った。小さな事を一つでも考えた事と実際は違っていた。いかに筋道立ったものでも、観念論ではないかと、注意するようになった。私はなんとかして、現実の社会生活の中にこそ自分を見い出したいと思う。根さえ丈夫であれば、やがて青い葉が繁るであろう。第一八回全国学生セツルメント連合（全セツ連）大会基調報告は次のように述べている。「私達セツルメント活動は、肉体的精神的成長期、思想形成期にある青年学生の普遍的要求である社会に対する関心、要求と、自分が学び成長して行くことの要求から生じる様々の具体的要求を出発点としています。」

Ⅲ　私はセツルメント活動において、一定の規定概念、活動形態があってはならないと思う。社会の中にある様々の矛盾に問題意識をもって、主体的に取りくむのが大切なのではなかろうか。交通事故、公害、部落、平和、戦争、毎日の新聞にはいろいろな事件がおこる。セツルメントを辞書で引いて見ると、植民、移民とある。そしてセツラーとは移民者、開拓者である。平和船に乗って、暁の中に海原を越えて霞む黒い大地を見、処女地に第一歩をふみしめて、壮大に広がる多彩なジャングルを目の前にする時の開拓者の心は、想像するに興味はつきない。最初の鍬を大地にくい込ませた開拓者にとって、やがて来る事はすべて新しいものの連続であろう。私には一坪一坪ジャングルを切り開くこのバイタリティーこそセツルメントの本質だと思える。そのバイタリティーを失い現状に執着し、あるいは空からの恵みをのみ希待する開拓者は、やがて自己を失ったに違いない。現実社会は、黒い巨大な機関車の車輪のように、あらゆる感情をはねのけて、進んで行く。

私は時おり、大学というコースに乗って無気力になっている自分に気づく。既成の道にしがみつこうとする自分と、はみだしたい自分がある。しかし線路の小石の役割は小さく、レールを守る一個の忠実、従順な小石になろうとする自分の身を憐れむ。そういう自分であるから、私は開拓者と共に、ジャングルを前に鍬を持ちたい。学生にとって、一個人にとって、社会とは一体何であろうか。

自然の脅威にある時は鍬をなげ出しそうになりながらも、開拓者は自分の意志、決断によって、自分の道を模索するだろう。耕す土地が、やせていて役に立たぬ事もある。ある者はそこに再び挑み、ある者は、新しき土地を求め行く、開拓者にとって、本当の否定とは、開拓をやめた時であるだろう。

私の所属する中学生パートでは、現在「仲間づくり」を追求している。しかし「仲間づくり」という、既成のモデルは存在しない。仲間とは何かを子供達の中に、セツルの中に求め、築く事だろうと思っている。

そして又、実際には何も出来ぬ自分を感じながらも私は活動の中に、常に新しいものを求めて行きたい。そういう自分になりたい。

おかす誤謬は、仲間が指摘してくれるであろう。お互いに批判し合う中で、学び、認識して行けるだろうか。

そういう仲間のセツラーが、一人一人戦列を離れて行くとき、私達は仲間を失うと同じに、自分自身をも見失って行く。

②セツルと私（「みのむし」三号より）

三丁目班中学生パート　ムサシ（六八年教育　相澤武雄）

「セツルと私」という題に決まった時、正直言って胸がドキッとした。それは自分がセツルと私についてい一度も考えたことがなかったからだ。だから非常に苦しい立場でこの文章を書くことになる。まずセツルに入って一年半、この間自分が変わった点、変わったと思われている点を挙げるとセツルについてどんな利点があったかわかるのではないだろうか。

自分がセツルに入る動機はなにもなかった。しかし部室へ来たとき先輩達が楽しそうに話したり歌ったりしているのをみて、過去の人生にこんな楽しそうな雰囲気に触れたことがなかった。それからというものは一年生という利点（?）もあり毎日部室へ顔を出し記憶するところでは少なくとも一日三時間以上はいた。しかし部屋のイスにこしかけているだけで人と話すでもなくみんなと歌うでもなく半年というものが過ぎた。その間にも、自分の弱点をなおしていくかのように活動・パート会・班会がくりかえされた。

そして夏合宿実行委員を自分からやろうと先輩に援助を求めた。この実行委員会の中でいちはやく組織化の困難さ、また楽しさを感じた。この「力」は自分で興味を持ちやってみようと思ったことに大きな原因があると思う。その点、今のNSはそんな気持ちが薄いのではないかと思う（誤解かな）。また合宿の中で大きく自分が変わったのは、それまでセツラー不信だと言っていた自分が今後セツラー不信＝人間不信と口に出す前に自分に「じゃ、自分は他人に対してどうだったのか」という問いかけをするシステムが自分の中に出来た気がする。そして秋の全セツ連大会で集団で行動することは個人にどれだけ規制を与えるのか、しかし、それがいかに必要なのかを実際的事例から自分が理解できたように思われる。

そして二年に進級し、NSを迎える立場に立って、初期のころのNSやNS会等を見て自分と同じ道を歩

③セツルと私（「みのむし」三号より）

寒川セツルメントには、その発足当初から明確な理念や定義が与えられていなかった。過去数十年間の研究活動や実践活動を通じ、現在ではそれらしきものが暗黙の了解のうちに出来上がっているのである。

現在NSの中に活動がわからないという声を多く耳にするのは、多くの者がセツルメントの理念、定義を明確に把握できずそれ故大きな目標を持ち得ないとい

んでいるなと感じた。それが、最近非常に良い方向へむかっているのではないだろうか（内容的には理解しえないが、NS、NS会での話しっぷりから）。また自分がキャップの役についたことにより、以前よりNSの状況・OS（経験セツラー）の状況をつかみたいと思ってもその実現にほど遠さを感じ、その任務から逃避したくなる。また自分はセツルにとってどうだったのか。これは片隅に咲いたタンポポのようではないかと思う。

母子寮班中学生パート　味苔（六九年医学）

うところに原因があるのではなかろうか。

各人が大きな目標を持っていなければ、我々の活動はとかく、目先の子供達に目を奪われ行き当たりばったりの、引き回し活動となってしまい、とうてい首尾一貫した長期的展望に立った子供達への働きかけなど出来ないのであります。

このように、我々が正しい子供達への働きかけをす

る上で、またそれを発展的なものとする上で、セツルメントの理念、定義の明確な成文化が急がれるわけでありますが、それ等の理念や定義は、観念的なものであってはならず、現実の前に身動き出来ないようなものであってはならない事は言うまでもありません。

さてそれでは私はセツルメント運動をどのようにとらえ、どのような目標を持ってセツルメント活動をしていこうとしているのかということになりますが、残念ながらまだ明確には把握し得ておりません。そこで「地域から学ぶ」という事についてのみ、自分なりの意見を述べてみたいと思います。

現在、教育の歪曲化というものがさまざまな面で指摘され、多くの者の批判を受けております。事実、我々が「大学立法」に反対するのも、教育の本来の目的が、個人の能力開発を通じて、広く大衆の利に資する事であるにもかかわらず、不当にも、ある種の人間どもの目的にかなうような能力を開発する場として利用する事に激しい怒りを覚えたからであります。我々は、このような歪曲された教育の歪を実際に地域で見る事がないでしょうか。

現在、小中学校では三％のハイタレント育成のための差別と選別の教育がなされている事は多くの人の指摘するところであります。そしてその三％にもれた子供の中から「あたしは頭が悪いから」とすべてをあきらめ、自己をあやふやの内に正当化し、差別される事にも疑問をいだかず、何も言わない子供が生まれてくるのであります。そうしてそのような子供が、やがて自分の頭で考える事をしない、時勢に流され、強い者になびく人間ロボットとなり、ある種の人間どもに利用されるのであります。

私達はこのように子供達がみごとに目的化され「期待される人間像」になって行く過程を、実際に地域で見る事が出来るのであります。と同時に、ただ黙々と与えられたものを勉強していく事に甘んじ、誰かに利用されている事もわからず、何も考える事をしない人間になっていこうとしている自分の姿が対照されるのであります。

私達が「地域から学ぶ」という事はつまり、地域の人々の中に、自分の姿を見出す事なのであります。そして子供達の幸福を考え、地域の人々の生き方を考えるという事は、とりもなおさず自分の幸福、自分の生き方を考えていく事なのであります。

このように地域と自分を位置付けるならば、学問研究を通じ、自分の生き方を追求する大学生活に正しい方向を与える意味で「地域から学ぶ」と言う事が、大きな役割を果たすのではないかと思うのです。又「地域で学んだ事を学園にかえす」という事の意味も、うなずけるのではないかと思います。

④セツルで得たこと

二丁目班小学生低学年パート　ピノ（七二年教育　渡辺由紀枝）

まず、考える力。高校までは何も考えずに、生活できたし、考えさせられるような教育はされてこなかった。毎日を学校と家の往復。時たま食物屋により道したりして。そんな中では何を考えていいかわからないし、要求されなかった。新聞も高校に入るまではマンガしか読まなかった。別に不満を覚えるでもなく、これが生きてることなんだというふうに思い、今のような自分になるとは考えてもいなかったのだ。

大学に入ってセツルに入部。一年間は何も起きずに過ぎたような気がする。記憶がはっきりしていないし、あっという間だった。先輩についていくのが精一杯と、まだ自分で考えずにもすんだからだ。だが、二年になってNSを迎えてからそうもいっていられない。全然予想もしなかった班キャップをやることになってはなおさらのこと。なんとか一年間やってきた経験だけでやりすごしたが、班を運営していく、寒川全体をみていく立場になるとどうしても考えざるを得なくなる。実際は全く適当にやってきたのだが。

転機は、自分の力量のなさに対する開き直りだった。疑問をぶつけていくこと、知ったかぶりをしなくてもいいじゃないかという。疑問をもつことから、考えるということに発展していくのだから。

しかし、考える糧となる学習、人と話すということは全然してこなかった。一人で考えて、だから、深くはならなかったし、軽率な行動に走ることもあった。これからはこういうことを改めていこうと思っている。一つめについてはこれまで。二つめは、ガリ切り、スッティングの技術。あまりうまくならないが、まあセツルで得たもののうちに入る。三つめは歌と踊り。歌はまあいいとして、踊りとなると、何てばかばかしいことをやっているんだろうと思ってみていたが、ついに朱に染まってしまった。これが自分を変えることに少し役だったということもあるのだが。

四つめはマンガ同盟、忘れ物を管理し、部室をきれいにする会、日和り同盟の仲間たち。あいにく日和り同盟は会員が増えず自然消滅しそうである。そういえば日和るという言葉もセツルで覚えたみたいだ。まだ行動することは完全に覚えていないけれど。誰かに教えてもらいたいと思う。

⑤近況報告らしきもの（七四年「みのむし」二九号より）

二丁目班小学生パート　ブービー（七三年教育　藤井千鶴子）

こんにちは、二丁目のブービーです。今、中実をやってます。第三〇回全国学生セツルメント連合東京大会中央実行委員です。毎週金曜日におもに東大駒場の学生会館で会議してます。

どんなことをやっているかというと、簡単にいえば、大会をつくりあげていくわけです。もっとくわしくいうと、関東のセツラーが中心になって大会をつくりあげていくわけで、その中心となるメンバーが中実ということです。くわしくは、毎回の中実報告を読んでくだされば、わかると思います。それで、すこし、今考えたり、聞いたりしたことをまとめてみたいと思います。

寒川セツルという集団はいったい何なのでしょうか（ということ）。

一緒に実践してるわけでもなければ一緒に会議をもつわけでもない多くの人がいます。しかし、一つの集団であり、追求のしかたはそれぞれちがっても同じ目的（！）をもった集団だと思います。

川崎セツルで「どんな小さな要求でも、それを実現するすばらしさを知っているのがセツルだ」といわれているそうですが、今の寒川セツルはどうなのでしょう。人それぞれにセツルのとらえ方がちがうからといってしまえばそれまでですが、やはり集団の中で一人一人が大切にされることは必要なのだと思います。私たちは、地域で、さまざまな人と接します。子ども、おかあさん、青年etc. それらの人々が、地域の中で、本当に大切にされるように、子どもたちの集団の中で、子ども一人一人が大切にされることをめざして私たちは実践してるのではないでしょうか。

私たちが他の人に要求していることは、かならず、自分自身のこととしてかえってきます。ふり返って自分たち自身の集団（例えば、パートや班や寒川セツル全体）を見た時、本当に、集団の中で、一人一人が大切にされているでしょうか。一人一人の小さな要求が実現されているでしょうか。自分のパートでも大いに感じることです。しかし、なぜ、実現されないのでしょうか。そこが問題ですね。

ここまで書いてくると、突然、筆の進みがにぶるのですが。

セツルが忙しい、会議が多いという声がよく聞かれます。その辺のことを考えてみると案外結びつく気がします。自分自身のことに手がいっぱいで、ついつい、他の人のことまで考えきれなかったり、あるいは、他の活動（クラスやゼミなど）が忙しくなって、日常的に話す機会をもてなかったり、そんなことが積み重なったりして他の人を大切にすることがともすれば忘れられがちです。集団を大切にし、一人一人の要求を大切にしていくことは、活動改善のことと平行して考えていけたらと思います。

追伸

いつも未来をみつづける人間でありたい、生きることに前向きでありたい、と思います。たんに言葉だけでなく、日々の実践の中においても……。

「子どもにとって民衆とはなにか。それは彼らの父母であり、彼らの教師であり、労働者・農民を中心とした広汎な勤労者たちである。歴史をおしすすめる日本の人民大衆である。彼らこそ、思想と行動を統一し、つねに歴史発展のあらゆる可能性をさぐり、そしてやむことなく歴史の歯車をおしすすめている。」

——『民衆像に学ぶ』—若狭蔵之介

(二) セツル大学の卒業論文集

二年間または四年間、六年間、時には八年間(一名? いました!)の大学生活をセツルと深く関わって過ごしたセツラーたちが最後に残した文章が「セツル大学の卒業論文」である。一九七一年三月に第一回目の卒論特集が「みのむし」一三号に掲載されているが、いずれも長文である。セツルで過ごした日々が自分の将来にとってかけがえのない学びの場であったことを伝える力作を紹介する。

①セツルと私

保健部　きんぎょ(六四年医学　細山公子　旧姓入江)

医者になろうと考えたのは、もちろん大学に入る前でした。でも、どういう医者として生きるかを考えさせられたのは、大学に入り、セツルで活動するようになってからでした。

医学部に対しては、そこに入ればヒューマニズムに燃えた学生が集まっているだろうと漠然と期待していましたが、クラスの中ではそうした気配は一向に感じられず、入学当初から入った卓球部でも医学方面の活動(の話)など一つも出ない中で、後から入ったセツルで先輩にいろいろ質問し、反発し、そして考える場があったのは、私にとっては大切なことでした。セツルにいたから、医療と社会をとりまく問題について、必然的にいろいろ勉強せざるを得なくなり、また考えざるを得なかったのだといえます。
セツルと自分自身との関連は？ と質問されたら、私の思想形成期において最大の影響をおよぼしたのがセツルだったと言っていいでしょう。

セツルに入って一番はじめにショックを受けたのは、夏休みの合宿でのこと、自己紹介の場で「将来は無医村の医師になりたいと思っている」と言ったとき、先輩に言われた言葉でした。「無医村に行こうと考えるのは、とってもいいことだと思う。だが、君一人が無医村に行ったところで日本の無医村は解決するだろうか？ また君が一生どこかで仕事をしたとしても、現状ではそこはまた無医村になるだろう。個人の善意では、無医村は解決されないのだ。」そんなことを言っても、一人ひとりが少しでも解決しようとしなければ、何も解決しないじゃないか。私は単純に反発しましたが、個人の善意だけでは解決できないものの存在をそのとき以来、急速に知るようになりました。

公害問題に取り組んだ時にも、大学祭で発表する段になって「この問題を考えるには地域住民の立場と企業の立場とあるが、私たちは住民の立場に立つ」と先輩が書いたので「どっちかに固定したそういう立場じゃなくて客観的に正しい立場に立って考えるべきだ。」と文句を言い、そのあと客観的に正しい立場というものが果たしてあるのか、それはどんなものなのかについて討論し、自分で考え込んだこともありました。

地域へ行って大気汚染や心身障害児や老人の問題にぶつかって、それを自分で勉強したり話し合ったりする……社会医学の講義がまるでお粗末な医学部の中で、セツルはいわば毎週社会医学の自主ゼミがあるみたいなものでした。また、そうした活動を看護学生と一緒にやっていく中で、高校時代までかなり強く持っていた優越感や劣等感を持たなくなっていったことも、セツルでの大きな収穫でした。セツラー会議は、共通のテーマを人と話すこと、相手の考えを知ること、そして自分の意見をぶつけることによって互いに成長する場なんだと思います。もちろん時々マンネリ化しちゃって、何を話したものかわからなくなることもあるけれど。

ある時、寒川の公民館の血圧測定に、一人のお母さんが小さい子どもを連れてきました。その子は、眼が見えず、言葉もしゃべれない子でした。私はまだ学部一年で医療のことは何にもわかっていなかったので、この障害を持った子も、大学病院の小児科にかかれば、何か治療の方法があるのではないかと思ったのです。それで大学病院小児科の助教授にお願いし、学用患者として、無料で大学病院に入院させて、いろいろ検査をしてもらいました。でも結果は「先天性小眼球症および精神遅滞。治療法はない」というものでした。

その時私は、医学でできることの限界を知るとともに、たとえ治療法はなくとも、障害を持つ子にも寄り添う小児科医になりたいと思ったのです。

＊　＊　＊

その後小児科医となり、外来で診ていた障害を持つ子たちが育つにつれて、大人となった障がい者も診続けられる医師になりたいと思うようになり、今は在宅の老人たちも診るようになりました。

私にとってセツルは、私の進む道を決めた大きな〝学校〟でした。

②セツル大学卒業にあたり思うこと

保健部　ヨッチ（六九年看学　佐々木義子　旧姓中村）

無産者診療にその発端があり、この寒川に根をおろし始めたのが、今の寒川セツルメント。「地域」—その言葉には特殊な響きがあり、何か特別な意味があるように思えました。いくら、その地域は、普通の…私たちが生まれ育った…土地と同じなのだと言われようと、私の心底には、その地域が特別なものとして長い間残っていたような気がします。と同時に、そこに住む人々のことも特別なもの…例えば極度に貧しい人々…として見ていたとも言えるのです。何故なら初めての活動で感じたことは、路地が狭い、汚い、貧しそうな家が多い…ということだったからです。

それが全国的にあり得ることではなく、この寒川だけが特別なのだという感じ…その感じに満足して、だから私は「ここで活動する、ここを変えてあげる」、そんな気持ちでした。

いつ頃からなのでしょうか、寒川のかかえている問題が、全国的対象と同一であると自覚し、「変えてあげる」から「共に変える」に変わり、権利意識が私に芽生えたのは…それは、いちがいにセツル活動の中だけとは言いきれません。

でも、地域に足を運ぶ中で、体でつかんだものが、ぶちあたった矛盾が、「与える」から「ともに勝ち取る」へと私を変化させていったのだと思います。

一年半の間に何度地域へ足を運んだかは覚えていません。何故行くのか、一体何をしに行くのか…わからないままに、わかろうとしないままに過ぎていったようにも思います。

その頃は、いのはな班が、何を武器にして地域に入るのか不明確な時期でもあり、とにかくやろう…そんな感じでした。活動のなかでも一番印象に残っているのが、ダウン症のMちゃんの家庭に行ったことです。一九歳になって施設から出され、家に閉じこもりきりのMちゃん。セツラーが行くと、トランプやお手玉をして遊ぼうとするMちゃん。セツラーにそっと「学校へ行きたい」というMちゃん。この子と一緒に死んでしまいたいと言い、セツラーがMちゃんを外に出すことを拒んだ母親。この母娘にとって幸せとは一体何なのかと考えさせられました。と同時に、毎週毎週行って遊んでくるだけの活動に、あせりと無力さを感じました。毎週夕方の五時六時までいるセツラー、外で遊ばせようとするセツラーに家族の人は迷惑していたようです。ある出来事（Mちゃんは東京の兄の家に行っていないから、もう来なくていいと母親がセツラーに嘘をついたこと）を通してわかったのです。「はっきり言って、ありがた迷惑だ。たまに来て遊んでくれるのならMも喜ぶし、うれしいけど」そう言われた時は返す言葉もありませんでした。今まで何をしてきたんだろう、どこまでやったらいいのだろうか。

セツル活動って一体何だろう…わからなくなりました。地域変革、その言葉がすごく遠く意味のないように思えました。医療を通じての活動に、学生としての限界を感じました。今考えると、活動の仕方等に多分の問題があったようにも思えますが、その時はそれを総括もしないで、その活動は、それきりになってしまいました。もっともそこで考え働きかけていれば、私自身もっと変わったのではないかとも思います。

何だかいいわけのようになっちゃいました。日々の追求が甘かったせいで、今、セツル活動が何だと聞かれても、活動で悩んでいるセツラーをみても、答えるべきものがないように思えます。言われるように、地域変革と自己変革、そして仲間づくりの追求…それの包括したものがセツル活動だと思います。地域の人々の要求、そしてセツラーの要求を明確にし、結びつけ、絡み合わせて要求を実現していく活動とでもいうのでしょうか。（要求は現実を見つめることから生まれます）ついては、まずセツラー自身の要求を明らかにしなければならないと思います。自分の要求をぬきにして活動したら、そこには必ず無理が生じます。

セツラーの要求をぶつけ合うことも必要です。私は一年半の保健部活動の中で、残念ながら議論したという記憶がないのです。セツルに入ったから、ああ、もう仲間なんだよーという当然のようにある雰囲気に甘んじるのでなく、活動をともに進めていく基盤に立ち、活動を通じて追求するものが、真の仲間づくりではないでしょうか。活動を抜きにしたら、それは、何のつながりのないものが、つながっているようにみせかけることで安心している。そんなものでしかないように思います。セツラーとセツラー、セツラーと地域、自分自身のぶつかり合いの中で、意識的に追求することにより、変革は生まれ、仲間づくりが行えると思うのです。

…私は一体何をしてきたのだろう…と、またわからなくなりました。ただ活動したのではなく、大切なのはいかに活動したかということであるはずなのに、活動してきたのだと、一種の自己満足にひたっているだけのような気がするのです。でも、私にとっては、これが総括しうるすべてなのだ‥ってそんな気持ちです。

卒論じゃなくて中退論になっちゃいました。

＊　＊　＊

四〇数年前の自分の文章と再会し、セツル時代の自分を少し思い出すことができました。卒業後すぐに民医連（民主医療機関連合会）に就職したのですが、セツルでの地域活動が基盤になっていたのかもしれません。学生時代と同じように悩み続けていたようにも思いますが、地域や世の中のことを、仕事を通して考えてきた自分を、少し評価してみようという気になりました。

③私とセツル

保健部　モン（六九年看学　叶井優子　旧姓猿渡）

看学に入って、もっと世の中、様々のことを知りたい、看護婦になって働くためにも社会についてもっと知らなくてはいけないのではないか、また人間的にも広くなりたい。そんな気持ちからセツルに入りました。

地域の汚れた空気、ひしめきあった家々に、そして障害者の実態、生活保護、老人の実態にとまどいを感じていました。感覚的に物事を見、判断していた自分には、地域で触れるものが信じられないというか、今まで見てきた世界と違ったものでショックな出来事でした。一九歳で施設から戻された精神障害者のMちゃ

セツル活動を振り返ってみて、自分にとってセツルとは何だったのか。

社会のなかに自分を位置づけること、自分の立場を明確にし、現状を見つめ、それが本当にそれでいいのか、どうしていけばいいのか考えること、行動することの大切さ、そしてその中で人間一人一人を大切にするということ、人を信じるということがどういうことなのかを学ぶ場だったと思います。

高校時代まで家と学校の往復という生活で、世の中のことは全く知らないといっていい位の毎日でした。

んのこと、初めは、どう受け止めていいのか解らず困惑してしまう自分でした。

その中でMちゃんにとって何が一番いいことなのか、家族の苦しみはどうすれば無くなるのかと考える中で、一人の人間として差別なく生きる権利を主張するには、あまりに冷たい社会、政治を知りました。それ以上に「自分はそうじゃなくてよかった」「かわいそうだな」と、そんな見方で見ていた自分を見、そんな見方をする自分がたまらなく嫌になりました。

また生保（生活保護）を受けている人が貯金をしているということに対してどう思うかということがありました。その時、私は、貯金するお金があるのにどうして保護を受けるのだろう。おかしいのではないのかと考えました。（学生が奨学金を受けて貯金していることに対しては、別に不思議と思わず）果たして生保と奨学金とどう違うというのだろう。討論の中で、私は自分の中に「生保を受けているのに…」という差別意識のあったこと、まだまだ現状を観念的にしかとらえていない自分を知らされました。のうのうとあまり苦労もなく生きてきて現状に接する中で、どうして同じ人間なのに、こうも違った生活をしなければならないのだろうと考えた自分、相手に対して比較して同情していることにとどまり、観念的にしか権利ということを知らなかった。地域住民の権利意識を高めるなどと言いながら、自分自身の中には、逆に権利意識を抑圧している自分がいた。そんな自分を気づかせる場、見つめる場がセツル活動であり、セツラー集団であったと思います。

入部してまもなくのころ、先輩からセツル活動は学生運動だということを言われ、非常な抵抗と反発を抱いたことがありました。高校まで政治について無関心であり、学生運動、全学連と聞くと、ゲバ棒、ヘルメット、暴力集団という意識を強くもっていました。物事を判断するのに感覚的なとらえ方をし、出されてくる政治問題に対して、偏見で抵抗を示す自分でした。先輩たちの言うことに正当性を感じながらも感覚的なものとして結局わからないで通し、誘われるデモにも自分がするものだとは思っていなかったし、「いやだ」

セツラー会議は、共通のテーマを話し合う場であり、活動を通してのぶつかり合いと日常の触れ合いの中から温かさをもって仲間同士が成長する場だと思います。

いろいろな考え方がある中で、完全に解り合えることはできないとしても解ろうとする努力をしていくことは、とても大切なことだと思います。また支え合う集団の中でこそ、人を信じ、人を大切に思う気持ちを確認し合うことができると思います。

まだまだ弱さや要求を言っていけない、そしてそれを正当化する向きのある自分を感じます。言っていることと、考えていることと実際の自分が一致しない矛盾、弱さを持っています。こんな自分ではあるけれど、自分を見つめ、自分を高めていく努力は真摯に続けていきたいと思います。

ブラッキー（六九年敬愛短大　鈴村安代　旧姓長田）

私はどのように変わっていったのか

「セツル大学」を離れようとしている私には、いまと避けていました。しかし、自分なりに政治のこと、社会のこと、生きるということについて真剣に考えなければならないと思っていました。こんな自分に対してセツルは社会、政治のことを感じさせるものでした。なぜ老人が粗末にされるのか、なぜ医者にかかりたくてもかかれないのか、なぜ生活が苦しいのか等々、その追求は社会の構造を明らかにすることであり、それをどう主体的に担っていくのかを求め、自分を社会の中に位置づけるものでした。

そしてデモに参加しました。抱いていた偏見は、自分が実際に行動する中でしか無くならないことを知りました。皆の腕の中に正しさを感じ、正当な権利なのではないだろうかと考えるようになりました。そして、行動することの大切さも少しずつ解ってきました。

④二年間の「セツルメント活動」を終わるにあたって

母子寮班小学生パート

私とセツル活動とのかかわり

―セツル活動によって

卒業してしまうなんて思えません。まだ実践は足りないし、分析・評価する力も不十分だし、「卒論」を書いてほしいと迫られたとき、セツルを追い出されてしまうようで嫌な感じでした。卒業して職場での仕事が始まったとしても、セツルの部室にも顔を出したいし、地域にも行きたい思いでした。

また、全セツ連にも参加して、いつまでもセツラーでいたいと思っていました。

大学での二年間、私の中でのセツルの存在は大きかったです。私からセツルを除いたらなにも残らないくらいセツルは重要な活動場所だったと思います。

私がセツルに入ったのは、他の大学との交流ができることに魅力を覚えていたからです。当時は大学紛争が高揚期にあって、私も一緒に何かの行動をしたい思いに突き動かされていました。政治的なことももっと学びたい、実際の社会をもっと肌でつかみたい、などいろいろな要求があったのです。

セツルに入って、セツルの活動が地域での実践活動がもとになっていることを知りました。

なぜ地域活動をするのか、その中で子どもたちと遊ぶことがセツル活動なのか、どうすることがセツル活動の基本なのか、疑問に感じてきました。

一緒に活動する中で、集団を知り、仲間意識を感じ、活動することの大切さを知りました。実践する活動の大切さを知ってもまだ、セツルは、何か私の要求と合わなかったんです。というよりも、仲間意識というものがわからなく、みんな楽しそうに部室に来ているけれど、「寒川セツルの中に、本当に団結や集団意識が深まっていっているのか」と思うこともありました。

セツルも一般的なサークルとしての性格しかもたないような気がして、思い切ってみんなの中に飛び込んで行けない自分がいました。だから、あまり自分の考えや要求をはっきり出せず、いつも受身的な自分から抜け出せないでいたように思います。成長しきれないでいる自分は、みんなの中で矛盾に感じることがあっても、それを自分の心の中にしまいこんでしまって、ひとりで自分を合理化していました。その反面、こんな自分をいやだとも思っていました。

自分を変革しなければならない。そのためには、まず、行動を起こし、実践を進めることがどんなに大切で重要なことかを知ったのです。わかってもいざ、実践となると、それは困難なことでした。

これからの私の課題―もっともっと自分自身の要求をみんなの前に出していくこと。

私が日和ってしまって、元気のなかったとき、みんなは私の考えや行動に対していろいろな観点から追及してくれたし、励ましてくれました。

そういう集団のなかで、集団としてのお互いの存在が確認できたし、また、集団としての質的変化が培われていくことも理解できるようになりました。

私が「敬愛大学闘争」ですごくきびしかった時、地域に入りたい、実践したいって強く感じたことがありました。

(注) 敬愛大学闘争とは、学費値上げ反対、一クラスの人数を少なく、施設・設備の充実をスローガンに学長との団体交渉を求め、多くの一般学生への「ビラまき」と「クラス討論」を通して、上記問題点の共有と意識変革を広げていきました。

いま、何故あの時あんなにも地域に行きたいと思ったのかを考えると、セツル活動が地域での実践活動を中心において行われていることに目が向いたからです。「敬愛大学」の矛盾と「母子寮」の現実に、セツル活動上での一致点を見出だしたんです。

私が「敬愛」で闘っているとき、地域もどんどん変わっていっていることを思うと、私のようなちっぽけな力のない人間でも、地域活動の実践を続けていくべきだと思ったんです。寒川の母子寮で生活している子どもたちやお母さんたちには、もっともっと話し合いたいこと、聞いてほしいことがいっぱいあるんだなと思いました。

私たち「敬愛大学」の学生たちは、大学側から一定の譲歩を勝ち取りました。その勝利には、寒川の地域活動の支えがあったことを強く強く感じました。それに確信を得た私は、もっともっと実践らしい実践を残して卒業するんだと決心しました。クリスマスの実践では間違いもしましたけれど、決意通り、自分でも満足のいく実践を頑張ったと思います。

私の、子どもたちに対する見方も変わりました。地域や県や国に対しても、目が開かれていく自分を感じた時、セツルに入って本当に良かったと思いました。

私は小学校の教員になりますが、教科指導や学級経営にこの経験を生かせるだろうと強く思いました。ひとりになって、これからが「私のセツル活動」の本当の始まりだぞと自分に言い聞かせました。

教育現場に出れば、私を取り巻く多くの人たちとの人間関係の中で、セツルで得た教訓などを活かしながら、もっとセツラーになれる人を増やしていきたいと思います。日本中をセツラーで埋め尽くしたい、セツラーの輪が大きな輪になっていけば、笑顔にあふれた子どもたちがいっぱい増えていくことでしょう。

そこに住む住民が主人公となる社会を目指す、子どもたちの夢と希望が現実になるような地域づくりのために、私もともに頑張るつもりです。（このレポートは、現在の二〇一八年から四七年前一九七一年に書いたものに、文末など少しばかり加筆訂正したものです）

＊　＊　＊

信頼しあえる仲間意識の構築。誰もが率直に自分をさらけ出せる仲間たちの集まり、そんなサークルが「寒川セツルメント」だったと、いま、はっきり確信できます。（現在の鈴村安代　追記）

⑤セツルと生き方

二丁目班小学生パート　マッコ（六六年教育　松本昌子　旧姓木村）

＊四年間の中で学んだもの＊

「セツルって何だろう。」「セツルは自分にとってどんなものだろう。」と考えないセツラーはいないといっても良いでしょう。セツル活動が自分の生き方とどう関わっているのか明らかにしたいというのが、多くのセツラーの要求ではないでしょうか。

わたしは、四年間の自分のセツル活動を振り返ってみて「セツル活動とは、子供たちに勇気づけられ、地域のお母さんたちに励まされ、セツラーに支えられながら、激しく自分の生き方の追求を迫られる活動である。」と思います。

＊何が本当に正しい事だろうか＊

私は、高校時代まで世の中のことを全然知らずに、家と学校の往復という生活を送ってきました。そんな私は、自分が育ってきた世界と違う世界を知りたい。教師になるために、もっと世の中にあるいろいろなことを知りたい。またわがままな自分から抜け出し、〝おもいやり〟のある人間になりたいと思ってセツルに入りました。

しかし、五月になってから入部したので、いつもNSの中でも一番後から皆に付いて行くという消極的な態度で班会でもいつも黙っており、「わかりません」としか言えませんでした。

入部してから一、二か月たつと段々に慣れてきて、皆と話をするようになってきました。そんな時先輩は、どんどん政治の問題等を出してきました。高校の時までの政治アレルギーが頭を持ち上げ、非常に抵抗を感じ「先輩はカタヨッテイル」と反発していました。しかし、反発しながらも世の中の事、政治の事など私なりに正しく考えなければならないと思っていきました。また先輩の言っている事が論理的に正当なのではないかと思うようになってきました。

更に、自分がどうしてこんなに反発を感じるのだろうか。それは何も知らないところからくる偏見ではないだろうかと考えるようになりました。何が本当に正しい事なのか、私なりに勉強しようと思い始めました。これまでは、感覚的に物事を判断してきた私にとってこれは大きな進歩でした。

＊セツルが、わからない！＊

一年生の夏休みも過ぎ、久しぶりにセツラー達と顔を合わせました。しかし、体を壊し夏合宿に参加出来なかった私はなんだか皆からおいて行かれたように感じてしまいました。またセツル活動が何となくわからなくなってしまい、もうやめようと思いました。

そんな時、NSの皆と話しました。わたしは皆の気持ちを聞いている中で、わからない、わからないと言って甘えているだけではいけないと思いました。何がわからないのか、どうすればわかるようになるのか、私としての目的は何かを考えていかなければ、いつまでたっても何もわからないのではないかと思うようになりました。

その結果、自分なりの子ども観を持ち、学習不足を補うためにゼミの実行委員をやろうと思うようになりました。ということは、この第一の危機（やめたいと思った）は、裏返して言えば、自分を高めたいという要求であったと思います。

こんな私を救ってくれたのは、地域の子供たちでした。この頃わたしは三丁目班小学生パートにいました。そこで中学年男子のドッチボールの交流試合を組織しようとしていました。しかしセツラーが何から何までやろうとした第一回、第二回の計画は、ことごとく失敗し、三度目の正直で、子供たちが連絡などいろいろ動いた第三回目の計画がやっと成功しました。

この時の子供たちは、「ものすごかった」という以外に言いようのない程エネルギッシュでした。一〇時から試合開始だというので、一〇時にセツラーが校庭に行くと、みんな「七時頃から来て練習していたんだ」と、汗だくになっていました。自分たちでメンバーも決め、何から何まできちんとやってしまった子供たちでした。彼らを見て「子どもたちって、自分たちの要求を実現するためには、こんなふうにエネルギーを出すものなんだ」という事がわかり、うんと力づけられました。この子供たちの力を知った喜びが、今日までセツルを続ける一因となっていきました。

＊初めてのデモ＊

何が正しいことなのか知りたいという学習への要求の結果、一一月の末に行われたセツルのゼミ合宿に参加しました。そこで自分たちの実践の発展が歴史的にとらえられ、自分たちのやっている活動が評価でき、やる気が出てきました。

このセツルのゼミ合宿の後、群馬大学で行われた関教ゼミ大会に参加しました。この中で教育の全体的な軍国主義化が明らかにされ、私自身も「確かに今の教育は正常でない」と思いました。この大会の最後に学び明らかにされたことを市民に訴えるための市内行進が行われました。わたしは、デモなどというものは、自分でするものだとは思っていなかったし、嫌だと思っていました。

ところが先輩たちがしきりに「参加しろ」と言います。また私自身、この大会中自分で「その通りだ」と思ったことを市民に訴える責任があるのではないかと考えたりしました。しかし、なかなか決心がつかないまま先輩たちに引っ張られるようにデモの流れに入りました。わたしは、途中で隊列を抜けたいと何度も思ったり、シュプレヒコールがなかなかできなかったりしました。「内閣打倒」とか「国会解散」など、その時の私にはよくわからないシュプレヒコールもあったので、耳を澄ませて納得できるものだけシュプレヒコールしていました。

しかし、皆と腕を組んで歩いているうちに正しさに対する勇気や力強さを感じていました。何もない私たちが、自分たちの意思を表明できるのは、このような集団による団結の力以外にないのではないかと思い、デモは私たちの正当な権利だと考え始めるようになりました。デモに参加する前と後では、デモに対する考え方が大きく違ってきたのがよくわかりました。不安や偏見は実際に行動する中でしか無くならないものだという事を知りました。そして、行動することの大切さも、この時から少しずつわかってきました。

＊半分だけの全セツ連＊

この後、一二月の末に東京で第一四回全セツ連大会が行われ、学生セツルメントの基本的性格が打ち出されました。この大会には、家の都合で半分しか参加できなかったが、私にとっては大きな意味を持った大会でした。

『半分だけの全セツ連』（全セツ連感想より）

「半分だけの全セツ連だったけど、丸ごとの全セツ連を吸収して帰ってきたみたいだった。

早稲田大学構内での『団結踊り』、『国際学連歌』に合わせて全国のセツラーの固く結ばれた渦巻きが、若者のエネルギーを伝えていた。そして、その中にいる自分を見つけた時、セツラーであることの、若者であることの喜びを感じた。

〝家庭訪問・父母の会の実践を通して〟の分科会で基調報告の正しさをより深く学んだ。そして、何よりも全国の仲間が輝く瞳で活動を宝物のように語る言葉に感激し、人間として、セツラーとしての喜びを感じた。ガンバローという意欲が私の中に燃えた。

この半分だけの全セツ連は、私に困難に負けちゃダメなんだ。もっと自分を裸にして、地域の人々の中に飛び込んでいかなけりゃぁと。お母さん、子ども、青年の心を真にわかり、信じられるようにならなくちゃと、教えてくれた。子どもと心から話し合えるような本気になってケンカできるようなセツラーに早く私はなりたい。地味な活動の中から素晴らしい生き方を学びとれるようなセツラーになりたい」

この感想にもあるように、この大会で私は相手の立場に立って物事を考え、行動することの大切さを教えられました。そして、それ以後その事は私の中で常に大きな課題になっていきました。今でも大きな課題です。

相手の気持ちを完全にわかりきるということはできないにしても、分かろうという努力を（特に集団的な努力を）続けていくことは、非常に大切なことだと思います。もし、それがなければ人間同士の信頼関係（特に仲間づくりなど）は成立しないでしょうし、私たちの地域実践も地域の人々を利用する活動に過ぎなくなってしまうでしょう。

＊セツルを作っているのは私たち一人ひとり＊

このようにいろいろなことを学びながらもセツルを作っているのは、この私なのであるということがわかりませんでした。セツルの中に私がいて、そこで私にとってためになるものだけを吸収しようという姿勢で、セツルを良くしようとかまで考えがいきませんでした。

しかし一年から二年になる時の春合宿に参加するにあたって、私は自分から楽しさの中に飛び込んで行こう、楽しさを作っていこうと思い努力しました。その結果、今までにない楽しさを知ることができた私は、セツルを作っているのは私たち一人一人なんだ、この私もセツルを作っている一つの要素なのだという主体的な自覚を持てるようになってきました。そうすると今までよりずっとセツルに対して親しみも感じるし、そこに自分の生きがいも見つけられるようになってきました。

＊世の中を変えていくという生き方＊

この春合宿を終えた私は、今までの「分からない」で終わらせていた私と「さようなら」することにしました。いろいろな事に対して積極的になろうと新歓（新入生歓迎）の実行委員を引き受け、二丁目拡大（二丁目班はこの年の四月に出来た）に飛び回るという毎日を送り始めました。この時の私は自分に「主体的」であることを要求し続けていたようですが、やはり分からないことはただ飛び回っているだけではわかるようにはなりませんでした。

二丁目班を作り新歓を成功させなければという立場に立たされた私は、当然のことですが正しい見通しを持つために学習する必要性に迫られました。

また一年間セツルを続けてきて自分の生きてきた世界と全然違う世界で生きてる人々、子供たちがいるのだということを実感として知り、また生い立ちの違うセツラーと自分との考え方の違いを知りました。これらを知ったことは私にとっては非常に大きなショックでした。子供の面倒も十分に見られないほどにクタクタになって働いているお母さん、お金のことを非常に気にする子供、バイトをしながら生活をギリギリのところでやっているセツラー……。

同じ人間なのにどうしてこのように違った生活をしなきゃいけないのだろう？　地域の人々やセツラーが自分の身近な人になればなるほど、私だけがのんびり生活できてもそれが私の幸せだとは思えなくなってきました。どうにかしてみんなが貧しさから解放されなければならない、そうでなければ私の幸せもありえないと思うようになりました。

それには私が単に同情して何かしてあげるなんてことであってはならないと思いました。貧しさの原因、同じ人間なのにこんなにも違った生活をしなければならない原因を見極め、このような世の中を変えていく力になっていくべきだと思いました。

このようにして、正しいものの見方考え方ができるようになることが私の要求になっていきました。この時から始めた弁証法の勉強は、その後今日まで数多くの実践の場で、総括の場で私を支えてくれました。しかし今でも、この学習はまだまだ不足しています。

一生かかって常に学習するという姿勢が一番大切なことなのだろうと思い、これからも自分の生き方を確かめるために続けていこうと思っています。

＊自分の弱さをみんなの前に＊

このように二年の時は少しずつ自分の生き方を掴み始めながらも、分からないことの連続でした。特に新しく拡大した地域であり、先輩セツラーも一人しかいない中でとても苦しかったです。自分がわからないのに、NSに対しては分かっているように話さなければならないような気がして無理に自分の弱さを閉じ込めて、強いところだけを見せるようにしていました。しかしそんなことは長続きしませんし矛盾が募るばかりで、おしまいには自分不在になりそうになってしまいました。これでは何もならないと、自分のわからないところはNSの前でも「分からないから一緒に考えよう」と言うべきだと思いました。

そこに至るまではとても大変でした。二年生がわからないと言ったらどうにもならなくなってしまうのではないかというのが私とクリちゃんの共通の悩みでした。しかし分からないものを分かるかのように言うことはちっともNSの力になっていかないことが二丁目セツラーが次々と退部していくことで分かりました。

そんな時、二年生セツラーのコンパで相互批判をしました。その結果みんなは知らないだろうと思っていた私の隠していたはずの弱点がみんなの手によって引っ張り出されて批判されました。この時もすごくショックを受け、やはり自分の弱さを隠しきれないのだということを思い知らされ、弱さは弱さとして認めそれをなくして行くにはどうすれば良いか皆の中で考えていこうと思いました。

自分の弱さをみんなの前で批判されることは誰にとっても辛いことです。しかし、その批判を謙虚に受け止めることができるようになることが私たちの成長を保障するものだと思います。

＊曖昧さとの闘い＊

こんな二年も終わりに近づいたある雪の日。私はEちゃん達と雪合戦をしていました。するとおばさんが「ラーメンができたから食べていきなさい」と言ってくれました。私はその時本当の事言ってすごく嬉しかったのです。しかし、「手を洗いなさい」と言って出してくれた金盥《かなだらい》も手拭いも洗ってはあるが黒ずんで汚らしいという感じでした。丼も縁が欠けていて洗ってはあるが前に入れたものが染み付いていました。おはしも同様でした。私は、おばさんの作ってくれた何も具の入ってないインスタントラーメンが嬉しかったくせに、このようなおはしや丼やラーメンを出してくれた縁側の汚らしさに一瞬怯んでしまい、すぐにはラーメンを口にすることができませんでした。

私はそんな自分に対してすごく悲しい気持ちになり腹を立てると同時に、おばさんにすまない気持ちでいっぱいでした。地域の人々の気持ちをわかろうなどと言っていながら、このようなおばさんの生活の現実を私の肌や行動で（一瞬といえども）受け止められなかった私の曖昧さを突きつけられた思いでラーメンをかみしめていました。

考えていること、言ってること、やっていることがバラバラであり、そのずれを曖昧にしてきた私がたまらなく嫌になってしまいました。ここで実践をより突き詰めたところで追求していきたいと思いながら三年生を迎えました。

＊仲間に支えられて＊

三年生になると七年越しに調子の悪かった腰の具合が一段と悪化し、椎間板ヘルニアだと診断され入院手術を命じられました。この間半年間ずっとセツルからも大学からも遠ざかっていたのですが、セツラーが入れ替わりでお見舞いに来てくれてセツルの様子を話してくれるのが何よりも大きな励ましとなりました。病気と闘っていこうという意欲につながっていきました。

また輸血するため献血手帳を何人ものセツラーに提供してもらい手術は無事成功しました。仲間ってありがたいなぁとしみじみ思ったのはこの時でした。

セツラーの励ましは、一〇月になって学校に行くようになった私を温かく受け入れてくれ、その後の活動を続けていくことを保障してくれました。もしあの時皆が支えてくれていなかったら私は今頃セツルに残っていなかったかもしれません。

＊卒論とセツルと生き方＊

（前略）卒論を書き終えてつくづく感じたことは、セツル活動における学習の果たす役割の大きさです。セツルは他のサークルに見られない優れた長所として地道な実践を持っています。しかしその実践も単なる経験だけでは正しい方向は見通せません。より素晴らしい実践を進めていくには子供の見方、世の中の動き、教育について等々の学習が大きな鍵を握っています。

＊最後に＊

私は今、教師として世の中に出て行こうとしています。大きな不安を抱えています。まだ自分の中には多くの弱さがあります。しかし、セツルの中で掴んだ働く人々が真の主人公となり、貧しさと差別のない民主的な世の中を担っていく子供たちを育てていくために多くの先生と手を結んで進んでいこうと決意をしています。悩みながら、立ち止まりながらもどんな困難をも仲間と共にどうにか乗り切っていくだけの力のようなものは、この四年間で私の中に蓄えられてきたように思います。

それはやはりセツルが、セツラー集団が鍛えてくれたことでしょうし、セツル活動の一つ一つの困難とガッチリ取り組もうと常に努力してきたからだと思います。

私の生き方とセツル

マッコ（六六年教育　松本昌子　旧姓木村）

はからずも四八年前に自分が書いた文章と対面して、何とも言えない思いに駆られました。文章を書くのが子どもの頃から苦手な私が、下手くそで偉そうに書いているのを見て穴があったら入りたい気持ちでした。その反面なんだか読んでいるうちに、当時のことが様々思い出されて、涙が出てしまいました。

若い頃に、セツルメントの中でこんなにも愚直に頑固に自分を見つめ考え、自分を変えなければいけないと思っていた私がいました。今、教師を退職して一〇年たってこの文章と再会し、本質的にはこの当時の自分と今も変わらぬ自分を見つけました。

私は三八年間の教師生活を民主的な教師であろうとし続けたつもりです。生活指導サークルの仲間と実践を積み重ね、全生研（全国生活指導研究協議会）大会で全国の仲間の実践に学び、励まされてきました。

職場の仲間と共に、地域のお母さんたちと〝ひまわり学校〟を二〇年以上続け、今も〝ひまわり学校〟でつながったお母さんや青年たち（もう立派な大人）とのつながりを保ち続けています。

そして今一番、私が真剣に取り組んでいるのは退職してから『市川教育九条の会』に入り世話人を行っていることです。そして『安倍九条改憲ＮＯ』の三〇〇〇万署名に取り組んでいることです。

こんな私が今ここにいるのは、学生時代にセツルメントに入っていなければあり得なかったでしょう。ただ真面目に学校に通って真面目な教師でいたとは思いますが、このような仲間と連帯しながら何が正しいのかを真剣に追い求めていく教師になるということはできなかったと思います。そんなわけで今思い返してみれば私の中でセツルメントでの様々な実践、みんなとの話し合い、先輩たちからの指導、そうしたものを通して自分のものの見方考え方が形成されていったのだと思います。

普段そんなことを思っていませんでしたが、あの当時自分が書いた文章を読んで、自分の不甲斐なさ曖昧さを地域の人々によって教えてもらったことを今でも忘れられません。この体験を学生時代にできたことは、私の中で大きな宝物だったんだなあと今になってしみじみと感じます。

これからも自分のできる範囲のことを自分なりに愚直に頑固にやり続けていきたいと思っています。あまり大したことはできませんが、正しい道筋を信じ自分らしさを失わずに一生生きていけたらいいなと思っています。

ひまわり学校

マッコ

ひまわり学校とは一九七〇年頃に、全生研などに集まる民主的な教師たちが、自分の子どもたちを民主的な学校で育てたいという思いから各地で実験的に実践されました。

夏休みに二泊三日位で、授業を行ったり総会を行ったり、オリエンテーリングやキャンプファイヤー等々の行事を行いました。それらの取組を通して、子供たちを学校の主人公として、民主的に話し合い、自主的に行動していけるようにという活動でした。

私たちのひまわり学校は一九七五年頃、市川市の南行徳小学校を中心にスタートし、二三年間続けることができました。当時、南行徳小学校は（私と千葉大で同期の教育同人会出身の）村山智明さんはじめ多くの民主的な教師が囲い込まれ、教育委員会は他の職場から切り離そうという方針だったようです。逆にそれを利用していこうという方針が立てられていたようで、私が南行徳小学校に転勤した年にひまわり学校が始まりました。

南行徳小学校では、その前から『母と子』という雑誌を使って父母との学習会が続けられ父母の組織化ができていました。ひまわり学校の組織は実行委員会形式で、これらの親と教師が実行委員になり企画立案から、募集・交渉など全て運営していきました。当時は夏休みとはいえ、南行徳小学校の職員室でひまわり学校の職員会議を行ったりしました。村山さん作詞作曲の校歌も作られました。

子どもたちも小学校一年生から中学生までの異年齢集団で班・学級を構成し、その班・学級には教師がつきました。子どもたちの良いところを評価し、伸ばしていこうという取組がされました。

やがて、ひまわりっ子として参加していた小学生も青年になり、指導員として積極的に活動に参加してきました。彼らは自分たちで企画を立ち上げたり実行したりということに非常に喜びを感じていました。年々教育現場が厳しくなり、教師が年を経て参加しづらくなる中で青年の力はありがたいものでした。

⑥セツルメント卒業にあたって

三丁目班幼児パート　トッポ（六七年教育　佐藤澄子）

一　（略）

二　私が四年間の大学生活の中で精いっぱい追求してきたもの、これからも追及していくだろうもの、それは自分自身の「価値観」の確立だったのではないだろうか。

大学一年　素晴らしき仲間達が、ポッと田舎から出てきて何事にも驚きふためいている私を大きく迎え入れてくれた。五月危機を人並みに乗り切る頃には、地域の課題や学園の課題に、真剣に自分をぶつけている仲間達の姿から地域の矛盾に、自分の身近な生活の矛盾に気づいてこなかったことを、地域の生活を脅かすものに、自分の生活を脅かすものに怒り切れていなかったことを恥ずかしく感じるようになっていた。

大学二年　一緒に頑張っていた仲間が、疑問をいっぱい抱えたまま、あるいは、別の課題を求めて一人二人と抜けていった。ふと、自分と、その周囲の人間を見渡した。音楽や絵画を楽しみ、友達と旅に出かけたり、ボーリングに興じたりしているクラスの仲間の姿が、自分の意見を持ち、自分なりの信念で、自分の生き方を精いっぱい追求している友達の姿が私の目に急に大きく映り出し、自分は、井の中の蛙的な充実感を味わっていただけじゃないかって。自分は、一生懸命になって狭い人間になってしまったんじゃないかって。その疑問が私に、様々な人間関係、様々な課題や生活を追求することを選ばせるようになっていった。

地域が、セツルが、私の意識からだんだん遠ざかっていった。

大学三年　私が動揺し始めたとき、先輩がそっとつぶやいてくれた。

「確かに、学生生活にもいろんな送り方がある。麻雀、パチンコに明け暮れる生活も、スポーツに全てを懸ける生活もある。だけど、その中で大切なのは、君が、いったい何に価値をおくかということじゃないか。生き方だって同じことだよ」

この言葉をかみしめるようになった。

自分が、何の課題も掲げず、ただ雑多に幅だけ広げ続けてきた生活からその豊かさの中に大きな支柱がなければいけないことに気づいたんだ。そして、自己欺瞞的に続けてきたつもりの地域活動がパート活動の発展とともに、私たちの働きかけに生き生きと反応してくる子どもたちの姿を見るにつれ、地域で元気づけられるということが、だんだんと実感として分かるようになり、ポーズじゃなくて本当に心からこの子たちのことを考えられるセツラーに、地域の人々の立場に立ってものを考えられる人間に、一緒に頑張っているセツルの仲間の疑問と成長を大切にする人間に自分も成長していきたいと思うようになっていた。

大学四年　三里塚の農民の生活に触れ、京都の二ナ川選挙運動に参加する中で、人間が精いっぱい生き抜いていこうとすることはとっても美しい。そこから学ぶものはいっぱいある。だけど、やっぱり精いっぱい生きている、精いっぱい自分の課題と闘っている、それだけではいけないんだと。そのことが、社会にとって、日本の将来にとって、どうかかわってくるのか。そこまで見ていかなければいけないんだと思ったんだ。

私の持っているものを、私の感覚を本当に大切にし、もっともっとたくましく成長させていくことと、自分が今までやってきたことと自分がこれからやり抜いていこうとする方向がバラバラなものではなくて、同じことなのだということがやっと、やっと分かったんだ。

三、四年になって、一番心残りなもの—それは、自分がどう生きていくのかと、そのことで精いっぱいで、セツルの仲間とあまり交わりきれなかったことだと思う。四年生という立場はとても難しい。

だけど、私の四年間のセツル活動なり、学生生活の蓄積は、ほんのちっちゃいものだったかもしれないが、私をこれまで支えてくれたのは、仲間のちっちゃな無数の手だったことを考えたら、私のそのちっちゃな成長段階でも果たすべきことが、もっとたくさんあったのではないか。

今度の全セツ連大会は例年になく参加者が少なかったと聞く。三里塚という難しい課題もある。

頭を抱え込んでいるだろう運営委員の一人一人の姿が目に浮かぶ。

「寒川のセツラーがいると、とっても安心して討論できるんだ」という書記局員の言葉を思い出す。

図太くたくましくなったパートの仲間と　大きく成長した運営委員の仲間と、そして、精いっぱい頑張り続けているセツルの多くの仲間を信じセツルを卒業できたことを何よりの誇りとして旅立ちたいと思う。

四〇人という子どもを前にする教師として巣立っていくには、いっぱいいっぱい弱点を抱えていることを自分が一番知っている。だけど、それをいたずらに嘆き悲しんだり、嫌悪ばかりしていただけでは駄目なんだ。その弱点をどう克服していくのかが大切なのであって、嫌悪を感じるのなら、それは、それを克服しようとする努力をもたなくなったことに対して感ずべきことだと。

これからが、私の力量が本当に試され、鍛えられていく道。基本的には私の足で、私の道を歩むよりほかに方法はないのだけれど、その足が、精いっぱい歩いて行こうとする道が、子どもの、地域の人々の幸せにつながることを、絶えず見渡しながら歩んでいきたいと思う。

＊　＊　＊

「寒川セツル史」を作成したいのでと、ダッコさんから「卒論」が送られてきました。自分が書いたことさえ忘れていた幻の文章に出会い、かなり驚いています。改めて読み返し、「ああ、私の基本姿勢は揺るがなかったのだ」と、ほっとしたというか、ほんの少し誇らしくも思えています。

東京で一五年、郷里の宮城で二三年、教職の道を歩み、定年で退職しました。

荒れたクラスを受け持ち、声をつぶしたことも、消しゴムで消してしまいたい授業も、眠れない夜も、いろいろありました。それでも、「先生の笑っている顔大好き」と言ってくれる子どもがいて、共に熱く授業や学校づくりを語り合う同僚や仲間がいて、「学校は地域の核だ」と言ってくれる保護者や地域の人々がいて、こんな挨拶状で、教員人生を締めくくることができました。

「この三月、○○小学校を最後に、三八年間の教職員生活を無事卒業することができました。笑顔で定年退職を迎えられた幸せを、今しみじみとかみしめています。人に恵まれました。

子どもたちから沢山の思い出と未来を信じる心を、共に教壇に立つ同僚や仲間たちから、みんなで一つのものを創り上げる喜びと確信を、保護者や地域のみなさまから、温かい励ましと支えをいただきました。心よりお礼申し上げます。本当にありがとうございました。」

私の教育実践に、いつも「地域」という視点があったのは、セツルでの学びが大きかったからでしょう。

長年、組合女性部の活動にも携わり、県女性部長という専従の道も選択しました。産休育休制度、男女同一賃金、妊婦の勤務軽減、介護休暇、保育所の充実etc．言葉にすればたった一言ですんでしまうそれらの「権利」、その一つ一つに、女性たちの長い闘いの歴史とドラマがあったことを身をもって実感しました。何ほどの事もできなかったのですが、その歴史の一ページに加われたことを誇りに思えます。

本当に人に恵まれました。県教育委員会との交渉などで心身をすり減らしている私に「言葉は柔らかく、態度は毅然と」とアドバイスしてくれた先代女性部長。管理主義が横行し始めた学校でもがき苦しんでいる私を「母親と教師は優しすぎていい」と職員会議で擁護してくれた先輩女性教師。「こうありたい」と思える人々に出会えた幸せとともに、忘れられないこれらの言葉は、今でも私の立ち姿というか言動の指針です。

東北の封建的風土が色濃く残っている地で生まれ育った私、セツルに出会えなかったら今の私の生き方は存在しなかったでしょう。セツルの「卒論」で願った「地域の子どもたちの幸せにつながる道」を曲がりなりにも歩めたこと、そして、今も歩んでいること、

私という人間の心（しん）を形成してくれたセツルでの出会いと学びに改めて感謝します。二〇一七年七月

（三）私が勧める一冊の本　一九七三年「みのむし」二五号より

当時の大学生は、一体どんな本を読んでいたのか、仲間に紹介していたのだろうか。読書の経歴と共に思索を深めたり、大学で学ぶにふさわしい理論をセツルの実践活動と絡めて学習しようとしていたりする様子がうかがえる。

①「近代日本女性史」（上）（下）米田佐代子　著（新日本新書）

母子寮班お母さんパート　ダッコ（七一年教育　山嵜早苗　旧姓山本）

著者は一九三四年生まれ。都立大歴史研究室の助手（当時）ですが、はしがきから著者の声をひろってみます。「これまで女性史というと、とかく恋愛や個人生活の面が社会の動きと直接かかわりなくとりあげられたり、あるいは女性の抑圧された悲惨な面だけに目が向けられがちでした。また積極的な評価というと、すぐれた個人の伝記になったり、さまざまなたたかいに婦人も参加していたのだという一般的な評価におわったりする傾向もあったと思います。私はこの本でとくに婦人と社会の動きとのかかわりを婦人自身の側からとらえてみたい、そのことを通じて歴史を切りひらく婦人の力とは何か、ということを考えてみたいと思いました。」

全体を通して重点的にのべようとしたのは、「近代日本の歴史を通じて、一体婦人を開放していくための道すじはどのようにつくられてきたのか、その過程で、さまざまな階層の婦人たちがそれぞれの時代の中で、どのように生きようとし、具体的に社会とのかかわりをもっていったのかという点であり、またそこから現代の私たちは何をうけついだらよいか」という点です。

この本は、①週刊紙に連載された「物語近代日本女性のあゆみ」がもとになっているので、小テーマごと

にわかりやすくまとめられている点、②与謝野晶子、平塚らいてうら名高い女性ばかりでなく、日本で最初の婦人労働者である富岡製糸所の工女たちや困民党の娘たち、日本で最初のストライキを行ない、プロレタリアートの階級闘争の出発点をつくりだした甲府の雨宮製紙工女のたたかいなど、無名ながら日本の労働運動、婦人運動を押しすすめてきた多くの女性たちが紹介されている点、③エピソード風、婦人論の問題にふれている点、などがすぐれた特徴となっています。

私たちが地域でつかんだお母さんのきびしい労働状況、(低賃金、無権利的)、意識の低さなどに目を向けるならば、特に女性解放の問題はまだまだ理論的にも未分野であり、私たちは「従属の歴史」にいるということを痛感せざるをえません。まさに、この歴史に自らの手でピリオドをうつべく、解放の理論化を推進する必要があります。昔の解放運動は選挙権獲得のようにテーマがしぼられていたのに対し、婦人の職場進出が増大する中で現在の解放運動は多面的な追求を必要としています。マルクス主義者でなくても解放への道として女性の労働参加、建設的自立は認めざるを得ないところです。マルクス・エンゲルス、レーニン、スターリンの「婦人論」、エンゲルスの「家族、私有財産および国家の起源」などとあわせて読むと、女性のおかれてきた屈辱的な地位と役割が歴史的(世界史的)にとき明かされるでしょう。ヴォーボワールら実存主義者は、女性の意識変革こそ最も大切だと強調します。

岩波新書の本田珠江著「女性解放思想の歩み」では、女性解放への道は三つのやり方に分かれていると書かれています。ひとつはもちろんマルクス主義の立場、婦人が労働に参加することによって社会体制変革のなかで婦人解放が位置づけられるというものであり、あとの二つは民主主義を徹底させるなどです。理論化を担う時代に生きる私たちにとって、女性解放というテーマは生き方そのものとかかわる生涯のテーマといえましょう。その他ベーベルの「婦人論」、宮本百合子の「若き知性に」「文学にみる婦人像」なども読む価値がありそうです。

②「弁証法的唯物論入門」中原雄一郎著（新日本新書）

愛生町班小学生低学年パート　ジロ吉（七〇年教育　匹田久子　旧姓清水）

少しむずかしい本かもしれません。でもセツラー必読の書だと思います。一例をあげてみましょう。「可能性と現実性」という節にはこんなことが書かれています。「どんな活動計画をたてるときでも、それを適切なものにするには、それは客観的に必要かどうか、また、それはやればできるかどうか、という二つの面から検討します。」

私たちは大学祭に取り組んできました。今、どの班でもその総括が行われていると思うのですが、私は大祭の取組に対してこの二点がどれだけ考えられていたのかを疑問に思っています。セツラーはそれぞれちがった個性をもった人間です。だから、取組に対していろいろな要求や意見をもつのは当然だと思います。しかし、それらの要求が必ずしもすべてよく考えられ練られたものとは限らない場合が多いのではないでしょうか。子どもが思いつきのようにパッと口に出したことが真の要求ではないと同じように、セツラーも要求の（真の）確立についてはもっとお互いに深い話し合いが必要なのではないでしょうか。あれもこれもやりたいというのはそのすべてが真の要求なのか疑いたくなります。あれもこれもやりたいというのは、結局は特にやらなくともせっぱつまったものではないというようなものではないでしょうか。セツラー一人一人が様々な要求をもっていて、それを実現していくのが一人でなくみんなでやるのだったら、まず、そのやることについての客観的な必要性が大切になるのではないでしょうか。要求の組織の仕方に欠陥があったのではないでしょうか。

またやればできるという見通しについてもセツラーは欠けていると思います。具体的にいつやれるのか、大祭が終わってからやろうというのではあまりにも無責任すぎるような気がします。もちろん最初からやる見通しがないといってすべて放棄してしまうのもおかしいことですが、その見通しを作り出す努力を出させるためにも、取り組むことの客観的な必要性が大事になってくると思います。

この本はその他にも、指導の仕方とか、発展につい

てとか、まさに実践する上で、支えになる理論が深く述べられていると思います。以上述べた点を理由とし

て、全セツラーに必読を進めたいと思います。

（四）思索するセツラーたち

セツルの部室には、様々なセツラーが集まっていた。地域に出かけ実践する班やパートのぶつかり合い、友情を育んだ仲間との出会い、一方、実践よりも思索することを好んだセツラーもいた。「みのむし」にその思索の一端を投稿していたセツラーを紹介する。相澤善雄氏は、卒業後、高校、大学の教員として教壇に立ち続け、研究者として地理教育の分野での活躍も特筆される。「不問不答」「恋愛と思想との関係について」「思想の貫徹」の投稿文は、どれもかなりの長文なので、せっかく再録してもらったのだが、省略しながら一本のみの掲載になってしまったことが残念でならないが、思索するセツラーの代表としてさわりの部分を紹介する。

また、学生と社会との関わりについての互いの考えを、手紙リレーという形で整理して伝えていく原稿もあった。口頭で述べてしまえば泡のように消えてしまうが、文書に残すという作業は、思索という時間を自由に持てる大学生の特権を最大限に活用した試みであると言えよう。書くことによりすっきりできたという声に共感できるのではないだろうか。

①読書世界に存在する理性

児童部四年　相澤善雄（六六年教育）

（前略）

思うに、大学生になるまでに、「読んだ本をあげて

みろ」といわれても何をあげることが出来ようか…。
本を読んでいないのだから。しかし、ここに重大な一つの変化を与える事実が存在した。それは「大学生になることができた」ということである。何ほどの心境の変化であろう。「大学生になる」という事実だけで今度は、今までとちがって無精に本が読みたくなったのである。しかも、ある特定の分野の本というのではなくて、あらゆる方面の本が読みたくなったのである。過去一八年間の読書におけるブランクを埋めるための努力が精力的に始まったのである? この努力は一種の他人に対する、と同時に自己に対するあせりであったように思う。読書は古来広く人格成長の大きな糧の一つといわれているし、それは事実のように思われるからである。では他人に対するあせりとは何を意味するのであろうか。それは無知という事実にすぎないと思うのである。（略）

人と会話をしていると、つくづく自分は何と様々な対象と現象について無知なんだろうと思うことがたびたびあった。とどのつまり、一般常識—常識を定義することは非常に困難である—が自分には余りにも多く欠けていたのであった。そして、赤面を何度したことか、数えきれないほどである。一方、自己に対するあせりとは何か。この源を作る動力は恐らくは文学の分野に主に存在するであろう。多くの文学作品は観念的で、空想的で、論理的科学的な面では（不明）をみ、考えることは、自己の人生に対して一つでも何らかの暗示を与えうると思われるからである。こういうことがぼくには全く欠けていたのである。そして、大学一年生になって、現時点に立っている時、文学作品にぼくは一つの価値を見いだしたように思われる。読んだ作品こそ少ないが、文学はおもしろいということである。「読ムレ書ヲ」ことによっての自己成長というものが自分自身には他の人と比較して、恐ろしく少なかったように思われる。（不明）くの存在している自分は何らかの、ほとんど読書以外からの影響を多くして、現時点に存在しているのであろう。このことは事実である。

話を先に進めよう。大学に入学し、哲学なるものの存在を知った。そして、それに興味を覚えた。しかし難しい気がしたので倫理学を選択した。このことは全く感覚的であって、その考えは間違いであった。この講義に、ソクラテス、カント、ヤスパースなどの世界哲学史上無視しえない哲学者のさわりの部分を理解できないで聴いていてもほんとに楽しかった？ この短い読書の歴史を顧みると印象に強く残っている本が浮かんでくる。『プラトン』（世界の名著）—ソクラテスの弁証法なるものに触れる。『中国の赤い星』（筑摩書房）—中国革命の強い生命力を感じさせた。『人間の学としての倫理学』（岩波全書）—人と人間とは全く違うものである。『教育の森』（毎日新聞社）—身近な教育の問題を通して、現代の教育の在り方を考えさせられる。

『日本語』（岩波新書）、『赤と黒』、『嵐が丘』、『女の一生』（河出書房）—この一年間に文学作品はこれだけ。女の生き方、ひいては、人間の生き方を深く考えさせられる。そして、文学の楽しさを発見したことは一つの収穫であった。『資本主義経済の歩み』（岩波新書）—手軽な、社会主義へのアプローチとなるだろう。『キューバ』（岩波新書）—キューバ革命の姿と源を知れる。『レーニン』（世界の名著）—精密な再学習をせねばならない…。このように無限に続いていけばしごく楽しいのだが。しかし、現実にはぼくの目の前で止まってしまった。（中略）

「存在」というカテゴリーはその認識方法に二方法、否、現代は三方法あるとぼく自身考える。それは観念論、唯物論、実存主義とである。この表題の『理性』という言葉は単に筆者もしくは自分という意味だけである。論理を進めていく上での前提となる言葉のカテゴリーを定義することは非常に難しいが、このことが明確に決まっていないと論理を進めていく上で、思わぬ穴に落ちこむ危険が多分にあると思うのである。では表題の意味する内容は何であるのか。『「読書世界」に「存在」する』ということは、単純には『「読書世界」以外には「存在」しない』ということである。では、何故そうしなければならなかったのか。ここからは自己分析を試みることが必要なのである。つまり一種の独白＝告白である。

結論から先にいうと「自己矛盾」というものが、自己の内面に存在しているのではないかということであると思うのである。この「自己矛盾」というカテゴリーは矛盾する重大な二面性を所有しているということである。「個」と「全」、「個」と「仲間」というぼく個人としての計り知りえない「バランス」の問題である。この場に使用された「個」「全」「仲間」というカテゴリーを定義することはこれ又困難なことであるが、ぼくが唯一言えることは「個」と「全」、「個」と「仲間」ということは、相互に不可分な関係にあるということである。つまり「個」は「個」としてのみ存在することはできず、「全」「仲間」も又それらのみでは存在することはできない。「個」は「全」「仲間」というものがあって、その後はじめて「個」であり、「全」「仲間」は「個」というものがあって、その後はじめて「全」「仲間」であり得ると思われるからである。この「バランス」というのは、恐らくは、「個」であると同時に「仲間」を感じせしめ、「仲間」であると同時に「個」を感じせしめることであると思われる。この「バランス」がぼくには現時点においては調和していないように思われる。どう調和していないのか。つまり、「個」の分野に存在の比重が移っているということだと思っている。そして、その「個」の大部分を占めている主人は「孤独」というやっかいなもののことである。これは感性の世界のことであるから故にこそ、やっかいなのである。—外に現われないから。この感覚を自己分析して試みるならば、「仲間」の中に自分が調和して存在したいと思っていると、逆に非常に強く、ある力がぼくの理性に働きかけ、まったく自分一人でいたい、つまり「孤独」になりたいという道を歩んでいるのである。そこに、現時点でのぼくのあらゆる面での本質というべきものが露呈されていると思われる。具体的には無意識的にも、意識的にも、場違いな言葉？を創り出し、自己の周りに自己以外の世界と隔絶する見えない壁を作っているようなことなどである。ここにおける「孤独」は非常に高次元化された「孤独を楽しむ」もしくは「孤独の存在を見つめる」なんていう高尚なものではないのである。―ぼくの能力をもってしては、こういうことは不可能なんであろう。うらめしや！　このことを一歩進めれば心理学で使う適応機制において使用されるところの「逃避」という言葉を使用しむればこの問題はある程度は解決されうるのであろう。つまり、このぼくの現在の危機の状態を脱出する便宜的な方法に、この「逃避」を使用したのであった。理性の命令が「孤独」への道を歩めと決定すれば、これに従って意志が働き、行動として具体的には一人になろうと表象してくれるのである。もちろん、この「逃避」は主体的ではなく、受身的であり、積極的でないことである。そして、そこには自分自身に対してと同時に、自分自身以外のものに対して消極的となっていく多大な原動力がひそんでいるように思われるのである。現実には、この「逃避」はぼくにとっては「読書世界」に存在することによって、なされたのであった。結論を急ごう。

ぼくの現時点において課せられた重大なテーマは先の「バランス」の調和をいかにして自分自身で創り出し、この問題を解決していくかということである。つまり、もっと単純にいえば、飛躍的な自己変革―自分が自分自身を変えていく。そこに多大なる自己に対する自分の努力が要求される。ああ、まったく難しいなあ、ぼくには！　というものを自分自身が自己に対して課さねばならないということである。そうすることによって、「逃避」の手段として使用されたところの「読ム〻書ヲ」ことは必然的に別な意味内容を持たざるを得なくなってくるのであろう。

追記　論理的にもまずい面があると思うし、言葉の使い方も違っていると思います。批判して下さい。

出所：『仮称あすなろ』第一号　寒川セツルメント事務局発行（一九六七・四・一）再録にあたり、原文を尊重するが、明らかな誤字・脱字を修正し、句点などの最小限の見直しで読みやすくした。一部表現に不適切さが見られるが、当時のままとした。

②三丁目中学生パート冬休み中の手紙交換

三丁目班中学生パートキャップ　クナイ（七〇年理学　河井直幸）

三丁目中パーの全ての皆さんへ

この手紙はあなたに出したものではない。あなたも含めた三丁目中パーの全てのセツラーに届くことを願う。

三丁目中パーとしてこの七〇年から七一年へと移り行く冬休みを有意義なものとするため、ここに文章による意見の交換をしたい。まず私がここに記したことに関してクナイ↓サマンサ↓チョンマ↓マンモス↓ムサシの順に自分の意見を書き郵送してほしい。郵送の際、送られてきた手紙と自分の手紙とを全て封筒に入れ次の人に送って下さい。二〇日足らずの休みであるので手紙を手に入れたらできるだけ早く次の人へ郵送すること。最後のムサシは時間的に可能であれば私の所まで郵送して下さい。

いったい何について述べればよいのであろうか。あれもこれもと頭に浮かび、どれを選ぶべきか迷う。中学時代、高校時代の同級生で今は働いている人に会うと「学生はいいよなぁ」とよく言われる。私はこう言われるごとに自分が学生として本当に正しい生き方をしているのか自問自答する。あまりはっきりとした結論は出ないが。そこで「社会における学生の位置」について考えてみたいと思う。むずかしいなぁ！

まず学生とは何か、労働者と学生の違いは何かを明らかにせねばならないが、これは一般に考えられていることでいいであろう。

私は今、アルバイトをしている。金がないことも確かであるがそれ以上に私をしてアルバイトに従事せしめる何かがある。それは学生という身分、日頃気楽に生活し、年末年始には二〇日間という休みをとることのできる身分のためである。もちろん学生生活全体を気楽なものとは思わないが、労働者に比すれば気楽なものと思える。（又、この気楽なために様々な社会問題を考え、多くの悩みをもつものではあるが）つまり学生として二〇日間の休みをのんびりと暮らすことに抵抗を感じるのである。大学内、サークル内では民主主義だ、労働者のための政治が必要だと叫びながらも休みになると何もせずぼんやりと過ごしてしまうのだ。「今の若い者は…」とよく父親達に言われる。確かに時代の違う今と昔とを比較して人間を批判するのはよくない。でも私自身「今の若いものは…」と言いたくなることがあるのだ。それが学生生活に特にはなはだしいと思うのだ。学生という身分に甘んじ、好きな事をし、自由に生きる、これが学生の権利かもしれない。でも学生とはもっときびしくあるべきだと思う。自分自身に対し、社会に対し、もっともっときびしくあらねばならないと思う。サークル内では皆本当に自己にきびしく生きていると思う。でも今のようなサークル内のあり方だと何かきびしければきびしいほど空回りしているような気がする。話が多少ずれてきた。「社会における学生の位置」について述べねばならない。

今述べたように学生は社会の中できびしく生きねばならない。非常に不安定な学生の存在をきびしさの中で確固たるものにしていくことが必要であると思う。

次に社会の中で学生の力は強いと思うのだが、あまり確かなものではない。労働者と違って雇用関係がないので、自由に行動できるのであるが、逆にこの関係がないために、たとえば問題が労働者に関したものになると問題が自分のものとなり得ないということがあると思う。学生という不安定な存在が様々な問題を生み出していると思う。

問題提起が悪くて話が進みにくくなるのではないかと思う。自分自身もいったい何を書いたらよいのかわからなくなってしまったので、サマンサからはもう少し自由に自分の意見を述べてほしい。（後略）

↓ **サマンサ**　（六八年教育　橋本正子　旧姓　佐藤）

※これを読む前にクナイの文を読むべし。

クナイの提案はとても良いと思う。さすが三丁目中パーのキャップだけある。ただ年末年始の郵便配達でみんなにまわりきれないのでは？　という懸念があるけど……まずは本論に。

クナイの言おうとしていることはわかりました。でも「きびしさ」ということばが抽象的すぎるからこそ、ちょっと気になってしかたがありませんでした。でも私なりに書くことにします。

私が一年生の時、どこかの誰かに「学生の社会的な使命」ということを聞かされ、その時は学内の問題など全く自分のものとして考えられない現状と合わせて空恐ろしい響きをもっていました。私が大学に入ったのは(入ろうとしたのは)就職して社会人となる前に、自由に勉強したり、いろいろなことをやってみたりしたいという個人的理由からのみでした。でも、一年のおしまい頃から大学そのものが社会に要求されているものである以上、そこで学ぶ学生に課せられているものもあることを何となく感じてきました。大学が帝国大学のように少数の官吏養成のためではなく、科学や学問が真によりよい国民の生活のためのものとなり得るような研究、教育の場であるべきだということはよく耳にしますし、私自身そうありたいと思います。でも実情にはいろいろ問題があります。ここでは特に学生の側の問題にしましょう。私が学生の甘さを感じるのは、たとえば労働者が組合活動などで集会をもったり、プリントをまわし読みしたりする時など、自分たちの、労働者のよりよい労働条件改善のためには、一度行動を決めたことは明日にのばすなどというルーズなことをしないのに比べ、学生は、討論会やビラづくりなどをのばしたりすることです。直接生活がかかっていないということや、確固とした力の関係がないからだと思います。おととしセツルをしていて、卒業して保母さんをしているタッチンの話などを聞くたびに、労働者との違いを感じます。闘い—あえて闘いということばを用いて—の姿勢、意気ごみ、生活の中のそれということにおいて、労働者と学生の違いは大きくあります。あるのが、ある意味では当然なことだと思います。でも大事なことは、労働者に比べ、学生はきびしさがないといっているだけではなく、改めて、大学生の使命を考えてみるべきだと思います。私自身、セツルで子ども集団のとらえ方を学んだり、地域をとりまく社会の情勢を学んだり、その他、大学に入って一年余りたつころから、入学時には思ってもみなかった、どんな教師になりたいのか、現在の情勢をふまえた上でのどんな教育観の教師になろうとしているのかということが大きな課題になってきました。大学の実情には多々問題があるとしても、大学の中で、大学を出た後どんな社会人になろうとしているのかを、今の社会をとらえる中で自分自身の内に積み重ねていこうとすることは、大事なことだと思います。私が休みになって家に帰ると家族の者と、私はこんなことを考えている、大学ではこんな問題があるなどと話したり、また、去年の夏休みの件のように、家族内に問題がおきた時、家族の一構成員として、ひとつの意見をもって臨む私が、高校時代、大学一年の時とは明らかに違った物の見方、考え方で、そこに存在していたりすることは、私にしてみれば、学生生活の中でいろいろ学んだり行動したりしてきて、次第に積み重ねられてきたものだし、その底というか、方向にあるものは、社会の中の自分、社会と自分のかかわりということです。こんなことをいっても私自身、やはり学生としての自由な行動（それは別に悪い良いというものではない）によるルーズな面というのは自分自身の中にも感じます。でも、だからこそ理論と実践を両方行っていくような自分にしたいと思うのです。

私は、将来、特殊教育にたずさわりたいと思います。でも現場の現状などをみても、絶対やりぬくという保障は今の意志以外にはありません。ここで私は、特殊教育の現状がこのままではいけないと思って、自分がその中に加わって、よりよくしていきたいと望んだ、その原点に立ち戻り、さらに、現状を学んだり、問題点を考えたり理論的に究明したりする中で、卒業後の自分がどう生きようとしているのかというものの基礎となり得るようなものを築いていく必要が出てくる、そういうことが私にとっては、きびしさのひとつとなると思います。

全く個人的な文章発言になってしまったけど、最後に一つ、学生と労働者の違いを明らかにした上で、きびしさ、甘さを論じないと、抽象的になると思います。

↓　**チョンマ**（七〇年理学　石川凡朗）

まずもってクナイのこの行動提起はたいへんすばら

しいことだと思い、敬意をはらいます。

この問題は我々学生にとっては常に問い返さなくてはならない問題ですし、重要な問題であるだけに考えれば考えるほどわからないことが次々と頭に浮かんできます。しかし、これを機会に少しでも考えまとめられれば、クナイの提起も意味をもってくるし、俺にとっても意味があると思います。

俺はこの問題は、少し立場をかえれば(範囲をせばめれば)セツルの理論化、自分の行動の理論化とだいたい同じだと思います。それだけにまた重要でしょう。このへんのことはまた〝セツルの理論化〟ということで問題になると思いますが、後でゆっくり話しましょう。

前置きはこのくらいにして「社会における学生の位置」ということですが、クナイの文もサマンサの文も大きく「社会における学生の果たすべき役割」を見定めようとしているところにあるように思います。そこで俺も現実に〝在る〟学生の姿を見ながら、よくわからないしあまりまとまっていませんが書きたいと思います。そのためにはやはり労働者と学生の違いを比較しながら考えるとよいと思います。

俺はご存知のように「学生さん」ですから、労働者と学生の違いで現実の生活に表れてきているものを知りませんし、それだからあまり違うようには思いませんが。

ひとつには、学生は経済的に独立していないということです。そのため自分の生活そのものまで自分で確固たる方向をもたせることが難しくなっている、たとえ方向づけにしても周り(特に家族)の影響で簡単にくずれてしまう傾向にあると思います。くずれやすい原因はこれだけでなく次のことにも関係していると思います。

ひとつには、学園という比較的嵐の少ない象牙の塔的なところに住んで居り社会の矛盾が肌身に感じられないからそれらに対して怒りきれない。学生の場合、学問という一種の社会から離れた世界へ逃げ込んでしまえるが、労働者は日常の生活・生産現場そのものが社会そのものですから社会から離れることは現実的に不可能です。だからこそ、またその中で暮らすために精神的なものまで売らなくてはならないといったようなことなど現実の生活の矛盾をしみじみ実感しているのでしょう。

もうひとつ、これはずっと具体的になるけれども学生には自分の勝手に使える時間が多くあるということです。そのことからサマンサの言っていた時間的にルーズな面というのは出てくるのでしょう。しかしこのことは学生にとって有利な条件ともなるでしょう。それは学生が本などを読むチャンスが多いということとも関連して、一番目にあげたこととは反対のことですが、〝社会がどうあって、その中で自分がどう動いているのか、またどう動こうとしているのか、どういう意味があるのかなどの理論化〟がされやすい(?)から生き方の方向づけはしやすいし、また戦闘的で動きが活発だということです。

それから、これは二番目にあげたことと関連しますが、現実に社会の悪には一般に遠いから正義感が強く、正しく認識できる可能性をもっているということです。

以上、まだ他にもあるかもしれませんが労働者と学生の違いに関して書きましたけれども、サマンサがいっていた「労働者は生活がかかっている」という点については、俺はあまり違うように思われません。クナイもサマンサも―闘い―をしている人を中心に考えているようですが、そういう人達のことを考えると、労働者の場合、確かに賃金闘争に見られるように直接生活のかかった闘争もありますが、今の闘いはそれらの占める位置というのは小さくて、大きなものは日本の民主化にあると思います。(こう考えるところに学生さんの甘いところがあるのかな?)が、その中において学生に対しても就職差別や家庭の問題などがあり、また生活が独立していないからこそ、労働者とあまりかわらないように思われます。

サマンサは、大学において学生がすべきことは〝自分がどう生きるか〟を確立することが重要であると述べて居りますが、一部学生がいっているように現実に大学での学問は多くがすぐ企業のために役立つものであり、またそうなっているのを見るならば確かにこのことは重要ですし、現に俺もそう感じられて、学問の方は少し（少しばかりではなかったかな？）おろそかになっていますが、しかしこのことはあらゆる人があらゆる場で考えるべき問題ですし、また学問がその方向なしには生かされないことや、学問が専門的には大学でしかなされず、労働者にはなされにくいところを見るならば、この「自分の生き方を確立する」ということと同時に学問研究も大学において学生のすべきことだろうと思います。（あ～あ、しらじらしい）

俺は専門バカになるよりも「自分の生き方を確立する」という方向で大学で学んだほうがいいと思うのですが、現実に学友と話してみると、まだまだ「自分の生き方を確立する」というところまでは考えていないけれど、漠然と「人間として成長する一段階としての大学」と考えているものが相当数いるようです。いいことだと思います。

以上で俺の意見は書き終わりましたが、こうやって書いてみるとなんとなくすっきりした感じです。書くということはいいことだ。でもこうやって書くのに一日もかかってしまいました。

二、今の「私とセツル」——卒業後の歩みとセツル

卒業後のセツラーは、どんな人生を歩んだのだろうか。日本の各地で、様々な仕事につきながらどんなことを考え続けてきたのか、それぞれの地での歩みを訪ねてみる。

①寒川セツルメントの延長線の上で

保健部　北川定謙（五〇年医学）

一昨年、金子君（昭三三年医学部卒）からの連絡で、「寒川セツルメント」の集まり（寒川セツル創立六一

周年…二〇一五年一一月一五日）があることを知り、その集まりに参加しました。

千葉大学教育学部の皆さんが主体で、様々な活動をしていることを知りました。

ところで、寒川セツルメントというのは、昭和三〇年当時我々が医学部学生のころ、地域活動を始めたことに始まったようで、すでに六〇年以上の年月が経っているのに、そのような地域活動が続いていることに（あるいは、断続的に続いたのかも知れませんが）驚いたのでした。

昭和三〇年ころというのは、社会は戦後の混乱から立ち直りつつあったとはいえ、我々医学生の立場から考えても、健康上の問題も多く抱え、健康保険（医療保険）の制度も未完成で、各地で医学生を中心とした地域活動も活発に行われておりました。

千葉大学では、昭和二三年卒業の学生を中心として、五井町での結核健康管理の活動が夏休みを中心に行われておりましたが、これは夏休みなどの期間を限っての活動であり、もう少し継続的な地域活動をしようということで、たまたま千葉市寒川地区に母子寮があり、健康相談や子ども会の活動が求められているところからいわゆるセツルメント（地域定着型の継続的）活動を始めたのでした。そのころの各種の記録が受け継がれ、姿かたちは時代の変化の中で変わってはきたようですが、ともかく連綿として続いていたことに驚いたということです。

私のことに関していえば、学生時代の活動を支えた気持ちの延長として、卒業後は保健所に職を求めて、主として結核予防や母子保健の仕事に入り込んでいきました。ただ、これらの仕事の日常は極めて平凡なものでした。それでいろいろと考えた末、結果として以下に述べる三つの仕事として纏めることになりました。

（一）羽島保健所における過去六年間（昭和二六年〜三一年）の学童・生徒延べ一〇万人分の結核健診のデータをとりまとめ、長期の予後を分析しました。

（二）当時、赤ちゃんコンクールで優良な乳幼児を表彰することによって母子衛生の実を挙げようという試みが行われていました。実際には恵まれたケースが集まってくるのですが、問題のあるケースは取り残されていることに気が付き、保健婦さんたちと相談の上、すべての乳幼児の家庭訪問をして、集中的な育児指導・栄養指導をし、その結果見事に発育を改善できたことに感激しました。

（三）（略）

②想定外のオンリー・ワンの医師に

人形劇部　河野　泉（六一年医学）

セツル時代の資料は何も残していないし、記憶も定かではありません。それほど熱心でもなく、本を書くのはN君、T君の役になっていたという記憶がありますが、劇の内容は覚えてもいません。寒川セツルは当時もあった社会医学研究会（社医研）から分離独立するようにして生まれたと聞かされていたことを記憶しています。そして読書会・勉強会を合同で行っていて、記憶にあるのは宗像誠也氏の『教育と教育政策』、F・パッペンハイムの『近代人の疎外』だけですが、ともに一九六〇年初頭の岩波新書で、書かれていたことは現在にも役に立っていることで、このような勉強が唯物論、唯物弁証法、マルクス入門になり、その後の人生選択の方向を決める一つの大きな因子になったと感じています。

学部の二年になったころ、先輩の四年の世代が全国規模で「民医連研究会」を立ち上げ、三年、四年になると民医連の大先輩方が我々を勧誘しに千葉にも来るようになっていました。曰く「医学の勉強は卒業してからで十分間に合う。それよりも唯物弁証法をしっかり学んできてほしい、そうすれば後は道が開ける」と。これが強い印象として残っています。医学部全体的でも「千葉の卒業生はインターンに入ったときの出来は悪いが、終了する時にはトップクラスになっている」と先輩から聞かされていたものでした。無医村に行きたいという思いがあったのですが、都会にも〝無医村〟があると指摘され、説得されて、結局千葉民医連に職場を選び、市川市民診療所がその後今日までの五一年間の仕事の場となったのでした。

五〇年前はまだ戦後の貧しさが、特に市川市の南地域には色濃く残っていて、病気をしても医師にかかるのは死亡診断書が必要になる時という状況も見られていました。病気になっても医療を受けられない人たちが多くいて、市川にも〝無医村〟があったのです。この様な地域で医療を「何処でも、何時でも、誰でも」受けられ、「良い医療をなるべく安く」をモットーにした医療の現場に飛び込んだことになったのです。

市民診療所は婦長（現在では士長）の看護婦が開設者で、このような医療を提供してくれる医師を探してきては診療を続けていましたが、当時は東大の心臓・循環器専門のY・U先生が大学での忙しい研究・診療の傍ら、午前の外来、夜間の救急・往診の多くを担っておいででした。

公の救急体制も訪問看護制度もなく、地域に往診をする医師はほとんどなく、市民診療所は往診、救急（内科系）の多くを引き受けていたのです。私は一〇年余り、このY・U先生に診療の基本、医師の『斯くあるべき』ということを教えて戴くことになり、その後の地域医療を受け継ぐことになりました。重症の患者では訪問看護をし、一日四回を超える往診をし、酸素ボンベ、心電計、ポータブルレントゲン撮影機をかつぎ回ることもたびたびでした。まだ多かった脳卒中は絶対安静が治療の基本だった時代であり、経済的に入院できない患者さんも少なくなく、また入院には差額ベッド料が必要だったことも問題でした。ですから医療の傍ら救急医療の整備、訪問看護や入院差額の公的補助などを市に要求し、地域の運動として実現していきました。同時に大きな病院のなかった千葉民医連のセンター病院建設運動を三つの診療所、二つの小さな病院それぞれが地域の人々の協力を得ながら進め、一〇年後に千葉健生病院を建設し、数年後には船橋二和病院を実現し、その後の千葉民医連の発展の基礎を築く一端を担うことができました。

医師としての医学への取組についてですが、初期の三年間の小児科研修で、原因不明のネフローゼ患者を多く診る機会があり、長期のステロイド治療でも治癒困難な例が多いことを経験して、原因の解明こそが重視されるべきと考えるようになっていました。そこで免疫が関わるアレルギーをその後の課題に選択したのです。勉強を始めるとすぐに専門雑誌の論文で「食物アレルギー」が年齢、性別を問わず、心身共にあらゆる症状、疾患の原因になっていることが書かれており、原因不明で難治な多数の患者が、原因と診断された食物の回避で改善・治癒することが報告されていたのです。それは一九四〇~五〇年代の問診と詳細な観察を手掛かりにしていた時代の成果であって、大きな検査設備のない診療所でも実践が可能と考えられ、また食物の注意で自身の長年の多くの愁訴も改善することを体験したので、『食物アレルギー』を一生の課題とすることにしたのでした。

以来四五年の間に問題は食物だけではなく、食品添加物・残留農薬・化学肥料などの化学物質、さらに電磁波、接触の多い衣類や新聞や本、ティッシュペーパーなどの環境物質が同様に病因として重要なことが分かってきました。花粉やハウスダスト・ダニなどよりも間違いなく重要だと思われてきました。そしてこれら環境物質が日常的な風邪や腹痛、湿疹、蕁麻疹、偏頭痛、胃腸炎、口内炎、高血圧症、狭心症、不整脈、関節炎そしてアトピー性皮膚炎、気管支喘息、鼻アレルギーなどはもちろん、難病である関節リウマチなどの膠原病、あるいはうつ病、双極性障害、統合失調症、パニック障害などの精神疾患、最近問題になっている線維筋痛症、筋痛性脳脊髄炎(慢性疲労症候群)、あるいはレーノー病、メニエール病などのすべてではなくても原因になっているのです。その可能性はさらに拡がっていくはずです。

例えば風邪の九五%はウイルスが原因とされていますが、発熱も含めて風邪症状の初期であれば、症状出現前に食べた食物のなかに原因食物を確認でき、それを回避すれば薬もなしに治癒するものなのです。外来で定期的に受診される患者さんに症状が出るたびにその主に食物である原因を診断し原因対策で治療して、効果を確認していますから、間違いは殆どないと確信していますが、診療に時間がかかり、その割に収入が少ないのです。非常勤になっている現在、診療所に迷惑をかけながらの医師生活となっているのがつらいところです。もちろん年齢もあって週二、三回の診療でありますが。他の医師からは食物でそんなに多くの病気が起きるなどあるはずがないと端から否定され、「非科学的」だと批判され続けてきましたが、誰も追試しようとはしてくれません。科学の始まりは事実を認めることが出発であり、それには何事にも好奇心を持ち、自分の目で確かめることが欠かせないと考えます。そしてまだまだ世の中には想定外のことがいくらでもあるということを想定していることを忘れてはならないと感じています。原因にこだわることが習性化し、何事についても原因が気になり、特に現在の悪政については原因を考え、改革しなければ未来が危ないと不安を感じずにはいられないこのごろです。卒業後の概略はこんなところでしょうか。

③私と寒川セツルメント保健部—セツルを出発点として産業医へ、過労死問題へ

保健部　プロ　長谷川吉則（六五年医学）

寒川セツルメントに入部するまで

医学部志望理由は「へき地の医療をやりたい」、「恵まれない人を助けたい」ということだった。高校時代にキリスト教に触れ、自分の人生についてへき地に行って医師として人の役に立ちたいと考えるようになった。また生命について興味があったことも医学部志望の動機でもあった。西千葉キャンパスの二年間のサークルは、キリスト教研究会に所属していた。

入学早々、チョアスイリン君事件という、千葉大の留学生が本人の意思に反して本国へ送還されるという事件が起こった。学内では学長に対して強制送還に反対することを求めて集会や交渉が行われた。

入学間もないのに同級生にも先頭に立って活動する学生が二人いた。私たちが専門課程に進むようになると、後に彼らは学生運動を一緒にやる仲間となった。当時の西千葉キャンパスは校舎が次々と建てられてい

た。

私の西千葉時代は生命科学の分野では大きな進歩のあった時代で、ＤＮＡの二重らせん構造の解明など分子生物学の展開はわくわくするものであり、後に専門課程に進んでから基礎医学に進みたいと考えるきっかけとなった。

二年生になり、私はキリスト教研究会の部長になった。大学祭実行委員会から合宿参加の招請を受け参加した。合宿の場で歌われた荒木栄の歌とか歌声運動で歌われた歌に触れたのは初めてだった。

専門課程進学からセツルメント入部まで

一九六七年四月医学進学課程から専門課程に進学した。このころ昭和四二年卒の先輩たちが、医師国家試験の受験会場に行ってから試験をボイコットしたというニュースが報じられた。当時医師になるには国家試験後一年間のインターンが必要とされた。インターン制度については全国の医学生が研修内容の問題、身分的な不安定、生活の保障がないなどの理由からインターン制度廃止の運動を進めていた。私はこの報道に接して医学生としてインターン制度について考えなければならないということ、自分だけではなく同学年全体の問題として考えなければならないという現実に衝撃を受けた。それが学生運動に係わる直接のきっかけだった。

寒川セツルメント保健部の活動

寒川セツルメント入部の動機ははっきり記憶にない。ただキンギョさんの部会記録には「地域の人に触れてみたい」という発言がある。暮らしには困らない家庭に育ち、アルバイトをする必要もなく学生生活を過ごしていたので庶民の生活には関心があり、キリスト教の影響から人に役立つ、奉仕をしたいという思いもあったと思う。さらに部会記録には「平和と民主主義の問題に取り組んでみたい」という発言もあった。級友のＩ君の話が直接のきっかけだった。

そんなことで私の寒川セツルメントでの活動が始まった。私のセツルネームは「プロ」となった。プロフェッサーの「プロ」で、プロレタリアートの「プロ」だ。自分がそう言い出したのか、他人にそう言われた

のかは覚えていない。講釈好きなのは間違いないが、本人は気に入っていた。(この後の部分は第二章に)

一九六七年九月一六日の寒川セツルメント総会での保健部分散会の記録を見ると、「セツルメント活動と平和を守る活動との係わり」について討議が行われている。「地域活動の中から世の中の動きが掴めるのか、セツルメント活動と平和を守る活動との結びつきがあるのか」がテーマだった。

私は医学部の四年間セツラーとして過ごした。しかし、その大半は忘却の彼方に行ってしまって、思い出せないことが多い。ただ現在の自分に関わって述べておかねばならないと思うことは、医学部の二年生の頃から学生運動と係わるようになったことである。特に医学部三年生の時は全国的に学園紛争が高揚した。医学部ではインターン制度に代わる制度として政府が打ち出した報告医制度への反対運動が盛り上がり、千葉大医学部でも全共闘系の自治会執行部のもとで、ほぼ一年近くストライキが行われた。私と仲間たちは執行部の冒険的な占拠路線に反対し、広範な学内の力を結集して報告医制度に反対していくという方向に医学生を結集していくことに力を尽くした。こうした運動をしながら日本の医療の変革、医局講座制を変革することを考えていた。

寒川セツルメントの四年間、地域住民の要求を取り上げて運動し、地域の健康状態を改善するという点では何もできなかったと思う。しかし、地域の人と触れ合い、セツラーの仲間とあれこれ率直にディスカッションすることを経験した。様々な意見があること、その中で手を取り合って活動することが可能であることを学んだ。そしてこうしたセツルの活動を通じて民衆とともにある医療をやってみたいという思い、また学生運動を通じて医療を変えたいという思いが一つになり、私は卒業時には千葉民医連の医師になることを選択した。

民医連の医師になり過労死問題に取り組むようになって一〇年を過ぎてから、循環器の医師となっていたが、過労死問題が報道されるようになってきた。過労により循環器疾患を発症して死亡する。医師として何かできないか、それがこの問題に取り組むきっかけだった。全日本民医連から突然、労働者健康問題委員会の委員をやるように言われて、わからないながら委員会には参加していた。「ストレス労災疾患研究会」という過労死問題に長年取り組んできた、研究者の上畑先生や過労死弁護団の岡村弁護士らが中心になって事例検討を行っていた研究会に参加するようになった。公務災害認定のために習志野中学の中野先生の意見書を初めて書いた。その後弁護士から依頼され、五〜六名の過労死された方の意見書を書いた。こうして労働と疾病との関係に目を向けるようになり、産業医資格を取得し生協の産業医にもなった。民医連の中では虚血性心疾患と労働との関連を明らかにする臨床研究ができないかと考えていたが、鹿児島の吉見先生らと多施設研究に取り組むことができて、一九九八年「冠動脈疾患と労働・生活背景の関連についての症例研究」が行われ、ストレスとの関連を明らかにすることができた。

一九九〇年代の後半になって研究者、労働組合、職業病の患者団体から、働くものの健康問題に取り組む全国的な組織を創ろうという運動が盛り上がり、一九九八年一二月一五日「働くもののいのちと健康を守る全国センター」が設立された。私もこのセンター設立の運動に参加した。二〇〇五年六月にクボタショックが起こり、アスベスト問題が大きな問題となった。この事件を受けて、民医連でもアスベスト問題への取組が強められ、学術的な面でも健康被害の状況を明らかにすることが求められ、全日本民医連アスベスト多施設調査が行われた。調査の呼びかけ人の一人として、原発性肺がん九四七例の調査から肺がん患者の一二・八%がアスベスト関連であるということを明らかにすることができた。現在、私は全国センターの副理事長としてアスベスト問題を担当し、働くものの健康問題に取り組んでいる。

④寒川セツルメントと私の人生

栄養部　古瀬直子（六六年栄専　旧姓岡嵜）

セツル入部のきっかけ

つい先だって、千葉県立栄養専門学院（その後廃校になり千葉県立衛生短期大学へ、その後千葉保健医療大学へ）のクラス会をしました。顔も名前も覚えていない友人もいる中、思い出しながら語り合い、楽しい時間を共に過ごし、関係を再構築することができました。

しかし、今考えると、私の学生生活を支えていたのは寒川セツルメントの活動だったと思います。学校だけではとても充たされませんでした。

仲の良い玉造さんという先輩に誘われて千葉大の寒川セツルメントの部室に着いてすぐ引き込まれました。栄専の諸先輩は栄養部で活発に活動したと聞きましたが、私の時代は下火になっていて、玉造さんと私だけでした。その先輩も学校を卒業し、私は一人きりでした。

学校はセツルメント活動を問題視し、自粛をするように言われた記憶があります。それでも私は千葉大に通いました。セツルメント活動のお蔭で、社会に目を向け、社会とつながり、共感して共に熱く語り合い、歌い、踊り、充実した学生生活を送ることができたからです。

チコちゃんという千葉大教育学部の友人と仲良くなり、共に行動しました。寒川の母子寮に出かけて子どもたちと遊び、勉強することが楽しく充実した週末でした。

小学校での実習や、セツルで教育学部の人と活動し、子どもたちに接するうち、教師になりたい、もう一度受験して勉強し直したいと考えたこともあります。しかし、一生懸命働いて仕送りをしてくれる父と、私と同居し生活費をみてくれる兄の事を考え、私のわがままだとあきらめました。

民医連の栄養士として働き、学んだ

私は卒業後、千葉県民主医療機関連合会の小さな病

院に栄養士として就職しました。

民医連を選んだのは、クラスの友人でお母さんが地域で活動している人がいて、お宅に訪問するようになったことが縁でした。同じ地域で活動されている大塚さんを紹介され、大塚さんのお宅が大層居心地がよく、度々出入りして社会的な目を養いました。そのご主人が民医連の病院の事務長で、大塚さんの紹介で就職しました。

我が人生には何人かの恩人がいますが、大塚夫人はその一人です。

民医連には綱領があり、目指す理念があります。民医連に入職したおかげで、就職後もさらに社会に目を向けて生きることになります。

患者の立場に立つ良い医療、差別のない医療を実践しつつ、戦争や核兵器に反対し、患者とともに制度を改善する運動をもする職場でした。一度は現実と目指すもののギャップに悩み、挫折しましたが、その後は定年まで民医連を離れることはありませんでした。

一九七四年、数年かけて地域や労働者、医療人、医学系学生等の大きな力で、働く人や住民の命を守るセンターとして夢や希望に溢れた千葉健生病院がやっと完成、北部病院から私も異動しました。

しかし一九八〇年代、社会保障の改悪がスタートします。無料であった老人の医療費が有料化、それを突破口に健康保険本人は初診料だけで済んだものが一割負担になり、その後いずれも引き上げられ、保険適用から外される医療が拡大、患者負担は増していきました。健康保険本人の一割負担の国会衆議院本会議の審議の傍聴に行き、裏取引があり夜中に採決、悔しい思いをしたことは忘れられません。

診療報酬は引き上げられず、病院の経営も厳しくなり民医連でも矛盾が拡大する時代になります。

インスリンを打たなければ命にも関わる糖尿病の患者さんが、もうすぐ医療費が無料になると楽しみにしておられましたが、その前に有料になり、七〇歳になってもパートをやめられなかった現実、命の沙汰も金次第。

その後も消費税に介護保険、庶民にとって苦しい時代はじわじわと押し寄せました。

栄養科の委託の話は常に浮上しました。病院の食事は心と体を病む患者さんには楽しみでもあり、治療の力になるものです。元気な人より、一人ひとり配慮が必要なのです。体制が悪くなる中、私は調理師が力をつけ、患者さんに寄り添う美味しい食事作りを徹底的に追及することで生きがいを持ち、乗り切ることを考えました。私を信頼し、共に夜を厭わず学習や業務の打ち合わせに参加し、一人一人が力をつけ生き生きして医療活動を行い、患者さんに喜ばれました。

私はこの時、中高年の調理師さんが成長していく姿を見て人間は必ずいくつになっても成長できる事を教えられました。これは私のその後の人生に大きな力を与えてくれました。

医療活動だけ尽くしても、良い医療はできない。平和運動、社会保障の拡充、職員や患者さんへの教育活動、友の会活動、健康づくりへの啓発活動、患者会活動、時には全日本の共同組織委員会、栄養委員会も担当させてもらって、大きな視野を持ち、運動してきました。

普通の医療人では経験できない多くの経験と学び、まさに民医連は生涯の学校でした。自分が気づかない力を引き出してくれたのです。

退職後は健康運動士として地域で楽しい活動を

退職後、この力を地域に生かしたいと思うようになりました。虐げられる庶民が元気で暮らす方法を模索しました。食事はもちろんですが、健康を維持するためには運動と、明るく笑いあい交流する場が必要です。

運動の勉強を始め、東京まで満員電車に揺られて二〇代、三〇代の人と一緒に講義を受け、試験勉強の末、日本健康運動士の資格を取得して始めたのが健康友の会料理教室、体操教室の班会です。

地域の人と楽しく活動しつつ、学習を重ね、今も社会を変えていく礎になりたいと願って生きています。

⑤「セツルが出発点—その後、大学紛争、川鉄公害、原発災害、そして、今…」

三丁目班　ピー（六七年工学　佐藤茂雄　旧姓磯村）

セツルが出発点—まず大学生時代は年表経過で示します。

一九六七年　千葉大入学　寒川セツルメント入部

三丁目班で活動（二年生まで）

一九六九年　三年　西千葉キャンパスでは工学部工業意匠科が学園紛争の発火点となる

セツル自動退部

一九七〇年　四年　学園紛争は、そのはじめ頃まで続きました。学科では、三年生の当初は、極左的な、新左翼（セクトも入り込んで）、全共闘などの影響が強く、たった一人からの孤立した闘いを始めました。その後、全学に学園紛争が拡大する中で、他学部・学科の先輩や友人たちのアドバイスを得ながら、少しずつ、同級生、上・下級生を巻き込み、最終的には、逆転させました。セツルをはじめ教育系サークルの仲間からの声援は、大変勇気づけられました。その後、下級生たちが工学部自治会を結成するまでになりました。

この三年生の時と四年生のはじめは、ほとんど授業は受けられず、卒論は、型破りの「日本技術史」で通しました。何故、工業意匠科が発火点となったかというと、当時、ここがある意味で、資本主義（商業主義）の矛盾を一番、感じやすかったためです。何のため、誰のために、何を、学ぶのか？答えは、大学を「解体」しても、形だけの「民主化」をしても出るわけがない、問い、苦悩です。

また、この年は、四大公害訴訟を経て、全国各地で公害問題が表面化する中で、公害国会が持たれ、一応の公害法制が整備されました。

一九七一年　大学院一年　千葉川鉄周辺の疫学調査が明らかになり、公害病の被害が表面化してきました。認定患者も増加する中で、千葉市内の科学者・労働運動家などに接触し、千葉市の公害を話す会（のちの公害をなくす会）を立ち上げました。学内では、学部生も巻き込んで、自主サークル「科学技術論ゼミナール」

を立ち上げました。バナールの「歴史における科学」の学習と、二酸化イオウのキャンパス内での自主測定をはじめました。

一九七二年　大学院二年　半ば過ぎより修士論文作成に入りました。内容は、歴史から現実（公害）の問題へ、です。「鉄鋼技術の発展に関する基礎的研究―鉄鋼業の発展と地域社会の変貌」（川鉄と千葉市を事例として）というものです。この内容は、その後の千葉川鉄公害訴訟の準備書面に反映されました。

その後、大学紛争、川鉄公害、原発災害

学生時代に大学では紛争が起こり、そこで、大学で学ぶ意義を問われました。それに結論を出せないでいる時、その同時期に、その大学の直ぐ近くで公害が拡がり、被害者が続出しているという現実がありました。さらにそこに、新たな汚染源を増やそうとの動きがあった時、それを止めさせるためには、もうその現実の中に自分の身を置くしかありませんでした。運動がなければ、自分で作るしかなく、科学的に明らかにされていなければ、自分で研究するしかありませんでした。

でも、こうしたことを始め、多くの人たちに繋がりを求めていくと、同じように思っていたり、何とかしなければと動き出したりする人は私だけでないと分かり、運動が拡がってここまできたのです。

一九七三年、川鉄は、新たな発生源である西工場の新型大型高炉の増設を打ち出してきました。増設阻止という、生活環境と命を脅かすものへの危機感、それ以上の被害を食い止めたかった。そこで、公害差し止めができる環境権を柱とした公害防止基本条例の直接請求運動を一九七四年に起こしました。有権者の五〇分の一で良いところを七万五〇〇〇（約四分の一）集まりましたが千葉市議会は、否決しました。その延長で、新たな被害を食い止めるためには、やむを得ず、一九七五年裁判提訴にいたりました。裁判は長引き、結果は、一九八八年に千葉地裁判決、一九九二年に東京高裁勝利和解と、因果関係を認めさせ、損害賠償を勝ち取りましたが、差し止めは認めさせることができませんでした。それでも、その後、千葉市は、環境保全基本条例を制定し、川鉄（その後のＪＦＥ）は、住民の住居地域に極端に近く、施設も老朽化して汚染源としても大きかった本工場を縮小し、跡地は、サッカースタジアム、スポーツセンター、ショッピングセンターなど大型施設と市民に身近な物に様変わりしています。こうして、市民運動と裁判を通して川鉄の横暴と自治体の姿勢をある程度変えることができました。

自主測定の方はその後一九七四年からNO_2の簡易測定運動となり、六月の環境週間を中心に全県や首都圏に運動が拡大していきました。また、公害問題の解決には自治体の変革が課題となっていました。一九七四年の千葉市長選では、革新統一となったものの市民運動は加われず、次の一九七七年の市長選から初めて市民運動が革新共同を提起し闘うことができました。

個人的なことですが、さらに次の市長選（一九八一年）の最中に息子が難病を発病し、その後の療養（今は完治）生活を支えました。それを契機に千葉を離れ、妻の郷里宮城に行くことを決意しました。裁判では、裁判を支援する会事務局長でした。私が、支援する会事務局長を辞めるに当たっては、訴訟の支援を個人会員中心の「支援する会」から団体の支援が中心の「支援共闘会議」に切り替えることができ、それを見届けました。一九八四年に千葉県職労を退職し、宮城に向かいました。当時三六歳でした。

千葉では、これらの川鉄公害反対の反公害の運動の他にも、千葉市市民運動連絡会、千葉県住民運動連絡会、千葉県自治体問題研究所の活動参加などを行いました。また、千葉市での居住地（みつわ台団地）では、親子劇場、自主運営の学童保育（後に公設へ）、子ども文庫、教育懇談会など、共同の子育てとして、様々な地域運動を始めました。地域活動では、つれあいの澄子さん（セツル名―トッポ）との共同作業もあります。教育懇談会には、大釜君（セツル名＝ガマ）を講師に呼んだこともありました。宮城の栗原・築館に移住してからも、家庭文庫（風の子文庫）から、街に図書館をつくる運動、つくってからは、図書館ボランティアの活動へ。ＰＴＡ活動から、場外舟券売り場設置の白紙撤回運動（これは成功）。市町村合併問題から岩手・宮城内陸地震被害へＮＰＯで支援活動。学校統廃合反対運動に誘われての「ゆきとどいた教育をすすめる栗原市民の会」の活動へ。そして七年前の二〇一一年三・一一福島原発事故で、北の放射能ホットスポットになってからは、「放射能から子どもたちをまもる栗原ネットワーク」の反原発の活動を始めています。

今、セツルから始まるこうした私自身の活動の経験から、次のようなことが言えるのではないかと思っています。

「失敗することもあるけれど、成功することもある。どっちでも、継続することが大切。いつも、周りに、どこかに、仲間はいる。いろいろな人たち・地域と連携、協力する。あと、未来を見ている。地続き、一体のものとして捉える。共通点を見つける。違いはあっても、どこかに、必ず一致点はある筈。これらをするためには、相手（仲間）の意見・考えをよく聞き把握し、また、自分の意見・考えを言葉にして、正確に伝えること。」

灰色の高校生（受験生）時代を終え、大学で、それもちょっと畑違いのセツルというサークルに飛び込みました。その中でさんざんもまれて、二年間という短いものでしたが、貴重な充実した時間を過ごさせていただきました。多分、これが、こうした一連の私の活動の基礎的訓練、出発点になったと思っています。

そして、今…

私が、今、覚悟を決めて取り組んでいる福島原発災害では、宮城・栗原での指定廃棄物の最終処分場候補地の事実上の白紙撤回（二〇一六年）まで勝ち取りましたが、「放射能は、生命と相容れない」ことから、日本全体、地球規模に関わる大問題となっていっています。二〇二〇年東京オリンピックに向けて、できもしない廃炉・汚染水対策、形だけの除染、復興の名の下のゼネコンを潤すショックドクトリン政策が国民の税金を使って莫大に行われています。その一方での相変わらずの被ばく強要の棄民政策（高汚染地への帰還強要、放射性廃棄物リサイクルの全国拡散など）が、いくつも裁判で国の責任が問われても、行われ続けています。

　公害のように責任の明確化と汚染物質を規制する「放射能汚染防止法」の制定、原発被災者の認定（地域、地位、権利）を明らかにし、その上で、被災者の「支援」にとどまらない、その権利を「保障」「保護」させなければなりません。そのためには、チェルノブイリ事故に際して旧ソ連（現在のウクライナ、ベラルーシ、ロシア）で確立した「チェルノブイリ法」の日本版となる「福島原発事故被災者保護法」（仮称）を制定するなど、福島原発事故政策の全面的再構築が不可欠になっています。これらを「原発ゼロ法」制定とともに実現することが、早急に求められています。

　これから、未来世代のためにも、一日も早く、原発のない国、被ばくのない未来へ向かえるようにするためには、私は、セツルから始まる大学時代から、現在に至る活動を、さらに大きく上回るような取組が、必要になっていると痛感しています。

　そのため、今、より多くの方々の英知の結集と協力を求めています。

二〇一八年五月八日

　ニダンというセツラーの名を聞いたことがあったが、初めての交流は、二〇一五年の寒川セツル創立六一周年記念の祝賀会の時だった。岩手県の小岩井農場のすぐ近くに土地を開墾して石橋農園を作ったが、一一月には、もう農機具をしまって冬支度をするので参加できないからと、農園の一年を写真集にして送ってくれたのだった。その後、岩手県出身のセツラーたちでニダンを訪ねる旅が計画された。『みのむし』に載ったニダンの原稿（本章一節の「セツルと私」）を送ったことから交流が始まった。雪の下から掘り出したという農園の野菜や中学校の教員として子どもたちと歩んだ記録を送ってもらった。大学生たちに伝えると約束した岩手のへき地にセツルした開拓者ニダンの教育実践の文章は、その人柄のまま、美しくどれも心を打つものであった。その中から一部を紹介する。

⑥生徒と共に学び歩く

教師生活を終えてみると、何もしてあげられなかったことや失敗したこと、配慮に欠けていたことなどいっぱい浮かんできます。ここにあげた文章は子どもたちとの出会いのいくつかを書きためたものから抜粋しました。後悔が多いですけれど、個々の事例の中に、教育を自分がどう考えていたかは、読み取っていただけるのではないかと思います。（その時々に書いたため、文体の不一致は許していただきます。名前はすべて仮名です。）

制服

私が教師になりたての頃である。校舎の隣にある教員住宅に住んだ。私自身も若かったせいか、生徒もよく遊びに来た。その中に一人で訪れる女の子がいた。中二の痩せて小さい生徒だったが、隣のクラスの生徒だった。友達がなく、周囲の子からは無視されていた。どういう理由からなのか、私にはわからなかった。その子は、「先生、何してるの」と突然訪れては、笑顔で話しかけてきた。独り者の部屋に入れるわけにはいかず、玄関先で話し、「もう夕方だから、お帰り。お母さんが心配しているよ」と帰した。しかし、そのうち度々訪れるようになり、やがて一つ年下の妹も一緒に来るようになった。母子家庭で母親の帰りも遅く、寂しいのだろうと私は想像した。「家までおくって行くから歩きながら話そうか」などと言いながら家先まで送り、「嫌なことがあったら相談にのるからね。教えるんだよ」といって別れた。彼女はいつも笑顔で「さようなら」を言った。そのうち彼女は学校で自殺騒ぎを起こすようになった。リストカットや体育館のギャラリーから跳び降りると叫んだりした。いじめが原因であろうと思ったが、聞いても何も言わなかった。隣のクラス担任は「クラスには、いじめちゃダメだと何度も言ってるんだが…。それにしても、あの子もなァ」と、「必要なことは指導した。それ以上は私の仕事ではない」という姿勢だった。私の方が、いく

三丁目班中学生パート　ニダン（六九年理学　石橋一真）

らか彼女の力になる事ができる、そんな気持ちが少しはあったが、やがて私は自分の思い上がりを知ることとなった。

ある日、彼女は、「先生、私、詩を書いたよ」と言って、メモを持ってきた。

私はエンジェル
空高く自由に舞い上がる
澄んだ空気の中を
どこまでもどこまでも
でもいつか天使は落ちていく
天使の身体の中には爆弾があるの

自慢するような明るい笑顔だった。私は、誰か病気の子の詩でも写したのだろうと思った。

しかし、日が経つうちに、彼女が妊娠していることがわかった。私は自分の不明を恥じた。彼女の家には男が出入りしていた。今まで、家に居たくない理由があったのだ。そして彼女の身体の中には、まさに爆弾があった。どんなに苦しかったろう、悩んだろう。この生徒の笑顔の下に、こんな苦しみがあったとは、露ほども気がつかなかった。

制服を着て、教室で座っている生徒たちをみていると、そんなことがあるなどとは夢にも思えない。皆、健全な子どもたちだ。しかし、現実は、生徒それぞれに環境が異なり、その中で生きているのだ。生徒を外見で見てはいけない、「生徒に制服を着せて」見てはいけない、とつくづく後悔した。

六月にはいると、日本全国、沖縄から北海道まで衣替えである。通りを歩く生徒たちが、一斉に白い服装となる。初夏の訪れを感じる風物詩だが、外見だけではなく、内面を見ることができる教師になりたい。

体罰

私も今までに何回か、生徒に手をあげたことがある。教え子の同級会などで、教え子に酒をつがれながら「先生に昔、たたかれたことがありましたよね。先生は忘れたろうけど」などと言われることもある。「そんなことあったかなあ。おまえが悪かったんだろう?」

と、私はとぼけながら、心の中では「決して忘れるわけないよ。叩かれた生徒も痛いだろうけれど、教師の心も、すごく痛いんだ。忘れるわけがない」とつぶやいている。そんな思い出の中で、浩治のことも苦い記憶である。

浩治は入学したときから体格もよく、いつも突っ張っていた。頭髪は戦艦大和の舳先だった。感情が激しくすぐ興奮したが、グループ化することはなく、どちらかというと一匹オオカミだった。入学以来様々な事件を起こした。対教師暴力を起こしたこともある。やがてその教師は退職した。

二年になって浩治は私のクラスになった。浩治は母と二人暮らしでパチンコ店の社員アパートに住んでいた。母は食事を家で作ることがなく、いつも社員食堂で食事をとらせていた。国籍も日本ではないと聞いていたが、彼の心の中には複雑な感情が渦巻いていたと思う。様々な問題を起こし、時には家裁に呼ばれることもあった。中学三年にもなると登校するのも昼近く、そしてプイッと帰るようになった。彼に何度説教しただろう。「遅刻するな！ 勝手に帰るな！ 問題を起こすな！」こんな生活をしていた彼だが、浩治は毎日学校に来た。

そんなある日、いつものように私が浩治の指導をしていると、彼は「俺は学校に来たくて来てやってるんじゃねえ。義務教育だから仕方なく来てやってるんだ」と言い放った。私は腹を立てて怒鳴りつけた。「来てやっていると思っているうちはお前は成長しないんだ。来たくないなら来るな。出ていけ！」私は「今の浩治には、学校こそが自分の居場所である」ことに気づいて欲しかった。浩治の指導はそこから出発するしかないと思った。もっとも私の心の奥底には「彼がいなければ平穏になる」という気持ちもあったかも知れない。浩治は出て行った。だが私は「浩治は必ず戻ってくる」と確信していた。やはり数日も経たないうちに、浩治は教室の戸を開けて入って来た。一〇時近くだった。たまたま私の授業中だったが、私は大声で怒鳴りつけた。「浩治！ 何しに来た。来てもらわなくていいのだ。かえれ！」 浩治はドアを蹴飛ばし、出て行った。放課後、職員室に学級のリーダーたちが抗議に来た。クラスには荒れる生徒もいたが、彼らを何とかしようとするすばらしい生徒もたくさんいた。「先生！浩治にも悪いところがあるけど、先生のやり方はあまりにひどいんじゃないですか。」私には何とも言いようがなかった。「説明する訳にはいかないけど、わかってくれ。浩治には今、これが必要なんだ。」私は心で叫んだ。ところがしばらくして、警察から連絡が入った。休んでいる間に万引で捕まってしまったのだ。私は「しまった」と思うと同時に、突っ張ってはいても、こういうことはしない生徒と思っていたので、怒りがふくらんだ。情けなかった。浩治を連れて学校に戻り、彼と向き合ったとき、私は浩治の顔をひっぱたいていた。今までどんな時にも、彼には手をあげなかったが、どうにも我慢できなかった。私より背が大きいので反撃してくると思い、身構えていたが、浩治はうなだれたままだった。やがて嗚咽が漏れ始めた。浩治は泣いていた。初めて見る泣き顔だった。そして、「先生が俺のことをこんなに思ってくれているとは考えていなかった」と泣きじゃくった。私には思いがけない反応だった。私は怒鳴っていた。「浩治！学校に来るなと言ったのは、考える時間をお前に与えるためだ！これまでに何度も何度も言ってきただろう！お前の居場所はここなんだ！なぜ気がつかない！それなのに、なんだ！万引きするなんて！情けない！」大声を出しながら私は気づいていた。「私が浩治をたたいたのは、浩治を思ってだろうか。腹を立てている、もうこんな奴はどうとでもなれと、正直、彼を見捨てた気持からではないだろうか。見捨てたのに、今、浩治は私に感謝している。もしこれを逆に考えると、浩治のためだとなぐっても、彼には敵意とうつるかも知れない。」複雑な心境であった。愛のムチで、愛が本当に伝わるか、疑うようになった。あれ以来、私は生徒を叩くのをやめた。

卒業してから一五年以上たって、年祝いの時、教え子たちの中に浩治がいた。柔和な表情をしていた。浩治と酒を交わしながら、傍らに座っていた同級生が言った。「先生！浩治も普通の人になったよ。」

普通か、よかった。あんな指導しかできなかった私だが、彼自身の力で、いや、その後の彼の周囲の人の力で立ち直っていったのだ。

私も今であれば、あの時の浩治の気持ちが理解できるように思う。彼はさみしかったのだ。担任からも突き放され、心の空白を埋めようがなかったのだ。その悲しさが伝わってくる。あの時に、もし戻れるなら、一緒に涙を流してやりたい。浩治の肩を抱いてやりたい。しかし若い私には、そこまで察する力がなかった。「心をあつかう力」がなかった。年祝いの後、数年して、ある店で浩治にばったりあった。彼の腕には赤ん坊が抱かれていた。「先生！　しばらく。」気のよさそうな一人の父親の姿がそこにあった。あんな説教ばかりの指導しかできなかった自分を反省しながら、明るく声をかけてくれた教え子に感謝している。

不登校　一

哲雄は三学年から担任したクラスの生徒だった。始業式から顔を見ることはできなかった。家庭訪問した始めの頃は、居留守を使われたり、逃げられたりしてばかり。北上川の土手沿いに追いかけっこをしたこともある。父子家庭で日中は本人しか家に居なかった。ある日訪問したときは、四〇度近い熱を出して寝ていたが、父が東京への出張で数日、家を空けていた。看病したり、いろいろな出会いを経たりして少しずつ会話が生まれた。二人並んで川沿いを歩きながら、家のこと、小さい頃のこと、親のことなど話し合ったこともある。小さい頃から体が弱かったこと、母が離婚してから一ケ月に一～二回会いに行くこと。母は駅の近くにおばあさんと二人で住んでいること。三歳のとき母に会いたくて、三輪車で何キロも離れた母の家まで行き、父が子ども（自分）を探して大騒ぎになったこと。家にいるときは、歴史が好きで、徳川家康などの本を何度も読んでいること。不登校になったきっかけは、郷土芸能発表会のとき、傘作りや衣装の着付けに母がこられないので惨めな気持ちになることが嫌だったということ、学校にたまに登校すると、みんなに珍しい人を見るような目で見られるので嫌なこと。中学校を卒業したら、やはり高校に行きたいと考えていること…など様々語り合った。

その後、哲雄は何回かは登校できたが、長続きはしなかった。私は家庭訪問をくり返し、語り合い、学習に付き添った。学級の子どもたちには次のように言った。「私は哲雄のために、時には学級を空けるかもしれない。でもそれは、君たちを軽視することではないのだ。君たちのうちの誰一人でも道に迷ったら全力で助けにいく。だからこそ、君たちに安心を与えることができるのだと思う。今は哲雄のために時間を割くことを理解してほしい。みんなの力をかしてほしい。」

私は時間割の中に彼の家庭訪問の時間を入れた。学級の生徒は、私が家庭訪問できないときは連絡係をしてくれた。班では「班ノート」を巡回してくれた。そして一学期が終わる頃、私はあることにはっとなった。哲雄の机の中はいつもプリントがきちんとたたまれ整理されているのだ。掃除の時は机を各自が後ろに移動してから、担当場所に行くが、文句も言わず黙って二つの机を運ぶ生徒がいることに気付かされた。小さなことだが、数日ではない、毎日のことだ。終業式の日、学級では「私たちに何ができ、何ができなかったか」を話し合い、そしていつも世話をしてくれた、その人にみんなの拍手で心から感謝した。

二学期は文化祭の学級テーマの話し合いからスタートした。自分たちのクラスにとって大切なことは全員そろって卒業を迎えること、そのために合唱コンクールの歌は「一羽の鳥」と決まった。展示作品は「一羽の鳥」を、校舎の壁一面に空き缶で描くこと。クラス全員が一羽の鳥となって大空に飛び立つことを願った。哲雄に、たとえいくつでもいいから空き缶に色を塗ってくれるよう、みんなで訴えた。哲雄は、他の学級の生徒に見られないよう暗くなってから登校した。校舎の窓から漏れる照明の下、同じ班の生徒が居残り、ともに校庭に広げた空き缶にペンキを塗る姿があった。…そして文化祭の前日、暗くなった校舎、白鳥の壁画を背景に「哲雄よ、一緒に飛び立とう」と心を込めて歌うクラス全員の姿があった。録音されたテープは哲雄のもとに届けられた。たとえ離れていても気持ちは一つ、明日はテープに合わせて歌ってくれという願いを込めて…。文化祭当日は哲雄は出席できなかったが、私たちの本番はこの時だった。

…卒業してから数年経ち、この学級のある生徒の家で不幸があった。有志が香典を送ろうと同級生を回った。私のところに来たその代表は語った。「先生、哲雄のところに行ったら、二倍出すんですよ。みんなと同じでいいというのに。『いや、俺は学校に行けなかったけれど、みんなはいつも俺をクラスの一員として扱ってくれた。みんなはまだ学生だけれど、俺は働いている。だから出させて欲しいんだ』というんです。」語りながら、ともに感激していた。

不登校　二

学校とは何であろう。塾ではない、教習所ではない。そういう「人間」を学ぶところ。学校とは校舎ではなく、生徒と教師と教材（学ぶもの）。それは校舎を離れてもあるのではないだろうか。

幸太は中一まではスーパースターだった。小学校の頃から成績も良く運動も得意であった。しかし、中学二年の生徒会役員選挙の頃から歯車が狂いだした。周りから見ると、誰もが彼を会長にふさわしいと思った。だが本当のところは、彼には勉強も運動も精一杯の所に来ていたのだ。役員選の話し合いをしているうちに彼は体調を崩し、休みがちになった。三学期は一日も登校できなくなっていた。翌年、私は生徒指導（相談担当）となり、不登校の担当をすることになった。彼の家にも何度か訪問し、母親とは親しく話ができるようになった。が、本人は部屋に閉じこもり一度も会うことはできなかった。まずは顔を知らなければならない。母親から彼の生活の様子を聞く中に、夕方暗くなってから犬の散歩に出るという話があった。母親と示し合わせて、彼が犬の散歩に出かけるところで、偶然出会うように仕組んだ。その日、暗い中で彼に会った。「はじめまして、石橋といいます。よろしく」、彼は突然の出会いに驚きながらも首をこくんと動かした。が、彼のほおはピクピクと痙攣していた。…やがて少しずつ彼と世間話ができるようになり、学校の話ができるようになった。学習もいくらか取り組めるようになった。しかしついに彼は卒業式までは登校することはできず進路についても何も決められなかった。

　翌年、秋の気配が感じられるようになったある日、職員室に電話があった。「先生、僕も高校に進学したいと思うんです。入れる学校あるでしょうか」、どもりながらの電話だった。次の日から、夜、生徒がいなくなった職員室で彼との勉強が始まった。入試の日まで彼は勉強に一生懸命取り組んだ。もともと力のある彼は二年間のブランクを着実に取り戻していった。そして見事合格し高校生となった。…また次の秋が訪れる頃、私の家の電話が鳴った。「先生、幸太です。しばらくです。僕、学校の弁論大会で最優秀賞をもらったんです。そして代表としてアメリカへ一ヶ月の留学をすることになりました！」ちょっと前まで人に会うと、ほおをピクピクと痙攣させていた彼が、弁論大会！そして留学！どれも信じられなかった。電話先で母親に代わり「本当に先生のおかげです。ありがとうございました」と涙声、私も共に喜び合うことができた。

学ぶこと・卒業

　職員玄関のカギを閉め外に出ると、夜空には冬の星座オリオンが昇っていました。振り返ると北斗七星や北極星が校舎の屋根の上に輝いています。

　私が中学生の頃、二階の自分の勉強部屋の窓から一階の屋根に上がり、そこに寝ころんで夜空を見るのが好きでした。ずうっと見ていると宇宙に吸い込まれそうに感じます。自分の存在が小さく小さく、微塵のように思えてきました。また、自分の心臓の音が鼓膜に響いて眠ることが出来ない日々もありました。「死んだらどうなるのだろう」「自分が生きる理由は何なのだろう」、こんな事を考えていると、「死」の恐怖が襲ってきます。多分、成長期の体で、内臓が未完成、心理的にも不安定だったからでしょう。何らかの糸口を求めて学校の図書館の本を一生懸命読んだように思います。宮沢賢治や下村胡人の言葉にふれました。

　やがて高校生になった頃、藤村操という少年を知りました。彼は人生に悩んで、遺書を傍らの木に刻み、日光、華厳の滝から飛び込みました。明治一九年、一六才でした。

「悠々たるかな天壌、遼々たるかな古今。五尺の小躯をもってこの大をはからむとす。ホーレイショの哲学、ついに何等のオーソリチーにあたいするものぞ。万有の真相はただ一言にしてつくす。曰く、『不可解。』我このうらみを懐いて煩悶、ついに死を決す。……」

意味は…広々としたこの天地、はるかな時間、一五〇㎝ほどの小さい体で、この大自然や人生を知ろうとした。一生懸命勉強したけれど、哲学も何の意味も持たなかった。真実はただ一言で「わからない」と言うことだ。悩み苦しんだあげく、ついに死を考えるに至った……というようなことです。

彼の祖父は南部藩士でした。明治維新になって、父は新天地を求めて北海道に渡ります。操は明治一九年に北海道に生まれ、旧制一高（今の東京大学）に入ります。

彼の死は、日本で初めての「哲学的死」といわれています。自分と同じ歳なのにこの様な文章が書けるものなのだろうか。私は憧れに近い気持ちでこの文を何度もくり返し読みました。

実はこの自殺の背景には、失恋の痛手や勉学の悩みもあったといいます。英語の先生は夏目漱石でしたが、彼を勉強のことで厳しく叱責したという話もあります。しかし、彼にいろいろな悩みがあったにせよ、生きる意味を求めて必死に学んでいたのは事実でしょう。

藤村操の時代から一〇〇年以上過ぎました。今は学問の領域も広がり相対性理論や量子論などによって宇宙の広がりや年齢もわかるようになりました。「悠々たる天壌」も「遼々たる古今」も、新たな宇宙像として描かれています。またアフリカの地層から四〇〇万年前のアウストラロピテクスの骨が掘り出されました。旧約聖書の創世記は計算すると六〇〇〇年前ということですから、事実は「神が人間をつくったのではなく、人間が神をつくった」ということになります。神は心の中の存在です。

「全てがわかった」と言っているのではありません。「わかること」と「わからないこと」の境界が確かに動いていることを感じているのです。哲学は科学と融合しながら、新たな姿を模索しています。しかし、いつしか学ぶ意味が即物的になり、「世の中、お金が全て」と金を奪い合い、互いに傷つけあうための道具になっているように見えます。またそれが形を変え、民族紛争や宗教戦争の様相を呈しています。

現代社会は、個々の技術や情報にとらわれ、閉塞感に陥っているようにも見えます。これから勉強する若い人たちは、文系、理系にこだわらず、学ぶ意味を問い直していかなければなりません。それはいかに周囲が霧でおおわれていようと、目の前の一本一本の木にこだわることなく、森全体を考え、その中に道を見いだす事につながります。

オウム真理教の事件が起こり、一流大学の理工系出身者たちがサリンを製造したと聞いたとき、私は、これは学校教育者の責任だと感じました。切り離された知識を受験技術として指導した結果です。知識とは個別のものではなく、相互に関連し合ったときに意味を持ち真実をとらえる世界観になります。学ぶ意味の一つは人生を豊かにすることにあります。知識が知恵となるためには、知識相互が関連し合って、意味を生み出さなければなりません。そして一つの事実が法則に合わないとき、科学はシステム全体を問い直します。

知識は常に現実との照合を必要とします。

懐疑主義や絶望、オカルトに陥ることなく、頭上には北極星が確かに輝いていることを見出すことです。本当の賢さとは、試験の点数だけではなく、自分の歩く道、つまり「生き方」の賢さにあると思います。

……夜の校庭の周囲は防犯灯の赤い光に照らされています。（歩くと凍てついた土がカリカリと鳴ります。）私たちの存在はこのような、「銀河系の太陽系第三惑星に、かすかに灯る有機交流電灯の一瞬の輝きにすぎないかも知れません」（賢治の言葉より）しかし、この小さな頭の中に、広大な宇宙構造が描かれています。小さな存在が、知構造が描かれています。小さな存在が、「知」という意味では大きな存在です。私たち教師がいくらかでも若い人たちの道を照らす存在であればと願っています。

本章第一節四項「思索するセツラーたち」で、三丁目中学生パートの冬休み手紙交換リレーを紹介した。地方出身の千葉大生たちは、休みになると故郷に帰省してしまい、サークル活動は中止になるが、休み中も考え続けていた彼らの行動に驚きと尊敬の念を感じた。そして卒業後も連絡が取れる間柄なので、手紙リレーの続きをお願いした。岐阜県で高校の教師を経て大学の講師をしているチョンマは、わずか一年間という短いセツル生活であったが、しっかり学んでいたのだということがわかる。同じく千葉県内の高校教師を退職後、政治革新の運動やトンボの生態を守る自然保護の活動を行っているクナイや、地域の人々と協力して子育ての環境を整備していったサマンサは、それぞれの地でしっかりとセツルしている。当時を回想して語ってもらった現代版リレーを紹介する。

⑦三丁目班中学生パート　現代版手紙リレー

チョンマ→クナイ→サマンサ

セツルメント活動のこと　チョンマ

大学に入学したのは一九七〇年、前年には東大安田講堂での攻防があったものの、大学紛争も下火になりつつある時だったと思います。

小生は小中高と魅力的な先生にも恵まれ、自身も教師になろうと理学部へ入ったのですが、入ってすぐに先輩から「教師になるつもりなら」とセツルメントと児文研を紹介され、雰囲気の良さに、何となくセツルに入ったという感じでした。

実質一年くらいしかセツルの活動に参加していませんでしたので改めて報告するようなことはあまりありませんが、振り返ってみると、教師になると決めて大学へ進学した小生にとっては大変有意義な一年間でした。

三丁目班の中学生パートに属し、サマンサやムサシ、そして同期のクナイと一緒に寒川町に出掛けましたが、今では学習会をやっていたのかキャンプもやったのかはっきりしません。しかし不思議と、参加していた中学生の名前は憶えています。それと、そこに来ていた中学生のひとりが、「多人数の家族が小さな一つの部屋に暮らしていて、家ではとても勉強ができる状況ではないのに、先生は宿題をやってこないと訳も聞かずに廊下に立たせる様なことするから嫌だ」と言っていることを聞いたことです。サマンサからだったかな？ その時には、小生はそんな先生にはならないと、気持ちの上で無性に力んでいたことを思い出します。

そうそう、サマンサは「子どもの思いを大切に」「子どもの立場になって」という趣旨のことを折りに触れ発言されていたようでした。

「教育は子どもの要求を一緒に練り上げる活動」（言ってたのはガマだったかな？ チャオだったかもしれません）と聞いてなるほどと思ったり、マカレンコの著作や小川太郎の『教育と陶冶の理論』などの著作を紹介され「集団主義教育」という言葉を知ったりしたのも新鮮でした。恥ずかしながら恵那出身の小生が「恵那の教育（綴り方）」を知ったのもセツルでした。カタちゃんから、初めて「恵那の教育」という言葉を聞きました。

今から考えると大切なことを教えていただいた気がします。

少し、セツルとは離れますが、「集団主義教育」と「生活綴り方教育」についての個人的な思いを…。

「集団主義教育」では教育の働きかけの核心を、自治活動の中で行動を学び鍛えることを重視し、「生活綴り方教育」では教育の働きかけの核心を、子どもが自分で物事を見つめ、切り拓く方向を子ども自身が見いだすことにおくという視点を重視すると、たいへんおおざっぱに言えばこういうことだと考えています。

岐阜県では一方では「集団主義教育」の考えをバックにした実践や恵那を中心とする「生活綴り方」の考えをバックにした実践が混在していました。竹内常一氏や坂本忠芳氏の話は、どちらも何度か聞く機会がありましたし、「恵那の教育」を批判していた城丸章夫氏の著作も読みました。

小生はといえば、教育現場に立ってしばらくして「集団主義教育」と「生活綴り方」の統一した実践をと、試みました。とは言っても、「班活動」や文集作りに力を注ぐといった程度で、良いとこ取りに過ぎませんでしたが…。

それはともかく、小生には「集団主義教育」の厳しさよりも、「生活綴り方」の寛大なアバウトさが性格に合っていたのかもしれません。「子どもを丸ごとつかむ」とか「子どものなかに情勢をつかむ」という言葉に魅力を感じていましたし、極めて具体的に子どもの姿が目に浮かぶ実践報告に大変な魅力を感じていました。そして最終的に、教育活動の真髄は「信頼と共感」ということだろうと、考えるようになりました。

これが、セツルや自身の教育活動を通じて学んだ結論です。…ははは、あまり大したことはありませんね。

ともかく、セツルでは、子どもやセツラー一人ひとりを大切にしていたあの当時の雰囲気がとても楽しかったし心地よかった記憶があります。そして教師として出発するための重要なことを学ばせてもらいました。そういう意味ではセツルは決して「ボランティア」という言葉ではくくれない、一人ひとりが社会の主人公として育つ学校であったように思います。

↓セツル一番の思い出　クナイ

いやあー、すっかり忘れていました。この課題があったのですね。選挙も終わり少し自由な時が流れていました。選挙の結果はやはり残念でした。力不足です、というか必ずじゃまが入るのですね。そのじゃままで読み切ることはできませんでした。希望の党の出現、民進党の解党など想像を絶する展開でした。全国革新懇交流集会では、ウルフ・レッド・ミサオさんが「ジェットコースター」のようだと言っていました。その中でしっかりと足場を固めて対応した共産党の底力に感激です。

現況はさておき本題に入りましょう。やはり思い出話からはじめましょう。一九七〇年、千葉大学理学部数学科入学。入学してすぐさま石川（チョンマ）と知り合い、石川に誘われ寒川セツルメントの懇親会に参加。楽しかった。受験生活を抜け出したばかり、ナイーブな気持ちには刺激が一杯。自己紹介で「河井です」と名のったら「かわいクナイだ」と叫ばれ、セツル特有のあだ名「クナイ」が決定。

　三丁目中学生パートに所属し、先輩のムサシとサマンサの指導を受け、腐れ縁のチョンマも一緒に子ども会活動をはじめる。毎週月曜夕方学生食堂で四〇円のカレーライスを食べ、打ち合わせ後寒川町へ。鬼ごっこで遊んだり、町民館で勉強したり。よく分からない実践でした。

　セツル時代の一番の思い出は「北海道全国大会」です。ある分科会「地域住民運動」の議長を任されたのですが、多くの参加者に発言して欲しいと思い進行し、最後のまとめでは、「地域変革はその地域の住民が主人公にならねばならず、我々セツラーはあくまで応援者であらねばならない」とまとめたときは自分でも感激しました。

　大会後、一〇数名で北海道を旅行したことは忘れません。旭川の駅で一晩過ごしたこと、小学校の体育館で寝たこと、材木屋さんの家にお世話になったこと、礼文島の民宿でやっとゆっくりできたこと等々、若かったからこそできたことと懐かしく思います。


　セツルとは関係があまりないのですが次の出来事は私の生き方に極めて大きな影響を与えました。大学内に暴力集団革マル派が数名いた事はご存じだと思います。ある時彼ら革マル派が応援部隊と共に襲って来るという情報が入りました。教育系サークルの部室を取り囲み我々を脅しました。二〇名以上の彼らは鉄パイプを持ち長い竹竿をもち我々に誹謗中傷を浴びせました。我々は隙を見て部室棟から飛び出し彼らと対峙しました。我々は素手。仲間とスクラムを組み、革マル派を追いつめていきました。そうこうしている内に学生部長が争いを止めに来ました。正直なところホッとし、早く革マル派の学生を追い払って欲しいと真剣に思いました。ところがその学生部長は革マル派の側につき、鉄パイプに守られて我々に向かって「暴力はやめなさい。解散しなさい」と指を指したのです。怒鳴り声、抗議の声が飛んだのは言うまでもありません。後の顛末は記憶にありません。この学生部長の態度を見て、権力とは何かを知った気がします。

↓寒川セツルメントと私　サマンサ

四七年前、大学の冬休み中にクナイの提案で三丁目中パーメンバーでリレーした文章が懐かしい。といっても、その事は忘れていたが今回『みのむし』を見せてもらい、その頃思ったり考えたりした空気感を思い出す。当時は学生運動の最中、学生って？　大学って？　社会って？

生活はといえば、持っている家電は小さな湯沸かしポットだけ。八百屋や肉屋に行きトマトやキュウリなどを一つずつ、卵も二個、肉五〇グラム等の買い物をした覚えがあるが、病気もほとんどせずに四年間どんな暮らしをしていたのだろう。でも確かに教育学部で、そしてセツルメントで過ごした。

高校時代に、あるきっかけから将来は障害のある子どもたちに関わる仕事に就きたいと思い、入学した大学でサークルは、中学校の陸上部、高校での新聞部、それらとは全く違うところにと選んだ寒川セツル。そこは人が集まるとすぐに歌いだし、「地域」ということばが多く使われ、驚くと同時に、地域も大学も自分自身もどうやら社会の情勢と深く結びついているらしいことを感じた。一年生の時は、上級生が様々なことを知っている大人だと思う一方で、言っていることがよくわからなかったり、二年になって、様々な言葉には慣れたが、大学構内各所で展開する学生運動の議論やアジテーションを聞いたりする中で、今ひとつ自分の思いや考えは揺れたりしていた。当時付き合っていた人と二年の終わり頃、学内封鎖バリケードの反対側にそれぞれ分かれた時に、人との別れの辛さを味わうと同時に少しずつ自分が進みたい道もかすかに見えてきた。セツルメントで実践していることとバリケードで自らが学ぶ場所を封鎖することは、やはり相容れなかった。よくわからないなりに安易な妥協もできなかった。三年になって下級生にいろいろ質問されることが刺激となり、毎週の活動についても考えたり話し合ったりする中で、語り合うとは考えること、考えるとは学ぶことであることを実感した。

話はそれるが、一昨年セオに誘われて千葉大の大学祭に行き、四〇年ぶりに西千葉の構内を訪れた。キッズクラブのメンバーと活動等の話をしたとき、サークル部室がかなり狭いこと、そこではみんなで打ち合わせや話し合いを持つことは難しいことなどを聞き、昔のボロではあったが話し合いがしょっちゅうできたあの部室は、私にとっての貴重な経験であったことを思った。

単なる伝達や報告と論議の違いは、障害児学校に就職してからも自分の中に根強く残った。一人の子どもを見る目、語る言葉、捉え方が複数であれば、その子の良さも輝きも課題もより豊かになり保護者とも共感できる経験を数多く持つことができた。

今の時代、学校でも一人一台のPCがあり伝達、報告事項を画面で受け取り、また提出書類が多く、それに時間が取られ職員間で子どもの話ができないという状況を聞くにつれ、機械化は進んでも、そこで働くものに余裕は余りないままに失われつつあるものがあることを痛感している。

みんなで語り合い考え合いながら大切なことを前に進めていくことを、私は自分の地域でも仲間とともに実践することができた。一九七七年、私は埼玉県M市の公団団地から市街地の一軒家に引っ越した。長女は一歳で、保育園は二歳以下は一六時までの保育時間で、帰宅が一七時を過ぎる家庭は二重保育をしていると聞き、入園前に困っている人たちで市役所に陳情に行き、長時間保育を実施してもらった。その後、保育園は安心できたものの、学童保育室がないことから保育園の保護者たちと地域に署名活動等を行い、市から、建物と補助金を一部予算化するが、運営は保護者で行うという回答をもらい、開室の運びとなった。長女は三歳だったが、私は父母会の会長を務め、地域の人の協力も得ながら学童保育を作ることができた。

これらの経験は仲間や地域の人々と共に話し合い運動することなしには実現できなかったことであり、私の場合はセツルメントでの学びに力をもらった。

学生時代、城丸先生がよく言われた〝学生は地域に入って学びなさい〟ということがセツルの中で活動していても何を学ぶのか？ 何を学んでいるのか？ 十分把握していないことが多かったが、卒業後学校に就職してから現実に直面してわかってきたことがあった。子どもたちを取りまく環境、社会、文化それらが大きく変わりつつある今こそ、未来を担う子どもたちのために大人がやらなければならないことが地域、学校、大学のみならず各ジャンルで求められていると思う。

限られた紙面で最後にもうひとつ…。

学生当時、セツル以外の人から「歌ってばかりいるセツル」と揶揄されたが、確かに集まるとよく歌ったのは事実だった。みんなで一緒に歌うことは楽しかった。楽しさが力になることもあった。当時の自分を思い出すこともできる。一昨年、ダッコに誘われて船橋の歌声喫茶（歌声ライブハウスゴリ）で、元セツラーと歌う会に参加した時、同時代でも四〇数年ぶりにあった先輩や後輩とも、また同時代を過ごさなかった人とも、いきなり一緒に歌えたのにはとにかく驚いた。歌にはそんな不思議なところがある。

⑧「私とセツル」

風の子班中学生パート　ウメ（六九年教育　安東啓子　旧姓梅原）

大学に入学して間もない頃、寒川セツルメントのドアを開けることになった。あの頃の私は、皆さんの目にどう映っていただろう。性格なのか、受験体制の中でそうなっていたのか、今、思い出すと恥ずかしくなる。他の人の考えをなかなか受け入れられず、自分の考えにこだわることが多かった。

風の子班の先輩や仲間からいろいろアドバイスを受けて、少しずつ我慢ができるようになった。セツルメント活動をするということは、私にとっては、人間になるための修行の場であり、自己変革の場であったと思う。

活動に行き詰まることもあり、逃げてしまおうと思うこともあった。それでも、続けてきたのは、何でも話し合える仲間から離れることがこわかったのかもしれない。自分の成長が止まってしまうと思ったからかもしれない。

毎週土曜日の午後、作草部県営住宅に通って、集会所で中学生と勉強会やおしゃべりなどして過ごした。いろいろなイベントを中学生と企画して準備した。夜、映画会を開いたり、サイクリングで遠出したり、宿泊してキャンプしたりした。年に数回のイベントを成功させるために、保護者に理解していただくよう家庭訪問もした。

悩みを聞いてあげることもあった。試験前に家庭教師を頼まれたこともあった。お母さんたちと話すと、子どもの事や家族の事でずいぶん悩んでいた。私でも役に立つことがあるんだと思えて嬉しかった。

大学を卒業して、希望通り東京都の小学校の教員になり三八年間やり通した。良い仕事をさせてもらったと感謝している。

セツルで学んだことは、大きなものだったと思う。子どもへの対応でも、保護者への対応でも、教職員との関係でも、生かされていたと思う。

みんなが笑顔で楽しく過ごせるようにと。今でも、これからも、心がけながら。セツルと出会って本当に良かった。仲間に出会って本当に良かった。

卒業後のセツラーたちが各地で地域の教育に係わり、さまざまな活動を行ってきている。ここにその一部を紹介する。代表的なものとして「青空学校」「ひまわり学校」などがあるが、千葉県内に今年で五一回目を迎える「習志野八千代子どもと教育のつどい」があることを付け加えたい。この集いの常任役員として毎年、諸団体や保護者たちと提携して数百人の参加者を迎える準備を続けている実行委員会の重鎮が関根達郎氏（一九六三年教育）である。「ならはち教育文化研究所」の顧問として、習志野市や八千代の地に根差した民間の教育運動を、穏やかな眼差しで、若い実行委員長を支えながら五〇年も牽引してきたセツラーがいたことを発見した。昨年度の「子どもと教育を語るつどい」の五〇回大会は、「二〇一七年　いのち輝け　地域で育つ二一世紀の子どもたち」と題して全教（全日本教職員組合）と合同で行われた。習志野市立津田沼小学校を会場に、ＮＨＫスペシャルでも紹介された「命の授業」で知られる金森俊朗氏（元北陸学院大教授・ペスタロッチ教育賞受賞）を講師に迎えてテーマ別の一九分科会に分かれて父母と教師と地域の方々が語り合う集会を開いた。

今年度（二〇一八年）は、一〇月二八日に八千代市立八千代台小学校で父母と教師が、そして子どもたちも参加できる分科会を行う。筆者も初めて「国際交流あらため異文化交流の分科会」担当者としてアイヌ文化の紹介をするために毎月の実行委員会に参加して、関根氏の存在を知ったのだった。

寒川セツルを巣立ったセツラーたちが全国に蒔いた種が継続されている。中でも江戸川区の組合運動の年間行事ともなった「青空学校」の内容を紹介する。父母と教師と地域の人々との豊かな学びの姿が展開されてきたことがわかる。これを切り開いたのは、寒川のセツラーたちだった。

⑨江戸川の『青空学校』

二丁目班小学生パート　ムキダルマ（六九年教育　高橋　修）

一九七一年、東大駒場の教室に全国から子どもたち一〇〇名が集い、一週間の「夏季少年少女学校」が開催された。講師はそれぞれ民間教育研究団体のエキスパートたちで、画期的な授業が行われた。子どもたちが命名したのが『青空学校』。参加した子どもたちと教師たちによって、全国に『青空学校』の種がまかれた。

一九七二年、ガマさんと秋田大三郎先生が核になり、江戸川の『青空学校』がスタート。江戸川区に就職したリラ、くりちゃんなど寒川セツルのセツラーや地域の青年、江戸川養護学校の教師たちが集まり、周りの子どもたちを誘い、大きく育ち始めた。平井小学校で養護学校の子どもたちと一緒に楽しんだ運動会、岩橋先生の協力も得て埼玉古墳群へのハイキング。大島の黒潮小屋でのキャンプへは当時担任をしていた二年生のクラスに呼びかけると三分の一位の子どもたちが参加。『青空』と学級経営が上手く絡まり、参加した子どもが学級の中でも全体を引っ張って活躍し、親の信頼も得られ、組合で進めていた数々の署名などにも全面的に協力してもらえた。

　愛国学園の深谷さんも加わり、平井や葛西や上一色で少年団的な活動も生まれてきた。

　日光の鹿の保護活動をがんばりながらキャンプ場を経営していた江本さんの電気のない鳴沢キャンプ場を気に入って、毎年ここでやろうと決めたのも平井の子どもたちだった。

　多いときは一〇〇名規模で子どもたちが参加。指導者は教師や『青空』経験者の高校生や大学生。グループを作りトイレ掃除や歌声や食事配り、マキ配りの係の仕事を取り合い、三度三度の食事の用意と片付けをやりきる。川遊びや山の散策、竹とんぼ作りなどのクラフトにもとりくんだ。夜は江本さんから日光の動物たちの話を聞く。最終日はキャンプファイヤーで歌い踊った。その江本さんは地元の子どもたちが花火を上げようものなら飛んで行って「周りの動物が驚くから大きな音を立てるな」と注意し、キャンプ場の申し込みの電話が入ると「ちゃんとしたトイレはないし電気はないし不便な所ですよ」といやいや申し込みを受けていた。「人が一杯出入りすると森は壊れる」と、いつも言っていた。子どもたちはそんな江本さんから色々な動物と共存すべき森があることを学び、仲間との活動を通してその楽しさや自分を発見した。教師は子どもの要求をどうとらえて前向きの活動に組み立てるのか、青年たちは自分たちの思いと子どもたちの思いをどうしたら重ねられるか考え合った。

　夏の日光でのキャンプと秋の奥多摩での芋煮会、三月の御岳山山楽荘での合宿というスタイルが定着した。芋煮会ではいくつかの地域ブロックごとに何度か来ている子を中心に人を誘い合い、作るものを決め材料を持ち寄って川原で作って食べた。地区交流会をしたり、川の周りを散策したり、ビジターセンターに寄ったりして帰路についた。御岳山での合宿は、小雪がちらつくことや黄色い杉花粉がぼうぼうと舞うこともあった中、山頂まで荷物を持って登った。ビジターセンターでブローチ作りなどをしたり、夜のムササビの観察にも出掛けたりした。自然の中での体験や仲間との生活に、子どもたちは眼を輝かせた。また、合宿は指導員同士の大切な交流の場にもなった。

一九八三年、江戸川区教職員組合が河川敷で「江戸川子ども祭り」を、その流れで一九八四年、下鎌田西小学校で第一回「江戸川青空学校」を開催。その後、五つの地区ごとに夏休み初日から三日間、食をテーマに学習したり料理を作ったり工作したりし、最終日には全体で集まりキャンプファイヤーを行った。校長は秋田先生からガマさんに引き継がれ、何百人もで楽しむキャンプファイヤーの進行は江戸川の『青空学校』で育った若者たちが受け持ち、高校生はそれぞれの地区の教室で活躍した。

⑩私のセツルメント　一九七一年~七四年

一九七一年四月、私は千葉大学医学部付属看護学校に入学をしました。そして、医学生たちと一緒に地域に出て訪問できるセツルメントに魅力を感じて入部しました。

組合主催の「江戸川青空学校」を旧来の『青空学校』が支え、毎年報告集が発行されるほどの充実した運動となり、二〇一八年も開催された。

ガマさんがいてセッラーになった自分は、『青空学校』や組合活動に参加することになり、教師としての資質を磨きながら民主的な運動の一翼を担え、地域の子どもたちとも関わりながら、充実した江戸川区での二〇年間を過ごすことができた。その後足立区や江東区でも、教室の中で「一人一人が主人公」「自分たちの願いを自分たちで実現しよう」「楽しい教室を創ろう」と子どもたちに語りながら、三八年間頑張れた気がする。

四六年目の今年も、「アベ政治を許さない」の小さなプレートをゆらゆらさせながら、週四日葛飾区の学校へ。

保健部　チャップ（七一年看学　児島玲子）

私たちのさつき寮は、亥鼻町の少し小高い所にあり、寒川町はそこから海岸に向かって二キロメートルほど下ったところにありました。夜になると寒川町一帯が真っ赤に見え、異様な感じでした。粉じんが飛んできてガラス戸や畳がすぐにジャリジャリになり、洗濯物も外には干せませんでした。その空を見ながら、寒川町の人々は苦しくないのだろうかと心配でした。

一九七〇年代は高度成長時代真っ只中で、日本は技術革新が進み、鉄鋼、自動車、プラスチックなどの重化学工業が発展していきました。エネルギー源は石炭から石油に変わり、太平洋ベルト地帯は石油化学コンビナートや製鉄所が立ち並びました。それと同時に公害が各地で大きな問題になっていきました。有機水銀を含んだ排水を海に流し続け「水俣病」を引き起こし、カドミウムを含む排水を流し続けて「イタイイタイ病」に。私たちセツラーが活動していた寒川町も川崎製鉄所の排煙で多くの喘息患者さんが苦しんでいました。近くにあった今井町診療所は、二四時間休むことなく診療に当たっていました。

住民たちは元漁業をしていた人たちでしたが、川崎製鉄工場の進出によって漁業が成り立たなくなり、漁業権を放棄して補償金を受け取るも仕事がなくなり、ぶらぶらしている人もいました。

セツラーたちは、土曜日に集まってみんなで寒川町まで下って行き、訪問して生活相談をしていました。実際は、現在の状況を聞いてくるので精一杯だったようです。また、みんなで帰ってきて今日あったことを報告し、自分たちができることはなにか話し合っていました。

ある時、自分たちで「健康講座」を企画して、一軒一軒声を掛けてお誘いしたら多くの人が集まってくださったのです。この講座に全く無料で講師をしてくださった先生がいました。後でわかったことですが、北部診療所の花井透先生だったのです。お医者さんでもこういう方がいらっしゃるんだと大変感動したことを今でも忘れません。

もう一つ大きな出来事として、入部した翌年、一九七二年五月一五日に沖縄は本土に復帰しました。学生の間でも沖縄返還を求める運動が高まり、セツラーたちが真剣に話し合い、先輩に連れられてデモ行進に行ったものです。

私が看護学校を卒業してから、一九七五年には後輩セツラーたちが寒川町民に対して「健康アンケート調査」を行い、まとめていることが分かりました。

私は、セツルメント活動で寒川町を訪問し、人々の話を聞いたり暮らしを見たりする中で、病気は労働や暮らしと密接につながっていることを学びました。

一九七六年、私は市川市民診療所へ入職しました。小さい診療所だけれど住民が困っていることには一緒になって取り組む先輩の姿に、セツルメントの活動とダブる面がありました。その頃、訪問看護が制度化されていない時期にすでに看護婦によって訪問看護は当たり前のように行われていた診療所でした。

一九七五年、「千葉川鉄公害訴訟を支援する会」ができ、今井町診療所を中心に広がり、千葉民医連の医療機関も全面的に運動を推し進めていきました。

一九八八年、千葉地裁で勝訴（あおぞら裁判）。私がセツルメントの活動や公害訴訟の中で学んだことは、「医療は誰のために、何のために行うのか、また、病気を根本的になくすにはどうすればいいのか」を考えることであり、そのような視点で働いて来たように思います。

⑪我が人生にとってセツルとは～電気技術者から小学校教員への転換～

三丁目班小学生低学年パート　ロビン（七二年工学　本庄公巳）

小学校低学年の頃からプラモデルやラジオを組み立て、電気の不思議さに感動を覚えた私は、時代の先端でもある電子工学を学び、将来の物理学者を夢見て一九七二年に千葉大学工学部電子工学科に入学した。

「人と話がしたい」、「女子学生とも友達になりたい」と思っていた私は、寒川セツルの部室の扉を開けた。「週に一回地域へ行って子どもたちと遊ぶサークル」ということは分かったが、活動の内容よりも、瞳を輝かせながら生き生きとセツルの説明をするOS、私の話を聞いてくれるOSに、受験競争でじっくりと人と話すことの少なかった私は好感を抱き、またサークル内の雰囲気に居心地の良さを感じ、セツルに入ることを決意した。

三丁目班の小学校低学年パートに所属し、毎週土曜日に寒川三丁目で子どもたちの家を回りながら公園へ行き、子どもたちと鬼ごっこや花いちもんめなどをして遊ぶことが多かった。

小学校低学年パートの活動を四年間続けてきた訳だが、セツルでの活動と大学での自分の専門である電子工学との関係を絶えず問い続けてきた。

セツルの活動を専門である電子工学にどう生かしていくのか、小学校低学年を対象とした実践からだけではなかなか繋がってこない。少し視点を広げて寒川という地域からの視点で専門との関わりを考えて見た。そこには、川崎製鉄から立ち上る噴煙のそばで、インフレ・不況と言われる社会の中で、たくましく生きようとする地域の人々がいた。むろんこのことは寒川に限ったことではないことも十分分かっている。

将来、自分の専門である電子工学を生かして「物づくり」の職に就くであろうことは分かっていた。誰のための「物づくり」を行うのかと問うてみた。寒川の地域で生活しているような人々のため、まさしく国民のための「物づくり」を行うのだ。人々の生活に役立つ様な「物づくり」を行っていこうと考えるようになった。

大学を卒業し、民間の電気会社に電気技術者として就職をした。実際にその電気会社で携わった「物づくり」は、卓上ステレオ、ラジカセ、テレビゲームなどであった。それらの製品内部の電気に関わる部分の基盤設計が主な仕事であり、いつまでに何をするのかというスケジュールとコストを下げて製品を作るという課題がいつも目の前にぶら下がっていた。そこには企業の儲けの論理だけがあり、使う人の立場に立って設計をするという発想など到底入り込む余地はなかった。

大学に入った時に人とのつながりを求めて寒川セツルに入ったように、社会人となった時も、自分の住んでいる地域の青年サークルに足を運ぶようになっていた。仕事を終えて、夜の七時半頃から公民館のような所に集まっては活動をするサークルが地域に存在していた。文を書くことや歌を歌うことを主な活動とするサークル、中には市の社会教育の事業として「障害者青年学級」という活動も行われていた。中学校の当時「特殊学級」（今は「特別支援学級」）と呼ばれていた学級を卒業し、就職した青年たちが友達をつくるために始められた活動である。私はその「障害者青年学級」の活動に参加し、週一回の会合に出ては、終了後そのまま何人かでスナックに行き、酒を酌み交わしながらカラオケを歌ったりおしゃべりを楽しんだりということを繰り返していた。

自らの職に疑問を感じ始めていたときに、前述した「障害者青年学級」を担当する市の職員から、社会教育が主催する子ども会のジュニアリーダー育成キャンプへの手伝いをしてみないかと誘いがあったので、参加してみることにした。

市内のあちらこちらの子ども会から小学校五・六年生が四〇名位参加していた。バスに一時間位揺られながら山荘のようなところに着く。本当に何年かぶりで小学生と触れあう中で、小学生との関わりを新鮮なものと感じ、小学生の純真さやかわいさを実感して、子どもたちとこうして関わることができるような仕事に就けたらどんなに日々が楽しいだろうと思い直すこととなった。

電気の開発実験は部品を一つ違う値の物に取り替えればそれに伴って結果も変わる。部品をAに替えれば結果はAに、Bに替えれば結果はBと決まったように結果も変わる。ところが子どもたちは違う。Aと働きかけてもAという子もあれば、B、Cという子もいる。電気の部品や機械とは違って子どもたちには様々な反応がある。まさしく子どもたちは生きている。機械相手よりも生きている小学生と関わることのできる小学校の教員になろうと決意した。

一年半かけて大学の通信教育で教員免許状を取得し、東京都の教員採用試験にも合格した。そして一九八〇年から東京都の公立小学校に教諭として赴任した。

子どもたちとの日々は手探りのような状態であったが、それはそれは毎日が充実したものであり、楽しくもあり、生きがい、働きがいを感じてきた。

そんな教員生活を一八年続けた頃、教職員組合での活動や放課後に行う学校でのサッカーの指導等で心や体に異変をきたし、授業の合間をぬっての病院通いが始まった。労働運動の中で夜間の会議が続いたこと、小学生へのサッカーの指導で土日も休めない状況が続いたことが主な原因であったと思う。

通院や投薬や家族の支えもあり、通常の生活に復帰することができた私は、管理職への道を選択し、小学校の教頭・副校長・校長として勤め、二〇一四年に退職をした。三四年間の教員生活だった。

寒川セツルメントの小学校低学年パートでの活動経験があったからこそ、電気技術者から小学校教員への道へと転換することを決意したと言える。もちろん教員となっても寒川セツルでの経験を生かし、子どもや家庭の見方や捉え方の根底にその背景を見つめるよう心掛けてきた。班単位の活動を重視し、集団づくりにも気を配ってきた。人間関係を豊かにするための特別活動にも取り組んできた。

大学で電子工学を学んできた私は、小学校における情報教育の研修を深め、子どもたちのパソコンなどを活用した情報活用能力を高める学習へとその専門性を生かしてきた。

自らの道を転換したが、まったくといっていいほど悔いはない。むしろよかったと思っている。寒川セツルとの出会いに大いに感謝している。

⑫「セツルから学んだこと～生活背景を探り共感的に理解すること～」

三丁目班小高パート　ガンマ（七七年教育　坂戸千明）

あの忌まわしい出来事

今年五月、映画『追憶』（降旗康男監督作品）を観ました。舞台は富山県のとある漁港。少年時代に親から見捨てられた重い過去のある三人が主人公。虐待され、遺棄され、居場所を失った少年たちに温かい愛情を注いだのは、『ゆきわりそう』という喫茶店を営む女性。母親代わりとなり家族のように暮らしますが、ある事件をきっかけに幸せな日々が失われ、三人はバラバラになります。二五年後、富山県の漁港で殺人事件が起きます。三人は刑事、被害者、容疑者として再会します。

手に汗握るハラハラドキドキの展開。そして、思いもよらない結末に引き込まれます。幸せという言葉からかけ離れた重い過去を抱える人たち。幸せとは何か、生きるとは何かを語りかけてくれます。

『追憶』の映画をたまたま観たことで、三〇数年前、教員になった頃の出来事が呼び起こされました。私は、一九八一年大学を卒業し、長野県A市の通常学校で教員生活をスタートさせます。ちょうどその頃、学校での「校内暴力」がピークに達し、教育のゆがみが一気に吹き出します。私の勤務校は、地方都市ののんびりした学校でしたので、自分には教育のゆがみなどは無縁だと思っていました。しかし、すぐ直面することになります。

新卒三年目の年に、念願であった小学一年生の担任となります。そのなかに、東京から引っ越して間もない家族がいました。父親は、引っ越し先での事業に失敗。食うや食わずの生活が続き、食料品を窃盗し警察に逮捕されます。準生活保護家庭となります。後に知りますが、父親は東京で右翼団体の副会長をしていた方でした。父親は、体調を崩して働くこともままならず家族を支えるのがやっと。子どもには十分な愛情が注がれず、父親から子どもへの言葉による暴力は日常茶飯事。子どもは、二次的な障害である愛着障害（当時まだこの言葉はありませんでした）で、家庭で満たされない思いを対教師暴力や暴言という形で表現しました。二年生になった頃から、友達とのトラブル、校外へのエスケープ、授業妨害など頻発し、私は、精神的にも追い詰められていきます。父親は被害妄想が広がり、すさまじい攻撃性で私を威嚇します。私の住む教員住宅にも、「教員をやめさせてやる」と父親が何度か怒鳴り込みました。人格をも否定されるようなひどい脅され方をしました。当時、まだモンスター・ペアレントという言葉はありませんでしたが、常軌を逸した行動は、今振り返ると人格障害ではないかとも感じます。毎日が、困惑と疲弊の連続でした。私は、すっかり自信を失い、教員をやめることばかり考えるようになっていました。療養休暇一歩手前までいき、逃げるようにその学校を去りました。しばらく抜け殻のようでした。教師としての誇りや自信は打ち砕かれ、完全にうつ状態でした。

厚労省が今年六月末に公表した子どもの貧困率(二〇一五年)は、前回調査に比べ一三・九％に低下したものの「七人に一人」は「貧困ライン」を下回っています。当時も「一〇人に一人」ぐらいは貧困ラインを下回っていました。セツルメントで学んだのは、「子どもの言動や行動の背後にある生活背景を探る」という言葉でした。でも、若い私には解決の糸口すらつかめず、荷が重すぎました。

長年にわたり封印していた忌まわしい出来事です。

呪縛から解き放たれる

セツルメントの仲間とはしばらく距離をとりました。連絡する、顔を合わせることすらできないくらい落ち込んでいました。

呪縛から解き放たれたのは、二〇〇六年地方都市で開かれた全障研全国大会だったと記憶しています。一年後輩だったチャム(愛生町班)が「もしかしてガンマじゃない?」と声をかけてきたことがきっかけです。ただただ懐かしかった。その後毎年のようにチャムと全国大会でお会いし、セツルメントの仲間の情報が入るようになります。チャムに誘われ、思い切って二〇〇七年一月に大学で開催された城丸先生と福尾先生の『卒寿と米寿のお祝い』に出席します。恩師はもちろんの事、セツルメントの仲間との再会が懐かしかった。その時、やっぱり自分はセツルメントで育てられたんだ、という思いがこみ上げてきました。

ひょんなことから、昨年、それぞれ個別にバナナ、まりあ、いちごと三〇年余の歳月を超えて再会を果たします。いずれも三丁目班の後輩です。それぞれ紆余曲折の人生を歩んできたけれど、それでもセツルメントとはつながっていました。みなさん幸せそうで、ほっと胸をなで下ろしました。

セツルメントは民主主義の学校

予備校化した高校時代、単調で砂を噛むような東京の予備校での生活を経て、私はようやく大学に入学します。楽しそうな雰囲気に誘われ、即セツルメントへの入部を決めます。七〇年代後半、当時のセツルメントは、最盛期をすぎていたようですが、それでも六〇名ほどの仲間が活動に参加し、活気にあふれていました。

三丁目班の先輩には、ブイ・ワン、リップ、ガッパ、おっこ、ブルー・トゥリー、ハンチ、デイジー、ミルキー、ハヤト、ジャックなどがおり、同期には、ブリッジ、フロート、みかん、シビックなどがいました。よくみんなと飲み、肩を組み、歌を歌い、スポーツも楽しみました。温かく家庭的な雰囲気が魅力的でした。

三丁目公園での実践は、子どもたちとドッジボールにあけくれました。実践を終えてから喫茶店でのまとめの会、子どもたちの姿を語り合いました。夏に行った集中実践では、地域の子どもたちと一緒にお化け大会を開催。夏合宿では、議論を通して民主主義とは何かを学びました。「地域変革と自己変革の統一」という言葉が印象に残っています。子どもたちのわずかな変化を見逃さない、そして自分自身の成長を重ね合わせながら追求していく姿勢を学びました。一方、「子どもと遊ぶことが楽しい。実践と政治的な課題がどうつながるのか分からない」そんな意見の仲間も大勢いました。でも、一人ひとりのセツラーの願いや思いを大切にし、一致点を見いだす議論をしてきました。私にとって、セツルメントとは、民主主義の学校と言ってもいいかもしれません。

再び貧困と格差がもたらす問題に直面

今年で還暦を迎えました。この間、通常学校四年、障害児学校三三年、教員生活計三七年目を迎えます。この年になってようやく、「誰だって叩けば埃の一つや二つは出るもの」と笑い飛ばせるようになりました。

現在は、養護学校の自立担当教員として、B市内一〇数校の小中学校の自閉症・情緒障害児学級に、ほぼ毎日巡回相談に入っています。自閉症スペクトラム、ADH

D、LDなど発達障害の子どもが対象ですが、最近気になるのが二次的な障害である愛着障害の子どもです。

巡回相談を行っているC小学校の自閉症・情緒障害児学級の事例です。児童養護施設から通う小二と小三の子どもがいます。二人とも愛着障害で、自己肯定感が育っていません。担任の指示が通らず、暴言や暴力を繰り返しています。なかなか学習に向き合うことができません。若い担任は、必死になって手がかりを探っていますが、すっかり自信を失っています。三〇数年前の自分自身を見ているようでつらいものがあります。学校全体で彼を支え、私も毎週訪問し、励まし続けています。こうした学級が全国にどれくらいあることでしょうか。苦悩する教員はどれくらいいるのでしょうか。

育ちそびれた興奮しやすい愛着障害のお子さんが複数いる学級もあります。訪問するいくつもの学校で感じることですが、子どもの内面にイライラ、むかつき、不安感、抑圧感が充満しています。ゆがんだ形で、他者への攻撃や自己への攻撃となって表れます。不安な感情を常に持ち、暴力や暴言をくりかえす子どもたちと向き合い、管理や規則で脅したり、押さえ込んだりするのではなく、この子たちが何を訴えたいのか、担任と一緒に悩みます。貧困と格差が進むなかで、家庭崩壊が進行し、子どもに対して多少の指導を行っても、何ら効果が表れない場合もあります。それほど、子どもたちのおかれている現状は深刻で厳しいものがあります。貧困と格差がもたらす問題は、社会構造的な問題であり、自己責任で片付けてはいけません。担任と一緒に悩み考え解決の道筋を探ります。

若い世代に運動を引き継ぐ

今年三月、長年にわたる障害児学校教職員組合の委員長としての任務を終えました。振り返ってみると、委員長となった二〇〇九年に民主党政権が誕生しました。少し希望の光が見えましたが、普天間基地問題など公約を次々に破り国民の失望と怒りが続きます。そして、二〇一二年年末の総選挙では、自公合わせて三分の二を超える議席を獲得し、自公政権が復活。特定秘密保護法（二〇一三年）の制定、集団的自衛権の行使容認を閣議決定（二〇一四年）、安保法制関連法案の強硬採決（二〇一五年）と続きます。今年、共謀罪（テロ等準備罪）が成立しました。「戦争できる国づくり」にむけて安倍政権の暴走が続きます。

教育政策はどうでしょうか。戦争できる国づくりにむけた人材の育成が政策としてすすめられています。今、新学習指導要領に武道として、新たに「銃剣道」が加えられます。そして、来年度からは道徳が正式に教科となります。障害児教育はどうでしょうか。通常学校に通う子どもたちは、少子化の影響で全国で毎年一〇万人も減り続けています。しかし、障害児は二〇年ほど前から増え続けています。第一次安倍政権で「学力テスト」が導入された一〇年ほど前から、障害児学級の子どもたちは約二倍、障害児学校の子どもたちも一・三倍に増えています。障害児教育の理解が進んだことも増加の理由ですが、通常学校で「過度に競争的な教育」が進められるなかで、障害児が通常学校・通常学級で居場所を失い、はじき出されているのではないかとも推測されます。通常学校の改革も進めながら、インクルーシブ教育のあり方を展望したいと思います。

ますます教育現場は厳しさを増すかもしれません。しかし、かつてのセツルメント運動を引き継ぐ形でキッズ・クラブが活動をしているのは心強いことです。私たちの運動が若い世代に脈々と引き継がれていってほしい。若いみなさんと希望を語り合いたい、そんな気持ちです。

（二〇一七・七・二二）

⑬宝物のイチゴー「キリンの会」でのボランティア活動から―

風の子班　しずか＝ゴゼン（七三年教育　遠藤　静）

セツル時代は実践らしい実践もなく怠惰な学生生活を送ってしまいました。

六〇を超えた今、知的障害のある方々がひと月に二度集まる「キリンの会」でボランティアをしています。

その中で大変感動した出来事がありました。作文を指導した作品を私の今の体験に替えて送ります。

「キリンの会」は、H先生という大阪出身の教師が定年後立ち上げました。H先生は、市川の小学校で長く特殊学級の担任として主に知的障害をもつ子どもの指導をしていらっしゃいました。

巣立っていった子どもたちは、中学、訓練施設、そして社会の中で不当な扱いを受けることも多く、次第に元気を失い家に閉じこもりがちになる子も多かったようです。

H先生が現職時代に巣立った子どもたちがH学級を覗きにくることもあり、そんな子どもたちの心のよりどころとなるような場所を作ろうと考えたそうです。

場所の確保、遊具の購入、お母さんたちの組織化等に先生は一人で奮闘し、発足から一九年続いています。

今では、障害を持つ子どもを残して先立つであろうお母さんたちの不安を少しでも和らげる場所にもなっています。活動は原則月二回、第二と第四の日曜日の午前中にMの公民館にて行っています。参加してくる子どもは毎回一〇名ちょっとです。全員で二〇名くらい、不幸にも早世した子どもも何人かいます。（子どもと書いていますが今は殆ど四〇代の成人です）

特段、今日はこれをやるといったことは決めず、子どもたちの様子に合わせて椅子取りゲームやしりとり、ペットボトルボウリング、ハンドベル、合唱等を行っています。

以前はH先生も新しい歌を教えたり、綴り方指導をしたりして子どもたちの成長を促そうとやっきになった時期もあったそうですが、今は考えが変わって楽しく日々暮らすことが彼ら彼女らにとって一番大切なことと思うようになってきたそうです。私も同感です。

私が参加するようになったきっかけは、地域の発表会で歌やハンドベルを披露するにあたり、知人を通じて伴奏者として依頼されたことです。何度か練習に参加するうちに子どもたちの姿に感銘を受け、発表会後もH先生にお願いしてお手伝いさせて頂いています。

もうかれこれ一〇年近くです。実は、子どもたちに触れて元気をもらっていたり教えて貰っていたりするのは私の方なのです。

作文を読んで頂ければわかるように「お金が足らなかったらお土産のイチゴ買ってあげる」と言ってしま

うおバカな私。「しずかのお金で買ったイチゴは〝宝物のイチゴ〟じゃない」と考える純粋な彼。

健常者でも仲間がイチゴ狩りしている最中に一人外でポツンと歌を歌って気を紛らわすのは大変です。私には到底できそうもありません。

後日、キリンの会の活動の際、二人で話をしながら作文に仕上げました。

お母さんはいちごを食べて泣き、作文を読んでまた泣いたそうです。


「宝物のいちご」


僕はイチゴが大好きです。

お母さんはときどきスーパーでイチゴを買ってきます。ほんとうは僕のお母さんもイチゴが大好きです。だけどお母さんはいちごを三こくらいしか食べません。

「新ちゃんはからだが大きいのだからのこりぜんぶ食べていいよ」といつもお母さんは笑顔でぼくにいいます。

四月に「キリンの会」で遠足に行くことになりました。いろんな意見がでました。ゆうえんち、すいぞくかん、こうつうはくぶつかん、動物園とイチゴ狩りを多数決しました。

僕は動物園とイチゴ狩りに手をあげました。イチゴを食べたい仲間が多く動物園とイチゴ狩りに決まりました。

ぼくは心の中で「やった〜〜」といいました。

仲間のまいちゃんはすいぞくかんに手をあげていたのであんまり喜んだらわるいかなと思いました。

僕は今、鉄工所で働いています。クレーンというものを使って大きくて重い鉄の板を移動したりトラックにのせたりするのが僕の仕事です。夏は暑いし冬は寒いです。月曜から土曜まで働いています。

仕事はとってもたいへんですが、お給料をもらえます。お昼代が引かれるので一〇万円ちょっとです。

お母さんは僕のお給料明細を渡すととっても喜びます。そして全部貯金します。

キリンの会の遠足の日、曇っていますが雨は降っていません。

お母さんはからだのちょうしが悪いので遠足には行きません。だから僕は「イチゴをおみやげに持って帰るね」とお母さんにいいました。

　そしたらお母さんは「新ちゃんのおみやげのイチゴだったら宝物のイチゴだね」といいました。

　市川動物園ではキリンやさる、きれいな鳥を見ました。レッサーパンダも見ました。

　お弁当を買ってみんなで食べました。僕はおなかがすいていたのでやきそばとカツどんを買って食べました。

　そのあと楽しみにしていたイチゴ園に歩いて行きました。

　H先生やしずかは「イチゴ園の中ではいくら食べてもいいけど、持って帰れません。おみやげに欲しい人は外の売店で売ってるイチゴを買いましょう」といいました。

　僕は困ってしまいました。お弁当を買ったのでお金が一五〇〇円しかありません。イチゴ狩りの一二〇〇円を払ってしまったらお母さんへのおみやげのイチゴが買えません。

　H先生が「まとめて払うから」といってお金を集めています。

　ぼくは「お金が足りないのでイチゴ狩りをやめて外にいます」とH先生にいいました。

　H先生としずかがはなしをして、しずかが僕のところに来て「ないしょでおみやげのイチゴ買ってあげるからイチゴ狩りいっしょにしよう」と僕にいいました。

　でも朝、お母さんと約束したことを思い出しました。しずかに買ってもらったイチゴは僕のおみやげではないので「たからもののイチゴ」ではありません。だから僕はつばをのみこんで「いいです。やめときます」としずかにいいました。そしたらH先生がしずかに「よけいなことせんときや」といって「ほな新ちゃん、行ってくるで」といってイチゴ園に入って行きました。しずかは僕のところと売店をいったりきたりしていましたが、誰かに呼ばれてイチゴ園に入っていきました。

　僕は外でひとりでまっていました。ハウスの中からみんなの声が聞こえます。口の中につばが出てきました。水筒に残っていたお母さんが作ってくれた麦茶を飲みました。

しずかが教えてくれた歌を一人で歌いました。「♪僕らはみんな生きている　生きているから歌うんだ…♪僕らはみんな生きている　生きているから悲しいんだ…♪」

イチゴを持って帰ったらお母さんは喜ぶだろうなと思いながら歌いました。何度も何度も歌いました。

三〇分たってみんな出てきました。おみやげイチゴの売店にみんなで行きました。

りっぱなイチゴのあまおうは九〇〇円、とちおとめは五〇〇円です。あまおうはとても大きくおいしそうです。僕は、たからもののイチゴはあまおうかなと思いました。でもおみやげが一パックしかなかったらきっとお母さんは三個だけしかたべないだろうなと思い、とちおとめを二パック買いました。れんにゅうも買いました。残ったお金はバス代です。

「ただいま～」家に帰ってお母さんにおみやげのイチゴを渡しました。お母さんは大喜びで「新ちゃんのたからもののイチゴ、たからもののイチゴ」とはしゃいでいました。

「イチゴ狩り楽しかったでしょ」と聞かれたのでお金が足りないのでやめたことを話しました。二パックあるから「ひとり一パックずつたくさん食べられるよ」といいました。お母さんはイチゴを洗いながら泣いていました。大きな皿にイチゴがのっています。れんにゅうをかけて食べました。

「たからもののイチゴは今までたべたイチゴの一〇〇倍おいしい」とお母さんはいいました。

僕もうれしくなって泣いてしまいました。

お母さんと一緒に食べたイチゴは甘くてすっぱくておいしかった。

注記＊プライバシー保護のため文中の名前は仮名です。新ちゃんは実は四二歳の男性です。知的障害はありますが立派に働いています。お母さんは年齢不詳ですが六五歳オーバーです。原文はひらがなが多いですが一部読みやすいように漢字に変えています。つづりかたの指導はしましたが内容は全て実際にあったことです。

⑭セツルと私の教師生活とその後　セツルの思い出は、「なかま意識」と「地域実践」

母子寮班中学生パート　ボラ（七四年理学　増田　勉）

理学部化学科に入学した私は、できれば学問を究めたいと思いながら、大学生活も有意義に過ごしたいと考えていて「面白いから来てみない」という誘いについて行ったら、あたたかい雰囲気に、なにをするのか理解しないまま、（セツルに）入ったのである。

それから毎日のように古ぼけたサークル棟にある部室で生活し、たまに授業に出席した。入試のための勉強しかしてこなかった自分にとってなにもかもが新鮮であった。すてきな先輩セツラーがたくさんいた。特にみんながよく言っていた「なかま意識」がこころよくひびいた。最初の夏合宿で実行委員長になった。閉会式の実行委員長による実行委員紹介が終わったところで、一人の実行委員を紹介するのを忘れたことに気づいた。「なかま意識」と言いながらなかまとして意識していなかったのではないか、そういう自分がなさけなくて、みんなの前で泣いてしまった。

もう一つは「実践」であった。教師を志す人にとっては授業をやり子どもたちと一緒に何かをやろうとすることがすべて実践なのだから当然のことなのだろう。けど、私にとっては違和感のようなものを感じていた。地域に行くことが最初は苦痛だった。「中学生パート」になったが最初のうちはなにをどうしていったらよいのか、わからなかった。「大切なのは目の前の中学生を見てあなたがなにを感じたのかだよ」「そしてなにがしたいのかだよ」と言われ続けたような気がする。しばらくして、その意味がわかるようになった。同時に子どもたちのことも好きになっていった。四年セツルにいて、結局中学校の教師になったのだから不思議である。

しばらくして「何のために地域に行っているのだろう」ということを考えるようになった。たしかに地域にはいろいろな問題があり、それを解決するなんて学生にはできないのではないか。私の出した答えは「学生として学ぶ」ということ、地域の抱える問題・矛盾、そして、子どもたちがかかえる問題・矛盾、それを私たち学生はどうとらえるのか、なにが必要なのか、を考え学んでいくことなのではないか。中学校の教師にはつながっていると思う。

教師生活は、全てが実践

卒業して、地元埼玉県の中学校の理科の教師となり、三二年つとめた。セツルメントのことは忙しさもあり忘れていたが、組合の支部の教文担当になり講師として大東文化大学の村山士朗先生をおよびしたとき、先生がセツラーだったというのを知ったのは驚きでもありなつかしくもあった。

中学校教師としてやることは、すべて実践であった。目の前にいる中学生をどうとらえるのか、教えるべき教材をどうとらえるのか、学習指導要領をどうとらえるのか、自分が問われる日々であったと思う。家庭訪問をすると、家の中は足の踏み場もないくらい散らかっていて、もちろん勉強をするような状況ではない。お父さんはきっと一生懸命働いているにもかかわらず。こういう状況を見て、教師としてなにができるのか悩んだ。理科の授業では小学校で学んだことがなにもわかっていないし、できない子どもたちもいる中で、授業を進めていくのはつらかった。

組合に入り、教育条件をよくすることと、教師集団みんなで学びあっていくことに力を注いできた。市や県の教育委員会と何回も交渉の席にのぞんだが、組合側の理路整然とした追求に最後は黙ってしまう、という教育委員会の対応に何度も歯ぎしりする思いだった。

指導要領の改訂のたびに、伝達講習会があり、子どもたちの認識の順次性・教材の系統性などについて質問をするけれども、過去のことは全く反省しないし、教師を納得させられるような回答は全くなかった。私にとって最後の改訂の時は、よく読み込んで質問を一〇項目にまとめたが「質問には答えないことになっている」という信じられない態度だったので、文書にして渡し、上に上げてほしいと依頼した。教育事務所に文書は上がったが、それから一年たっても何の回答も連絡もなかった。教えることを決めるのに、現場で実際に子どもに接している教師のいうことは全く聞こうともしないし、質問に答えるという教育の原理・条理さえ全く感じられないことに開いた口がふさがらない思いだった。

授業では、理科の面白さ・すばらしさを中学生に伝えたいと考え授業をやってきたがなかなか難しかった。学力の低い子どもたちにもわかるように、自然科学の本質だと考えることを取り上げると、意外にもそういう子の方が鋭いことを言うのはおもしろかった。

自然科学の概念・法則を理解することによって、日常の目とは異なる自然を見るもう一つの「眼」を自分のものにしてほしいと考え実践してきた。多くの子どもたちが授業は楽しいとは言ってくれたが、ためになると言ってくれた子は少なかったかな。

退職後は二つの地域実践を

いま、教師生活を振り返ると、セツラーだったという意識はほとんどなかったが、セツルで学んだことは生きていると思っているし、退職後の方が意識しているかもしれない。

一つは、生活保護世帯の中学生・高校生に週に二回、主に理科と数学を教えている。貧困とその再生産ともいうべき状況は悲惨と言ってもよい。借金のために夜逃げを繰り返したので中学を卒業できずに小学校の二年生程度の学力しかない子どもなどとたくさん出会ってきた。できるけどわからない、できるには繰り返しだけ、などなど課題はたくさんある。

もう一つは、自治会で役員をやっている。ひどいときは朝六時に家を出て夜中の一二時に帰り、土日も家にいなかった私にとって、自治会のことは何もやっていなかったのである。順番で班長が回ってきてやることになったが、理事会では一人も発言しないで決まったのかどうかもわからず、会長は市議会議員選挙・衆議院議員選挙で自分が応援する人を自治会の役員を使って活動するのも平気で、自治会を私物化しているといってもよい状況であった。そんな中で、おかしいものは間違っているといい、具体的な提案もしながら住民のための自治会にしていきたいと考えている。

⑮高校教師と地域活動いろいろ

愛生町班中学生パート　となり（七三年理学　村松潤一郎）

一九七七年に無事四年間で大学を卒業後、神奈川県で高校の理科教師になることができました。オイルショックの余波はまだまだ続いていて、就職が難しい時でしたが、何とか試験に合格できたみたいです。

当時は、神奈川県では高校を増設する「百校計画」が始まり、多くの新卒者を採用していた時期でした。

毎年のように数人の新採用が職場に入り、若い教員が増えていた時期です。そのため、神奈川県は、人事の活性化のため、同じ学校にいる年数の制限を設けました。その当時は、一つの学校に定年まで務める教員もいましたが、新設校や課題集中校への転勤を積極的に推進するためのいろいろな方策が毎年のように出てきました。しかし、結局のところ、新設校や課題集中校へは新採用者が多く配属されて、学校間での平均年齢の格差は大きかったと思います。

最初の高校では、若い教員たちと大学の時のような時間を過ごしました。何回も転勤届を出したのですが、結局八年間お世話になった後、新設校へ転勤しました。

新設校から課題集中校へ
大変だった　交流人事で養護学校へ

新設校では、学校作りから始まり、新しい仕事が増えたことや生徒指導の問題も増えました。若い先生が多く、まだ三〇歳だった私はもう中堅教員になっていました。また、後の総合的な学習のような授業も独自に行っている学校で、スポーツやボランティアの授業なども行い、その後、福祉が学校の特色になったようです。ここでも何回も転勤希望を出したのですが、一〇年間お世話になった後、課題集中校へ転勤しました。

ここでは、生活指導部に配属されました。とにかく大変で、たばこ・シンナー・暴力・いじめ・万引き・盗難等ありとあらゆる事件が、毎日複数回起こりました。空手をやっていた生徒に太ももを蹴られた時には、一か月階段を登るのに手すりが必要でした。クラスの生徒との問題（私が悪いことをしたわけではありませんが、個人情報ですので詳細は書きません。）で校長と話し合い、養護学校へ転勤しました。その当時は、交流人事という枠があり、三年間養護学校へ行くことができました。

養護学校の三年間は、ほっと一息の三年間でした。また、新しい仲間や人間関係も出来てその後の活動に生かすことが出来ました。

横浜市の学校で障碍者支援のための地域活動を

その後、初めて横浜市の学校へ転勤して今までの学校と生徒や教員の雰囲気の違いに驚かされたのを覚えています。ここでは、生徒会指導へ配属されました。ボランティアの関係の仕事を始めたのもボランティアのポスター掲示の担当になったのがきっかけで、地域の施設と連携して個人的なボランティアセンターみたいなことになってしまいました。

障碍者支援のための活動「FRITID」を能見台地域ケアプラザと連携して行ったのもこの頃です。この活動は同世代の高校生同士の協働活動を趣旨とした活動で、その後の各地域ケアプラザでの活動のモデルになりました。もう一〇年以上続いています。さらに横浜市では、その当時、障碍者支援のための地域活動ホームを各区につくるための活動を始めていて、そのための高校生の活動を関係機関と話し合い、計画実行致しました。

＊地域活動ホームを各区に作るにあたっては、その趣旨を地域に理解してもらうために、建設資金の一部を地域の活動の中で独自に作っていくことになっていました。金沢区では「りんごの森」、磯子区では「いぶき」の設立に関係して、バザー・演奏会・落語会などいろいろな活動を行いました。その結果、社会福祉協議会・障碍者施設・地域のケアプラザ・横浜市の福祉担当職員・福祉法人・地域ボランティア等との連携をすることになりました。

また、県では、高校生の学校外での単位認定の推進をしており、平成一七年にはボランティアの単位認定を各学校でするように通達を出し、その担当者になりました。そのためのルールづくりや関連施設との打ち合わせなども行いました。その当時の活動は、地域の施設の実態に即していなくて多くのトラブルを起こしていたため、神奈川県社会福祉協議会の要請で、「福祉教育プログラム検討委員」としても二年間活動しました。

その他、部活動の活性化のために部活動の地域の施設での演奏活動等とにかくいろいろやりました。地域に関わる活動が多かったのは、学生時代セツルで地域活動をしていたことと重なることがある気がしました。

＊現在は、非常勤講師として自分の活動費（遊び代）は自分で稼ぐようにしています。時々飲み屋のマスターとか、地域の音楽家と連携してミニコンサートを開いたりしています。腰痛や高血圧など体調があまりよくないのですがまあ適当にやりたいことだけに……

⑯お菓子の缶から「みのむし」発見！（笑）～私のタイムカプセル～

二丁目班幼児パート　あちゃみ（七六年保専　村松志津枝　旧姓浅見）

今年、平成三〇年（二〇一八年）五月、押入れの奥の、古いお菓子の缶の中から出てきたのは、四〇数年前の寒川セツルメント事務局発行の文集「みのむし」だった。五～六冊あっただろうか…。

懐かしいなつかしい「セツル」との再会！

昭和五〇年（一九七五年）、入学した千葉県保育専門学院で、私が出会ったのは「セツルメント」サークルだった。

オリエンテーションでの、リリィ、エッサ、ポッポ、ベルという先輩たちのとても生き生きとしたセツルの活動紹介を見て興味を持った。

「セツルメント」という言葉は初めて耳にした言葉だったが、毎週土曜日、千葉市内のある地域に出かけ、そこで小さな子どもたちと遊ぶ、子ども会のような活動だと思った。楽しそう－！と。

寒川二丁目幼パーの「あちゃみ」として仲間に加えてもらい、千葉大にあるサークル棟に通うようになると、二年、三年、さらに年上の先輩セツラーに出会い、ただ子どもたちと遊ぶだけではない、社会を見つめ、考え行動する深い意義のある活動だと知るようになった。

「地域」「実践」「総括」「仲間とは」等々、地域に出かけ、仲間と話し込み、歌い、笑い、時には熱が出そうなくらい（笑）思い悩んだこともあった。なんと真面目な仲間たちだったかと今も思う。

セツルで出会った先輩に恋をし（中略）、卒業後、遠距離というハンディをなんとか乗り切り数年後に結婚。

結婚後に住んだ見知らぬ「地域」で、新しい人とのつながりを求め、自分なりの「実践」を続けてきたように思う。自治会の中で、先輩主婦の後押しもあり、より住みよい町内になってほしいという思いで、手書きの新聞を発行したり、三人目の子育て中には、子育てサークルを呼びかけたりして仲間づくりをした。

子どもたちの成長や家族の環境の変化に伴って、その都度喜びも悩みも心配もあった。それでも一人で抱え込まず、我が家だけの問題ではないんだと外に目を向け続けてこられたのは、セツラー時代に経験したことが自分の中に根付いていたからかも知れない。

一番関心のあった子育て・保育については、男女共同参画という言葉が言われ始めた平成九年から一一年にかけて、「女性の目で見たまちづくり」というテーマで集まった市民グループの一員として、～地域ぐるみの子育て～や、～子どもの笑顔があふれるまちづくり～というタイトルで、調査や話し合いを重ね、横須賀市への提言を行った。

その後、提言するだけでは何も変わらないと思っていたところに、また、新しい出会いがあり、乳幼児を連れた親が気軽に集まれる親子の居場所「ひろば」の開設を目指す団体と、派遣型で乳幼児の一時預かりを行う団体の両方の立ち上げにほぼ同時期にかかわることになった。平成一二年（二〇〇〇年）頃のことである。

ひろば活動は「ＮＰＯ法人ぽっかぽか荘」として、室内だけでなくアウトドアでの活動も継続中。

一時預かりは「ＮＰＯ法人ワーカーズ・コレクティブ　キッズポケット」で、こちらへは、現在はボランティアとしてかかわっている。また、この四月からは週に一日ではあるが学童保育クラブにもかかわるようになり、小学生との楽しい時間も共に過ごさせてもらっている。

保育士を目指して保育専門学院に入り、卒業後二年余り地元の保育所に勤務しただけで仕事を離れたのは少々心残りだったが、「地域」という視点、「実践」「総括」「仲間」というキーワードを自分の中に持ち続けられていたおかげで、今の自分があるように思う。

卒業以来、疎遠になってしまっていた懐かしい同級生、先輩、後輩セツラーの名前と顔がむくむくと湧き出てきたのは自分でも驚くばかりだった！　押入れから出て来た「みのむし」のおかげ。（笑）

寒川セツルメント研究会の存在を知ったこと、六一周年の祝賀会が催されていたこと、記念誌が発行されていたこと、知ったのはつい二か月ほど前だが、仲間の皆さんのその後の消息などに触れ、今また、自分を振り返るとともに、セツラー仲間に会いたいと強く思っている。今のこの社会の中で、かつての仲間たちは何を感じ、なにを考え、どう生きてるのだろうかと…。

ぜひ、多くのＯＳたちと再会したい！

⑰私とセツルメント　そして「ジェンダーを〝消化〟しようとする」

二丁目班小学生パート　ホヤホヤ（七四年理学　関　英夫）

一九七四年に理学部化学科に入学した私は、大学の見るものすべてが新鮮で、新入生歓迎行事にも手当たり次第参加し、毎日が楽しみの連続でした。そんなとき、寒川セツルメントの新歓行事のあたたかさに共感し、大学一年の四月に寒川セツルメントに入部しました。

セツルに入って、地域実践に参加するようになりました。に所属して、寒川二丁目の小学生高学年パートある日、部室で手にしたセツルメントの文書に「地域を串ざしにする」という言葉がありました。それ以来、「地域を串ざしにする」とはどういうことなのか、私はそれが知りたくて、夏の全セツ連の大会に参加したり、東大でのセツルメントの会議に参加したりして、自分なりにそのことにこだわり続けました。そんな行動を通して、各地域のセツルメントの活動に共鳴し、豊かな運動に触れ合うことができて、見るもの聞くものすべてが新鮮な感動を覚えたことが、よみがえってきます。

特に、北海道での夏の全セツ連の大会では、行き帰りの列車のなかで仲間たちと過ごした時間が、高校までに経験したことのなかった濃密で貴重な時間だったこと、青函連絡船に初めて乗船したこと、北海道大学の恵迪寮に泊めていただいたこと、全セツ連の大会のあと支笏湖の湖畔でキャンプをしたこと、夜空を眺めながら仲間とともに語り合ったこと、あの北海道での体験は一八歳の私の心に衝撃的な印象を刻み込みました。

長野県での夏合宿も、布団蒸し大会の思い出とともにいまでもよみがえってきます。

地域実践という営みは、子どもたちと毎週あそぶだけではなく、地域にある問題や課題も考えていくことなのだということも学びました。家庭訪問に行って保護者の方からお話を聞いたり、実践を総括したりと、貴重な体験をしました。

一九七四年一一月におきた兵庫県での八鹿高校事件は、教育の現場で理不尽なことがあっていいのかということを私に鋭くつきつけ、教育の問題についてより一層学習しようという気持ちに駆り立てられました。大学で「橋のない川」を上映しようという企画に対して、ヘルメットと角材で武装した集団が上映をつぶしに来るなど、部落問題とはなんなのかを考えることにもなりました。

セツルで、大学や世の中の情勢を学び、地域に学ぶこととともに、私たちの大学での学びや大学の自治についても考えるようになりました。

私は、大学一年の冬に教養自治会の執行委員となり、二年生の春には、教養自治会の委員長に立候補し、自治会の活動が生活のなかで大きな比率を占めるようになったので、残念ながらセツルメントの活動が時間的に厳しくなってしまいました。

一九七五年度に教養自治会で取り組んだ「私の要求

運動」は、身近な要求を掘り起こしながら大学当局に迫っていく、あのスタイルは、セツルメントの活動から学んだものでもあったと思っています。

私にとってセツルメントの活動は、大学生活の土台を築きあげてくれた貴重な体験であり、現在も教師として生きている私の生き方を決めていく、かけがえのないものだったのだと思っています。

卒業後は、東京の私学で化学を教えています。東京私立学校教職員組合連合（東京私教連）の中央執行委員として、私学助成の運動に携わってきました。

セツルメントの活動に参加したという方々にも数多く出会いました。

今回、「寒川セツルメント研究会」と「寒川セツルメント史」出版プロジェクトに出会うことができて、感激しています。セツルメントの活動に参加された皆さん、ありがとうございました。

ジェンダーを「消化」しようとする

ジェンダーは「消化」しにくい

関　英夫　『教育』二〇一八年二月号

私は、私立の中高一貫の男子校で化学を教えている。最近、ジェンダーについて考えようと、大型書店のジェンダーのコーナーで長時間本を読みあさったことがあった。思い返せば私自身が、ジェンダーに触れ合う四つのきっかけがあった。ただジェンダーはなぜかしっくりこない。「消化」しにくいのだ。そんなジェンダーを消化しようとしている私の体験を紹介したい。

まず大学を卒業し教師として第一歩を踏み出したときに、村瀬幸浩さんとの出会いがあった。特に著書『授業の中の性教育』が衝撃的であった。なぜなら大学生活で学んだ科学的世界観は、社会理論としてしか理解していなかったのだが、まさか「授業の中で」語るものとは考えなかったからである。「授業の中で」というのがとても新鮮で、私の前に新たな世界が開けてきた瞬間だった。

次は、化学の講師として生物も担当したときのことだ。男女並学だが、男子部と女子部に分かれ、生徒は互いに接触禁止という、今から考えると時代錯誤な高校だった。その女子部の生物を担当することになった。クラスの人数は五五人、授業に対する興味関心は残念ながら希薄ななか、何とか生徒たちにおもしろいと思える授業を目指し、真船和夫さんの『生物学入門』、岩田好宏さんの『オス・メスから男・女への歴史』などに学び授業を工夫した。生殖と発生の部分は、女として生きはじめる高校生の関心から遠く、生徒自身の生と性に向き合えるような授業づくりを考えた。そんな乱読の過程で、ジェンダーという言葉に出合った。

学びなおすジェンダー

それからしばらく時間がたち、次にジェンダーにふれたのは、二一世紀になってからだった。和光高校の教育研究会で関口久志さんの話を聴いた。七生養護に対するバッシングがあったことを知り、なんで性教育やジェンダー平等がバッシングになるのか、と感じた。

そのころ、私は四回目の出会いを体験した。それは自分の家庭に入ってきたジェンダーとの出会いであった。学校教育ではバッシングされたジェンダーだったが、社会教育ではまだまだいろいろな取組がおこなわれていた。その例が私の妻の場合である。区の職員である妻は男女共同参画の部門を担当することになり、ジェンダー問題にふれる機会が増えてきた。家の書棚には、背表紙に「ジェンダー」の文字の入った本が増えていった。

理解はできてもしっくりこない

こんな出会いがあったのに、理解はできても自分の内側にうまく消化できた気がしないのが、このジェンダーという言葉だった。そんな私の「しっくりこない感」を解消できそうな気持ちにさせてくれたのは、二〇一七年の秋開かれた「ジェンダー平等をすすめる教育全国ネットワーク」の学習会で聞いたSさんの発言だった。彼女は「懺悔の告白」と称して、「非正規労働でなかなか就職できなかった息子」と「正規労働でバリバリ仕事をしている娘」という組み合わせに感じる違和感の底のほうに、「男が正規労働してくれないと困る」といったジェンダー・バイアスがあることに気がついたというのだった。彼女はそれを「内なる差別」と呼んでいた。「内なる差別」という言葉は、私の「しっくりこない感」にまっすぐ響いてきた。現代に生きる自分が差別を告発する側にいられず、差別のなかで生きていかざるをえない存在であることに気がつくことができた。私の中で「しっくりこない感」が溶けだし、彼女への共感が広がっていった。

職場の中で見えてきたこと

「内なる差別」という言葉を手掛かりに自分の生活を見直してみると、職場のことが思い浮かんだ。私の職場は戦前から続く男子校で、戦前はドイツの影響を強く受け国策にしたがって教育をおこなってきたが、戦後はそれを反省して出直した学校である。戦後男女平等の社会になったはずが、職場では、就職した頃、女性の正規教員は養護の先生しかいなかった。

事務職には女性職員がいたのに、女子更衣室や休憩室もないような学校だった。女性の正規教員が採用された一九九五年ごろから、職場の環境は徐々に変化したが、現在も正規教員の一七%を占めるにすぎない。教える教科も国語や外国語に偏っている。共修家庭科は非常勤にお願いしている。職場のこの環境が、生徒たちに「内なる差別」を知らず知らずのうちに養成しているのではないか、と思うようになった。男女共同参画社会のなかで、男子校の教育はどうあるべきか、「内なる差別」と向き合いながら、考えていきたいと今は強く感じている。

⑱いのはなセツル同窓会

保健部　エルジェ（七三年教育　氏家幸一）

千葉大学を卒業したのは、三七年前、二五歳の時でした。学生結婚で子どもがいた私たちは、私の郷里栃木へ戻りました。小学校の先生をして一年後、一九八〇年、二七歳の時に無限塾を設立しました。元学校の先生が始めた塾と地元で話題になり、いきなり七〇名の塾生が集まり経営は順調でした。七年後には四か所の教室と家庭教師派遣業を運営して、塾生数三六〇名と社員四名、アルバイトの大学生五〇人を雇用する組織に成長しました。（中略）

私が四八歳になった時、昔懐かしい学生時代のセツル活動を思い出し、昔の仲間に無性に会いたくなり、連絡先が分かるセツラー三〇名位に左記の手紙を出しました。

「覚えていますか? 学生時代のセツル活動を……二八年前、私は二〇歳でした。

元セツラーの皆さん、おひさしぶりです。お元気にご活躍のことと思います。いきなり突然の提案で恐縮ですが、千葉に集まれる人だけでも集まって、昔懐かしいセツラーの同窓会を開きましょう‼」

この私の突然の提案に二〇名のセツラーが集まってくれ、第一回いのはなセツル同窓会が開催できました。同窓会で酒を飲んで大いに語り合い、セツルの歌を歌うと、心は昔懐かしい学生時代にタイムスリップしたようになります。昔のセツルの仲間って本当にいいですね。

今では、いのはなセツルの同窓会を全国各地の幹事のところに集まり、三年ごとに観光旅行も兼ねて行い、去年で六回目を数えました。（二〇一五年一一月一日）

『寒川セツル六一周年しおり』より

⑲アフリカの子どもたちに学校と黒板を！

風の子班中学生パート　ブーバイ（六九年教育　渡部　昭）

一、なぜアフリカの小学校へ？

二〇一三年八月、私は初めてコンゴ民主共和国のキンシャサ郊外にある Acadex（アカデックス）小学校へ行った。ブロックで造られた校舎が二棟と建築中の校舎が二棟あった。教室には黒板（正確には石盤黒板）と児童用の机と椅子があるだけ。子どもたちはノートは持っているが教科書は持っていない。教科書は教員用だけである。先生は、自分の話術と黒板だけで授業を進める。その時、「黒板があれば授業はできる。黒板はすごい教具である」ことを再認識する。

私がコンゴへ行くきっかけになったのは、慶應義塾大学の長谷部葉子准教授との国際理解教育を推進するイベントでの出会いである。長谷部先生はご自身の研究会でいろいろなプロジェクトを立ち上げており、その一つにニューヨークプロジェクトというのがある。イベントで出会った後、長谷部先生から私が校長をしている中学校に、ニューヨークの子どもたちとのコラボレーションをするフィールドとして学校を提供して頂けないかという打診があり、喜んでお引き受けすることになった。研究会の学生たちは定期的に学校に来て、中学生に英語を通して、ニューヨークの子どもたちとコラボレーションをするワークショップを行ってくれた。この間、私は長谷部先生に同行してニューヨークの学校の視察もしている。

二〇一〇年三月、私は、校長を退職し、教育委員会へ非常勤職員として勤め始めた。同時に、立教大学の昼夜間の大学院へ通う事になった。二一世紀社会デザイン研究科というNPOやNGO、危機管理学等について研究する研究科で、とても刺激的な学びを体験することができた。

私が校長を退職後も、長谷部先生は中学校でのワークショップを続けていただいていたので、私もできる限りの支援をしていた。長谷部先生から、もう一つのプロジェクトである「コンゴ民主共和国で学校を作るプロジェクト」への協力の要請があったのはその頃である。

たまたま私は修士論文の作成中で、「黒板の歴史や電子黒板の効用等」について調査をしていた。その関係で黒板メーカーの方と知り合いになることができた。黒板メーカーの方に、コンゴで学校を作るプロジェクトの話をしたら、会社のCSR（社会的責任）の一環として協力してくれる事になる。その会社からは、廃棄された黒板から、子ども用のA4サイズの黒板を一八〇枚も作っていただいたり、プロジェクターや実物投影機などを提供していただいたりした。そんな仲介役をする中で私も学生たちと一緒にコンゴへ行く事になる。

二、いよいよコンゴ民主共和国　Acadex（アカデックス）小学校へ

コンゴ民主共和国での学校建築と学校運営のプロジェクトは、慶應義塾大学の非常勤講師であるコンゴ出身のサイモン・ベデロ先生の「教育を通じて母国に恩返しをしたい」という想いから始まったものである。サイモン先生の想いを実現するために具体的に動いたのが長谷部先生である。「飢えている者に魚を与えるのではなく、魚の釣り方を教えよう」という理念のもと、「協働」を行動規範としてブロック作りからの校舎建築と教員の獲得や教育内容の検討等が始まった。更に、スタートして五年目には医学部、看護医療学部を中心とする児童の健康観察や保健指導、地域医療への取組も動き出すことになる。

この間、私は、学生たちと一緒にコンゴ民主共和国へ三回渡航している。私の初めての渡航は、二〇一二年八月。このプロジェクトがスタートして五年目である。今回の渡航では学生たちは現地で子どもたちにチョーク作りのワークショップを行うとともに、現地の人によるチョークの生産を始めるきっかけを作りたいという計画を立てていた。そこで、事前にチョークの制作と黒板の補修方法を学ぶために愛知にあるチョーク工場と岐阜にある黒板工場の見学を行い、私も同行した。その後、学生たちは宿泊して、チョーク作りや黒板の補修方法を企業の方から伝授していただいている。チョークの会社も黒板の会社もそれぞれ操業一〇〇年を超える老舗の会社である。

コンゴへ渡航するためには予防接種が欠かせない。特に、黄熱病の予防接種をしたというイエローカードの証明書がなければ入国ができない。

コンゴ民主共和国へは、成田→バンコク→アジスアベバ→キンシャサとなる。二回のトランジットの時間を入れると三〇時間を超える。

この時の渡航者は、子どもたちのワークショップを担当する異言語・異文化コミュニケーションの研究会、校舎建築を担当する慶大と東京理科大の建築科の研究会、児童の健康観察や地域医療に関わる医学部、看護医療学部のアフリカ医療研究会、その他プロの映画監

小黒板に思い思いに描いた絵

督等三〇人を超える。

現地の学校では、学生たちは黒板の塗り替え、チョーク作り、小さな黒板に絵を描く、身体検査、衛生指導等のワークショップを子どもたちと一緒に行っている。また、国立教員大学では、日本語指導の技術を習得した慶應大学等の学生らが、現地の大学生に日本語を教えるワークショップも行われている。特に印象的だったのは、黒板メーカーから提供された小さな黒板に、自分たちで作ったチョークで、思い思いの絵を描いてお互いに見せ合っている子どもたちの姿である。

今回の渡航での私の役割は、現地の先生へのICT（情報通信技術）のワークショップと子どもたちへの日本文化の紹介として、三味線の演奏と腹話術の演技である。ワークショップでは会社から提供されたプロジェクターと実物投影機の使い方を行う予定であった。前日のリハーサルではうまく点灯したが、当日は、ソーラーパネルの電力不足でスイッチを入れた一瞬映っただけで消えてしまった。パソコンの画面や教科書を大きく映すことはできなかったが、機器の接続やタブレットの操作を体験してもらい、現地の先生方には楽しんでいただけたようだ。

　この時はまだ学校には電気がきていなくて、自前で屋根に取り付けたソーラパネルを活用していた。

三、**コンゴ民主共和国という国と今後の展望**

　コンゴ民主共和国は豊富な資源をもつ国であるが、それを巡った争いが今でも続いており、世界最貧国の一つに数えられている。政治的にも大統領が任期を満了しても選挙を行わず居座っているという現状があり、政情の不安定な国である。首都であるキンシャサを中心にインフラの整備は進んでいるが、郊外にでると道路も整備されていない。電気や水の供給も十分ではない。停電は日常茶飯事である。水は、郊外では水場にポリタンクを持って買いに行くことが常である。水運びは女性と子どもの仕事になっている。

　現在このプロジェクトは、キンシャサ市内にある国立教員大学構内にある日本文化センターと郊外にあるAcadex小学校の二か所を拠点に、ＪＩＣＡや現地のＮＧＯ、大学等の教育機関との連携を模索しながら活動が行われている。更にこのプロジェクトで得られた知見を他のアフリカ諸国と共有していくことを見据え、マラウェアやタンザニアなどにも活動範囲を広げている。

　私は、これからも学校経営の経験を生かしてコンゴプロジェクトに関わっていこうと思っている。

コンゴの学校での三味線の演奏

あとがき

ダッコ（山嵜早苗）

（一）「寒川セツルメント研究会」の結成と「寒川セツルメント史」出版プロジェクトの立ち上げ

二〇一二年の歴教協（歴史教育者協議会）全国大会（於千葉大学）で、セツラーのおたまとセオの二人にレポート発表を依頼した。千葉大学の長澤教授から紹介して頂いたおたまの発表は、「千葉における戦後学生セツルメント活動―寒川セツルメントの誕生・活動・変質」であり、『寒川セツルメント史』の先行研究となるレポートであった。電話をした日がよかった。息子さんが難関高校に合格した日だったとか。面識もない筆者からの電話一本で引き受けてくれたのだった。その息子さんは、今や千葉大医学部に在学中。偶然ではあるが、ご縁も感じる。セオは、二〇一一年に千葉から移住した福島県の浪江町で被災し、その後長野県で農業をやりながら千葉県の原発被害訴訟の闘いもやっている。美しい「就農だより」の写真を写しながら日本の未来へ向けた農民のレポートをしてくれた。

この二人と一緒に二〇一四年に「寒川セツルメント研究会」を発足させ、学生時代と同様、自分たちの要求に基づいた企画に取り組んできた。まずは、実践地をめぐる地域散歩。これは、『船橋の歴史散歩』（編者宮原武夫・崙書房二〇一一）に学んで「千葉の歴史散歩」の一コースとして実践地を巡るコースを考えたのだった。寒川セツルは、活動班に分かれて五つの地域で活動していたので、他の班の実践地域を実際には知らなかった。埼玉県在住のおたまが、西千葉からバスに乗って愛生町（愛生町班）に行き、またバスで作草部町（風の子班）へ、そこからモノレールで本千葉方面へ行き、寒川町（二丁目班、三丁目班、保健部）、そして末広町の母子寮跡（母子寮班）へ行くというコースを作ってくれた。キッズクラブのメンバーも二名参加して愛生町公園で一緒に歌い、交流が生まれた。この交流は、その後、毎年大学祭時に千葉大を訪ねるセツラーと大学生たちの交流として続いている。

二回目の地域散歩では、セオが母子寮のその後を調べ、千葉ベタニアホーム内に旭ヶ丘母子ホームとして存在しており、しかもキッズクラブの桜木班は、そこの子どもたちも対象に活動しているということがわかった。

その後、「懐かしいセツルソングを歌う会」や「〝みのむし〟を読む会」、「ガマの講演会―文学的セツル論」、「いのはなキャンパスでの花見会」などを行ってきた。

そして、二〇一五年三月にきんぎょやタンテの努力で保健部の同窓会が立ち上がり、いのはなセツルのエルジェたちも合流して二〇一五年一一月に創立六一周年記念の祝賀会を行うことができた。八〇名近くの参加があり、日程の都合や家事都合などで残念ながら参加できなかったメンバーも含めると一二〇名以上と連絡が取れた。

「寒川セツルメント研究会」には、二つの目的があった。懐かしい仲間との交流を楽しむ同窓会としての目的。そして、もう一つは、寒川セツルの活動の意味をとらえ直す研究的な意味合い。「もう研究は結構、懐かしい再会を楽しもう」という意見ももちろんあった。

しかし、学生セツルメント活動を体験した後、社会に出てどんな仕事や生き方をしてきたかにセツルでの活動が色濃く影響している人たちがいることは確かだ。「寒川セツルメント史」出版プロジェクトのメンバーは、セツルへの思いが強い面々ばかりである。タンテは、それを「セツル度」という言葉で表現したが、セツルの何にどんな思いがあるのかは、人それぞれである。それは珠玉のようで、一言一句も聞き漏らしたくないと感じた。

（二）「寒川セツルメント史」出版プロジェクトの始動

寒川セツル創立の祝賀会で創設時のメンバーとお会いし、その若々しさに驚きを感じた。そして創立当時の話を聞く「池袋の会」を北川氏たちと毎年行ってきた。「セツルと名の付くものには全て参加したい」（田口氏）とか、「セツルの集まりは、映画を見るより楽しい」（西原氏）と、そして伊那谷の無医村地区へセツルした金子氏を訪ねる「伊那の旅」も実現した。彼らと話すうちに「寒川セツルメント史」の早期出版が現実化してきたのだった。

二〇一七年二月の「寒川セツルメント研究会」の場において、「寒川セツルメント史」を創設期のセツラーたちと一緒に出版して、寒川セツルの活動が歴史的な価値をもっていたということを世に問いたいという提案をした。その時の出版構想に賛同したメンバーで、「寒川セツルメント史」出版プロジェクトが立ち上がった。

「寒川セツル」の歴史をどこまでとするかで意見の相違があった。現在も実践地を引き継ぎ、発展させている後輩たちのところまで続けて本にするという考えもあった。しかし、セツル以降の歴史は、まだ解明に時間がかかる。まず、この本は、戦後の窮乏地域に大学生たちがセツルしてどんな活動を行ったのか、寒川セツルの始まりから掘り起こし、一九八九年まで三五年間継続した学生セツルメント活動とは何かをテーマに出版することにした。各年代の章で、その時代的な特徴を描き出すことができたので、結果としてこれはよかったのではないだろうか。

この出版プロジェクトは、出版に賛同してくれた方々からのカンパ金での出版である。多くのセツラーの浄財と保健部セツラーたちの大口の協力により、一〇〇万円を超える資金が集まった。皆様の応援に感謝申し上げたい。

編集メンバーとは、七〇号を超える「寒川セツルメント史」出版プロジェクトニュースの送信など、ほとんどメールでのやりとりで会議をしてきた。東大大学院でＩＴ研究を極めたポンチが原稿の集約や写真の処理などにその手腕を発揮してくれた。甘太郎は、毎回楽しいエピソードを披露してくれ、「七〇年代あれこれ」のこぼれ話にまとめてくれた。今年に入って新たに連絡が取れ、編集会議に参加してくれた〝遅れて来た男〟ホヤホヤ、いつもケーキや土産持参で来てくれるマメなトナリ・あちゃみ夫妻、これからの活躍が期待できる面々である。

会議自体にはなかなか参加できなくても欠かさずニュースは読んでくれているサマンサやガンマ、編集協力メンバーは、実働部隊よりかなり多い。約二年間の突貫工事、本当にできるのかいなとご心配いただく向きもあったが、雑誌編集の経験と私を取り巻く素晴らしい人脈と天を味方につけ、二〇一八年一二月の出版にこぎつけることができた。昨年一一月には、昔懐かしい言葉である合宿も行い、章立てや執筆担当などを決め、それからわずか数回の編集会議で原稿を完成させることができた。まったく奇跡のような話ではあるが、出版に際し、陰に日向にいろいろなセツラーが様々な協力をしてくれたことを伝えたい。

第五章二節の「今の『私とセツル』―卒業後の歩みとセツル」の原稿は、各自でＰＣ入力をしてもらった。その他の古い原稿は、学生時代、事務局で「みのむし」の発行に心血を注いでいたピノや快く打ち出しを引き受けてくれた埼玉のボラにもお世話になった。またセツラーではないがフェイスブックでセツルメントの存在を知り、原稿打ちを志願してくださった吉岡融氏がいる。彼らのお蔭で早期制作が実現できたことを感謝したい。

また保健部の金子氏、花井氏による当時のたくさんの資料や写真の提供、きんぎょによる保健部ＯＢたちへの取材のコーディネート、売り上げをカンパにと今年出たばかりの詩集『あかるいひざしのなかに』（詩人会議出版）を多数贈呈してくれたガマの協力も記しておきたい。

研究的なアドバイスをくださった先生方として、まず、子安潤先生（中部大学）に感謝したい。日本教育方法学会が二〇一七年に千葉大学で開催された時、「寒川セツルの活動と学び」を発表したのだが、その際のアドバイスをくださり、分科会の討論も盛り上げてくださった。この発表をきっかけに膨大な寒川セツルの歴史をまとめる方向性が明確になってきた。子安先生には、この間の出版プロジェクトを一緒に歩んで頂いたと感じている。

また歴教協の研究会の場で提案を繰り返しながら客観的な意見を頂き、本で伝えるべき内容が明確になってきた。千葉支部や千葉県歴教協の研究集会（二〇一八年一月）、京都での全国大会（同八月）で「千葉大学寒川セツルメントの活動と学び―大学生の地域実践史と自己変革の活動から」を発表し、全国の皆さんにも寒川セツルの存在をアピールしてくることができた。またここでもほぼ同世代の全国のセツラーだった方やセツルを知る方々と交流し、セツルが歴史教育を専門とする人たちの生き方にも影響していたことを確認できた。

一方、編集メンバーの努力により、この間の調査で新たに明らかになった人形劇団ジュボの存在や青年実行委員会、セツルハウス実現へ向けた取組、川鉄公害裁判勝利への貢献など、読者の皆さんを飽きさせない内容を盛り込めたのではないかと思っている。

このように多くの方々の協力を得て出版への意欲を高めた編集プロジェクトのメンバーは、この八月、驚異的な追い込みで原稿を仕上げた。怒涛のようなメールが飛び交い、モンゴル旅行から帰ってきたきんぎょに「どれを読んだらいいの」と困惑させる事態となってしまった。ロビン曰く「どれも読まなくていいです。これから完成版を送ります」というユーモラスな返答。四〇〇頁を悠に越えて集めた原稿をここまでに縮小した。早々とPC打ちして送ってくださった相澤氏やチャオの原稿は、大幅に省略させていただいた。お詫びと御礼を申し上げたい。もし番外編『もう一つの寒川セツル史』を出すことができたら、まだ掲載できなかった部分を書きたいところである。

（三）「氷川下セツルメント史」編纂委員会の協力を得て集まった豊富な資料

二〇一七年の年明け、お茶の水で、『氷川下セツルメント史』を編纂したメンバーの内の三人とお会いし、出版についてのアドバイスをいただいた。彼らは、六〇年代のナイスミドルなセツラーたちで、惜しみなくセツル史出版の経験を教えてくださった。また保存している膨大な資料や全セツ連関係の資料リストから全セツ連大会や寒川セツルに関する資料をお借りすることができた。ロビンが全セツ連資料を八王子合同法律事務所まで借りに行ってくれ、データ処理能力を活かし、整理してくれた。そして、編集会議には、畳数枚分にもなる寒川関係の資料を印刷して持参してくれた。壁に張り切れないほどの凄い量だった。

でもそのお蔭で、年代や時期、何回目の大会でのことかなどの事実確認をすることができた。また全セツ連にとって寒川セツルは、存在感のあるセツルだったことが分かった。「ロビンの参加がなかったらこううまくは行かなかった」その通り！ロビンの情熱と馬力に感謝状を出したいくらいである。

『氷川下セツルメント史』には、七〇年代以降の解明が課題であるとあったので、この『寒川セツルメント史』は、おこがましくも『氷川下セツルメント史』の続編であるという気持ちでいる。八〇年代以降のセツルメント活動や理念の継承については、この後の研究に期待したい。

(四) セツルでの仲間づくりと部室に溢れた歌声

セツルでは、毎年、NS（新入生セツラー）がセツル歌集づくりを担当した。六七年度の歌集には、三〇〇曲近い歌が載っている。(曲名を資料に掲載した）中でも合宿時には、必ず三池炭鉱労働者の闘い「地底の歌」（男声合唱）、勤評反対闘争の「子供を守るうた」（女声合唱）を歌った。両曲とも長編の組曲であるが、アカペラで歌い継がれていったセツルソングである。これらの歌は、卒業後、働く者の立場に立つという労働者観や父母と一緒に子どもを守るという教師観を揺るがぬものにしたとも言える。毎年生まれた新たな歌、原爆反対の「青い空は」や公害反対の「僕らと広場と青空と」などが全セツ連大会で歌われ、全国に広まって行った。メッセージ性のある共通の歌を歌うことでセツルが社会との繋がりを持ち、考え続けることが出来たとも言えるのではないだろうか。八〇年代後半には、政治的メッセージ性の強い歌が排除されて行き、セツル後は歌を歌うこともなくなった。

セツルにとって歌声とは何だったのかを調べるために毎月一度、船橋の歌声ライブハウスゴリに通った。残念ながら店主のゴリさんが昨年一一月に病気で亡くなってしまったが、本当にたくさんの歌を教えていただいた。ここで学んだことは、別の機会にまたいつかまとめることができたらと思っている。

(五) セツルメントの学びとは―セツルメント理念の普遍性

五〇年代の創設期セツラーとの会合を重ねる度に、セツル思想や理念とは何かを考えながら実践的に理解し自分を確立させていこうとしたセツラーの歩みは、年代に関わらず普遍的であったと考えられる。創設期のセツラー西原氏が話したという言葉が心に響く。「セツルは一生懸命やる割には成果が上がらない。一つ言えることはディスカッションする中でセツラーの中に無形ではあるが残るものがある。現在とのつながり―漠然としたところ、形を変えて社会に対する見方、人生観として連続している。矛盾は次々と出てくる。それに対する処し方が、セツル時代に身についたものが一貫性をもって貫かれる。いろんなことをディスカッションする場として大きな意義がある。セツルの意味は集まるというところにあるのではないか…」

また川鉄公害訴訟の活動後、宮城県で原発をなくす運動をしているピーは、セツルから始まる活動の経験から次のようなことが言えるのではないかと。「失敗することもあるけれど、成功することもある。どっちでも継続することが大切。いつも周りに、どこかに仲間はいる。いろいろな人達・地域と連携、協力する。あと、未来を見ている。地続き、一体のものとして捉える。共通点を見つける。違いはあっても、どこかに必ず一致点はある筈。…」そして、「未来世代のためにも、一日も早く、原発のない国、被ばくのない未来へ向かえるようにするためには、私は、セツルから始まる大学時代から現在に至る活動を、さらに大きく上回るような取組が必要になっていると痛感している」と。

ある時、氷川下セツルの紹介で、神戸から大学院生のぽん吉が編集会議に参加してくれた。学生ボランティア活動を研究テーマに、岡山のハンセン病診療所や震災後の大船渡などでボランティア活動をしているのだという。「ワークキャンプ」という彼の参加するボランティア活動は、フランスから始まりアメリカにも広がり、日本でもさまざまな地域で学生たちが活動を行っている。現地に行って現地が必要としている仕事を行う宿泊型の活動である。いくつかの団体は、海外にも国際ボランティア活動を展開し、自ら労働を体験しながら現地の人々と交流する国際交流やボランティアの活動を進めている。参加する学生たちの中には、ボランティアとは何か、自分自身の生き方について悩み、葛藤しながらやっているメンバーもいるという実践だと聞いた。

寒川セツルメント発足当時、「僕達の活動は、ボランティアではない」と慈善活動との違いを語っていたセツルの先輩たち、六〇数年後の日本で、世界で、セツルメントの理念を引き継ぐのは誰なのか、どんな活動なのか。私は、夜行バスに乗って船橋の編集会議に参加してくれたぽん吉たちの活動に後継者としての姿を見た気がした。

この本はセツルを知る人ばかりでなく、初めてセツルに触れる若者たちや何か役立つことはないかと探している皆さんに是非読んで頂き、論議して頂きたい。共に歩む一歩を踏み出していただけたら幸いである。

事務局長として『みのむし』第一号を発刊したマジョの言葉は、今でも新鮮だ。「私たちは、一人一人が建築家であり芸術家であり生産家であり創造家である。」

セツル理念を学んだセツラーたちが全国各地にセツルし、創造的な生き方をしている。「集まって討議して一致点を見つけていく」という生き方を未来に生きる若者たちにも伝えて行きたい。

最後に、この出版を引き受けてくださった本の泉社の川上允氏。和田悠先生（立教大）の紹介で初めてお会いした時から出版に向けた協力をしてくださり、大変心強かった。ご自身も戦前からの無産者運動の著書『品川の記録』（二〇〇八年）を同社から出版しているので、セツル史についての出版を引き受けてくださったのだ。感謝申し上げたい。

二〇一八年一二月吉日

「寒川セツルメント史」出版プロジェクト編集委員

榎並　智（埼玉県坂戸市立小学校教諭）
掛本喜嗣（ＩＴ関連会社員）
関　英夫（獨協中学高校教諭）
善財利治（八街市立中学校教諭）
細山公子（稲毛診療所医師）
本庄公巳（元東京都公立小学校長）
山嵜早苗（有明教育芸術短期大学非常勤講師）
吉村照子（元埼玉県公立小学校養護教諭）

☆編集に協力いただいた方

会沢智也	坂戸千明	沼田純一	三橋広夫
相澤善雄	佐藤茂雄	橋本正子	宮崎久雄
薄井　敬	須田邦二	長谷川正則	村松潤一郎
大釜正明	須田聡恵	花井　透	村松志津枝
岡野隆子	高橋ゆう子	針谷延子	吉岡　融
尾林芳匡	田口　保	平野　昇	渡部　昭
金子　勇	長澤成次	増田　克彦	渡辺由紀枝
北川定謙	中嶋弘道	増田　勉	
子安　潤	西原　浤	松原　保	

一、寒川セツルメント年表

年月	寒川セツル	全セツ連・関セツ連・県セツ連等	その他
1897.3			片山潜　神田三崎町にキングスレー館
1923.9		東京帝大生らによる罹災者救護活動はじまる	関東大震災
1924.6		東京帝大セツルメント　本所柳島に開設	
1938.4		東京帝大セツルメント閉鎖	国家総動員法発布
1946.3	千葉大学社会医学研究会発足『社会医学』第1号発刊	東京大学などで学生によるセツルメント復活の動き	11月：日本国憲法発布
1947	日本毛織中山工場健康管理　　第1内科と五井町健康管理		
1949.8	千葉市今井町の今井荘で週1回の健康相談所開設	キティ台風関東を襲う　東大セツルメント設立準備会	7月：下山事件、三鷹事件、8月：松川事件
1950.4	『社会医学』5号批判会でセツルメント提起	東京大学セツルメント結成	8月：警察予備隊設置、9月：レッドパージ
1954.6	柳沢教授に千葉中央保健所長との懇談をお願いする		自衛隊法成立
9	セツルメント設立委員6名を決め、具体的な調査		東南アジア条約機構（SEATO）条約調印
12	市立寒川母子寮の生活を知り、活動を始める　クリスマス会参加	11月：関東セツルメント連合結成大会　教育大150名	
1955.1	母子寮内の施設をセツルハウスに　市役所に趣意書提出		
1	千葉栄専にセツルの紹介　十数名の参加　栄養部発足		
4	第1回総会　医学25・看学14・教育7・栄専13・保専33　計62名		バンドンでアジア・アフリカ会議開催
5	母の日　母子寮で子供達の劇を中心に感謝の夕べ		砂川　立川基地拡張反対決起集会
6	「セツルニュース」1号発刊、第2回総会　30名　各部の活動報告	第2回関東セツルメント連合総会	
6	県社協モデル地区民生懇　セツラーも出席	全国セツルメント代表者会議　　15セツル27名	
11	大学祭参加「セツルメント展」	全セツ連第1回大会　教育大　寒川20名参加　関セツ連解散	8月：第1回原水爆禁止世界大会
12	寒川小講堂にて町全体のクリスマス会　200人の子ども		
1956.3	第1回卒業生送別会　約30名　医4、看6、保3、栄11		
5	第3回総会　医28、看8、教6、栄29、保16　計87名参加	全セツ連第2回大会　東大　駒場	
5	3丁目子ども会成立　子ども10人　週2回活動		6月：全学連9回大会　平和擁護こそ第1の任務
6	3丁目風呂屋にて血圧測定開始　検診者194名		新教育委員会法公布（任命制に）
6	栄養部で農村調査開始　市原郡田尾村など、「セツルニュース」8号	第3回関東ブロック勉強会　生活指導をテーマに	7月：経済白書「もはや戦後ではない」
11	医学部祭 人形劇「豚飼いとヒツジ飼い」	全セツ連　連合委員会　大阪大	12月：国連総会　日本の国連加盟可決

年月	寒川セツル	全セツ連・関セツ連・県セツ連等	その他
11	第4回総会　103名　児童部の主体は、教育学部・保育専門　に		神武景気
1957.2	中央委員会にて人形劇団結成承認、「セツルニュース」12号		
5	第5回総会　70名参加	全セツ連第3回大会　東京教育大　20近いセツル参加	英クリスマス島で第1回水爆実験
9	セツルハウス建設のためのダンスパーティ		日教組　勤評闘争開始
10	老人の日　セツル人形劇団出演　寒川小講堂一杯の老人たちに		ソ連　初の人工衛星打ち上げ成功
11	大学祭　人形劇公演「しゃっくり爺さん」　読売新聞に紹介		
12	「みんなの広場」20号	第3回関東ブロック栄養部会　6セツル	
1958.3	第7回総会　卒業生送別会　50名、「みんなの広場」21号		文部省　小中学校道徳教育の実施要項
4	「セツルニュース」23号		衆議院、参議院　原水爆禁止決議
5	ハイキング　水郷　57名参加	全セツ連第4回大会　お茶大	公立小中学校の学級定員が50人に
6	第1回球技大会　卓球・バレーボール・フォークダンス	関東セツル委員会	
8	人形部　検診・栄養相談とかねて東北巡業公演		
10	「みんなの広場」26号	関東セツル「勉強会」研究会	
11	先輩・後輩セツラーの集い　青雲閣　OS22名　現役18名		
11	「セツルニュース」27号、第2回球技大会	12月：全教ゼミ　大阪　教育セツラーが参加	
1959.8	セツラーキャンプ　清澄寺　現役17名　OS6名	3月：全セツ連第5回大会　早大	3月：日米安保改定阻止国民会議結成
11	秋季総会　定員に達せず準総会扱いに	全国医学生ゼミナール　千葉大医学部	安保阻止デモ隊2万人　2度国会構内へ
11	人形部　茂原「ベテスダホーム」訪問、母子寮で児童部と共同公演		岩戸景気
1960.2	春季総会　千葉市勤労会館　50名参加、「セツルニュース」　号外		1月：日米相互協力・新安保条約調印
4	「セツルニュース」31号　新入生に送る号	関東セツル代表者会議	
5	「セツルニュース」32号　安保問題をこう捉える、総会　58名参加		新安保条約強行採決
7	「セツルニュース」33号	6月：全セツ連第6回大会　東京教育大18セツル250名	6月：東大生　樺美智子さん死亡
8	「セツルニュース」34号、夏合宿　戸隠山	11月：全セツ連第7回臨時大会　慶応大三田	10月：浅沼社会党委員長刺殺
12	秋季総会　30名参加、「セツルニュース」　総会特集号		「所得倍増計画」閣議決定
1961.3	春合宿　勝山寮	関東セツル総会	
4	「セツルニュース」　号外、新入生ハイキング　44名（NS18名）		ソ連宇宙船　世界初の有人飛行に成功
5	「セツルニュース」36号	全セツ連第8回大会	

年月	寒川セツル	全セツ連・関セツ連・県セツ連等	その他
6	「セツルニュース」 総会特集号、総会		小児マヒ患者 1月以来1000人突破
8	夏合宿 三つ峠・山中湖 30名		
11	「セツルニュース」 総会特集号、秋季総会、臨時秋季総会		12月:「日本のうたごえ祭典」(東京)に3万人
1962.2	「セツルニュース」 卒業生歓送特集、総会 終了後卒業式 60名	1月:全セツ連拡大連合委員会 教育大・中大 24セツル	
2	「セツルニュース」40号		4月:私鉄大手12社 24時間スト
5	春季総会 50数名		中教審 「大学法について」答申原案
6	「セツルニュース」 総会総括	全セツ連第9回大会 東京教育大 34セツル(寒川12名)	
8	夏季合宿 山中湖 30名(内OS1名)		10月:キューバ危機ぼっ発
1963.3	春合宿 勝山	5月:全セツ連第10回大会 仙台500名(寒川10名)	8月:日本 部分的核実験停止条約に調印
1964.6		全セツ連第11回大会 お茶大・医歯大500名(寒川延べ50名)	2月:アメリカの北ベトナム爆撃本格化
7	「セツルニュース」 全セツ連大会に参加して		4月:春闘統一行動 民間労組中心に24時間スト
9	「セツルニュース」		10月:中国 初の原爆実験
12	いのはな祭(大学祭) シンポジウム 「大気汚染」	第15回拡大連合委員会 名古屋600名(寒川30名)	教育大 筑波移転問題起きる
1965.5		全セツ連第12回大会 教育大 600数十名(寒川30名)	1月:中教審 「期待される人間像」草案発表
10	「セツルニュース」 日韓条約に対するよびかけ	11月:第16回拡大連合委員会 仙台750名(寒川30名)	6月:家永三郎教科書検定を違憲として訴訟
1966.6	「セツルニュース」	全セツ連第13回大会 教育大1100名(寒川40名)	4月:公労協・交運共闘統一スト(戦後最大)
11	秋季総会 人形部解散	12月:全セツ連第14回大会 都立大	総評 ベトナム反戦で統一スト実施
1967.1	新年会&成人式 西千葉 あらぐさセツルの仲間含め40数名参加		
2	「セツルニュース」		3月:青年医師連合 国家試験9割ボイコット
4	「あすなろ」1号		東京都知事選で美濃部亮吉当選
7	「セツルニュース」 全セツ連を終えて	7月:全セツ連第15回大会 早大・明治学院 31セツル	8月:東南アジア諸国連合(ASEAN)結成
12	「セツルニュース」 各部の状況 原爆被爆者援護法	全セツ連第16回大会 大阪外語大	9月:四日市ぜん息患者 初の公害訴訟
1968.6	「セツルニュース」	全セツ連第17回大会 東京教育大	4月:キング牧師暗殺
12		全セツ連第18回大会 名古屋	10月:政府 水俣病等を公害病と認定
1969.3	春合宿 赤城山寮		1月:東大安田講堂占拠 69年度入試中止
5	「みのむし」1号、セツル大学 21名参加	6月:関東セツル交流会	
8		全セツ連第19回大会 東大	大学運営臨時措置法案 参院強行採決

年月	寒川セツル	全セツ連・関セツ連・県セツ連等	その他
12	「みのむし」5号　ゐのはな号「セツルと私」	関東学生セツメント連絡協議会（関セツ連）発足	
1970.2	「みのむし」6号	3月：全セツ連第20回大会　立命館大	3月：赤軍派 日航よど号ハイジャック事件
8		全セツ連第21回大会　お茶大	公害問題深刻化、住民運動活発化
1971.3	「みのむし」13号「私の課題」	全セツ連第22回大会　東京学芸大	
8		全セツ連第23回大会　北大	
1972.2	「みのむし」18号	全セツ連第24回大会　愛知学芸大700名（寒川28名）	札幌五輪、連合赤軍　あさま山荘事件
5	セツル大学		日米沖縄返還協定発効　沖縄県発足
8	夏合宿　山中湖	全セツ連第25回大会　都立大　55サークル加盟	日中国交正常化
10	「みのむし」20号	9月：関セツ連代表者会議　13セツル	
1973.1	「みのむし」21号		老人医療無料化、ベトナム和平調印
2	新年会・成人式　「みのむし」22号	1月：関東学生セツル代表者合宿　13セツル	
3	合宿　赤城山	全セツ連第26回大会　大阪府立大　56サークル	
4	母子寮班に婦人部創設（お母パー・栄養パー）		
5	セツル大学　児童部・婦人部68名、保健部34名	全セツ連代表者会議、6月：関セツ連代表者会議	
11	「みのむし」25号	8月：全セツ連第27回大会　東大本郷　58サークル	10月：第4次中東戦争、第1次オイルショック
1974.5	「みのむし」27号　班のページ・実践報告	全セツ連第28回大会　立命館大　60サークル	4月：筑波大学開校
7	県セツ連結成に伴い関セツ連脱退　「みのむし」28号	千葉県学生セツルメント連合（県セツ連）結成　3セツル	
8		全セツ連第29回大会　北大　59サークル	三菱重工ビル爆破事件　11月：八鹿高校事件
1975.3	保健部独立「いのはなセツルメント」に、春合宿	全セツ連第30回大会　都立大　64サークル	5月：六価クロム不法投棄問題
7	「みのむし」31号	9月：県セツ連第3回連合委員会　171名、県セツ連集会	6月：沖縄国際海洋博覧会
1976.3	春合宿	全セツ連第31回大会　名古屋大	
4	前期総会	7月：県セツ連　執行部学校　寒川4名	7月：ベトナム南北統一、田中角栄前首相逮捕
11	千葉大祭「大学とは　セツルとは」	10月県セツ連　連合委員会	およげたいやきくん
1977.3		全セツ連第32回大会　大阪	
1978.3		全セツ連第33回大会　都立大	東京教育大学廃学
8	千葉大　サークル棟火災　部室・資料がなくなる		日中平和友好条約調印

年月	寒川セツル	全セツ連・関セツ連・県セツ連等	その他
1979.3	春合宿　鴨川　理念改正の動き	全セツ連第34会大会　東京	1月：初の共通一次試験、第2次オイルショック
5	「みのむし」40号　特集「セツルと私」26名		4月：東京 大阪　革新都政・府政破れる
10	てっぴつ200号記念号　自己成長をどう考えるのか		
1980.3	春合宿　大原	全セツ連第35回大会　開催地不明	2月：海上自衛隊 環太平洋合同演習に初参加
1981.1	「みのむし」43号	3月：全セツ連第36回大会　東大本郷他	3月：中国残留孤児 初の正式来日
1982.3		全セツ連第37回大会　東北大	1月：文学者287人が反核アピール
1983.3		全セツ連第38回大会　立命館大	2月：老人保健法施行　医療費有料化
1984.3		全セツ連第39回大会　大阪　阪南大	7月：ロス五輪
1985.3		全セツ連第40回大会　東大本郷	8月：日航ジャンボ機　群馬県に墜落
1986.5	てっぴつ300号完成　各世代のセツラーインタビュー	3月：全セツ連第41回大会　愛知　日本福祉大	2月：中野区鹿川君いじめ自殺
1987.5	「全セツ連・県セツ連への結集」が否決され、全セツ連を脱退する	3月：全セツ連第42回大会　仙台	8月：臨教審　教育改革へ最終答申
1989～	KIDS　CLUB　として活動（現在に至る）	（1988年まで全セツ連大会が続いたようである）	1月：平成元年、11月：ベルリンの壁崩壊
1990			「バブル経済」流行語になる
2011.3			東日本大震災
2012	歴教協「寒川セツルの誕生・活動・変質」発表　千葉大（榎並智）		12月：衆院線選挙民主党大敗　自民党政権奪還
2014	「寒川セツル研究会」結成　地域歴史散歩などの活動始める	3月：「氷川下セツルメント史」刊行	10月：マララさんノーベル平和賞
2015	「寒川セツル創立61周年記念祝賀会」千葉大		9月：集団的自衛権　安全保障関連法成立
2016	研究会企画　花見会・「みのむしを読む会」・講演会など		4月：熊本地震、8月リオ五輪
2017	教育方法学会「寒川セツルの活動と学び」発表　千葉大（山嵜早苗）		森友・加計学園問題、築地市場移転
2018.12	「寒川セツル史—千葉における戦後学生セツルメント運動」出版		

二、僕達の歩んで来た道―寒川セツルメント―（社会医学第七号　一九五五年）

寒川地区にセツルメント活動を起こしてから早くも一年が過ぎた。未だ未だ海のものとも山のものとも知れず、本当に土台を作るのはこれからのことであるが、この機会に一年の出来事をまとめて反省の材料ともしてみたい。

一九五四（昭和二九）六・三『社会医学』V号批判会の席で、五井町における調査活動が、単に調査そのものを目的とし地域の人達に対する利益ということを考えない活動では、その誠意がないとの批判から、社医研部内にセツルメントの問題が提起される。

六・八　柳沢教授にお願いし、千葉市内でセツル活動を行っていく見通しを付けるために千葉市中央保健所長と懇談の機会を作ってもらう。

九・一六　セツルメント設立委員（六名）を決め、具体的な調査、推進を始める。

九・二〇　第一回セツル委員会　（一）保健所との連絡（二）学内教授に応援をお願いする（三）地域の選定　（四）既成セツルとの連絡　（五）附属看護学校への働きかけ（九月下旬）

寒川地区は医療機関もなく、沿岸漁業と小経営の農業を背景とした街であることなどから当面の候補地として挙げられる。それ以来、セツルハウスを求めるために地域を歩いたり、漁業組合の役員など、地域の主な人達との折衝を始めたりした。

一一月　谷川教授、柳沢教授、鈴木教授、川喜田教授らの同意を得る。

一二月初旬　市立母子寮（世帯数三〇位）の人達の生活を知り、先ずこの中で仕事を始めることにする。

一二・一〇　小池徳二郎氏（市議・寒川地区民生委員）にセツルメント活動の話を持ち込み、協力をお願いする。できれば健康相談の仕事から始めるための準備を進めることになる。

一二・一七　〝社医研先輩との懇談会〟セツルメント活動に関して、現況を説明。医療活動についての協力をお願いする。

一二・二五　母子寮のクリスマス子ども会に参加。この時、千葉県社会福祉協議会の山里氏と知り合い、今後の協力をお願いする。

一九五五（昭和三〇）一・一九　稲毛の千葉県立栄養専門学院にセツルメントの紹介に出かけ、学生と懇談。直ちに一〇数名の活動参加を得る。

一・二〇　母子寮内の施設をセツルハウスに充てるために千葉市役所宛に「趣意書」を提出。小池氏からの要請による。

一・二二　これから毎週水曜・土曜に子どもたちの勉強会を続けて行くことになる。

〝栄養部〟の発足　栄専の学生が中心となって、母子寮内で料理講習会をやっていきながら、食生活改善の運動に乗り出すことになる。

三・三　母子寮で〝ひな祭り〟子ども会

子ども達、お母さん、セツラーの合作で、舞踊、合唱、遊戯、劇、幻灯などで親睦をはかる。

四・二三　第一回総会　セツラーの人数　医学部二五名、看護学校一四名、教育学部七名　栄養専門一三名、保育専門学校三名　計六二名

組織の決定　一．会計、二．広報部、三．診療部、四．児童部、五．栄養部

中委準備会の定例集会日は、毎月最終土曜日の午後三時から二時間と決める。

五・二二　山里氏の紹介で港町厚生診療所の事務長佐藤氏を知り、厚生診療所の二階の一室を連絡場所として借り受けることになる。同時に、同所の医師伊藤先生ともセツルメント活動について懇談、御園生教授他にも協力依頼する。

五・八　母の日　母子寮で子ども達の劇を中心とした感謝の夕べを催す。劇「春の足音」（低学年）「壁」（中学以上）その他、「みんなの広場」（お母さん対象）第一号発刊

六・四　母子寮ツベルクリン注射。子どもに結核の疑いがあるもの一名、問題にしたところ全員参加。

六・五　セツラー親睦ハイキング　三里塚へ

六・八　「セツルニュース」一号発刊

六・一八　第二回総会　各部の活動経過報告

一．学生のセツル活動を契機として、県社会福祉協議会寒川モデル地域運動が具体化されていること

二．児童部で子どもの図書を集めることを決定

三．勉強会の運営方針について

四．栄養部の講習会の報告など

結局、活動を母子寮からどのような形で寒川地区全体へ進めるかに討議が集まり、診療部の活動ができるように早

くモデル地域の運動を進めて行くことが決定された。

以下要約

・「学生のセツルメント活動」に関して総合的な反省会を開く。総会では、みんなが十分な意見を交わすことができないので、それに代わるものとして、皆の現在の不満と希望をさらけ出して話し合おうとしたもの。

・大学祭に参加「セツルメント展」

一．社会保障とセツルメント活動

二．セツルメント運動の歴史

三．現在の学生セツルメント探訪記

四．寒川セツルメント紹介

・第二回社協モデル地区懇談会の席上で、寒川一丁目でも子ども会を開設の話。

料理講習会も一丁目で始めることになった。幻灯会を寒川神社の社務所で開く。〝気のいいアヒル〟の合唱指導と〝森は生きている〟〝野ばら〟の二本の幻灯に、一六〇人の子どもが集まり、整理に大わらわ。セツラーも大勢参加し、先ずは成功に終わったが、多くの子どもたちとやっていくことの並大抵でないことも胸にしみた。子どもたちも喜んで、終わってからも帰らず遊んで行く子も多かった。

一一・二七　全国セツルメント連合第一回大会　於：東京教育大

寒川セツルから二〇人近くが参加した。

規約の審議後、午後から診療部・勉強会・子ども会・栄養部・レヂ・法律相談の分科会に分かれて討議し、各セツルがぶつかっている悩みや成果が出された。問題になったのは、社医研との関係、勉強と両立するか、勉強を嫌がる子どもたちをどうするかなどであった。

全セツ連は基本的にお互いの自主性を尊重し、経験を交流し合おうというところにある。僕達もこの中で密接な繋がりをもってやって行こうとこれから加入することになった。

一二・二四　母子寮のクリスマス　クリスマス・ツリーがきれいに飾られ、舞台も作られた。子どもたちは、それぞれの衣裳をこらして遊戯を熱演した。中でも中学の子どもとセツラーが一緒に歌った〝谷間の灯〟や、演劇部の力添えのあった芝居は皆の拍手を浴びた。お母さん達も大勢僕達のやった幻灯に目を凝らせていた。巷間のけばけばしいものはないだけに、楽しいクリスマス・イブをおくったのは、一年間のセツル運動へのささやかな神の贈り物であるのかも知れない。

一二・二五　地域のクリスマス・子ども会　校長先生の

好意で寒川の小学校講堂を借りて町全体のクリスマスをやる。何しろ子どもたちが二〇〇人以上来るので、準備にずい分頭を悩ませたが、皆一生懸命になって盛大に催すことができた。

子ども達は、楽しい一日であったろうが、終わってからの僕達は声も出ないほど疲れてしまった。

診療部の現状

現在診療部の明確な組織はない。しかし、セツルメント活動の要求が社医研部内から生まれた関係から、実質的には、診療部の活動は社医研が担当している。

一一月初旬、地元推進委員の協力で配布された基礎調査用紙が回収され、一二月二四日までに、人口構成、年齢構成、職業構成、健康状態など、各項目別に集計された。

これに基づき、数名のグループを作り、結核患者の家庭訪問、血圧測定あるいは寄生虫検査などを計画している。

（北川定謙、田口　保　記）

三、全国セツルメント連合委員会に出席して（一九五八年）

松下兼明（教育三年）

去る一一月二日、三日の連休は医学部、教育学部共に学部祭のため、全セツ連への出席者がおらず、やむなく出席した。今回は東京教育大で開かれ、全セツ連加盟セツル二二のうち一七セツルが全国から集まった。

出席セツル：清水ヶ丘、東大法相、北町、川崎、亀有、菊坂、氷川下、八千代町、江戸川橋、若葉、新宿外苑、寒川、仙台、福岡、浦和、熊本

オブザーバーとして都立大セツルが参加

尚、このうち、浦和、熊本のセツルが全セツ連に新加盟が認められた。

・第一日（一一月二日）

午前一〇時開会、例の如く議長団、書記選出

その後、書記局から春の全国セツル連合総会後の報告並びに会計報告があり、新セツル加盟決議

午後一時、書記局から提案がなされた。

題だけひろってみると（要旨は後に書く）

（一）我々を取り巻く諸情勢（情勢分析）
（二）日常活動の再検討
（三）地域で平和運動をどのように押し進めるか

書記局からの説明があり、その後質疑応答、討論に入り盛んな討論は四時三〇分に一応打ち切り、五時三〇分より氷川下セツルハウスで全国セツル交歓会（実は討論の続き）があり、私は九時にひきあげたが、三日午前二時迄続いたとのこと。

・第二日（一一月三日）

午前九時三〇分開会

出席セツルの確認をし、早速、書記局討論報告があり討論再開。一一時討論一時中止。法政大学菊川講師による、法律学上からみた「警職法」についての講演が約一時間半、その後四〇分間、質疑応答

午後一時二〇分、午前中の討論再開

四時三〇分に議長より討論のまとめがなされ、一応討論終了。その後、警察官職務執行法改正反対の声明文を読み上げ、朝日、毎日、読売、アカハタ各新聞社、並びに日本社会党、総評、全学連への提出を満場一致で承認。五時全セツ連規約改正案が書記局より出され六時迄検討。最後に、新書記局選出（新宿、菊坂各セツル担当）

午後六時三〇分閉会

書記局提案の「書記局からの呼びかけ」を要約してその後討論の行方を追ってみる。

一、**我々を取り巻く諸情勢（情勢分析）**

勤務評定反対の闘いを続けて来た各セツルの活動は今年五月に開かれた全セツ連大会としての成果を、ことに平和運動を進める点で正しさを証明することができたであろう。前期方針の不十分な点を各セツルの中で克服して来ているし全セツ連も大きく変わることを必要として来た。

国際国内の情勢が非常に緊迫して来ている現在、情勢の分析は非常に重要になって来ている。

〈国際的な特徴点〉

①世界的不況の進行

アメリカを始め、イギリス、西ドイツ迄経済指標は資本の蓄積の衰えを見せ、景気は底をついたと云われるようになった。そして日本もその例外ではありえない。

②この様な過剰生産恐慌の進行はそれぞれの資本主義国に於いて矛盾を激化させている。

即ちおとなしいと云われるアメリカの労働者も自動車産業を中心にストライキに立ち上り始め、イギリスでも粘り

強い闘いが組まれている。フランスではドゴールによる政権が生まれ第四共和制の終止符がうたれファシズムの脅威が生まれた。

③中近東、アフリカに於ける民族解放闘争の激化と帝国主義支配体制の狂暴化

④社会主義国の発展

社会主義国の軍事的、政治的、経済的発展は日に日に強まり、ソ中共同宣言にも見られるように、米英帝国工義の侵略に対して、最大の脅威となっている。米帝国主義のアジア政策は各々の国の反動と結びついて進められ、ことに東アジアに於ける日韓台の軍事同盟へ。

〈国内に現れた特徴〉

①国際的な帝国主義者の世界政策に協力しつつ自らも帝国主義的発展を目指す方向が一層明らかになってきたことを物語っている。

②世界恐慌含みの不況は日本にも例外なく現われた。日本独占ブルジョアジーは労働者に対して首切り、企業整備と大規模に攻撃をはじめてきた。独占ブルジョアジーは危機の克服に〝独占禁止法改正案〟を臨時国会に提出しようという腹をあきらかにしている。

③日本帝国主義再現への努力は自衛隊の近代化＝核、ミサイル武装化へと軍事的な再整備を着々と押しすすめている。ことに日米安保条約の改定は日本自衛隊の海外派遣をも考慮に入れ新しい軍事体制の強化が約束されるであろう。

④岸政府の施策の最重点は労働政策、文教政策に向けられている。国鉄への攻撃、全〇（不明）への攻撃、そして日教組への攻撃と、独占ブルジョアジーの攻撃は、まだ労働者階級が統一して闘えない現在の弱さを見ぬいて矢継ぎ早に攻撃を加えてきている。

⑤勤務評定の強行は上の労働政策と同時に、教育の権力支配を明らかにねらった、正に悪質なねらいを含めている。彼等の反動文教政策は教育委員の任命制をすでに成功させ、次いで勤務評定を軸に教育課程の改悪、道徳科特設、大学教官への勤評、学生補導強化と、そして軍事教育の方向へとその反動性を強化してきている。

⑥あらゆる民主的諸団体の運動を弾圧するために今まで守りつづけてきた日本国憲法を骨ぬきにしてしまうために「警職法」が余りにも露骨にその本質を見せながら、現われてきた。

セツルメント運動がこの様な緊迫した情勢の中で、どんな力で、どんな役割を果たさなければならないかを分析してみなければならない。

（討論）主なものだけ掲げる
亀有：書記局のこの情勢分析は非常によく出来ている。
　私個人としては何も云う必要はない。
新宿：亀有に同感、我々はこの分析の上に立って次の問題を討論する必要がある。
熊本：この分析には異論はないが、この分析を認め、その上に立って、現在のセツルを云々されると新セツルとしては先に進むことができない。
八千代町：セツル活動は学生のサークル活動の一環として、地域があって初めて活動できたのだから、平和運動として行動に移さなくてもよい。
若葉：セツラーは「子供が好きだ」というような動機で入ってくるものが大部分だから、国内外の情勢がいくら緊迫しているからと云って、情勢分析の上に立ち、すぐ平和運動に行動を移すのは非常に危険があり、セツルはつぶれてしまう。
川崎：この緊迫した状態に置かれているのに、小地域にのみ固執していては平和な社会は生まれてこない。
氷川下：情勢分析は認めてもいいが、これを土台として今後のセツル活動を云々するのは早計すぎる。
仙台：今の寒川、氷川下の意見に賛成で私達がセツルを始めたのは、ささやかな平和を願いながら保健、児童部等々で出来上ったのだから、情勢は認めても、それを基にして討論したのでは地域に帰ってから、報告することもできず、役に立たないと思う。
新宿：セツルとは何かということ（目的）を決めてからセツルし始めるのではなく、時代の流れに応じてセツルは変っていくものだと思う。

二、日常活動の再検討

一の結論は出ないまま二の問題に討論は進んでしまった。戦後のセツルメントは、戦前の単なる「与える」活動が社会的矛盾の根本的解決にならないばかりか、その様な活動に満足する事は「偽善も甚だしい」ことと結論して、反戦、平和擁護、反ファシズム闘争に立ち上った歴史に学んでいた。即ちセツルメントは学生運動の一翼として社会的矛盾の根源を根本的に掘り下げて対決して行こうという精神を受けついでいた。平和運動や反体制運動が叫ばれ、一部のセツルでは「労働者の町へ」という事がいわれたのは、こういった理念の発展であった。

　平和運動＝日常活動と規定し、そこに外部的発想と内部的発想の一致点であるとする幻想は、次の様な点で誤っている。

第一には、組織化の方法論に関してで、地域で組織化が進められるには組織すべき対象（例えば母親）に直接働きかけるのが有効な事は明白である。日常生活に於いてセツラーの母親への働きかけはしばしば間接的である（例えば勉強会を通じて）。要するに日常活動は組織化の手段として必ずしも効果的とはいえない。完全に受身な地元追従主義、日常活動の自己目的を招いている。

第二に、更に重要な事は日常活動を通じて作られた組織は「平和的」な組織であり得ても決して力ある「平和を守る勢力」ではあり得ないという事である。

第三には、日常活動は地域深く浸透していく意味でインテンスィヴ（集約的）な性格をもつ。その点それ自身エクステンスィヴ（拡張的）な性格をもち、行政区単位の広い範囲への発展が要求される平和運動の組織化の目的は日常活動の力では達成できない。

以上の理由で日常活動はそれだけでは決して平和勢力を組織してはいけない。

戦争を阻止し平和を守る真のエネルギーとしての生産点の労働者の力を再認識し、生産点の労働者と意識的に結びついて行く方向を日常活動の中でも考えていかねばならない。

【討論】
川崎：組織労働地域（生産点）と結びつくことが平和を守るセツル活動には必要なことだ。四年前にあった労働学校を再び作る。勉強会、子ども会は細々と続いてはいるが、自然消滅の方向へ動いている。
八千代町：反体制運動はセツラーがほとんど一年生で子供が好きだという動機で入って来たので方向を変えることができない。夏休み以後取り組んでみたが困難だ。
北町：組織労働者の町へという転換論を一番早く打ち出したが未だに結果はでない。
新宿：平和運動を第一義的（川崎から異議なしの声あり）生産点論争―労働者が立ち上らなければならない。
仙台：保育のセツラーは勉強会や子ども会は学校の授業の延長という考えが大部分で平和運動をもち出す余裕はない。
福岡：セツル活動は平和運動でなければならない。地域の青年団とタイアップして討論会等を開いている。
清水ヶ丘：議論だけで実際の活動は行われていない。
亀有：日常活動の再編成（現行の日常活動の否定）日常活動＝平和運動は誤り（新宿、川崎、浦和から拍手）平和運動を一本にしぼり、その中で地域の日常活動を行う。

東大法相：生産点に立った労働者と結び合う時に来ている。今迄の生ぬるい活動から一日も早く脱すること。

新宿：各地のセツルでの活動状況がまちまちだから、話を進めていく上で、情勢分析を確認してほしい。

若葉：この情勢分析の上にのっとって話を進めるのは良くない。

熊本：ここで討論されたことを熊本に帰って活用できない。「セツルは政治的活動、平和運動であり、現行のセツルは再編成する必要がある」と云う意見にはついていけない。この様な考えからセツル活動をするとしたら、発足当時の意義がかえられるおそれが十分ある。

全セツ連の統一したセツル活動では困る。

亀有：セツル活動は常に平和運動の中で勉強会や各部活動を続けねばならない。平和運動を続けていっても今までの日常活動はひっくりかえらない。

新宿：今までの活動自体が自己目的化している。

セツル＝地域という甘い考えでなく、セツルするところはどこにでもある。

勉強会は消滅してもよい。—勉強会無用論

ブルジョアジーとプロレタリアートがあって、地域は存在するのであって、各地域や各県があって日本が存続するのではないから、我々はブルジョアジーを倒すため、労働者に働きかけるのがまず先決問題だ。

三、**地域で平和運動をどのように押し進めるか**

基本的方向—組織化について

我々の平和運動は漠然とした平和への呼びかけを脱して、はっきりと平和を脅す勢力に対決する力とならねばならない。

①闘う力となる組織

闘う力とは直接平和を脅す勢力に対して打撃を与えそれを後退させる力である。それは闘うための条件、即ち闘う場所と、闘う形態と、闘いを保障する力が考えられねばならない。これらの条件を最も有利な形でもつものは、現実に生産点と組織をもつ労働者である。

我々は現実に即応したあらゆる機会をとらえてオルガナイザー（組織者）としての役割を積極的に果していこう。いたずらに幻想を抱くことなく、又いたずらにセツルを過小評価することなく、現実を正確にとらえて一歩一歩前進しよう。

②大衆の組織

質的にも高度で、かつ量的にも大きな組織が最も望ましいのは当然である。従って組織の拡大は常に考慮されねばならないが、全ての人を包含することをもって、組織の性格を忘れ去ってしまう過ちは避けねばならない。

地元と云う狭い固定的な概念は捨てて、より広い地域を視野に入れていかねばならない。

最後に生産点の労働者へと云う原則の主張のために、大衆的な組織の問題が全く否定されたり、逆に大衆の組織をそのまま闘う組織と考えたりする傾向は強く批判されなければならない。

【討論】

新宿：平和運動の中の日常活動であるべきで、勉強会は消えても良い。そして平和運動を押し進めることができる様な地域を探さなければならない。例えば風呂敷（資本主義）は必ず穴があき、そこからは多くのものがこぼれ落ちる（失業者）。次から次と落ちてくるものを拾うだけでなく、落ちないようにするために、穴を繕うか、新しい丈夫な風呂敷にとりかえる（独占資本主義→社会主義）ようにセツルは努力しなければならない。学生運動に返る事がセツル活動である。

川崎：未組織大衆を組織化することも大事だが、生産点を○○○○（不明）組織労働者に働きかけることによって未組織大衆も組織化されてくる。セツルは学生の組織団体の一つである。

菊坂：セツルは政治的団体ではなく大衆団体である。

氷川下：文化的経済的な要求を地域の中で作り出すこと。

福岡：日常活動から平和運動へと結びつけなければならない。家庭訪問を行い、身近な問題から政治の話へと進む。

氷川下：要求度と必要度の関係からセツルを考えよう。

菊坂：過大評価はやめよう。自分の将来の考え方に高めていく。川崎の前衛後衛のようにチューターがわかれる必要がある。

八千代町：セツルメントの活動が効果を生むとき、その時のことを考えよう。町の要求をつかむ事が基本。

川崎：セツルは前衛（生産点と結びつくこと）と後衛（各部活動を通して未組織大衆と結ぶ）をもつ必要あり。

亀有：統一されてなされねばならない。

選挙対策が考えられなければならない。

各セツルの意見の要点がうまくつかめていないかと思いますが、大体以上のような雰囲気であったという事をお知らせして報告に代えさせていただきます。

尚、全セツラーが熟読され、寒川セツルの態度をしっかりさせるべく、話し合う会をもたれることを希望します。
—以上—

広報部より
各部門、更にその下の小グループに至るまで話題にのせ、討議する様おねがいします。

四、討議資料 人形部JUBOの解散に関する中嶋弘道（前部長）氏の総括

一九六六年一〇月　寒川セツルメント事務局発行

◇この冊子を発行するにあたって

人形部は、九月一七日の公演を最後に、その活動を休止しました。そのいきさつについて部長をしておられた中嶋弘道氏（医学部三年）から中央委員会あてに、中嶋氏個人の立場からの総括が提出されましたので、原文のまま公表することにしました。

この総括に対する中央委員会の正式な態度は決まっていません。追って文書の形または後期総会で口頭で述べられる予定です。

〜〜〜〜〜〜〜〜〜〜〜〜〜〜〜〜〜〜〜〜〜〜〜〜〜〜〜〜〜〜

一、**はじめに**

人形劇活動について多くの議論がなされました。しかし、疑問は増えるばかりです。私達が今まで活動してきた道をふりかえってみると、私には人形劇の任務なるものが漠然とわかるような気がします。しかし、私にはこれが人形劇のとる方向だとはっきりと解答を出せない懸念があります。

人形劇がセツルの中で占める役割、子供、否大人をも含めて人形劇のはたすべき役割は何でしょうか。私たちの活動が常にあっちへふらふらこっちへふらふらしていたのも、私達が右記のことをはっきり理解していなかったためでしょう。人形劇団はまさに解散する寸前にあると思われる現在、私は改めてこの非常に危険な問題にあえて取りくんでみるのも将来何かの機会に人形劇団が復活するのではなかろうかという希望のためだと言えます。

二、**一丁目活動についての簡単なまとめ**

〜人形子供会の試み〜

四年ほど前、私たちは寒川一丁目で子供会をはじめました。活動は、約半年しか続きませんでしたがこの活動は、

人形劇団ジュボにとって画期的なことであり、私たちの活動の目的、および寒川セツルの中で占める位置についての具体的な行動の一つであります。
（a）四月より私たちは人形劇団の活動をセツルの中でいかに有効に発揮できるかということについて何度も討論をした結果、大体次のような結論に達しました。
（一）寒川町で活動することは寒川セツルの根本である。
（二）人形劇団活動は一定地域の子供達を対象とし子供達と共に人形劇を作り上げていくものである。
（三）子供の要求からはなれた観念的な人形劇活動はあまり意味がない。
（四）人形劇活動の目的は子供達に健康な笑いを与えていくことである。
（五）他部と提携しやすい。
（六）人形劇を作ることは子供達の創造性を養い子供の将来にとっても必要なことである。
（七）セツルメント活動をする中で私達の部の活動は今までの積み重ねを考えれば人形劇が最も有効である。
以上のような観点から私たちは活動の場所を求めて寒川町の調査を始めました。当時、児童部の活動は母子寮のみ、栄養部は一丁目、保健部は主体が二丁目というようにばらばらでした。私たちは調査の方法としてまず、栄養部の部員を中心にして、栄養部の活動場である一丁目の調査から始めました。当時、千葉市では、各町、各丁目ごとに子供会を作る方向がすすめられており、各丁目は、官制の行事子供会ができていました。
（b）一丁目の状況調査の結果
一　会員約一八〇名位の子供会がある。
二　組織は会長一名（男）、指導員約三〇名（お母さん）、子供約一八〇名。
三　会長は、一丁目の有力者の某氏でありかなりの実権を持っている。
四　学校の宿題を見てほしいという要求がある。
五　各丁目毎に丁目意識がかなり強い。
私たちはこれらの事項の分析にとりかかりました。第一に、町の人達の要求と私たちのやろうとしている事に一致点があるだろうか。第二に、この子供会の中で我々の主体性がどれだけ生かされるだろうか。私たちはここで、漠然とセツル全体で取り組んだらかなりの点で第一、第二の問題は解決できるのではなかろうかというイメージを浮かべながら、更に問題点を具体的にするために、子供やお母さんと話し合うため一度寒川町で公演をすることにしました。この公演の性格は、寒川町定着の一段階として、又は調査という二面を持って計画されました。

（c）公演の目的

一　子供達の年齢層及び子供の要求

二　お母さんたちの要求の具体的内容

三　私たちのやりたい事に対するお母さん達の要求

四　町のようす、子供会の意義

私達は第一については、お母さん達の要求と私達の要求の両方が行えるというある程度の解答は得られましたが、第二についてはお互いにあいまいな解釈をしてしまいました。また（c）―二については具体的に『現在の学校の宿題は大変難しいのでお母さん達には教えられないから是非教えてほしい、その上他の勉強もみてもらえたら』という要求だということがわかりました。この問題は私たち人形劇団員を非常に困らせました。私たちには小学校の理科や社会の知識は非常に欠如していますし、殆ど団員にとってそれが将来の役に立たないし興味もないのです。公演の日に中央委員長が来ていましたので寒川一丁目の問題はセツル全体の問題として取り上げてもらうよう要請し、後の中央委員会で承認を受けました。しかしながら中央委員会は寒川町との特別のイニシアチブをとるどころか別の仕事がたくさんあり、この問題は子供の問題であるから両方が話し合ってやってほしいという決定をしてしまったのです。

これは中央委員会が明らかにセクト的団体の集合である事を暴露してしまったと言えます。これに関連した事は、この年の基本目標を決定する時、〝町の人の要求を汲みあげて活動しよう〟というスローガンすら、町の人の要求をただ単に聞いてきて自分達の要求を無視してまでもこれを行うという問題についても言えます。これがいわゆる「要求論争」です。これは、何でもやりますが何もしませんということと変わりなく、一つの事を継続的におしすすめようという意志の全くないことのあらわれです。

さて、私たちは子供会と接触を続けながら児童部との話し合いをはじめました。この年の児童部は部員数が従来よりかなり増加し、母子寮から寒川町へと活動を拡げようとしていました。三月の合宿の時この決定があり、まず三丁目の調査の準備にとりかかっていました。しかし、根本的な調査は夏休みに行うとなっていました。人形部と児童部の理論は同じセツルの中でもかなり隔たりがあり、この隔たりが両部の提携をさまたげるには十分でした。

児童部は、人形部が児童部のパートとして位置を占め、寒川一丁目班として活動するなら人形劇の全面援助をしよ

う と言い、人形部は、子供会は児童部と半々に持ち人形部は主に遊びをやり、児童部は勉強を中心にやってほしいと主張しました。私は人形部にしろ児童部にしろ非合理的にも一人の人間を分けてしまったものだと考えますし、人形部と児童部の対等の関係もくずされてしまうようなこれらの自己本位の考え方には共に反対です。具体的な一つ一つの問題に関して話し合いを進めていけば解決できたかも知れません。その上、中央委員会の無力さ、セクト的集団が多くの欠点を持っていると思います。

この間に町との接触はかなり進み、子供会の具体的内容についての話し合いも行いました。

（d）子供会の活動の方法

一　毎週一回、土曜の午後二時から四時まで。
二　場所は寒川町、小学校の教室を借りる。教室は子供会が借りる。
三　毎回二～三名の指導員が見にくる。
四　活動は一時間は勉強、後の一時間は人形作りとあそび。
五　活動はなるべく早くはじめてほしい。
六　行事の時、参加してほしい。

さて、私達は児童部との話し合いに決着をつけなければならなくなりました。私たちはまた、児童部に勉強を見てほしいという要求を出しましたが～当時、児童部の課題は学力をつけることにありました～この要求は私達の教育の誤解のため入れられませんでした。しかし、児童部は何らかの形で協力するから夏休み以後まで待ってほしいと伝えてきました。

（e）児童部の決定

一　地域拡大のため三丁目の調査を本格的に行う。
二　人形部との提携は希望者だけが行う。

私達は活動の細かい打ち合わせ、今後の方針の決定のため児童部のボランティア一名と話し合いをはじめました。しかし、まずいことには栄養専門学院の一年生の多くは全く子供会に興味を示さず、話し合いにも出てきませんでした。町との話し合いは、もう子供会を始めるだけというまで進んでいましたので、今さら中止することもできず、なるべく多く話し合うようにして一一月から子供会を始めることにしました。

（f）人形劇の目標と子供会の将来の見通し

一　宿題を見ることはなるべく話し合いでやるようにする。
二　子供会は官制のものから子供と人形劇団を中心にしたものにもっていく。

三　寒川町の子供全体又は、寒川小学校全体の子供にまで拡大する。
四　寒川小学校内に人形劇子供会を作る。将来は外の施設で公演できるようにする。

子供会活動開始と共に、水曜の部会は活動のための準備におわれ少ない部員（一三名）がフルに働いてやっと土曜の活動ができる状態でした。多くの部員は忙しすぎるとこぼしながら頑張りました。丁度、子供会は一二月にクリスマス会を開くので、子供達による人形劇を演じようと計画を立て、私達は更に忙しくなりました。何人かの部員は週に四〜五日くらい種々の仕事に追われました。財政も苦しくなってきました。しかし皆張り切っていましたので何とか続けることができました。

ある日私達は、おかしな現象に気がつきました。子供達の中でセツラーになつく子供はセツラーを独占し、別の子供は一緒に遊びたかったようですが別のグループを作って遊ぶようになり、更に、母子寮の子供は、又、グループを作って遊ぶようになりました。母子寮の子供が他の子供と遊ばないのは、寒川町の子供が、お母さんから母子寮の子供と遊んではいけないと言われていたからです。この問題は時間がないので深くつっこんで話されませんでした。

クリスマス会には、子供達の人形劇は無事に行われ、私たちも促成の劇を一つ演ずることができました。ここでもお母さん達の排他的な態度にいやな思いをしましたが、まだ私達はこれを解決する程お母さん達と話し合っていません。

冬休み後、活動は中止されそうになりました。

（g）中止されそうになった理由
一　冬は寒いからお母さん達が大変だ
二　指導員が月一回でるのも時間的に大変だ
三　子供が風邪をひくといけないから

私達は思わぬ事がでてきて当惑しました。しかし、話し合いの結果、何とか続ける事ができました。しかし、子供達は以前の半分以下に減ってしまいました。理由ははっきりしませんが、子供達にとって子供会はあまり魅力のあるものではなくなってしまったのかも知れません。ともかく三回程、子供会は行いました。私たちもそろそろ子供会が苦痛になり始めました。私達は、春休みを理由に子供会を中断し、私達の皆の意見をまとめたり、歴史を調べたりするために文集「劇団ジュボ」を作りました。ここで実際の子供会の活動は中止になります。

四月に入ってから子供会を再開しようとしましたが、もはや皆忙しくなってしまって活動を再開するだけの気力もなくなってしまい、部会にも三〜四名しか集まらず、集まってもひどく遅れて来ましたので実質的な話し合いは行われませんでした。が、ともかく再開しようと決まり交渉により五月の中旬に公演をする事に決定しました。しかし、多くの部員は全くやる気がなく、公演すら不可能になってしまいました。

こうして公演中止になり、寒川町での活動は全く終わってしまいました。今までそっぽをむいていた他部からは、他部のことも考えろという非難も受けましたが、少なくとも彼らの非難はまとはずれの犬の遠吠えに等しいものだったでしょう。

最後に、この年に大学祭に公演を行い寒川一丁目の子供達を招待して人形劇を楽しんでもらったことをつけ加えておきます。

三、一丁目の活動以後の活動

部会で問題となった大きな点は、私達の活動を寒川で行うか施設で行うかということです。両方の意見は共に極端に起こりすぎたようです。寒川でするという人は、たとえ人形劇を止めてでも寒川町に定着すべきだと言うし、施設で行うと言う人は、寒川町の子供はめぐまれすぎているし、現在最もめぐまれていない子供達は施設にいるから施設での公演を主とすべきだと主張し、論争がまきおこりました。この問題は解決されずに終わりました。私達の活動は議論ではありません、活動をすることです。この両者は人形劇は公演を中心に活動するが、公演場所は施設、寒川の両者にするということである程度おさまりました。しかし、決してこの論争がおこらぬという保障はありません。そして、現在のような公演中心の活動が、復活してきたのです。

四、人形劇の活動について

人形劇活動は二面を持っています。第一は見せる事、第二は人形劇を作る事です。更に私達の人形劇団には、寒川セツルの一パートであるという面があります。今迄、部会で問題になってきた種々の問題はこの様に分解して考えると理解しやすくなります。

（a）今まで出された意見

一　活動は寒川のみでやる。たとえ人形劇ができなくなっても寒川町に定着すべきだ。

二　寒川を中心とした人形劇中心の形態をとるべきだ。

三　寒川、施設のどちらにも重点をおかない公演中心形態をとるべきだ。

四　施設を中心とした公演中心形態をとるべきだ。

（b）一をとった時

寒川セツルである以上、私達の活動は当然寒川町に限定して行われるべきである。人形劇活動の中にも十分の意義を持っている事は確かかも知れぬが実際に行われ得ぬ場合には、私達は観念的な理想を追いまわしているよりは、寒川町の現在ある要求を分析し根本的にひそんでいるものが何であるかを明らかにし、それらの要求を解決していく中で、当然生じてくる文化活動の要求を満たしていくべきである。文化活動の要求は必ずしも人形劇と出るとは限らない。この時人形劇は止揚されるか、過去のものとして放出されるのである。

私達が人形劇活動を第一の見せることだけにとどまっている事は、人形劇自体を発展させず、十年一日の如きマンネリを招くことになる。故にこの様な形の人形劇は投げ捨てられねばならない。

現在の人形劇団には、人数が非常に不足している関係上、人形劇団として町に入っていくのは非常に困難である。私達は、人形劇団自体を解散し、寒川町で活動している他の部の中へととび込んでいく中で、寒川町と密接な関係を作りあげ、改めて人形劇活動の存在意義を考え直すべきである。

二をとった場合

寒川セツルの一パートであるなら当然、寒川町中心の活動が行われるべきである。私達が人形劇中心として活動するには人形劇を作る事、見せる事の中に含まれている創造性、芸術性、および集団性、人形劇の社会性、独自性の可能性自体が生かされねばならない。私達はこれらを養うために、寒川町の人形劇に興味のある何人かの人々と共に活動し、共に人形劇を作っていく中で多くの問題をとりあげていき、それらを劇の中で表現し町の人の意識を高めていく中で、人形劇団員それぞれの意識を発展させていこう。同時に町の子供達にも健康な笑いを与えるような人形劇を作り上げるために努力をしていこう。更に、寒川町を中心とした人形劇グループを他の多くの場所につくり上げ、より多くの人に人形劇を楽しんでもらおう。

三をとった場合

人形劇をより多くの人に見せるため、および、より高度の技術を身につけるため、私達は人形劇を研究し、よりよい人形劇をつくり上げ多くの子供達に人形劇を見せ、子供達の情緒を養っていこう。

四をとった場合

めぐまれぬ施設の子供達をなぐさめるため、私達はよい公演をすることに全力をつくそう。
（c）さて私たちがどの道をとるとしても、それぞれ多くの問題が含まれている
一の場合、私たちの人形劇をしたいという要求が抹殺されていくかも知れないし、三の場合、人形劇自体が意識的に発展せず、マンネリ化におちいる危険が非常に強いし、現在までの活動の中でもこの事は相当程度証明されてきている。

私には、二をとる事が、最もよい事だと思える。
（d）これからの人形劇活動について
私は、現在の部員では、とても人形劇団を寒川セツルの一パートとしていく事は不可能だと考えています。私たちの活動は、ただ単に人形劇を喜んでいる事ではないのです。人形劇が多くの人々と共に発展し、多くの人々の心の中にとびこみ、多くの人々の共感を得られるようになっていかなければならないと思います。私たちの学生セツラーの人形劇にここまで望むことは理想が高すぎるかも知れませんが、私達は、将来はきっとこの目的にまで達するぞ！という意気込みでやらなければ、発展はあまり期待できないでしょう。
第一段階
人形劇パートは解散し、各部へ入りこんだ部員を中心にして、セツルの仲間たちに働きかけ、人形劇に興味を持つ人間を同好会に集める。又、各部で寒川町の活動からつかんだ問題点を持ちより、寒川町の中に人形劇活動のできる芽があるかどうかを調べ十分な分析を行う。寒川町の問題の分布、要求の分析をもとにして、人形劇を作りあげ、寒川町で公演する。この公演は大人も対象とする。
第二段階
寒川町の人々と共に活動を開始する。しかし、問題点を集中するために同好会としての立場は維持する。最初はセツラーが中心になって活動するが常に町の人々の中に核を作ることに心掛けながら、最終的には、中心は寒川町の人々に移行し、継続性のあるものにする。
私は、非常に簡単に書いたが、この計画はどこで挫折するかわからない。しかし、人形劇が発展するためには、これくらいの冒険はやるべきであろうと考えている。

五、終わりに

私はこれまで、ある程度の古い資料をあたってみたが、今迄の活動の欠点は、私たちが活動の方向性をはっきり理解していなかった点にあると思う。更に、活動自体が部室を中心に行われたため、観念的な迷路に迷入してしまったのだと思う。この様な活動は、無意味であると言えるので

はなかろうか？

私たちが、寒川セツルを意識すればする程、現行の活動が奇妙なものに見えてくる。人形劇は、現在まさに解散の寸前にあると思うが、これもある程度、必然的なものではなかろうか？しかし、解散した後も、次の芽が出てくる事を望んでやまない。

以上は、私個人の見解、意見を中心に述べてきたが、反論も非常に多いと思う。しかし、多くのセツラーに、人形劇活動を考えてもらうためには、やむを得ないことかも知れない。

最後に、駄文を読んで下さった方に感謝しつつ、寒川セツルの発展を期待して終わりとします。

文責　人形部　中嶋

※一部表記を現代仮名遣いにしてある（本庄）

五、青雲閣の一夕（五八年「セツルニュース」二七号より）

インターン　金子　勇

一九五八年一一月三日、午後五時から八時迄（実際は六時から九時迄）にわたり、青雲閣に於いて行われた先輩・後輩セツラーの集いの簡単な報告。

一、発端―夏頃より何人かの先輩から、ＯＳ会を持ちたいという漠然とした要求が出た。現役の連中も様々の観点からそれを望み、千葉大学祭中に会を持つ事が決まったのは一〇月下旬であった。

参加者（ＯＳ）医七・栄七・教〇・看四・保四（現役）医一〇・栄四・教三・看〇・保一計ＯＳ二二・現役一八合計四〇名

二、内容―先ず自己紹介。次いで栄専寮の人達が腕をふるったサンドウィッチや菓子をパクつきながらお喋りに移る。

セツルの活動状況について各部の代表に報告して貰う。

「警職法改悪、勤評反対闘争にいかに取り組んでいるか？」

「栄養講習それ自体の目的に留まらず、更にそれを手段として達成すべき目的を明確にすべきではないか？」又、活動の細部の点について等々、様々な質問が先輩から出された。結局、現在のセツルは経験主義の状態を脱皮し、意識化しつつある段階だという現状認識がなされた。

次にセツル草創期の様子について先輩からの言葉に耳を傾けた。即ち毎夏五井町で行われた社医研の、自分達の健康は自分達の手で守ろうという、新しい社会を築く大衆の力に依拠した集検活動を母体とし、その中から必然的に日常活動の場としてセツルという形態が求められ、加えて勤労者階級に基盤を持つ我々の生活を確立する実践の場でもある寒川セツルメントが成立した。

その後、職場での体験が交わされた。

「セツルをやる事が将来いかなる意味を持つか」といったテーマで暫く話が進んだ。出発点が「我々が意図する所のものはセツルでなくては得られないものでもない。現在我々はもっと将来直接たずさわる部面の内容（例えば解剖学者になるなら解剖）を充実すべきではないか」といった否定的な発言であったため、討論は余り活発に発展しなかったが、「医局に入ると忙しくて社会に目がなかなか向かない。学生時代にはっきりした広い社会的視野を持ち、自分の基本的な態度をつくり出す必要を痛感する。セツルはそのための場として望ましいのではないか」との医学部先輩の発言。

「セツルが今の私の生活にそのまま生きている。私達が存在する社会は様々な矛盾の交錯であり、その解決に当たってはセツルが立つ様な立場を持つ人がいっぱい出て来る必要がある。セツルをしていた人が保健所の医者になったら仕事がずっとやりやすい」と保健婦さん。「セツルをやって本当に良かったと思う」栄専の先輩「学問とセツル活動は対立させて考えるべきではないのではないか。当面両者の間に矛盾があったとしても、本来学問が大衆の生活から遊離しない様に本当に大衆の幸福に役立つ様にとの願いから我々はセツルをはじめたのではないか」といった発言、等々があった。一方「何のためにセツルしているのかわからない」という新人セツラーの発言もみられた。

終わりに近づいて、OS会結成について話を進めた。様々の発言があったが、結論として「千葉にいるOSと現役で具体的に検討、永続性を保障する様な方法をとる事」のみ確認。

最後に先輩又は後輩への希望を語り合う中で、同じ実践を通じての温かい仲間意識を育てる努力を誓い合った。

「若者」「しあわせのうた」をひびかせて閉会。
三、その後―二次会。鈴木そば屋二階へ約二〇名参集、話題はつきない。三次会―約一〇名余、ジャマイカにて。解散一二時。

看護学生と先輩石橋さんを囲む会。翌四日第一学生寮にて。三日、看護学校セツラーが一名も参加しなかったので、石橋さんからの希望もあり、一方看護学校でも行き悩んだ問題もあった事から会を持つ運びとなった。石橋さんの保健婦としての経験、乳児検診をいかに発展させるかといった事が主な内容であった。

四、感想――口にいって満たされない感がした。その原因について若干ふりかえってみたい。

（一）無方針――「集まって話したい」という二、三の先輩の要求のままに、漫然と集まり、おもむくままに会を進め、時がきて閉会したというのが今回の会であった。何のために、何を、どの様に話すのか、それが明確でない所から成果は望めない。正しい方針なくして、充実した実践も発展もあり得ない。

「仕事に喜びなく、政治に無関心、自分の小さな生活に閉じこもり、話す事はY談、人の陰口、そんな中で警職法がどうのといったって」と話す先輩は、我々に何を語ろうとして来たのか。何を求めて来たのか。

「セツルの発展にOS会結成が是非必要だ」（セツルハウス設立カンパの含みもあって）という一部セツラーの声等をどれだけ汲み取っていたか。

現在、草創期からの経験を我々の経験とし、意識的な活動に発展する必要にせまられている時、先輩との交流が大きな力となる事を本当に考えたか。

既に一〇月二二・二八日のデモ、寒川小の先生との勤評懇談会等々の経験を持つ我々が、一一月五日の統一行動を目前として、更に一層確実な身構えを必要としていた事を忘れていたのか。

こうした一つ一つの事、しかもしっかりと一つの根に結びついている事をはっきりととらえ、提起し得たならば三日の会も更に意義のあるものとなっていたであろう。

問題意識を明確にし、その発展の方向をセツルの立場ではっきりつかみ、討論の中で我々の中に実践してゆく物質的な力を創造する事なしには、すべては単なる行事に終わってしまうだろう。

（二）出たとこ勝負の活動――「もっと勉強した方が」「わからない」という発言、それをめぐっての意見の交流、それが必要がないとか意味がなかったとは思わない。しかしその話題をめぐって多くの時間がついやされ、生き生きとした話し合いが出来なかったという事は考えなくてはならないと思う。私はその原因が私達の活動を導く明確な理論があいまいで活動そのものがいわば経験主義的なやり方によるからではないかと考える。理論と活動が因となり果となって現在の沈滞をつくり出す。そこから前述の如き発言も生まれて来る。

この悪循環を断つ事は現在の大きな課題であろうかと思う。私はその解決として、学習する事と、活動の評価を着実に行う事(それは次の実践をいかにするかという立場で)を提案したい。(今度の会、その時まかせのやり方も、寒川セツルの活動形態の一つの典型ともいえるのではないか)

(三) 一面的な期日選定—千葉大学祭を唯一の理由として三日を選んだ。大学祭を観がてら集まろうという訳であった。しかし大学祭を観る事は副次的で要は会を成功させる事なのである。その点を考えてみれば、殆どの現役セツラーが大学祭に参加しており、組織的に会の準備が出来なかった事は、計画性のなさとからみあって会に欠陥をもたらした。

(四) 準備委員会の怠慢—以上の欠陥はとりもなおさず準備委員会の欠陥である。準備委員を引き受けた私の怠慢をここに自己批判—当日の司会のまずさと共に皆さんにおわびする。

今回のまずかった面について書いたのだが決してそれだけではない。紙数がないので簡単にするが、セツルを創設した先輩の精神にもふれたし、幾多の先輩の生活の中にセツルが生きている事も教えられた。同じ実践を通して生まれた温かいつながりがおとろえていない事も。そして又OS会結成の方向も確認された。更にある先輩は「警職法の事をもっと話したかった」といっている。この言葉は現役セツラーと先輩が我々にのしかかる反動政策への抵抗という共通の立場で強く結ばれる方向を指し示したものと考えられる。セツルの発展を期して。(一一月二四日)

読書会案内

今は毛沢東「実践論」を一一月二〇日から読みはじめました。実践と認識の関係を主観主義を克服する立場から生き生きと述べております。私達はセツル活動と結びつけながら正しい理論と行動を自分のものにしていこうと思います。どなたでも参加して下さい。歓迎いたします。

日時・毎週木曜日午後五時〜七時

場所・第一学生寮

テキスト・岩波文庫「実践論・矛盾論」

六、「全セツ連第四一回大会基調報告（案）」より　一九八六・三・一〇～一三　於：日本福祉大

〈発達保障の地域づくりの理念〉

まず地域社会の現状をみていきます。ここで明らかになったことは、住民運動が、〝臨調路線〟反対という面だけでなく、自分たちの要求で団結連帯していく側面をもっていることです。

地域社会は、昔は地縁共同体で〝いっしょに住んでいる〟だけで共同体を作っていました。近代社会の発展の中で、こうした地縁共同体は崩壊していきましたが、人間は一人では生きていけないので、新たな共同体が模索されています。

現代において地域を担う組織は町内会だけでなく、労働組合（企業）、協同組合（生協、医療生協など）、病院、学校、さまざまな住民組織（ママさんバレーなど趣味愛好会、仲よし集団＝井戸端会議など）といったぐあいに多種多様になっています。町内会も、文化部、婦人部などの機能にわかれています。地域住民は、それぞれの価値観、要求に従って共同・連帯する小さな組織に属し、それらの組織が重なりあって地域共同体をつくっているといえます。こうした要求にそった連帯こそ人間社会の発展の方向性であり〝地域づくり〟という要求で一致していけるという方向性を展望することができます。

では〝地域づくり〟とは何でしょうか。

今までよくいわれる〝地域づくり〟は産業をおこし、工場を中心にして発展していくことです。しかし、ここでいう地域づくりは、地域住民が、互いの人間性の全面発達を保障（確かなものに）する地域をつくるということです。

さて、この人間性の全面発達とは何でしょうか。

人間性とは、自己の能力を限りなく発揮すること（自己実現）を自らの生活をかけて行うという、他の動物とはちがう人間の特徴のことです。人間の生活とは、絶えず自分の心身の発展を求めることだとも言えるでしょう。

こう定義づけた上で、人間性の全面発達を保障するということは、次のように定式化されます。

一　共同体内でお互いの生存を認め合う。

二　自分たちの生活現実から出発し、要求で一致し、団

結・連帯し、要求をはばむものに共同して対処し、
それぞれの要求（自己実現要求）を実現すること。

一について説明すれば、お互いの行動を価値あるものとして認めあうことです。例えば老人は、その生命活動そのものに、昔は〝うば捨て〟として価値はみいだされませんでしたが、今は価値が与えられているからこそ生きる（ために食料が与えられる）ことになります。芸術家も「労働」していませんが、芸術活動に価値があるからこそ、社会で生きることが認められるわけです。逆にいえば、社会から（他人から）評価されなければ、一人で生きるか、死んでしまうかしかないのです。このことにより、人間は社会的価値があるならば、自分の価値観、興味・関心に従って自由に行動することができるのです。

このことだけでは、各人が自由、気ままに生きることになるので、共同すべき時には共同すること、つまり、二の条件が必要になってくるわけです。

人間の要求は、もちろん一人で満たされるものもありますが、多くは集団的に解決されるものです。共同作業を通じ要求をみたす物質的保障をし、障害物を共同してなくす努力をするわけです。この共同をすることによって、他人の要求を認識し、民主主義のルールが確立したわけです。ける
ために、要求と要求の暴力的なぶつかりあいを避けるために、民主主義のルールが確立したわけです。

一、二の条件によって人間は、自分勝手ではなく社会的価値をもつ自由な行動が行え、障害物を共同してなくすことによって、まさに限りなく自分の能力をのばすことができるのです。

さてこうした地域づくりの中で、非居住者であるセツルメントのはたす役割は何でしょう。

まず、前述した二の条件で言われている要求にもとづく共同は、何も地域住民同士に限らなくとも、地域を構成する様々な組織（学校、協同組合）にもあてはまり、セツルメントも、そうした組織の一つとして位置づけることができます。従って住民と共に要求を実現し、障害物をうち破ることになります。特にこの障害物が住民自身の問題である場合、セツルメントのはたす役割は一層明確になります。

県セツ連寒川セツルメント母子寮班では、父母の中の派閥対立が、父母の共同をはばんでいることがアンケートをとる中で明らかになりました。この場合、その派閥対立に切りこんでいけるのは、非居住者である（派閥の利害に関係のない）セツルメントであると言えるでしょう。

さらに、学生としての優位性を発揮することです。保育

学などの専門学問はそのまま地域にもちこむことができますし、時間が比較的自由にできることは、専門も含め地域に直接生かせる学問を身につけることができます。若さや体力といったことも積極的に利用することができます。

こうして学生としての優位性を発揮しつつ、地域づくりに参加していきましょう。

〈この間の傾向〉

以上、発達保障の地域づくりとセツルメントの役割を簡単にみてきましたが、以下この理論化に従って、私たちの実際の活動の傾向をみていきます。

一、地域実践活動の土台となる、地域・対象をめぐる情勢の把握に関して

①多くの単セツで、家訪を通じて対象の生活背景をさぐっています。幼児パートで、いつも遊ぶ子がいっしょなのは、通っている保育園、幼稚園のちがいであることが明らかになりました。（関セツ連北鹿浜セツルメント、池袋セツルメント）

②地域情勢の把握のため地域調査にのりだした所もあります。

京セツ連では、連セツのとりくみとして、東九条地域の地域調査も行いました。この調査は、子どもの生活状況だけでなく、住民の意識にまで切りこんだものでした。その中で、「街に永住したいか」との質問に、四割弱の人しか永住したいと答えない（全国的には約六割）東九条地域の問題点を明らかにしています。

県セツ連寒川セツルメント母子寮班では、アンケートをとる中で、「子どものために共同して何かやりたいけど、派閥対立があってねぇ」との声をひきだしています。

③　①②を通して弱点としては、ひきだした問題点を実践に返しきれていないことがあげられます。要求と障害物という捉え方が弱いために、何にこそ働きかけていったらよいのかが明らかにされていません。又このため、ぐるみの活動の意義が不鮮明になったり、日常実践とのつながりが弱まったりしています。

その結果、父母の要求の高まりに確信しきれず、その要求に依拠した運動づくりが行えなくなっています。

二、地域づくりを進める積極的実践形態の模索に関して

①多くの単セツで、とくに児童部や幼児部の集中実践などのとりくみで、父母参加を克ち取っています。細かく具体的にはあげませんがもちつきや料理会などで、父母に手伝ってもらっています。

② ①の父母参加を前提として、父母の子育て要求や、主体的に行事を作っていこうとする要求を顕在化させています。

仙セツ連杜の子セツルメントでは冬集実としてもちつき大会を計画していましたが、例年借りていたうす、きねが借りられなくなります（結局、追廻保育園から借りました）。準備の父母会では、うす、きねのことを心配したり、「セツラーだけでなく私たちにも何かさせて」という要求のもと、故郷から蒸し器をとりよせたり、当日大根や砂糖を持ってくる父母の姿がみられました。

関セツ連北鹿浜セツルメントでは、もちつきをはじめはセツラーだけで計画していましたが、一週間前に、子どものために、そしてどうせなら地域全体のとりくみにするためにと、育成会が主催したい、と申しいれてきました。

これらのことは、父母に子育て要求だけでなく、行事を担おうとする要求があることを示し、発達保障の地域づくりへの展望と可能性を示しています。

③全地域住民むけの行事も計画されています。

関セツ連坂下セツルメントでは、例年は児童館主催の〝一二月のつどい〟に協力していくのですが、今年は協力を断わられ、それならと、セツルが中心になって、地域全体のおまつりにしようと計画されます。これには、特に老人部のセツラーから「もっと地域の人々にも老人を支えるようになってほしい。そのためにも、今度の一二月のつどいでは老人がもっと参加できるものにしたい」という願いがありその方向で一二月のつどいを作りました。

このとりくみは、行事の中で共に行動することを通して地域住民が相互にわかりあえる（評価できる）第一歩として貴重な経験だといえるでしょう。

京セツ連マンモスセツルメントのハイキングのとりくみは、幼児の父母や青年の参加を克ち取り、食事の場面で子どもにはたらきかけをする中で、セツラーの指導性を地域住民に転嫁することに成功したと評価できます。

④しかし、これらの活動にもかかわらず、三九基調で指摘された父母の要求の高まりを明らかにできず次の方針がたたないという実践の系統性の弱さ（現象的には〝昔の行事はこうだったのに〟という声になってあらわれます）が克服されずにいます。

今、私たちは三九基調の時以上に地域住民にとっての客観的矛盾の広がりの中（共稼ぎで子育ての時間がとれないなど）、かえって子育てや地域づくり要求のかつてない高まりを目のあたりにすることができます。従ってこの矛盾をうちやぶることに成功すれば、せきを切った川の水のように発達保障の地域づくりの方向へとつながります。このことは、各地の先進的な経験が示しています。

三、地域づくりのための他団体との提携に関して

具体例をあげる前に、どのような他団体との提携が必要なのかについて触れます。〈地域づくりの理念〉の項でも触れたように、私たちセツルメントも地域づくりを担う組織の一つとして他の組織と相互補完的に適切な役割をはたさなければなりません。

関セツ連川崎セツルメント古市場ブロックではもちつき大会を計画しますが、町内会主催のもちつき大会と日が重なってしまい、町内会の方へ合流していきます。しかし事前のうちあわせ（行事の目的、願いの一致）が不十分だったため、当日参加したセツラーが動けなかったりしました。

ここから言えることは、他団体提携は単純に協力するのでも、逆にセツルの行事に協力してもらうのでもなく、地域自身の方針と私たちセツラーの方針をたたきあわせることが、そしてこのことを通して地域自身の方針を豊かにすることが必要だということです。

①核や顔役の住民とのつながりは多くの単セツで行なわれています。このことは地域づくりを中心になって担う地域住民の核の成長につながっています。

愛セツ連ヤジエセツルメントでは秋まつりのとりくみで、町内会長さんとイメージの一致を行おうとしてきました。町内会長さんははじめは「まつりは、おみこしだけでいい」と言ってすもう大会に否定的でした。しかしすもう大会を準備していた中学生が会長さんに訴えた結果、秋まつりを早くきりあげてその後にすもう大会をするという形で認めてもらいました。中学生の要求をうけいれてもらった経験だと評価できます。

京セツ連マンモスセツルメントでは町内会でも地域に根ざした文化的行事を担ってほしいという願いを町内会長さんにぶつけて行きます。会長さんは、はじめ「準備が大変」「町内会としてやるのは難しい」と否定的でしたが、セツルメントといっしょにやるということで見通しが生まれ、もちつき大会の開催につながりました。

②行政とのつながりは、特に学校・保育園と子どものことについて提携するという面で弱まっています。その中で、関セツ連北鹿浜セツルメントのように小学校の教師と親の有志の会である〝あじさい会〟の存在を知り、ハイキングの設定に参加するなどして、小学校の先生との結びつきを強めてい

るなどの経験もあります。

③住民組織とのつながりは、父母会という形で多くの単セツで行なわれています。その中で、仙セツ連杜の子セツルメントのように父母の要求を顕在化し、組織していった例もあります。

関セツ連北鹿浜セツルメントではもちつき大会のとき、地域のソフトボールチームのお父さん方にもちつき係をやってもらいたいと訴え、参加を克ち取っています。

④しかし、一、二でも触れたように、地域住民の要求の高まりを意識できずに、せっかく表面化した要求の組織をのがすこともあります。

仙セツ連杜の子セツルメントでは「遊び場が少なくなっているので、のこすために署名にとりくみませんか」という父母の誘いかけに、セツラーが応えきれない状況を生んでいます。

四、機関紙活動（情宣紙活動）

具体例に入る前に少し理論化を試みます。「機関紙は集団的宣伝者、扇動者だけでなく集団的組織者である」（レーニン『何からはじめるべきか』）という機関紙の定式化は、革命的前衛党の機関紙のことですが、セツルメントにおいても、地域住民にはたらきかけ、行動してもらうという点で同じことが言えると考えます。

具体的には、行事のおしらせやセッラーの意図を伝える宣伝機能、「○○してほしい」などの行動提起をのせる扇動機能、住民の考えをのせて、住民同士のつながりをめざす組織機能ということになります。

①多くの単セツで、単に行事のおしらせだけを書くのでなく、セツラーの意図や子どもの様子もあわせてのせています。

県セツ連寒川セツルメント風の子班では〝あすなろ〟という機関紙を毎週だしています。内容は、行事についてのセツルメントの意図、日本昔話、子ども紹介となっています。父母はよく読んでおり「このあいだの昔話のつづきはどうなったの」という声がきかれています。

京セツ連鴨川セツルメントでは、住民の社会認識を高めようと、機関紙に情勢をのせました。

こうしたことは、セツルメントが何を考えているかを広く住民に知らせることにつながり、地域住民の理解を得る保障になっています。

②父母に対する願いをもちきれない弱点に規定され、「行事があるから見に来て下さい」などの不十分な行動提起に

とどまり、扇動機能がはたされていません。家訪や父母会の場で行動提起は行なわれているようですが、全戸配布する機関紙の優位性を生かし、父母の要求や実情にあった行動提起を行いましょう。

③三九基調で指摘された、回覧板程度の情報手段しかもたない住民同士のつながりを保障する役割について、新たな前進はありません。その中で、県セツ連寒川セツルメント風の子班の「日本昔話」は住民相互という面はうすいですが、親子関係の回復に一定の役割をはたしています。

④弱点として機関紙についての父母の反応が集約されていないために、セツルメントを住民が理解しているのか、誤解されているのかが手さぐりの状態です。このことが、父母に大胆に行動提起できない状態を生み、又セツラーの側にも、地域実践の価値について不確信を生んでいます。

七、歌集『若者』'六七

［みんなで作った歌集です。大切にしてください］
製作担当　一九六七年度寒川セツルメント新入部員

〈目次〉

寒川《さむがわ》セツルメント史《し》

千葉《ちば》における戦後学生《せんごがくせい》セツルメント運動《うんどう》

二〇一八年　一二月　二五日　第一刷発行

編　者　寒川セツルメント史出版プロジェクト
発行者　新船　海三郎
発行所　本の泉社

〒113-0033
東京都文京区本郷二-二五-六
Tel 〇三（五八〇〇）八四九四
Fax 〇三（五八〇〇）五三五三
http://www.honnoizumi.co.jp/

DTP：杵鞭真一
表紙デザイン：KO YAMAZAKI
印刷　亜細亜印刷株式会社
製本　株式会社村上製本所

ISBN978-4-7807-1919-2　C0023